上海外国语大学"十一五"重大科研项目
欧盟及其成员国研究丛书
总主编 曹德明

U0745358

文化视角下的欧盟成员国研究:德国

THE EU MEMBER STATES FROM A CULTURAL PERSPECTIVE: GERMANY

戴启秀 王志强 本册主编

上海外语教育出版社
外教社 SHANGHAI FOREIGN LANGUAGE EDUCATION PRESS

图书在版编目(CIP)数据

文化视角下的欧盟成员国研究:德国 / 戴启秀、王志强主编. —上海:上海外语教育出版社,2010

(欧盟及其成员国研究丛书)

ISBN 978 - 7 - 5446 - 1748 - 2

Ⅰ. ①文… Ⅱ. ①戴…②王… Ⅲ. ①欧盟-成员国-研究②德国-研究 Ⅳ.①D814.1②D751.6

中国版本图书馆 CIP 数据核字(2010)第 035822 号

出版发行:**上海外语教育出版社**
(上海外国语大学内) 邮编:200083
电 话:021-65425300(总机)
电子邮箱:bookinfo@sflep.com.cn
网 址:http://www.sflep.com.cn http://www.sflep.com
责任编辑:苗 杨

印 刷:上海华文印刷厂
经 销:新华书店上海发行所
开 本:700×1000 1/16 印张21.5 字数424千字
版 次:2010 年 7 月第 1 版 2010 年 7 月第 1 次印刷
印 数:2 100 册

书 号:ISBN 978-7-5446-1748-2 / G • 0642
定 价:45.00 元
本版图书如有印装质量问题,可向本社调换

目　录

绪 论

　　2009 年是中华人民共和国成立 60 周年，也是上海外国语大学建校 60 周年。中国外语教育事业的发展、上海外国语大学的进步与变迁，与中国的改革开放和走向世界密不可分。20世纪 80 年代，上外实现了第二次飞跃发展，创造性地开展了外语类院校培养复合型人才的尝试。进入 21 世纪，社会所急需的外语人才，已经不再是传统意义上精通外语听说读写的人才，而是不仅要精通对象国的语言，还应该熟知对象国政治、经济、社会和文化方面的知识；不仅要有较高的外语水平，还应该有较深厚的人文素养。为适应时代的发展，为实现"十一五"期间上外学科科学发展和人才培养模式上的跨越式发展，在继续发挥办学特色的基础上，上外启动新一轮发展引擎，优化"外语人才"和"复合型人才"教育模式，提升科研水平，搭建新型的"国际化人才"创新平台，为国家培养具有国际视野和国际竞争能力的特色人才。今天的上外拥有多学科、多语种优势，承接中西文化交流和培养跨文化沟通人才的历史使命。上外素有研究欧盟成员国的基础，研究工作语言包括英语、法语、德语、西班牙语、意大利语、希腊语、荷兰语、葡萄牙语、瑞典语等 9种，研究成果直接进入国际化交流与沟通，出版了大量的经典译著和语言与文化、语言与文学的研究专著。20 世纪 90 年代以来，随着欧洲一体化进程的深入，上外的欧盟成员国国别研究与欧盟层面的研究互相促进，取得了长足的发展。同时，上

外积极开展国际学术交流与合作，与 30 多个国家和地区的 110 多所大学建立了合作关系，特别是同欧盟成员国的校际合作，为研究欧盟及其成员国提供了载体与平台。

欧盟先后经历了 6 次扩大，其成员国由最初的 6 国发展到今天的 27 国，它们分别是：法国、德国、意大利、荷兰、比利时、卢森堡、英国、丹麦、爱尔兰、希腊、葡萄牙、西班牙、奥地利、瑞典、芬兰、马耳他、塞浦路斯、波兰、匈牙利、捷克、斯洛伐克、斯洛文尼亚、爱沙尼亚、拉脱维亚、立陶宛、保加利亚、罗马尼亚。目前，欧盟面积为 432.99 万平方公里，总人口达 4.9 亿，国民生产总值高达 16 万亿美元。它已成为当今世界上经济实力强、一体化程度最高的国家联合体。

在促进欧洲经济和政治一体化过程中，欧盟也高度重视成员国的文化和语言多样性。在 2004 年 5 月 1 日 10 个中东欧国家加入欧盟之前，欧盟共有丹麦语、德语、英语、芬兰语、法语、希腊语、意大利语，荷兰语、葡萄牙语、瑞典语和西班牙语 11 种官方语言和工作语言，除丹麦语和芬兰语以外，上海外国语大学涵盖了其中的 9 种语言。在中东欧 10 个国家加入欧盟后，又带来了 9 种新的官方语言。2007 年 1 月 1 日罗马尼亚和保加利亚的入盟又给欧盟带来了 2 种新语言，至此，目前欧盟正式认可的官方语言总共增加至 23 种。

文化欧洲构成了欧洲经济、政治联盟的第二特征。加强对欧盟和欧盟成员国的文化及其文化背景研究，有助于上外在传承语言教学、文学教学的基础上，促进文化教学，培养学生跨文化交际能力，以适应 21 世纪对外语人才的要求。语言是文化的本质。学习一种外语不仅要掌握语音、语法、词汇和习语，而且还要知道持这种语言的人如何看待事物，如何观察世界，了解这一语言所反映的思想、习惯和行为。因此，学习语言与了解语言所反映的文化是分不开的。不同语言都有不同民族的文化烙印，因此语言差异在很大程度上决定了文化的差异。这就要求我们在掌握语言的同时还必须了解持该语言民族的文化背景和语言中隐含的民族文化语义。深层次理解语言，需要借助"文化内核"。"欧盟及其成员国研究丛书"正是从这一角度出发，借助国内外学者的互动研究,利用上外这一学术平台,一方面展现学者们对欧盟及其成员国文化和文化软实力的研究成果,另一方面将科研成果直接转化为课堂教学内容,将语言形态教学和文化内容教学融为一体,构建上外文化导向型外语教学模式,在突出外国"语言"的基础上,体现上外特色,打造上外学派。

"欧盟及其成员国研究丛书"的第一本《文化视角下的欧盟研究》已于2009年5月出版,作为此丛书的第二本,《文化视角下的欧盟成员国研究:德国》一书从文化和文化诠释学视角出发,加强了对德国文化及其文化背景研究,以此拓展迄今为止的研究视角。以此为学术出发点,本书由五部分组成:

第一章　历史文化

本书第一章面向德意志历史文化。本章主要阐述对德意志民族发展有着深远影响的德意志民族神圣罗马帝国、三十年战争、德国国歌、纳粹历史、战后德国及德国统一的进程,由此勾勒出德国历史文化发展的主要脉络和特点。第一节首先以德意志民族神圣罗马帝国后期宗教文化为切入点,从《威斯特伐利亚和约》以后形成的改革派、路德派和天主教教会信仰角度,阐述当时盛行的偶像崇拜、教堂建造、图形文化和阅读文化。第二节从宗教与主权国家的形成角度分析了三十年战争爆发前的国际背景和文化背景,指出了战争的结果对德意志政治、文化和民族发展以及欧洲近代的基本格局和现代国际政治所产生的深刻影响。在对德意志民族神圣罗马帝国宗教文化和三十年战争的宗教文化背景进行阐述后,第三节从德国国歌的角度,对19世纪德国社会大动荡、大分化并最终形成民族国家的重要历史时期进行文化背景分析,为把握该世纪德国历史发展的本质特点及其对20世纪德国社会发展走向的影响,提供了一个重要的认知框架。第四、第五节阐述当代德国,重点围绕第二次世界大战后德国历史反省意识和冷战前后德国追求民族和国家统一的进程。本章第四节以二战后对纳粹罪行的审判为主线,探讨德国司法所起的作用和德国反省纳粹历史的自觉意识,阐述德国的政治及知识精英从政治、司法、宗教、道德等不同角度,通过对纳粹德国及其战争罪行的理性认识,逐步形成的一种发自内心的反省历史、自我批判的精神。第五节以二战后德国统一进程为对象,阐述了德国由主权统一到内部统一的发展历程。德国的统一使东西德地区实现政治、文化、社会和经济的一体化。"德国问题"的解决,使长达40年的冷战和东西方对峙随之结束,世界更趋和平,这便是德国统一对欧洲安全和世界和平所作的贡献。

第二章　制度文化：政治法律

在对德国历史文化解析的基础上,本书第二章将视角转向德国制度文化。本章从当代德国政治文化、政党体制和政党转型、德国宪法制度和德国法律起源和发展方面,对德国制度文化进行了全面深入的阐述,在此基础上勾勒出了当代德国制度文化的特点和认知框架。本章第一节从德国主流政治文化及其发展趋势角度,从战后两个德国政治文化的差异及其互动、极左翼和极右翼势力问题、和平主义运动及反美情结、融入欧洲等现实问题入手,阐述和分析德国当代政治文化的主要特点。第二节从德国政党体制出发,对正在德国进行的政党转型、政党的政治文化背景、德国选民对政党的传统归属感变化以及社会结构的变迁和由此带来的政党战略调整进行了解析。在此基础上,第三节介绍了近年在德国政党转型过程中形成的左翼党及其在德国政治舞台上所起的作用,详细分析了其政治路线、党的性质和选民特点。第四、第五节重点阐述法律文化。第四节将视角放在联邦德国的《基本法》,以《基本法》为基础阐述了德国的"宪法冲突"与"宪法监督冲突"问题,在此基础上界定了法律层面的相关原因。第五节追溯西方法律源头,以古希腊古罗马文化为宏观背景,从古希腊和古罗马神话中的法律原型出发,对德国法律概念的形成、德国法文化的核心思想和《基本法》中的主观法与客观法进行了全面阐述,由此确定了德国法律与西方法文化渊源的互动关系。

第三章　社会文化

　　同历史文化、制度文化一样,社会文化构成本书重要的内容层面。以此为阐述对象的本书第三章关注德国社会分配、社会发展模式、德国社会美国化、移民的社会一体化以及德国国民性及其行为方式五个方面。第一节首先从社会公正观角度,以具体资料详细地分析了德国社会国民收入分配方式,指出国民收入分配问题关系到一个国家的政治稳定、社会公正和经济公平,它首先同一个国家的价值目标相联系。德国的这种价值目标来自作为其基本政治制度决定性构成要素的"社会市场经济",它重视效率与公平兼顾。在对德国国民收入分配分析的基础上,第二节探析德国社会发展模式的宪法基础和经济效率与社会公正这一互为前提的互动关系。在对德国国民分配和社会发展模式阐述后,本章第三节和第四节将视角转向德国社会美国化和困扰德国社会的移民问题。纵观德国社会发展,德国在两次世界大战期间经历了"美国化"的第一次高潮,二战之后,美国大众文化在联邦德国得到了更为广泛的传播,"美国化"成为很多竭力维护传统文化人士深感忧虑的现象。为此,本章第三节对德国社会美国化过程、其表现形式及其对德国社会的影响进行了深入的阐述。除美国化外,在很长一段时期内,移民问题一直困扰着德国社会的发展。自第二次世界大战结束至今,德国经历了四次移民潮。基于这一认知,第四节对战后德国移民潮、德国统一后的移民冲突、移民的社会一体化政策和移民法进行了解析。第五节则将视角转向德意志民族和德国国民性特征,在德意志民族历史发展视角下阐述德意志民族及其国民特性,界定日耳曼民族、路德神学观和普鲁士精神对当代德国国民特性的影响层面。从跨文化认知角度看,对他国国民性的研究一方面可使人们更好地理解他国国民的社会文化心态,另一方面可借助"他者"进行自我反思和自我认识,基于这一认知,探析德意志民族精神及其国民心理架构有助于反思本民族特性。

第四章　文学、语言

第四章面向德语文学和语言，从文化视角阐述了当代德国文学、德国文学经典著作和德语语言的发展。第一节以德国城市魏玛为研究对象，从文学与文化互动的角度，对文学建构德意志民族精神的过程进行了深入的阐述，由此开拓了文学研究的新视野。作者指出了在德意志民族历史发展进程中，魏玛这一小城对德国命运、德国重大历史事件在诸方面的联系和影响，魏玛成了德国历史和文化的见证。第二节则面向德国后现代文学发展，通过实证研究的方式，对后现代文学在德国的发展过程、德国后现代文学代表作家及其作品进行了详实的介绍和阐述，为我们理解后现代德国文学提供了一个认知框架；第三节从对二战反思的角度，以德国诺贝尔文学奖获得者君特·格拉斯的新自传体小说《剥洋葱》为例，对作家的历史态度进行了分析，在此基础上确定二战历史对作者文学创作的影响层面。本节从文学作品角度去探析、反思二战的历史罪行，这一文学、文化、社会、历史互动的研究方法拓展了文学研究的新视野。第四节将德国经典文学巨著歌德的《浮士德：一部悲剧》的"天上序曲"放在欧洲文化，特别是基督教宗教背景下进行解析，诠释重点放在神性（自然）与人的关系、现代西方的认识论问题之上。由于"天上序曲"的首席位置，其必然具有全面叙事的功能，它为整部悲剧文本设定了框架和条件，悲剧的产生正是因为主人公浮士德试图突破这些神性（自然）所予的界限。第五节通过对德语语言实例的分析和梳理，确定了近年来德语语言中女性歧视现象的消除和改变，由此捕捉到了现代德语语言在这一方面的变化和发展趋势。

第五章　互动国家形象

互动国家形象研究是文化和跨文化研究领域重要的研究议题。本书第五章以中德互动国家形象为论述对象。德国的中国形象研究主要涉及的德国大众媒体有：德语版中国旅游指南、德国的中国电视纪录片、德国

《时代周报》和德国《明镜周刊》;中国的德国形象研究涉及的文本有：中国高级中学世界历史教科书和中国外国文学核心期刊。从跨文化认知角度看，国家形象影响国与国之间的认知与判断，媒体塑造他国国际形象是国际行为中一国对他国施加影响力的具体表现，媒体从本我文化角度，以本我理解方式报道他国，在此基础上塑造的他国形象受到本国政治文化价值观、意识形态和个人对他国的态度等诸因素的影响，因而具有主观性。基于这一国家形象的跨文化性认知，本章第一节以 20 世纪 90 年代德国图书市场上的德语版中国旅游指南为研究对象，从跨文化反观认知视角出发，通过文化异同类型化方式，从物质文明、文化异同和制度异同三个层面界定了德语版旅游指南中特有的中国形象。德语版旅游指南作者自身的文化理念和对中国的态度在很大程度上决定其介绍中国的内容选项和阐述方式，并影响对中国的介绍和中国形象的建构。第二节面向德国电视媒体，从媒体传播角度对德国电视一台和电视二台的三部关于中国的纪录片进行了解析，从三部德国中国纪实片内容看，德国电视片中的有关中国报道有正负两个方面，大部分报道内容围绕中国经济发展、科技进步和中国东部地区高速发展三个方面，报道的积极态度在影片中占据了主导地位；负面报道主要涉及中国的环境保护和社会保障制度。第三和第四节以德国报刊的"中国报道"为研究对象，主要涉及《时代周报》和《明镜周刊》这两大德国主流纸质媒体。通过对 2004—2005 年的《时代周报》和 2002—2006 年《明镜周刊》对中国报道的实证梳理和归纳分析，确定了这些媒体对中国形象的建构。第五节通过对所选的中国 20 世纪 80 年代以来人民教育出版社出版的三套高级中学世界历史教科书的实证分析，详细勾勒了中国高级中学世界历史教科书中的德国形象。第六节通过对中国外国文学核心刊物《世界文学》、《外国文艺》、《外国文学研究》、《外国文学》和《译林》这五本期刊文本内容的梳理，勾勒了中国视角下的德国文学形象。分析表明，中国社会的发展和社会转型所导致观念多样化在一定程度上影响人们对外国文学的接受程度和对其内容的开放心态。

　　本系列丛书第二本的出版凝聚了中外学者的精诚合作。在此，对中外学者的学术合作表示最诚挚的谢意！同时也特别感谢上外科研处为本项目研究提供的资助！最后，感谢上海外语教育出版社和庄智象社长的鼎力惠助，使本书得以与读者见面。

上海外国语大学校长
曹德明
2009 年 9 月

<table>
<tr><td>第
一
章</td><td>

历史文化

</td></tr>
</table>

第一节

德意志民族神圣罗马帝国后期宗教文化及其影响

陈晓春*

　　在 17—18 世纪的德意志民族神圣罗马帝国，宗教是一种支配生命的力量，它决定性地影响着国家、社会及文化。这段时间，也是"信仰的裂变文化"期，形成了天主教文化、路德派文化、改革派文化这些本质分明、取决于教派信仰的文化，我们统称它们为宗教文化。三十年战争及《威斯特伐里亚和约》签订以后，三大教派成为合法的、等位的信仰团体，它们在自己的神学理论中，都试图对《圣经》作出全面而细致的诠释，并就偶像崇拜、教堂的建造和内部陈设、圣餐等问题提出了一些不同的信仰教条，并产生了一系列的后果。正是这些情况，成为形成宗教文化的基础，它们对文化的发展起着至关重要的作用。那么三大教派到底提出了什么样的信仰教条？这些教条的依据是什么？它们的这种做法最终又导致了怎么样的结果？它们又对现代产生了什么样的影响？本节将对这些争论逐一叙述，在此基础上明确

＊　上海外国语大学德语系教授、博士。

神圣罗马帝国后期宗教文化对德意志历史文化带来的影响。

一、对待偶像崇拜的不同态度

三大教派的最大分歧,反映在对待圣像的问题上,即教堂中是否应该挂有画像,塑造圣像? 改革派(加尔文派和慈温利派)根据《旧约圣经》,谴责利用教堂中的画像来崇拜偶像的做法。他们反对图像,甚至一度拒绝在教堂中使用钉有耶稣的十字架。16世纪时,他们清除了天主教教堂中的圣像,掀起了所谓的破坏圣像风潮,他们冲进教堂,推倒了以前的哥特式圣坛,烧毁了画像,砸坏了十字架。在他们看来,所有这些具象的东西都有损上帝的尊严,都应该从教堂扫地出门。他们这样做,自然有他们的理论根据,因为《出埃及记》的第二十章第四节这样写道:"不可为自己雕刻偶像,也不可作什么形象,仿佛上天、下地和地底下、水中的百物。"慈温利早在1523年时就拒绝尊崇画像。另外,他否认画像有任何的宗教作用,认为应该把制作这些画像的钱发给穷人。[1] 在他看来,所有表现上帝、耶稣和圣徒的画像,还有十字架,统统是神像,必须予以摘除或销毁。加尔文也在他的《基督教原理》一书里,强调指出禁挂画像是重大原则问题,不能搞妥协。按照他的观点,原则上应禁止悬挂上帝和耶稣的画像,因为上帝是无法用画来表现的,上帝只是通过说话来显现自己。[2] 究其原因,是人们害怕背离根本,害怕背离上帝的话语。基于这样的认识,在他们的教堂里,有的只是不事装饰、朴实无华的布道堂:没有通常意义中的十字架,只在中心位置设一布道台,还有一张简易的桌子供举行圣餐礼。由于不再有对木制圣坛、画像和雕塑的需求,因此在改革派统治地区,艺术品的制造处于停顿的状态。

天主教教会则秉承一贯的做法,或是有过之而无不及地、不遗余力地

---

[1] Ulrich Gäbler: *Hyldrych Zwingli. Eine Einführung in sein Leben und sein Werk.* München, 1983, S. 98.

[2] Margarite Stirm: *Die Bilderfrage in der Reformation*. Heidelberg, 1977, S. 161 u. 169.

建造教堂。在这个时期出现了众多华美无比的巴洛克式教堂,教堂内有着金碧辉煌的圣徒、天使雕塑,色彩斑斓的穹顶湿壁画和其他绘画以及美轮美奂的主圣坛。他们一如既往地在教堂设置圣像,这样做的理论依据,同样是《圣经》中的有关章节。《出埃及记》第二十五章第十八至第二十节是这样说的:"[上帝对摩西说]要用金子锤出两个基路伯来,安在施恩座的两头。这头作一个基路伯,那头作一个基路伯,二基路伯要接连一块,在施恩座的两头。二基路伯要高张翅膀,遮掩施恩座。基路伯要脸对脸,朝着施恩座。"天主教教会在引用旧约的章节以外,还在新约中找到了类似的理由。正是在这个意义上,1563 年的特兰托宗教会议肯定了圣像崇拜,并强调了圣像的教育意义。这一有利于绘画和雕塑的决定,其目的是增强天主教的信仰自觉性,唤起教徒们的虔诚。也正是由于天主教在圣像问题上的这种坚决态度,带有巴洛克和洛可可风格的教堂文化得以继续发展,教堂内的十字架、油画、雕像和纹饰,直到今天仍在影响着德国的西南部、巴伐利亚、法兰肯、奥地利、波希米亚和摩拉维亚的广大地区。

两派都引经据典,援引《圣经》中的不同章节来证明自己的观点,在这方面他们对《圣经》不同的诠释,影响了各自教派文化的发展。对天主教徒来说,一个装饰华丽的教区教堂、圣地教堂或修道院教堂,是适合赞美上帝的最佳场所;对改革派信徒来说,却是可憎的偶像崇拜,应当予以坚决反对。

在圣像问题上,路德派采取了中间立场。马丁·路德起初认为慈温利和加尔文的论据不无道理,承认他们援引旧约中的章节是正确的,但是后来却声明这只是个次要问题,应由统治当局决定是否允许"捣毁圣像"。1522 年,维滕贝格发生破坏圣像的事情后,路德只是轻描淡写地说了几句。① 他也认为圣像是危险的,会被当作敬拜对象而滥用。他要做的是用《圣经》、上帝说的话来取代圣像。但 1530 年后,他又允许圣像的存在,说

---

① 路德不让他的教徒们去对抗圣徒画像和雕塑,因为普通信徒大多钟爱自己心目中的圣徒,对神学界的吹毛求疵和教理争辩都取无所谓的态度。参见 Günther Wartenberg: Einführung aus theologischer und kirchlicher Sicht. In: *Jahres-und Tagungsbericht der Görresgesellschaft*, 1995, S. 153。

可用圣像来教育孩子和智力有缺陷的人。① 所以，在路德派所统治的地区，教堂都被保持在 16 世纪初的那种状态，即没有改革派的破坏也没有天主教的那种圣像崇拜。介于加尔文派—慈温利派和天主教文化两者之间的路德派文化，有着独特的文化特征，如众多的布道堂建筑、阅读文化和圣言文字文化及教堂音乐。路德派的教理特别强调圣言话语，强调理性；它是一种阅读文化，一种培养出一代科学、诗歌、哲学及国家理论界伟人的文化。然而不可否认的是，它同时又是一种蔑视并阻碍造型艺术、音乐和戏剧发展的文化。大多数这些领域的艺术家在这里无用武之地，只能远走他乡，另谋生路。

二、对教堂建造和内部装饰的意见分歧

在天主教看来，教堂是一个非常特别的神圣场所，是专门为上帝所建的宫殿。同时，教堂也是信徒与上帝、圣徒和天使共为一体的活动空间。一般说来，教堂内的布置，带有神学所规定的表达方式的深刻印记，也就是说，教堂是个神化了的场所。这儿布置着众多的金色天使、漂亮的石膏花饰、五彩缤纷的大型湿壁画、栩栩如生的画像和圣徒雕像，构建起了一个世俗间的天国。教堂是做发自内心的祷告和信徒在最神圣的主面前凝思冥想的场所，也是用来做礼拜、演奏庆典音乐和举行隆重的弥撒的地方。教堂内的这些装饰，构成了崇拜物，是要给信徒以强烈的感官刺激，让他们心存感激地景仰上帝，在心底里充满虔诚。此时，朗读圣经的章节，传递上帝的话语，已变得无足轻重，使用崇拜物和艺术这一切手段，成为理解上帝话语的重要方法。

天主教的教堂建成时，一般要举行隆重的落成仪式。从 4 世纪开始，教会就习惯于在圣坛的下方保存圣徒的遗骨。不仅是圣坛，整幢建筑都要祝

---

① 路德教派后来允许圣像宣示，但将它归入不入流艺术之列。参见 Peter-Klaus Schuster：Abstraktion, Agitation und Einführung. Formen protestantischer Kunst im 16. Jahrhundert. In：Werner Hofmann（Hg.），*Luther und die Folgen für die Kunst*, München, 1983, S. 115-125。

圣。由主教主持这个隆重的落成典礼,用喷洒圣水象征性地净化教堂和布道高台;用洒过圣水的灰,在教堂的地上用希腊文和拉丁文写成十字,表示已在形式上接受这座教堂,给圣坛涂圣油,举行第一次圣餐仪式。

天主教教会的艺术创造力,在巴洛克和洛可可时期,再一次焕发出勃勃生机。它赞同用圣像装饰教堂,坚持崇拜圣徒,所有这一切都允许使用人的感官可感知的形式。此外,它还倡导朝圣和举行宗教游行,创作宗教音乐和戏剧,这一切使教会的巴洛克和洛可可风格的建筑遍地开花并达到顶峰。当然,这也为富于幻想的建筑师和艺术家们提供了展示才能的机会,去创作那些给人以深刻印象的作品,如上巴伐利亚的普法芬温克尔。尽管艺术风格相同或类似,但众多的教区教堂、修道院教堂和圣地教堂的装饰却各具个性。巴洛克风格的教堂与以往的教堂有着明显的不同。在外形上,巴洛克教堂突出中央部位,两旁的塔楼和主建筑前的门厅、立柱气势恢宏,教堂上方的线条呈曲线,显得姿态万千。在内部,人们放弃了长方形教堂里的厢堂,整个大厅里没有一根立柱,整体感更为明显。另外,巴洛克教堂采光很好,因为人们加高了祭坛上方的钟形屋顶,上面的玻璃窗可以让更多的光照射进来,周边大小不等的窗户增加了室内的亮度。富丽堂皇的装饰体现了天主教教会的宗旨,即要把失去的教徒拉回来,而最行之有效的方法就是诉诸他们的感性而非理智,通过眼花缭乱的形式在情感上征服他们。

改革派教会对做弥撒的理解不同于天主教,因此在如何布置教堂这一问题上做法也大相径庭。对加尔文和慈温利信徒来说,教堂不是特殊的神圣建筑,它只是用来倾听布道和宣读上帝话语的地方,教徒不用下跪,很少站立,大多是坐着的。曾追随马丁·路德的一位改革家说,教堂是一幢普通的房屋,只是用来做礼拜而已。如果堂区对它不满意,完全可以将它移作他用,比如做商店、澡堂等等。① 马丁·路德也表示过类似的观点,他说:"一场严肃的祈祷同样可以在草屋中或者在一个猪圈里进

---

① Götze Frhr. v. Pölnitz: *Lebensbilder aus dem bayerischen Schwaben*, Bd . 5. München, 1956, S.70.

行……有说话声音的地方，就是上帝所在，那就是他的家……他不在那里说话，说明他也不住在那里，尽管那是个金碧辉煌的教堂。"这实质上也是宗教改革的一大宗旨，即"将基督教非感官化"了。[①] 按照路德的这种说法，当人人景仰或众人集合在堂区时，上帝都会光临现场。也就是说，教堂的风格和陈设在神学上是无关紧要的。不过，从实际情况来看，教民集会是需要一个足以容纳整个地区的教民的场所，但它不必是教堂，也可以是一处私人住宅，只是在布道、做礼拜和洗礼时做相应的布置就可以了。

三、关于圣餐的争论

早在中世纪，就存在着对圣餐的不同看法。神学家争论的焦点是，在做弥撒时，面饼和酒是否转化为耶稣的身体或耶稣的临在只是一种象征而已。1215 年的第四次拉特兰宗教会议，最终确定了化体这一理论，但异教徒们仍坚持面饼和血只具象征意义。1551 年的特兰托宗教会议重申了化体论，从此，这一理论成为天主教神学和崇拜活动的一个重要内容。除此而外，人们还用铜或银制作带盖的圣体盒，外面涂上一层金。它是用来保存神龛中那些已祝圣的圣饼，或是用来展出作供奉之用的圣饼。这种做法可追溯到哥特时代。那时，人们就用一个容器来"展示"已祝圣的圣饼，并用它在祷告和街头游行时作圣餐敬奉。在巴洛克时期，还出现了大量制作精美的圣体显供架。它们形状各异，有呈辐射状的，有太阳形状的，还有无数其他造型的。1708 年制成的英戈尔施塔特的勒颁多圣体显示架，不仅制作精良，而且有着各种图案，展现了 1571 年基督徒在勒颁多海战中打败土耳其人的情景。但改革派的神学家们也认为圣餐仪式只具象征意义，从而拒绝了耶稣在圣餐仪式上显身的说法。路德为耶稣显身于圣餐仪式这一教义进行了辩护。他认为耶稣确实存在于变成了物质的面饼和酒之中，但与天主教教义不同的是，面饼和酒不是变成耶稣的身体

---

①   Oskar Söhgen: Der kultische Raum nach lutherischem Verständnis. In: *Theol.*
Lit. Zeitung 73, 1948，S. 415－424.

和血,但在圣餐仪式上,耶稣的确是真正到场的。[1]

不同的圣餐理论导致了崇拜形式和艺术创作的明显区别。当新教徒在教堂中着重于做礼拜、领圣餐和宣读上帝的话语的时候,天主教徒却在搞着自己的特殊的崇拜形式。由于耶稣的身体变为圣体后是存放在教堂里的,按照天主教的理解,作为无所不在的上帝,现在以具体和现实的形象,即以祝圣了的面饼的形象临在。有鉴于此,天主教教徒在进教堂时,是跪着进去的,而且要朝着神龛的方向画十字。而祝圣过的面饼,则被称为"最最神圣的圣坛物品",放置在供瞻仰和祈祷时用的神龛中。17 和 18 世纪时,神龛通常构成圣坛的中心,因此,大多制作精良,很有艺术性。另外,作为圣体临在的象征,还制作了长明灯。这是盏永不熄灭的油灯,被摆放在神龛附近。天主教教会从 17 世纪就作出了这一规定。长明灯也制作得很精良并饰有漂亮的花纹。

四、做弥撒的不同侧重点

从基督教早期开始,弥撒被视为圣餐礼,是主要的圣事。到中世纪时,弥撒逐渐发展成为由祈祷、朗读、讲经和布道等仪式组成的礼拜活动。弥撒的形式多样,从教士轻声朗诵祈祷词的沉默式弥撒,到庆典式弥撒,直到由修道院院长或主教主持的大弥撒。从本质上来说,弥撒是一种特别方式的捐献,是由教士以耶稣和教堂的名义呈献的。信徒把象征耶稣身体和血的面饼和酒作为献祭品,而耶稣则通过在十字架上的殉难,表示愿意与父和解和促使人的神化。17 和 18 世纪举行隆重的礼拜时,大多用管风琴演奏音乐,也有合唱和其他的器乐演奏。教徒们作为虔诚的、心情激动的观众和听众来到教堂,在做礼拜的过程中随着教士的引领被动地祈祷。教堂通过形式多样的圣礼、华美的弥撒服饰、俊美的辅弥撒男童、使人亢奋的音乐和袅袅香火,让教徒在这儿进行心灵和感官的对话。

---

[1] 彼得·克劳斯·哈特曼:《神圣罗马帝国文化史》,刘新利等译,东方出版社,2005年,第 106 页。

天主教的礼拜仪式隆重、华美,让教徒们心潮澎湃,如醉如痴。尤其是教士们穿的服装千姿百态、花色繁多。除了教士和唱诗班的人穿白色长袍外,神甫还披上圣带,套上"提琴式"正装弥撒服。如果是重大活动,就要穿制作特别漂亮的带风帽长袍。这些服装大多用金线编织而成,而且饰有各种图案、花卉、配有漩涡形花饰、纹章和流苏,件件都五彩洒金、精妙绝伦。礼拜服装的绚丽多彩,使得礼拜仪式姿态万千,赏心悦目,吸引着教徒们蜂拥而来。

加尔文教派和慈温利教派认为弥撒是偶像崇拜,因此在一段时间里坚决地加以拒绝。与天主教服饰华丽、演奏音乐和举行圣礼等庆典式弥撒不同,改革派教会的弥撒简单而朴素。改革派的教徒们拒绝弥撒的献祭性质,他们致力于所谓的重要方面,如宣示上帝的话语和领圣餐。他们注重的是启发人的理智,而不是人的心灵。改革派教派对礼拜的举止和形式都作了规定。其中有两种类别,一种是在星期天举行的布道礼拜,一种是每年中为数不多的领圣餐礼拜。改革派的做法是与中世纪的形式彻底决裂,但在路德教派的邦国里,仍沿用老的形式和老的礼拜内容。这不仅表现在一直到17甚至18世纪还普遍穿着的礼拜服装,而且还体现在仍然使用拉丁语这件事上。尽管路德教派的宗教改革家们提倡用德语母语做礼拜,但很难排斥用拉丁文合唱。

路德教派的礼拜形式各有不同,但基本特征却是一致的。由于所有的改革家们都特别强调宣示上帝的话语,因此圣坛弥撒大多不为教导式的布道所赞同,并且布道显示出越来越重要的意义。1717年,勃兰登堡—普鲁士还规定了布道的时间不得少于两个小时。如果只有一个小时,牧师就会收到课以罚款的警告。在这种宗教演讲中,布道者要传授丰富的知识,从教义和历史的角度提出和阐述问题。许多牧师很好地担负了这一角色,他们"旁征博引、滔滔不绝,与其说是给听众以教诲,不如说是展现自以为是的说道者的口才"。①

---

① Eberhard Winkler: Der Predigtgottesdienst. In: Schmidt-Lauber/Bieritz, *Handbuch*, S. 260.

五、关于圣徒与圣物崇拜的争论

在基督教世界,很早就证明有圣徒崇拜的存在。它是神学和教会实践的一个重要组成部分,对天主教的生活和礼拜至关重要。圣徒崇拜受到信众的喜爱,在各地极为盛行,上至王室贵族,下至平民百姓,无不如此。他们认为,在思想上崇拜一个受到上帝的恩赐并为天国所接纳的人,就是向上帝表达敬意的最好方法。在这里,他们把圣徒奉为效仿的楷模。通常的做法是祈求圣徒在上帝那里代祷。圣徒的坟墓所在地和每年的纪念日都公布于众,让大家知道。除了圣徒其人以外,他们的遗骸也受到崇拜。在中世纪,这种崇拜在民众宗教活动中所占比重过大。此外,受到崇拜的还有玛丽亚,她因生育了耶稣而高于所有人之上。因为善良的母亲形象对每个人来说容易接近,有着特别的亲和力,对没有多少文化知识的信徒来说也容易领会和接受,所以各个阶层的人,都十分热心于玛丽亚崇拜。有些神学家甚至认为,玛丽亚崇拜是天主教教会自其在历史上发扬光大以来感情最为细腻的虔诚形式。[①] 概括说来,在 17 和 18 世纪时,圣徒崇拜、玛丽亚崇拜和遗骸崇拜是典型的天主教神学内容和崇拜形式。

改革派原则上是拒绝圣徒崇拜的,对他们来说,圣徒崇拜无异于偶像崇拜和迷信活动。他们的依据是《圣经》中的话:"除了我以外,你不可有别的神"(《出埃及记》20,3)。在此同时,他们还揭露了天主教民众崇拜行为的弊端,驳斥通过圣徒代言和居间调解能得到上帝宽容的说法。路德并不一概否认圣徒崇拜,他确信,圣徒崇拜在广大的基督教教会团体中有着它的位置,但不可认为他们能代人说情而"恳求他们,把救世的希望寄托在他们身上"。不过,他认为圣徒崇拜仅是传统,与耶稣是唯一的居间人是有抵触的,但可以限定某些圣徒,如玛丽亚等,可以对他们在一定程

---

① 天主教神学家认为:"……引发玛丽亚崇拜并使其兴旺发达的生存力量,来自她在万能和威严的上帝面前的说情……。为了让严厉的上帝作出宽厚的判决,玛丽亚是最合适的说情人。"引自 Angenendt:*Heilige*,S.245。

度上作一些有限定的崇拜。总的说来，在新教信徒看来，圣徒崇拜是典型的天主教式的或"教皇式的"东西，应该与其划清界限。

天主教的圣徒崇拜，引发了极大的艺术需求。在天主教教堂里，有着许多富于艺术性的圣徒雕像。需求量的扩大，为数以千计的艺术家提供了面包和工作。一大批杰出的雕塑家、雕刻家和画家涌现出来，他们在雕塑和绘画方面取得了卓越成就，也给我们后人留下了珍贵的艺术瑰宝。

六、朝圣和游行

朝圣是指徒步前往圣地、圣徒墓穴或显灵圣像所在地。在人类历史的发展进程中，无论是过去还是现在，它在不同的宗教和文化里都广为流行。基督教的朝圣之旅在古希腊罗马晚期业已形成，到了巴洛克时期，朝圣这一形式更为盛行，它与其他一些东西"共同构成了宗教文化的特征"。朝圣总是意味着离开自己出生的地方，去作一次旅行，就像人的一生也是一次旅行一样，"去实现到达彼岸的愿望"。对所有的人来说，从平民到贵族，朝圣都是人生中的大事。这种宗教形式，给处于各种困境中的人们以信仰和心灵上的支持和力量，帮助他们获得同属一个集体的感觉，恢复内心的理智；身体虽然累了些，但却享受到共处的喜悦。[①]

天主教徒的朝圣有两种类型，一是去圣地教堂，一是纪念玛丽亚之旅。圣地教堂通常都美轮美奂，教徒们在那儿与众多的圣徒和天使连在了一起，他们感觉自己进入了一个更高的层次，宛如进入了尘世间的天国一般。这一幻景，促使信徒不仅在理智上，而且特别在心灵上及所有的感官上都得到了升华，他们的信仰也会因优美的音乐和袅袅香火中举行的隆重圣礼而得到加强。中世纪晚期和近代早期时，纪念玛丽亚的朝圣日见盛行。朝圣者举着耶稣受难像，各色旗帜和杆棒，捧着蜡烛，浩浩荡荡地向慈悲的圣母玛丽亚纪念地进发。朝圣之旅风行于各个阶层，在 17 和

---

① 朝圣持续几个小时，也有几天甚至长达数月的，是与告解和领圣餐结合在一起的。教徒可以把自己的过失讲给一位不熟悉的教士听，这实际上也是一种心理疗法。

18 世纪达到了前所未有的高潮。据记载,1683 年,在帕骚山上的玛丽亚—希尔夫一地举行了 113 次大弥撒,10260 次普通弥撒,77 次宗教游行和 58690 次领受圣餐。[①] 这些热火朝天的朝圣之旅对文化、艺术和工艺美术行业产生了巨大的影响,为了建造成千上万的大小圣地教堂,很多艺术家和建筑师被招募。这也给德意志民族神圣罗马帝国的自然景色添上了几颗璀璨的明珠,比如上巴伐利亚的维斯教堂,上法兰克的菲尔岑海利根教堂等等。朝圣活动也催生了另外的艺术需求,比如制作大量的耶稣受难十字架、圣徒雕塑、旗帜、杆棒,可抬的圣坛、华盖等等。

天主教会表达虔诚的朝圣活动,遭到了改革派教会的坚决抵制。对改革派人士来说,人们感受上帝的存在完全是一种纯粹的心灵体验,所以它并不局限于某一个空间,比如一个可得到赦免的地方;也不局限于某一个时间,比如参加朝圣活动。确切地说,上帝是处处、时时可被信徒的心灵感应和体验的。马丁·路德本人也多次严厉地谴责朝圣活动。新教教徒们不仅断然拒绝各种形式的朝圣和宗教游行,还揭露了与此相关的一些放纵行为,如男女间的勾搭和调情,频繁地去酒馆酗酒等等。鉴于改革派的这一立场,在新教地区自然也没有朝圣活动,没有对恩宠地点、圣地教堂的需求。因此在新教地区,见不到像天主教会那样建造的有着特殊意义的教堂,那些堪称艺术珍宝的建筑。当然,也不存在对宗教游行时所需要的那些艺术品的需求。

七、对待宗教修团和修道院的不同观点

在教会发展的历史进程中,产生过许多修会团体。但在经历了中世纪的兴盛后,在 16 世纪的神圣罗马帝国,出现了普遍的萧条现象。直到反宗教改革和天主教进行改革的时期,修会和修道院才又蓬勃发展起来,在 17、18 世纪的天主教推行的教育、文化和崇拜活动中起着举足轻重的

[①] Ludiweig Hüttl: *Marianische Wallfahrten im süddeutsch-österreichischen Raum*. Köln/Wien, 1985, S. 46.

作用。例如耶稣会，在它所创办的城市中学里培养了一大批天主教精神上的杰出人才，同时又在很长的时间内统治着天主教大学。

属于城市修会中心的许多修道院，它们中的一部分经营学校，还有一部分管理着医院。在乡村地区也零星分布着老修会的高级修道院。据统计，在天主教所在地区，约有 1000 座这样的修道院，主要分布在巴伐利亚选侯国和奥地利。它们是一流的提供心灵帮助、教育的科学和经济中心，甚至可以说，是学校教育和科学中心遍布全国的一个重要因素。修道院还作为业主或委托人，建造了众多华美的巴洛克风格修道院教堂和院舍，有着许多艺术珍品的圣地教堂。由于修道院大多经济实力雄厚，因此不仅能经营所在地区的社会设施，如医院、老人院、贫民食堂，而且还能将大量的钱财用于文化和教育领域。例如上巴伐利亚的波林修道院院长弗兰齐斯库斯·提普斯尔，为他的修道院图书馆从整个欧洲买来了 6 万册图书。并以此为基础，用修道院的资金将其扩建为帝国内最大的图书馆之一。①

宗教改革家加尔文和慈温利等拒绝建立修道院，他们不提倡修道生活，反对成立宗教修会，因为 15 和 16 世纪修道院和修会的某些弊端仍历历在目。他们称僧侣是"伪君子"和"寄生虫"。路德尽管也指责过高地评价修道院生活，但起先并没有全盘否定。② 这种拒绝态度的后果是，凡推行宗教改革的地方，世俗的邦国都没收了修道院的财产，把修道院中的人悉数降为普通教徒，并赶走了忠实于教会传统的人。由于路德在这个问题上发表了种种不同的言论，导致在新教领地出现了各不相同的发展情况。在那里，修道院并未销声匿迹，因为在没收修道院财产的过程中，有些邦君做得非常彻底，有些则比较温和，各诸侯做法不尽相同。也就是说，大多数修道院都移作俗用了，但仍有一小部分得以保留。总的看来，

---

① Richard von Dülmen：*Propst Franziskus Töpsel（1711－1796）und das Augustiner-Chorherrenstift Polling. Ein Beitrag zur Geschichte der katholischen Aufklärung in Bayern.* Kallmünz，1967，S. 63－71.

② 路德在神学上彻底否定修道主义是在 1521 年以后。参见 Heinz-Minoff Stamm：*Luthers Stellung zum Ordensleben.* Wiesbaden，1980，S.95。

在北方的邦国里，路德教派的修道院在文化生活中的作用是微不足道的。

八、不同观点和做法带来的结果

三大教派对宗教生活的不同态度，导致了不同文化的产生。在天主教地区，绘画、雕塑、音乐等艺术形式在宗教生活中占有举足轻重的地位，由此形成了一个所谓的"图形文化"（Bildkultur）。18世纪初，新教地区的作家看到南方发达的音乐和造型艺术时，曾惊诧不已。南北文化的这种差异，直到19世纪的文化大发展时，才逐渐缩小。

天主教的这种文化吸引力，引发了民众对天主教的崇拜，引导着众多的人皈依天主教。如果说在宗教改革以后，在贵族和和市民中存在着转向新教的倾向，那么，到了17和18世纪，有着特殊文化和种种崇拜活动的天主教教会，似乎有着更大的魅力。首先是上层贵族、贵族和有着较高地位的市民阶层，即具备转变信仰所需地位的自由的那些人，纷纷皈依天主教。耶稣会教会学校在其中也起了很大的作用，它的质量"吸引了新教信徒的孩子，也是它的质量为一些人的皈依奠定了基础"。[①] 另外，受天主教影响的巴洛克文化在世界各地的传播，也对人们的改信起到了推波助澜的作用。它使人们醉心于罗马、威尼斯和维也纳这些中心，使他们认为只有通过改信这条道路，才能把自己从受限制的困境中、从受着市民家长式的正统观念主宰着的境况中解救出来。

因此，人们完全可以说，以"图形文化"为特征的巴洛克文化景观，极大地影响了帝国南部的所有居民阶层，尤其是普通百姓的日常生活以及他们对教会的虔诚态度。西格蒙德·本克说得对："那时影响旧巴伐利亚的文化状态，到今天仍继续存在着：明快的建筑式样、合理的结构、静谧的圆顶、目光可及的画于顶部白色底板上的湿壁画构成的画的世界，以及圣坛上方的绘画，这一切给人以节庆和喜悦的感觉，但也展示着信仰的深

---

① Volker Press：*Kriege und Krisen: Deutschland 1600 – 1715.* München，1991，S. 303 – 305.

遂。这是令人惊讶的高度的文化水平的一个佐证。有着巴洛克风格的旧巴伐利亚的教区教堂，为数量众多的附属教堂和圣地教堂所环绕，成为对广大的民众在形式和精神方面进行美学教育的重要承载者。"[1]

由于特别强调宗教生活中的圣言话语，在新教地区形成了一种特殊的新教话语文化和阅读文化。宗教改革家认为，任何一位基督徒，都要具有正确解释《圣经》的能力，因此他们提倡凡能看书识字的信徒，都来阅读母语的《圣经》和有关《圣经》的普通读本。为普及宗教知识而编写的圣经读本，引发了人们对书面语言的极大兴趣和偏爱。看的书多了，人们对文学和诗歌的鉴赏能力也有了很大的提高。这种反对天主教注重外在形式，专注于阅读《圣经》的做法，被称为"圣经文化"。而提倡阅读又产生了以文字为特征的"阅读文化"。启蒙运动时期，这种阅读文化有了惊人的发展。它的快速发展，一方面给启蒙运动提供了生存的土壤，它发轫于阅读普及率较高的北方新教地区绝非偶然，比较高的识字率给启蒙运动的产生和壮大提供了机遇；另一方面，阅读文化又受到启蒙运动的推动，在教育大发展的促进下飞速发展，到了 1800 年，德国号称已有一半人口有读写能力。[2] 启蒙运动期间，两个新事物的出现，使阅读文化大为改观：一是读书会的建立和外借图书馆的出现，二是杂志的广泛流行。读书会的成员们互通有无，相互介绍新书，碰到普遍感兴趣的书籍或题目就相约在一起举行讨论，真可谓"奇文共欣赏，疑义相与析"。除了直接阅读之外，各种各样的报告会和沙龙，在当时社会上亦大行其道，既促进了思想的交流，又扩大了书籍的读者面。

研究表明，帝国的新教北部在诗歌和文学领域占据着绝对的主导地位。翻看一下德国文学的基本发展状况，我们就会发现在 17 和 18 世纪时，在帝国北部，即美茵河以北的地区，被列为重要作家之列的作家占有极高的比例。如果翻看一下德国文学重要代表人物的履历，就会发现他

---

① Sigmund Benker: Die Kunstentwicklung vom 16. bis zum Ende des 18. Jahrhunderts. In: Spindler/Kraus, *Handbuch II*, S. 1097.

② 李伯杰等:《德国文化史》,对外经济贸易大学出版社,2002 年,第 129 页。

们大多是新教神学家或教士的后代。比如诗人格吕菲尔斯、戈特舍德、格勒特、克劳迪乌斯、莱辛、维兰德、施莱格尔兄弟、让·保罗、戈特黑尔夫和历史学家普芬多夫等等。如果说建筑和艺术是在更多地提倡感性文化的天主教影响下，在处于这种文化影响下的帝国南部大显身手，那么德国文学发展的重点就是在由新教的话语文化占主导地位的帝国北部。另外，在德国的新教地区，还产生了具有鲜明德意志特征的音乐形式和作品，形成了独具德国特色的音乐传统。这是宗教改革持久影响的结果，也与路德教派重视语言的作用有着极大的关系。路德本人不仅倡导在宗教生活中用德语取代拉丁语，教堂唱诗时亦然，而且热衷于创作赞美诗和合唱曲，创作了不少合唱作品，新教地区产生了所谓的"路德式的合唱"。做礼拜时，聚集在教堂里的众信徒同声高唱，参与性很强，教区内的凝聚力因而大大增强。路德派发展的教会音乐，通过约翰·塞巴斯蒂安·巴赫达到了最高峰。

九、结 语

天主教教会把巴洛克建筑引入德国，在建筑史上取得了令人叹为观止的成就，但其初衷却体现了对宗教改革的反动。它企图利用这种新的艺术形式取得的广泛感召力，赋予反宗教改革运动以宗教热诚，借助建筑艺术把这种情绪传给教众，把失去的教徒重新赢回来。在这方面他们成功了，同时给后人留下了珍贵的艺术瑰宝，他们的教会建筑和大小宫廷的世俗建筑，在当时形成了建筑、绘画和雕像的繁荣，使帝国南部成为一个繁荣的文化艺术区，一个在欧洲近代史上唯一密集的、多样性发展的文化区。北部的新教地区则因重视话语而形成了阅读文化，在文学领域出现了兴旺发达的局面。而这两种文化的形成，对德国历史文化发展产生了深远而持久的影响。

第二节

三十年战争和《威斯特伐利亚和约》

闫　瑜[*]

三十年战争是欧洲近代早期爆发的一场大规模的国际冲突，它是1618—1648年间一系列的宗教、政治和军事冲突的统称。战争以及战后签署的《威斯特伐利亚和约》在欧洲历史上具有重要的作用，对当时及后来的欧洲地缘政治格局具有深远影响。

一、三十年战争前的欧洲

中世纪的欧洲，基督教一统天下，它凌驾于世俗政权之上，国家、社会、民族都与宗教密切交织在一起。此时的欧洲还没有现代意义上的国家，罗马教皇不光是精神上的最高领袖，同时还牢牢控制着世俗政权。天主教的专制统治导致了各种社会弊端的产生，其统治下的诸侯臣民不堪重压，"廉价教会"的呼声日益高涨。

1517年，神学教授马丁·路德在教堂门前贴出《九十五条论纲》，严厉抨击罗马教廷以出售"赎罪券"募集钱财的做法，揭露罗马教会和神职人员的腐败堕落行为，提出了"因信称义"为核心的宗教观，即人人在上帝面前享有平等的权利和地位。根据这一原则，一直以神与人之间中介自居的教皇和教士就失去了立足依据。路德的主张在宗教界引起大辩论，罗马教会一统天下的格局因此被打破，基督教从此一分为二，即赞成宗教改革的新教和反对改革的旧教（即天主教）。

---

* 　联邦德国艾伯特基金会驻上海办事处项目主管。

随着地理大发现和新航线的开辟,欧洲生产方式发生变化,更为先进的资本主义生产方式开始出现,新的社会力量开始形成并且迅速扩大。在资本主义生产方式较发达的地区,经济迅速发展,这就为当地的世俗政权提供了稳定而庞大的税源基础和物质支持。世俗政权从中获得巨大的政治经济利益,所以也积极支持这种新的生产方式,为其提供可靠的政治保证。与此相应,以加强王权为特征的国家主义意识形态出现了。这种理论的主要代表有意大利的马基雅维利(Niccolò Machiavelli,1469—1527)、法国的让·布丹(Jean Bodin,1530—1596)、荷兰的格老秀斯(Hugo Grotius,1583—1645)等。马基雅维利在《君主论》中首先提出应把国家利益放在首位,置于宗教、道德之上。作为近代国家主权理论的创始人,让·布丹第一次系统论述了主权概念,认为国家的特征是具有永恒的、绝对的对内和对外权力,这一最高权力不受任何时间、任何人甚至法律的限制。格老秀斯是现代国际法之父,他认为国家主权是绝对的,但国家主权受自然法的约束,建立在某种原则基础上的道德应该成为解决国家间冲突的标准。①

国家主义的一个重要原则是国家利益至上,这就驱使国家的君主必须掌握内政外交事务的全权,这势必与罗马教廷的专制统治产生矛盾和冲突。马丁·路德的宗教改革主张与处于上升时期的新兴资产阶级的精神与愿望是一致的,所以新教在资本主义发展较好的国家影响很大,它破坏了罗马教廷称霸欧洲的梦想,加强了世俗邦君同神权斗争的力量。这样,"新教在宗教改革时期很大程度上与强大的民族国家内商业资本主义的力量融为一体,并与这些力量占主导地位的国家融为一体"。② 新的生产方式的建立和发展与新兴社会力量的壮大,使中世纪的封建神权式的体系开始向主权国家体系转化,现代意义上的主权国家的雏形开始出现了。

---

① 李滨:《国际体系研究:历史与现状》,南京大学出版社,2000年,第48—51页。
② 伊曼纽尔·沃勒斯坦:《现代世界体系》第一卷,高等教育出版社,1998年,第187页。

在欧洲的新兴主权国家中，英国、法国、丹麦和瑞典是资本主义发展较快且新教势力强大的国家，西班牙、波兰等国则是一些资本主义发展较慢的天主教国家。德意志内部情况则比较复杂，既有信仰新教的、资本主义发展较充分的邦国，也有信仰天主教的邦国。在信仰天主教的奥地利哈布斯堡王朝的统治下，德意志神圣罗马帝国内部旧教和新教、皇权和王权的斗争一直没有停息，冲突和战争此起彼伏。为了中止新教和天主教间无休止的争端，1555 年帝国皇帝和信仰新教的帝国诸侯签订了《奥格斯堡宗教和约》，其主要内容为：1. 天主教和新教路德派享有平等的权利和地位；2. 诸侯可以决定信仰何种宗教，其属地臣民必须跟从，信仰其他宗教者必须迁出；3. 关于教产归属以 1552 年为准。但该和约未说清楚对大量的 1552 年后已移俗的教产该如何处置。新教徒想保留所获得的教产，而天主教徒则欲收回被新教徒占去的教产。该和约未对宗教冲突提出一个长远解决方案，条约签署后路德教在帝国境内获得官方承认，但拥有众多信徒的加尔文教依然未被承认。所以自从和约签署后，帝国境内的宗教冲突不仅没有停歇，反而愈演愈烈。

奥地利的哈布斯堡王朝力图以天主教统一欧洲，这遭到德意志新教诸侯和帝国等级的反抗。在双方的冲突过程中逐渐形成两个相互对立的政治军事联盟，即新教联盟和天主教联盟。两大阵营各自执行自己的政策和对外缔结和约：天主教联盟和西班牙及教皇缔约，新教联盟则和法国、英国和尼德兰联合王国结盟。教派同盟的形成使业已存在的对立尖锐化，帝国的司法机构和等级议会在内乱中逐渐陷于瘫痪并丧失行动能力。矛盾的解决由于法律道路的堵塞而被迫走上了以政治或军事实力解决的道路。国家间的矛盾和不同信仰间的冲突最终导致了 17 世纪初欧洲总危机的爆发，即三十年战争(1618—1648)。这是欧洲近代史上规模最大的一次国际战争，同时也是给欧洲尤其是德意志民族带来深重灾难的战争。

二、三十年战争的爆发起因

三十年战争的爆发源于天主教和新教在波西米亚(今捷克)的冲突。

波西米亚主要信仰新教。1609 年皇帝鲁道夫二世颁布《皇帝诏书》,保证帝国等级的独立以及宗教信仰自由。但自从菲迪南于 1617 年被封为波西米亚国王后,强行推广天主教,禁止新教教徒的宗教活动,拆毁其教堂,这些行为遭到新教教徒的抵制。1618 年 5 月 23 日两名帝国委任的地方长官被从布拉格王宫的窗口扔下城壕,虽然人无大碍,但轰轰烈烈的波西米亚反哈布斯堡王朝起义便从此揭开了序幕。普法尔茨选帝侯弗里德里希五世于 1619 年 8 月被选为波西米亚国王,他同时也是新教联盟的首领。帝国开始镇压起义,三十年战争从此开始。

在历史界,三十年战争一般被划分为四个阶段,即:捷克—普法尔茨阶段(1618—1624)、丹麦阶段(1625—1629)、瑞典阶段(1630—1635)和法国—瑞典阶段(1635—1648)。帝国的腐朽使周边国家例如法国、丹麦、瑞典等纷纷插足德意志帝国事务,企图从中捞到好处。战争的第一阶段是帝国的内部冲突,第二、三阶段是帝国与某个国家的冲突,第四阶段则进一步扩大为国际战争,西欧主要国家都陷入其中。如果第一阶段还有浓厚的宗教色彩的话,那么从第二阶段起宗教色彩就日益淡化,当发展到信仰天主教的法国与信仰新教的瑞典结盟来进攻信仰天主教的帝国时,可以说宗教已完全失去了影响战争的意义,而争夺利益和称霸欧洲则成为矛盾的焦点。

波西米亚起义爆发后,皇帝在天主教同盟的帮助下侵入波西米亚,将起义镇压下去,随后开始在帝国境内大范围地扩张天主教势力。北德意志信仰新教的诸侯邦国面对威胁,纷纷向外寻求帮助,丹麦国王出于在北德扩张领土的野心加入了这场战争,从而使战争从内战演变为了国际战争。帝国军队最终击败丹麦军队,并于 1629 年迫使其签订《吕贝克和约》,保证不再干涉德意志事务。帝国的一系列胜利加深了法国对它的敌视,于是鼓动并资助瑞典参战,瑞典出于扩张其在波罗的海势力范围的目的而参战,在获得一系列胜利后,由于国王战死而被帝国军队击败,被迫撤退。面对哈布斯堡王朝势力的节节扩张,法国终于从幕后走到前台,与瑞典结盟同帝国展开战争,并且获得了节节胜利。最后,双方由于连年战争困难重重,无力将战争继续进行下去,开始议和。

1648 年 10 月 24 日,交战双方在奥斯拿布吕克和明斯特分别签订了《奥斯拿布吕克和约》和《明斯特和约》,由于签订和约的这两个地方都在德意志境内的威斯特伐利亚,所以统称为《威斯特伐利亚和约》。至此,给欧洲尤其是德意志人民带来深重灾难的三十年战争终于结束了,其结果如下表所示:

三十年战争的结果[①]

名　　称	战争目标	战争结果
帝国皇帝	加强中央集权	中央集权被削弱
帝国诸侯	削弱中央集权	诸侯实力增强,帝国名存实亡
哈布斯堡王朝	夺取欧洲霸权	自身实力削弱
瑞典	在波罗的海沿岸扩张势力	目的达到
新教联盟	削弱天主教联盟	天主教联盟势力增强
天主教联盟	削弱新教联盟	新教联盟势力被削弱

三、三十年战争的后果及影响

三十年战争及《威斯特伐利亚和约》带来的后果及影响主要涉及宗教、国家制度、国际格局和德意志帝国诸层面:

1. 宗教方面

人们将三十年战争称为"宗教战争",可见宗教因素在其中的重要影响。但是如果将战争仅定性为"宗教战争",则不够准确。虽然在信仰问题上排除异己是当时教派的共同态度,但是在一个宗教信仰已与追求独立自主的邦国密切交织在一起的时代里,宗教问题就不是那么简单了,它已越来越让位于日益凸显的国家利益。在共同的宗教信仰下不一定是朋友,而不同的宗教信仰间也未必就是敌人。哈布斯堡王朝统治下的德意志帝国中,有的邦国信仰天主教,有的邦国则信仰新教。信仰天主教的邦国虽然与皇帝及哈布斯堡家族同一信仰,但他们之间也有难以调和的矛

---

① http://www.geschi.de/artikel/30jaehrigekrieg.shtml.

盾,具体表现在对国家主权的控制与反控制上。皇帝希望压制各邦国以总揽大权,而作为现代国家雏形的各邦国则努力排除皇帝在本邦的影响,在涉及主权的关键问题上甚至不惜联合起来与皇帝对抗。在他们看来皇权的增强就意味着自身利益的损害,这是绝难容忍的。这种尾大不掉的状况使德意志境内众邦林立而皇权衰微,难以像法、英等国形成统一的专制集权国家。反之亦然,法国是一个信奉天主教的国家,黎塞留(Richelieu,1585—1642)任职期间曾在国内压制新教徒,对他们进行严加限制,但是却在幕后怂恿并支持信仰新教的丹麦、瑞典对帝国的进军,并且最终在瑞典军事失利之时从幕后走到了前台,出兵攻击同样信仰天主教的西班牙和德意志帝国皇帝。其原因就在于,哈布斯堡王朝势力的扩张威胁到了法国的国家利益。此时宗教信仰对战争进程的影响作用已经弱化到了近似于无的地步。战后签署的和约从各个方面体现并扩大了战胜国的国家利益。所以这场战争的性质我们不能用简单的"宗教战争"四个字来概括,而是应该在认识到宗教信仰冲突在战争爆发初期的重要影响的同时,更加重视国家利益至上原则在战争进行及战后格局形成上的重大导向作用。

条约涉及宗教的内容主要有:1.对1555年《奥格斯堡宗教和约》的原则予以重新确认,加尔文教享有平等的地位和政治宗教权利;2.1624年被确定为教产所有权的标准年,即教产归属应以1624年的归属状况为标准,此后被新教或天主教占去的教产则要归还;3.重新确认了《奥格斯堡宗教和约》中的"教随国定"原则,邦君有权规定本邦的宗教信仰,但不得强迫不同宗教信仰者迁出,而且后者有权从事私下或公开的宗教活动;4.以后在涉及宗教事务的一切问题上,帝国议会不是通过多数来进行表决,而是应按其宗教信仰分为新教和天主教两个议事团体,两者之间应以和平方式达成一致协议。

随着对《奥格斯堡宗教和约》的确认以及加尔文教终被承认,基督教从此一分为三,天主教一统西欧的局面被打破了,邦国从此可以自行决定本邦的宗教信仰并且不允许歧视、迫害不同信仰者。具有排他性的宗教信仰面对分裂以及相互间必须并存的事实,逐渐放弃了专制及排除异己

的观念,具有了宽容与包容性。正是在这种宽容的精神氛围中,西方的现代科学和民主思想才逐渐孕育并发展起来。

1624年被确定为标准年,这就使自1555年宗教和约以来被新教接管的教产归属得到了保证。罗马教皇虽反对这一条款,但也无能为力。将1624年定为标准年是新旧两教在各自利益最大化的基础上达成的妥协。新教坚持恢复它在战前的地位,因为直到1618年新教在帝国境内还是不断壮大的。与此相反,天主教则希望将标准年定在1627或1629年,因为此时的天主教在"重新天主教化"的推动下达到势力扩张的顶点。天主教最后之所以接受了将1624年定为标准年,是因为此时的奥地利世袭领地及波西米亚、西里西亚等地尚都在它的全权统治之下。将1624年定为标准年意义重大,它确定了战后教产的归属原则,并使此日期前改变信仰的信徒得到了保证。邦君宗教信仰的改变不会再影响到其臣民的宗教信仰,从而使帝国境内的不同宗教信仰逐渐趋于安定,并且有效地防止了将来的宗教冲突。不过在皇帝的一再坚持下,奥地利的世袭领地不受标准年规定的约束。

三十年战争最终打破了罗马教廷的"政教合一"传统,宗教因素被尽可能地从邦国政治生活中剥离出去,各个邦国在不同程度上都得到了本邦主权,而皇权则被严重削弱,帝国从此名存实亡。

2. 国家制度的确立

战争及和约使帝国境内的很多诸侯等级的势力得到了加强和扩张。和约从制度上承认了各等级和邦国在内政外交和宗教事务上的自由,这就意味着诸侯邦国已经获得了近乎完全的"国家主权"。皇权的影响日益削弱,在一切重大问题上皇帝都要得到帝国等级在帝国等级会议上的赞同。"在1648年以前存在一种连贯的帝国史;此后德意志历史就是一批大邦国的特别史,而帝国史只成为无足轻重的部分"。①

封建神权的没落和主权国家的兴起,标志着国际关系掀开了崭新的

---

① 马克思·布劳巴赫等:《德意志史》第二卷上册,商务印书馆,1998年,第289页。

一页。"国家主权原则的确立对于近代国际法的产生至关重要,它是国际法赖以存在的基石,因为'众多主权国家同时并存、且彼此进行交往与协作而形成的各种国际关系和整个国际社会的存在'是国际法产生和发展的特定社会基础","和约'不仅标志着一个实际的国际社会的存在,而且标志着一种对国际行为产生直接约束力的国际法的存在'"。① 主权国家的建立宣告了罗马教廷世界政治的破产,同时为以后民族国家② 的建立奠定了基础。一直到今天,国家主权原则都是现代国际法的一项基本原则,对国家主权原则的践踏就意味着对国际法的否定,这会严重危害到现存国际体系的稳定性和有效性。

3. 对国际格局、国际体系的影响

《威斯特伐利亚和约》条约规定:法国 1552 年占领的梅斯、土尔、凡尔登等洛林土地得以承认,法国同时获得阿尔萨斯和下阿尔萨斯以及西南德意志的一些地区。瑞典得到整个西波美拉尼亚,包括鲁根岛在内;还获得东波美拉尼亚的一些地区和城市,含出海口城市施台廷及奥德河口地区。瑞典国王还以帝国采邑名义获得威塞尔河口及其他一些地区,并且得到大量赔款,瑞典自此成为北欧强国,并且根据条约能参与德意志内政。帝国诸侯如勃兰登堡等也获得了很多土地赔偿。早先从奥地利独立出来的瑞士共和国和从西班牙独立出来的荷兰,通过条约都获得法律承认。葡萄牙获得独立。

《威斯特伐利亚和约》以及后来的《比利牛斯和约》③ 共同构成了威斯

---

① 黄德明:论《威斯特伐利亚和约》对国际法的影响,《江汉论坛》,2000 年第 6 期。
② 民族国家是民族意识和民族主义在政治上和组织上的最终表现形式,是对共同的文化价值、政治信仰、经济基础认同的人民共同体,它是以拥有特定的领土作为该整体家园为基础的(见李滨著:《国际体系研究:历史与现状》,南京大学出版社,2000 年,第 52 页)。
③ 因为三十年战争中法国的对手西班牙不承认战败,法国和西班牙的战争又继续进行下去,称为法西战争,期间又穿插法国投石党运动和内战,孔代亲王甚至还投奔西班牙人与法国作战。法国屡战屡胜,于 1657 年迫使西班牙签订了《比利牛斯和约》,法国从中又赢得了一个有利的和平。

特伐利亚体系的基础。威斯特伐利亚体系是现代国际体系的雏形，它是近代国际关系史上的第一个国际体系，也是国际关系史上第一次以条约的形式肯定国家主义的国际体系，从而使国家主义具有了某种法律意义。旧的国际关系被打破，欧洲领土被重新分割，德意志民族神圣罗马帝国基本失去了对德意志事务的影响力。

条约在很大程度上影响了日后的德法关系。法国势力通过战争得到很大扩张，取代西班牙成为欧洲霸主，而德意志帝国却被迫割地赔款，德法从此结仇。德意志被四分五裂为360多个小邦，其统一被延迟达两个世纪之久。法国通过条约推进到莱茵河，使莱茵地区成为德法边界。而阿尔萨斯和洛林在普法战争、一战及二战后的归属始终是德法关系的一个焦点。作为和约的保证国，法国和瑞典拥有随时干预德意志内部事务的权力。帝国诸侯原想通过设立保护国来预防皇权的报复和扩张，但却为法国的进一步扩张大开方便之门。瑞典对德意志发展的影响只是暂时的，它在波罗的海的优势地位不久就只得让给俄国，而法国在欧洲建立起的霸权却一直持续到19世纪并且在很大程度上影响着德意志的历史。

英国此时爆发了资产阶级革命，欧洲列强因战争无暇顾及，英国资本主义在良好的发展环境中成长迅速，生产力迅猛发展。英国出于自身利益的考虑主张一个均势的欧洲，反对某个国家独霸欧洲，它与图谋称霸欧洲的法国矛盾激化，英法陷入了争夺欧洲霸权的长期战争之中。

4. 法律方面

和约规定：《威斯特伐利亚和约》被定为帝国永久的基本法，法国和瑞典为条约的保护国；巴伐利亚得到了普法尔茨的选帝权，普法尔茨重新获得选帝权，成为第八个选帝侯；各邦国获得完全的自治，拥有立法、审判、收税、武装及结盟权，可以相互间或与外国缔结联盟，但不能针对皇帝和帝国；帝国的外交政策需经过帝国议会的批准。这样，帝国的分裂已经从法律制度上得到了保证，法国和瑞典可随时通过条约来干涉德意志内政。和约是欧洲国家外交的开始，它开创了以国际会议的方式解决国际争端的先例，规定了对违约者要进行集体处罚，这就对各国行为进行了法律上的约束,为维持和促进欧洲乃至世界和平开辟了新路。条约还从法律上规定了欧洲以后的政治格局,在世界历史上第一次以国际条约的方式来解决战争遗留问题,为后世处理战争善后问题开了先河。《威斯特伐利亚和约》作为帝国的基本法律基础,其影响一直持续到1806年帝国在拿破仑的打击之下彻底消亡。

5. 对德意志帝国的影响

三十年战争对德意志帝国的影响最为重大,作为主战场,德意志在这场战争中受害最深。人口因战争、瘟疫、饥饿和寒冷而锐减,几乎损失了总人口的三分之一,大片的城镇乡村被毁,经济凋敝,工商业衰退。皇权被严重削弱,各邦国得到主权,从法律上保持了帝国的分裂状态,帝国从此成为众多拥有主权的诸侯的松散的集合。当其他国家都一步步走上主权专制国家时,德意志仍然停留在中世纪空洞而虚弱的帝国名义之下。德意志地缘政治环境日益恶化,西部的法国以各种手段防止德意志的统一和强大,而东部的俄罗斯逐渐崛起,并且在战胜瑞典后逐步向西扩张其势力。德意志夹在诸强之中,面临着来自两边日益加重的压力。

四、结 束 语

如上所述,三十年战争不仅仅是一场宗教战争,更是一场信奉天主教的老殖民国家西班牙、葡萄牙与信奉新教的新兴殖民国家荷兰、英国以及后来的法国之间的竞争。它是资本主义产生和资产阶级民族形成过程的反映,是和一些欧洲国家最初的资产阶级革命(1566—1609 的尼德兰资产阶级革命,1640—1660 的英国资产阶级革命)密切相连的。战争与和约为新教在欧洲的广泛传播扫清了道路,有利于资本主义生产方式的进一步发展和新兴社会力量的壮大,并为资产阶级登上统治舞台奠定了基础。战争推动了欧洲近代民族国家的发展,增强了各国的主权意识,王权进一步代替了神权,最终在欧洲牢固地树立了主权国家体制,形成了近现代欧洲国际关系的基本格局。从这一角度看,《威斯特伐利亚和约》是德国乃

至欧洲历史上一个重要里程碑和分水岭，它为未来解决政治或宗教冲突提供了样板，在处理宗教与国家以及各种宗教信仰之间的关系方面至今仍有指导意义。

第三节

从德国国歌看德国历史发展

任国强[*]

19世纪是德国社会大动荡、大分化，并最终成为民族国家的重要时期。在这一历史进程中出现了之后成为德国国歌的政治抒情诗"德国之歌"，它为把握这一世纪德国历史发展的本质特征及其对20世纪德国社会发展走向的影响提供了一个重要的研究切入点，基于这一认知，本节试图在德国国歌分析的框架下，对德国近代历史的发展作一阐述。

> 德国，德国高于一切
> 在世间高于一切，
> 愿我们永远兄弟般团结一致，
> 捍卫自己，
> 从马斯到梅梅尔，
> 从埃弛到贝尔特，
> 德国，德国高于一切，
> 在世间高于一切。
>
> 统一、公正和自由，
> 为德意志祖国！
> 让我们兄弟般以心灵和双手，
> 为此奋斗！

---

[*]　中国人民大学外语学院副院长，德语系主任、教授、博士。

统一、公正和自由，

是幸福的保证，

在幸福的光芒中

繁荣昌盛，德意志祖国。

这首由霍夫曼·封·法勒斯勒本于 1841 年写下的著名政治抒情诗原名为"德意志人之歌"（Das Lied der Deutschen），全诗虽然篇幅不大，① 然而它反映了德国人之间的手足情深，其中所包含的对一个自由和统一的德国的强烈愿望，自其诞生之日起便对德意志民族产生了振聋发聩、催人奋起的巨大作用，在历经 81 年风雨后，这首日后被通称为"德国之歌"（Deutschlandlied）的短诗于 1922 年 11 月 11 日由魏玛共和国总统、社会民主党艾伯特正式宣布为德国国歌歌词。至此，这首表达德意志民族爱国情感的、与德意志百年兴衰史结下不解之缘的诗歌，最终确定了它在德国历史发展进程中所占有特殊的地位。它承载着德意志民众的期盼，其内在所流露出的以及外在加之于它的含义，反映了德国近代 150 年多变的历史，从这个角度看，法勒斯勒本创作的"德国之歌"，为研究和把握德国风云变幻的近代史提供了一个重要的研究切入点。

一首不是倾听自我，不是在寻求与大自然对话，而是像政治演说家一样旨在影响、提醒、警告、支持或去说服民众的、多少有些说教色彩的政治抒情诗，居然在问世后立即广为传诵，引起广泛的社会反响，足见其非同一般的意义，而对这一现象生成原因的探究，可同时使几条研究德国近代史的基本线索显露出来。如同任何时代的产物，对其正确的理解和本质特征的把握必须与时代特征及历史背景结合起来。

"德国之歌"第一节所表现的内容正是 19 世纪德国历史现状和发展的高度概括和反映。在该诗问世之时，德国仍深陷在四分五裂的泥淖中不可自拔，直到 19 世纪初，德国不过是一个地理概念，没有实质性的政

---

① 原诗由三节组成，译文为第一、三节；第二节内容是对构成德意志民族身份诸多因素的赞颂，如"德国的妇女、美酒和歌曲"，本节省略。

治内涵。它既不是帝国，也不是一个国家，更不是一种权力势力。350 个诸侯领地以及上千个主权领地，大大小小的国王、选帝侯、公爵、伯爵、骑士，各修道院、自由市都在极力维护自身已经书面确认的权利。从政体上看，此时德国还停留在中世纪；从欧洲各国发展的进程看，德国自三十年战争以来近 200 年处于常规发展之外，当欧洲主要国家早已完成建立民族国家的历史进程之后，德国仍处在小国林立的支离破碎状态之中，这也是德意志民族被称为"后起民族"的原因之一。虽然 1806 年拿破仑给大而无当的德意志民族的神圣罗马帝国送了终，结束了 300 多诸侯割据的现象，代之以由 39 个主权领地组成的德意志联盟，但从根本上看，19世纪的德国依旧是一块打满补丁的地毯。此外，在摆脱了拿破仑统治之后，德意志联盟急速倒退，其统治者们不再需要自己臣民的支持，停止了一切民主改革，加入到梅特涅领导的复辟阵线。由于每个领地的君主不准备放弃自主权力去建立一个统一的、民主的德国，故而任何想要谋求社会进步的努力所面临的不是一个封建君主的阻力，而是 39 个封建君主的阻力，这一社会现实使得要求社会进步的力量分散成不计其数的地方性集团，从而使任何协调一致的全民族的行动无法进行，19 世纪上半叶在德意志土地上爆发的各种各样的人民起义以及要求社会进步的努力均毫无结果地收场，[①] 其根本原因就在于此。

　　这种有民族却没有国家的现状以及邦联的瘫痪状态所带来的直接后果是与欧洲统一的民族国家所具有的光荣地位形成了强烈反差：法国以其古老政体的光辉，在继太阳王盛世之后，又以拿破仑的征服活动为标志在政治和文化上执世界之牛耳；英国以统一的国家意志，挟工业化浪潮的威力，建立起庞大的殖民和商业帝国。反观德国：对外，德意志同盟群龙无首，不可能实行统一的对外政策；对内，没有统一的法律，统一的币制，统一的度量单位，关卡林立，大大影响和制约了工业化进程和经济发

---

①　如 1830 年法国革命后在接近法国的一些城市如美茵茨出现的起义；1832 年声势浩大的、旨在统一和自由的旗帜下复兴德意志的"汉巴哈"庆会；1849 年 5 月，想自下而上地强行实施宪法的人民起义在萨克森、法尔茨和巴登遭到失败；著名诗人毕希内尔、海涅高举革命火炬，大声疾呼社会进步，却以双双流亡国外而告终。

展以及社会进步。针对这种分裂带来的严重后果，史学界著名的普鲁士学派领军人物、素有"讲台上的俾斯麦"之称的特赖齐克曾发出令德意志人心碎的感慨："我们还缺少一样东西——国家。我们是唯一没有共同法律的民族，我们不能派遣代表参加列强会议。在外国港口，也没有礼炮向德意志的旗帜致敬。我们的船只在海上航行，没有国旗，像海盗船一样。"①

正是在这样的时代和历史背景下，热情呼唤出现一个统一强大的德意志民族国家已经成为社会的共识。1815 年耶拿大学生成立了以争取统一、自由为目标的学生社团，不久便几乎在所有德国大学都出现了这类社团，其座右铭是"荣誉、自由、祖国"，在其于 1817 年举行的第一次全体集会上，代表们要求建立一个以宪法和人权为基础的民族国家。1832 年在著名的"汉巴哈"庆会上三万多名大学生、教授、手工业者、市民和农民举行了声势浩大的集会游行，要求建立"自由、统一的德国"。这一时期，费希特以其慷慨激昂的"告德意志民族书"、阿仑特（Ernst Moritz Arndt）和雅恩（Friedrich Jahn）通过他们充满自由、统一激情的诗歌而成为家喻户晓的风云人物。德意志人因为没有统一的国家而愈加感觉到它的珍贵，这一普遍的社会意识和民众情绪直接影响到了 19 世纪德国思想文化界的价值判断和取向，其显著特征是后者自觉自愿地对统一和自由这一政治使命的承担。19 世纪中期，要想对当时的时代要求保持超脱态度已不可能。时代要求作家、思想家通过语言来创造一种民族统一的美好前景和民族个性感。这些因素明显地影响了法勒斯勒本诗人的感情，这是一种对民族分裂所带来巨大灾难的切肤之痛以及对国家统一强大的迫切希望，所以，"德国，德国高于一切，在世间高于一切"这句日后引起诸多非议的诗句，原本的含义正是一个爱国者爱他朝思暮想的统一强大的祖国甚于一切的感情流露。德国这一概念具有明确的政治内涵，它在诗人心目中是一个统一和民主的德国，其所指是高于当时现实存在的、既互相争夺又互相勾结的 39 个主权领地组成的邦联之上的、代表全民族利益的国

---

① 古奇：《十九世纪历史学与历史学家》，商务印书馆，1997 年，第 277 页。

家。法勒斯勒本以简洁有力的诗的语言，准确地表达了民意，即那个时期德意志民众，特别是自由派人士所怀有的争取国家统一的强烈愿望，作者本人由此而成为德国 1848 年三月革命开辟道路的最早和最有力的诗人之一。

如果说法勒斯勒本对建立民族国家的呼唤表现了 19 世纪德国历史发展的本质特征的话，那么有必要加以补充的是，诗人以及当时社会各界对民主自由的强烈呼声构成了另一个不可忽视的特点。通观 19 世纪上半叶在德意志土地上出现的各种要求社会进步的努力，均与对民主自由的诉求结下不解之缘，特别值得注意的是，在推翻拿破仑统治的斗争中，德意志的民族主义与自由主义统合成一体，以民主自由为目的的德意志民族运动之所以力图实现国家统一，是因为只有国家的统一才能保证民众所要求的政治发言权和人权，其他对全社会产生广泛影响的民间团体和活动，如大学生社团、歌咏大会、体操运动会、"汉巴哈庆会"等等，其主题无一不是要求民族统一、自由和社会公正。如此看来，"德国之歌"第三节对"统一、公正、自由"的呼唤，正是集中概括和反映了当时社会各界，特别是作为社会变革中坚的知识分子对社会现状不满，进而要求加以改变的思想。至于 19 世纪下半叶俾斯麦驾着"铁和血"的战车辗过自由民主的旗帜而完成了统一的大业，这并不能否认民主自由的思想和实践在当时是普遍社会存在，这一存在构成了德国 19 世纪宝贵的民主和自由的传统，是该世纪德国社会发展的另一重要特征。对此，德国 1848 年资产阶级—自由主义革命便是有力的说明，这次革命后召开的德意志国民议会是德意志民族历史上第一次具有现代意义的民主自治的尝试，虽然其政治信念未能实现，但它对德意志民族的感情具有深远的影响。民主自由的思想虽然受到压制，但不可能从人们的意识中清除，1848 年三月革命自由的象征——黑—红—金三色旗，成为推翻帝制后魏玛共和国以及摆脱纳粹统治后德意志联邦共和国的国旗，正是这一传统在现代的发扬光大。

毋庸讳言，"德国之歌"的第一整节具有强烈的民族主义倾向，其字面内容是一种令人热血沸腾、激情洋溢的民族感情的表露，而这种日后引起

诸多非议的民族主义倾向又构成了德国近代史上一个令人难以释怀的特点。对此，有必要结合特殊的历史背景和时代精神加以全面理解。首先，19世纪是民族国家最终形成的时代，对民族身份或曰民族同一性的强调，源自于法国大革命，民族观念在19世纪前后是欧洲各国向工业化转变进程中的一个普遍的精神上的需要，并非特有的德意志现象，它更由于拿破仑战争而得以进一步增强。其次，德意志民族意识、民族感情是伴随着拿破仑对德国的征服而出现，是在统治与被统治的敌对中产生的，因此，德意志的民族主义诉求从一开始便在推翻异族统治的斗争中打上了要求自由和正义的烙印，这与19世纪下半叶德意志民族主义所表现出的保守、独裁和扩张的反动本质不可同日而语，应加以区别对待。最后，对西方世界产生过巨大影响的德国浪漫派的历史作用不容忽视，它与德意志民族主义的产生有着千丝万缕的联系，因为针对异族统治，正是德国后期浪漫派率先发起回归民族历史本源、创造民族个性、民族精神的努力并引起巨大的社会反响，形成新的时代精神。后期浪漫派以文学为契机，努力追求重新发现民族历史以作用于社会现实，并取得了丰硕成果，它从搜集整理民歌、传说、神话和艺术作品着手，唤醒了一个长期四分五裂的民族的强烈民族意识，使民众在广受欢迎的民歌和童话、神话中看到了一种重要的民族传统，在同代人的觉悟中唤起了古老的德意志国家概念，并将这一复活的德意志属性变成一种文化和政治使命的载体，成为一代人的追求。诗是反映民族精神的镜子，当法勒斯勒本写下"德国，德国高于一切"的字句时，诗人同时反映了他那个时代德意志民族通过文化建设而日渐形成的民族意识和民族自信以及渴望建立起与其丰富的精神文明相匹配的强大国家的呼声。

如果"德国，德国高于一切"的提法在19世纪初期德国民族意识觉醒、文化民族主义高涨的时代背景下能够得到正面的回应的话，那么一旦这类正确理解该诗具体所指的先决条件不复存在，则必须警惕任何外在强加于这首诗的非"内在之物"，因为"德国，德国高于一切"可以作为一种强调说明或者一种要求进行理解，这就使得一些具有不可告人目的的野心家有机可乘。当德意志民族的政治存在于1871年以统一的国家形式确立下来以后,如何防止空前高涨的爱国主义蜕变成狭隘的民族主义乃至沙文主义,便是摆在德国全社会面前的重大课题。然而,随着"第二帝国"的建立,德国统治阶层包括一大批思想文化界精英,陶醉在通过"铁和血"的手段取得的胜利中不可自拔,从第二帝国的末代皇帝威廉二世到第三帝国元首希特勒,无不在滥用民众的爱国主义热情和民族自豪感,以推行其民族沙文主义、霸权主义和种族主义政策,将一个精神高度文明的民族绑在野蛮的战车上,一步步滑向侵略和征服的罪恶渊薮。在这一历史悲剧中,"德国之歌"横遭厄运,屈尊与纳粹党"霍尔斯特·韦塞尔之歌"并列为国歌,其精神被恣意篡改,当年旨在号召民众致力于建立一个统一国家的诗文,却被纳粹当局强加了大德意志狂妄自大、不可一世的含义,歪曲为宣扬"雅利安"种族优越论,使其沦为建立世界霸权的工具,最终在德国乃至人类历史上写下了最黑暗的一页。一位民主的民族主义者所创作的,以讴歌民族精神、民族利益为主旨的诗歌,却被狂热的民族主义和法西斯主义的怪胎——纳粹主义所利用,这种偷梁换柱行径及其后果构成了近代史上最重大的历史事件,给世人造成了巨大的物质和精神创伤,这一人类历史上惨痛的教训,必须牢牢记取并进行深刻地反思。

1945 年盟国禁止了"德国高于一切"的国歌,故德意志联邦共和国自1949 年成立到 1952 年没有正式宣布的、代表国家主权象征意义的国歌,直到当年 5 月 6 日公开发表了联邦总理阿登纳与联邦总统豪伊斯的书信往来,这一忌讳了多年的话题才有了耐人寻味的澄清。之所以这样讲,是因为两人达成一致,表示"德国之歌"重新成为德意志联邦共和国国歌,但在正式场合只演奏和歌唱第三节。这种广义的肯定和具体的限制无疑留下了种种模棱两可解释的可能,这种状态一直持续到两德重新统一。1990 年重新统一后的德国与其早期化身,即存在于 1871、1918 和 1939 年的统一国家存在着根本的不同,这不仅仅外在地表现在德国疆界的巨大变化,"德国之歌"第一节中所表现的具体地理方位早已不复存在:马斯现在荷兰境内,梅梅尔位于立陶宛,现称涅曼,而埃弛则成为贯穿于意大利南部的梯罗尔,只有构成石荷州北部海岸的贝尔特仍位于当今的德国境内;更为重要的是其内在出现的根本性变化:德国人从惨痛的历史教训中认识到不能够"高于一切"，而应与其他民族平起平坐、和平共处。纳粹统治德国13年的历史教训只有一条：人的尊严不可侵犯，所有的一切必须以此为准。在这个血的教训和庄严的准则面前，"德国之歌"第一节所传达出的激情已不足以令人心安理得地对它引吭高歌，其内容在这条准则面前不能自圆其说，它在一个各民族与国家平等相处，去追求一个更加和谐、人道的世界上多少不知其所云，确切地说，在这一历史进程中，高谈"德国高于一切"已不具有积极的现实意义。通观战后德国历史，一个引人注目的社会变化便是昔日民族主义热情消退了，代之以成熟的对自身的定位：要成为民主的稳定力量而不是破坏力量，这一点突出地表现在德国战后积极地融入"欧洲共和国"之内的坚强决心和不懈努力。1991年8月27日，德国正式宣布"德国之歌"的第三节为重新统一后的国歌，这一宣示具有不可忽视的政治含义，它表明：统一后的德国已经走出了历史的阴影，满怀信心地向理性世界全面开放，德国人不再为昔日日耳曼人生活的广袤大地而歌唱，而是把目光投向未来，致力于法勒斯勒本当年写下这首诗歌时所确定的更为崇高的目标的实现，即为祖国谋求"统一、公正和自由"。如果说理想主义是德意志民族突出的性格特征的话，那么"德国之歌"第三节便是德意志性格中根深蒂固的向往一个更加美好世界的典型表述，在实践这一理想的进程中，德国战后重新赢得了声誉和信任，令人信服地写就了自己20世纪历史的新篇章。

第四节

纳粹罪行的战后审判与联邦德国的历史反省

李乐曾*

在二战结束 60 周年之际,当年的战胜国和战败国以不同的方式隆重纪念 5 月 8 日这个二战在欧洲结束的日子。德国通过各种活动纪念这一历史性的时刻,通过不断深化的自觉意识,德国人对反省纳粹历史又有了新体验。①

德国反省历史的自觉意识是指德国人,特别是德国的政治及知识精英从政治、司法、宗教、道德等不同角度,通过对纳粹德国及其战争罪行的理性认识,逐步形成的一种发自内心的反省历史、自我批判的精神。本节以战后对纳粹罪行的审判为主线,探讨德国司法所起的作用和对德国反省纳粹历史的自觉意识的影响。

一、从纽伦堡审判到乌尔姆审判

纳粹执政时期,德国司法助纣为虐,成为希特勒政权的重要政治支柱和专政工具。战后,盟国对德国处理的重要任务之一是对纳粹战犯的审判和处置,除国际法庭的审判外,德国司法也参与其中,并在 20 世纪 50 年代以后成为执行纳粹罪行审判的唯一主体。德国司法在此期间采取的立场及其变化,比较典型地反映了德国人对纳粹历史的认识及自省过程。

根据《波茨坦协定》,二战结束后盟国将对德国强制实行政治、经济和

---

* 同济大学德国问题研究所常务副所长、教授,中国德国研究会副会长。
① 文中所提到的德国均指联邦德国。

军事等方面的全面处置,其中包括追究纳粹战犯的战争罪行。1945 年 8 月 8 日,英国、美国、法国和苏联在伦敦签署了关于起诉和惩处欧洲轴心国首要战犯的《伦敦协定》,决定建立国际军事法庭对战犯进行审判。1945 年 11 月 20 日,欧洲国际军事法庭在德国纽伦堡开庭,对纳粹德国首要战犯进行公审。纳粹执政时期德国国家和个人在国内外犯下的罪行包括:第一,对欧洲犹太人及吉普赛人进行大规模种族屠杀;第二,肆无忌惮地压榨和奴役占领区居民,包括在战前和战争中,在德国国内和占领区系统地实行种族隔离和恐怖政策;第三,严重违反战争法,包括以犯罪手段对待俄罗斯战俘,致使其中约 330 万人因受饥饿和虐待而死亡;第四,谋杀弱智及残疾人;第五,通过警察和司法机构以恐怖方式消灭政治反对派。① 这些罪行是纽伦堡审判和战后盟国及德国司法追究纳粹罪犯的定罪依据。

纽伦堡审判拉开了盟国战后对德国实行"非纳粹化"的序幕。至 20 世纪 50 年代初,盟国军事占领当局对德国人进行了大规模的政治清查,对有罪者继续予以惩处。纽伦堡审判和这一时期的"非纳粹化"对铲除纳粹主要骨干力量、推进德国战后民主制度的建设都产生了不同程度的积极影响。在纽伦堡审判和基于盟国管制委员会法第 10 条(Kontrollratsgesetz Nr. 10)进行的连续诉讼(Folgeprozesse)中,共有 5025 名罪犯以战争罪被国际军事法庭判刑,死刑判决 806 例,其中 486 例被执行。②

面对政治、军事、经济和社会的全面崩溃和灾难性的战争后果,战后初期,大部分德国人实际上处于一种精神休克状态,他们对纳粹制度的认识和反省首先采取了一种冷漠和麻木的态度,盟国军事管制当局对德国人进行的大规模政治审查、人员身份鉴定和甄别更加重了这一消极情绪。德国人对纽伦堡审判中揭露的纳粹罪行虽然感到震惊,但德国公众普遍

---

① Gerhard Werle: Die Bestrafung von NS-Unrecht in Westdeutschland. In: Klaus Marxen / Koichi Miyazawa / Gerhard Werle (Hg.), *Der Umgang mit Kriegs- und Besatzungsunrecht in Japan und Deutschland*, Berlin Verlag, 2001, S. 138.
② 同上,S. 140。

认为这是"胜利者的审判",同时反对各国舆论对德国人"集体过错"的指责。

纽伦堡审判和盟国管制委员会法第 10 条在国际法上有两个突破:第一,不采用各国普遍实行的"法不溯及既往(Rückwirkungsverbot)"原则,提出了危害人类罪这一新罪名;第二,发动战争是严重的国际罪行,有关国家和有关个人都应受到法律惩处。纽伦堡审判向战后西德司法提出了巨大的挑战。1945 年至 1949 年联邦德国成立前的西德法庭(westdeutsche Gerichte),是指在西部占领区内,在盟国占领当局领导下由德国人组成的各级法庭,它有别于由盟国成员组成的执行纽伦堡审判及其连续诉讼的国际军事法庭。由于战后西德司法留用了相当多的纳粹政权司法人员,而且战后对纳粹罪犯进行的刑事追诉(Strafverfolgung)又由德国司法机构执行,因此对纳粹罪犯的追究遭遇巨大的内部阻力。在执行审判的过程中,西德司法对在纽伦堡审判中确立的审判原则提出异议。部分西德法庭甚至拒绝执行盟国管制委员会法第 10 条,理由是该法律违反了"法不溯及既往"原则。但是,西德司法界也出现了接受和赞同纽伦堡审判原则的声音,理由是习惯法及自然法意义上的反人类罪行应当受到惩罚。意见分歧导致西德法庭在执行盟国管制委员会法第 10 条时出现了混乱,无所适从和相互矛盾的现象甚至出现在同一个法院里。但是纽伦堡审判和由德国人进行的刑事追诉,迫使西德司法界直面纳粹罪行,进行自省和反思,特别是从法律意义上接受或者重新认识维护人类尊严等基本价值观。

西德司法在战后初期的刑事追诉中取得了一些成果,1945 年至 1949 年共有 4419 名纳粹罪犯被判刑,其数量接近盟国军事法庭作出的判决。① 但是,这些案件的立案主要不是由于检察机关主动追查的结果,而是根据受害者的举报。此外,在这些判决中,重案判决只有 100 例。② 在这一时期,西德司法还没有开始系统地对纳粹嫌疑犯进行追

① Gerhard Werle: Die Bestrafung von NS-Unrecht in Westdeutschland, S. 142.
② 同上。

诉,特别是对参与种族屠杀的重要嫌疑犯进行侦查。1949 年 9 月联邦德国成立后,上述状况没有发生改变,甚至出现了停顿的趋势。表现之一是,在"非纳粹化"结束的同时,大批被盟国军事法庭判刑的纳粹罪犯被特赦,其中包括有谋杀罪行的罪犯,一些在 1947—1948 年"行动队审判(Einsatzgruppenprozeß)"中被判死刑的罪犯被改判为有期徒刑,并在 1951—1958 年被释放。表现之二是,在德国出现了急于结束处理纳粹罪犯的倾向。一项针对基本法 131 条的有关法律 1951 年生效,因纳粹历史被停职的公务人员又可以进入原来的部门工作。1954 年联邦德国针对纳粹罪犯的第一项特赦法生效,尽管它只涉及罪行较轻的罪犯。1955 年西方盟国与联邦德国达成一项协定,在战后进行的连续诉讼中已经结束的诉讼案不能由德国司法再次审理。

上述情况的发生与战后欧洲形势和阿登纳的历史政策直接有关。在冷战和阿登纳政府实行融入西方政策的大背景下,西方盟国改变了战后初期的对德政策,1955 年德国加入北约后,德国成为当年战胜国的盟友,德国国内的政治压力明显减弱,消极对待纳粹历史成为这一时期历史政策的主流。在此之前,一项由阿登纳提议进行的研究报告已提出了赦免"所谓战争罪犯"和停止诋毁德国士兵荣誉的要求。[1] 直到 50 年代中期,德国公众普遍接受一种"受骗论"历史观,即"第三帝国"的罪恶行径应该完全由希特勒及其主要战犯集团负责,而全体德国人则是被诱骗的,他们自己最终在战争中和因战争的后果成为"受害者"。[2] 阿登纳政府和德国民众,特别是经历战争的一代都希望尽快结束对纳粹罪犯的审判,这样也就可以结束对纳粹历史和集体罪责的讨论,它典型地反映出当时普遍存在的淡化或减轻纳粹罪责的心态。

1950 年后,对纳粹罪犯审理和判决的案例数急剧减少,1955 年只有

---

[1] Gerhard Werle: Die Bestrafung von NS-Unrecht in Westdeutschland, S. 144.

[2] Norbert Frei: Vergangenheitspolitik in den fünfziger Jahren. In: Wilfried Loth, Bernd-A. Rusinek (Hg.), *Verwandlungspolitik. NS-Eliten in der westdeutschen Nachkriegsgesellschaft*. Frankfurt/Main, New York: Campus Verlag, 1998, S. 92.

25例,1956年23例。尽管如此,刑事追诉并未完全停止,通过德国司法界有识之士的努力和在来自外国,特别是来自以色列和犹太团体的压力下,1957年德国司法开始加强对纳粹罪犯的追诉和审判,并以1958年的乌尔姆审判达到高潮。乌尔姆审判对60年代德国社会关于纳粹历史的大辩论产生了直接的影响,其中包括1960—1965年对艾希曼审判和奥斯维辛审判的大讨论,以及1960年起联邦议院先后4次关于追诉时效的辩论。

　　1958年在德国巴符州的乌尔姆市进行了"行动队审判"。这是50年代后期由德国司法机构进行的最有全国性影响的纳粹罪行审判之一。乌尔姆审判反映了战后德国司法激烈的内部斗争,其中一方赞成对纳粹罪犯实行特赦,对追究的罪犯应确认有追诉时效;另一方则坚持继续对纳粹罪犯进行刑事追诉,要求延长甚至取消追诉时效。对德国司法而言,乌尔姆审判还有一个重要变化,检察官不仅仅将那些被告发的罪犯绳之以法,而且主动追查和揭露一些隐藏着的纳粹罪犯。乌尔姆审判的首席检察官舒勒通过亲自查阅档案,将另外9名罪犯押上被告席。在乌尔姆审判中,有上百名参与谋杀犹太人的罪犯被起诉和公审。审判通过媒体的连续报道在公众中引起强烈反响,但也由此引发了公众对德国司法失职的指责,德国人反省纳粹历史的冷漠态度开始发生转变。

　　面对乌尔姆审判揭露的大量纳粹犯罪事实,媒体首先发出了今后应更坚决地对纳粹罪行进行追究的呼吁。舒勒和巴符州总检察长内尔曼出于法律公正和正义感,主张系统地追究纳粹罪犯并建立常设机构。1958年位于巴符州的路德维希堡纳粹罪行侦查中心成立,自此,联邦德国开始通过常设机构系统地、持续地追究纳粹罪行。中心的建立是司法界有识之士积极推动的结果,也是媒体压力和公众意识开始觉醒的标志。中心成立以后,侦查工作始终没有停止,它不仅明确地表明了联邦德国在惩治纳粹罪犯问题上的立场,也是对司法界主持正义的力量的有力支持,对打击和震慑纳粹残余势力产生了积极的影响。

　　舒勒和内尔曼急于提出加强对纳粹罪犯予以刑事追究的另一个重要原因是追诉时效问题。根据德国刑法规定,德国的刑事追诉时效为15

年,对象中包括犯有谋杀罪和参与谋杀的罪犯。根据这一规定,追诉时效到1960年5月8日截止,届时会有相当数量的纳粹罪犯逃脱刑事追究,路德维希堡纳粹罪行侦查中心的侦查工作将变得毫无意义。

二、奥斯维辛审判与追诉时效辩论

1960年又有不少犯有故意伤害、伤害致死、监禁致死罪行的纳粹犯罪嫌疑人因各种司法漏洞逃脱了法律追究,其中包括纳粹负责组织和协调集中营大屠杀的帝国安全总局人员。作为权宜之计,联邦议院在1960年将追诉期延长至1965年。路德维希堡纳粹罪行侦查中心虽然开始系统地追究纳粹罪行,但仅限于确认有谋杀罪行的罪犯。追诉时效的存在很大程度上限制和减弱了对纳粹罪犯的追诉。这一状况在国外,特别在以色列引起关注和不满,参与执行屠杀犹太人"最后方案"的纳粹罪犯艾希曼1960年在以色列被公审,就是对德国处置纳粹罪犯不力的一种强烈反应。除来自外国的压力外,德国司法界内部对追诉时效始终存在不同的意见和争论,乌尔姆审判和艾希曼审判更引起德国政治精英和媒体对这一问题的关注,历史问题又一次变成现实的政治问题。1963年12月20日至1965年8月20日,在美茵河畔法兰克福举行的奥斯维辛审判又使德国全国上下陷入政治、司法、道德和历史认同相互交织在一起的痛苦自省和内心拷问。

在奥斯维辛审判前后长达20个月的时间内,媒体对审判过程,包括证人的证言进行了详尽深入的报道和评论,其规模之大、时间之长创联邦德国成立后对纳粹罪犯审判报道之最。奥斯维辛审判对德国战后政治文化产生了重大影响,德国人经历了一次前所未有的纳粹罪行再教育,并由此激发起一种在道德及良知上进行自我审判的强烈意识。在媒体报道的过程中,德国知识精英首先对奥斯维辛审判作出反应,他们在报刊上发表意见和评论,引发了60年代中期对纳粹历史认识的大辩论,追诉时效问题又一次成为辩论的一个重要议题,联邦政府和司法界再次被卷入其中。针对追诉时效对继续追究纳粹罪犯的不利影响,蒂宾根大学社会学教授达伦道夫在 1965 年 1 月公开提出,德国不仅应该继续惩处纳粹罪犯,而且应该延长 1965 年 5 月 8 日截止的追诉时效。达伦道夫的理由是,法制国家惩处大规模犯罪的任务比形式上确定追诉时效的司法理由重要得多。达伦道夫同时还提出一个十分尖锐的问题,为什么直到 60 年代德国司法才开始认真考虑追究纳粹罪行? 达伦道夫的言论实际上是对当时的艾哈德政府在追诉时效问题上采取巧妙的躲避政策的直接批评。

在奥斯维辛审判涉及的犯罪事实不断被揭露和追诉时效问题越来越紧迫的情况下,联邦议院不得不继 1960 年对追诉时效进行辩论后再一次作出应对。对追诉时效的辩论主要涉及德国在纳粹时期的个人罪责,这一法律责任的背后是一个涉及政治及道德原则的核心问题,它的提出实际上也是对联邦德国民主制度彻底性的质疑。1965 年 3 月 10 日联邦议院就时效问题展开大辩论。在此之前,联合执政的联盟党与自民党内阁提出了纳粹罪行追诉时效至 1965 年 5 月 8 日截止的动议。

在围绕动议进行的激烈交锋中,基民盟/基社盟议会党团主席巴泽尔的立场是典型的"受骗论"观点。根据这一观点,通过纽伦堡审判和"非纳粹化",纳粹首犯和主要罪犯已经受到惩处,德国的纳粹历史已经得到清算,追诉时效也因此没有理由再延长。社民党议员阿伦特的观点与之针锋相对,他援引雅斯贝斯在《罪责问题》一书的有关论述认为,纳粹罪犯应该承担刑事责任,而从基督教的良知审问的角度出发,经历纳粹统治的德国人还应该承担历史及道德罪责,因为他们对纳粹罪行或无动于衷,或袖手旁观。

在辩论中,自民党议员德勒强调,追诉时效问题纯粹是一个法律问题,而不是一个政治问题。根据他的观点,联邦议院在进行辩论和作出决定时不应考虑法律以外的因素,避免问题复杂化。基民盟议员本达在会上予以反驳,认为时效问题与政治密切相关,因为"当今的法制国家必须同时力求正义"。和内阁的动议相反,他和其他一些议员一起提出了延长时效的动议,原因是"首先考虑到民族的正义感将会以不可忍受的方式遭

到腐蚀，如果谋杀不必赎罪，尽管它可以赎罪。"① 针对有议员提出为了民族的荣誉应结束对纳粹罪犯的追诉和审判，本达强调指出，民族荣誉也是他提出上述动议的原因之一，"谈到民族荣誉这一概念我要说，这个德意志民族不是一个谋杀犯的民族……"。② 在解释为什么坚决反对最终结束对纳粹罪犯继续追诉时他说，这不是因为"屈服于外国的压力，而是屈服于个人信念的压力。"③ 这次议会辩论的最大特点是，议员们的立场不以政党归属划分，而是取决于各人对如何继续追究纳粹罪行的认识，这里政治责任，特别是个人的良知起了决定性的作用，本达采取反对自己所属政党的立场的根本原因就在于此。进一步分析本达的立场，可以得出四点结论：第一，本达更赞成以自然法来审判纳粹罪行，其前提当然是承认纽伦堡审判的定罪原则；第二，通过延长时效用更明确、更彻底的方式与纳粹罪行划清界线，以此达到已经成为民主国家的德国的政治和社会的净化；第三，通过对纳粹罪犯不懈的追诉，证明德国人也是有羞耻感的民族，他们绝不与谋杀犯为伍；第四，继续追究并审判本民族的罪犯不会损害民族尊严，相反，它符合国家和民族的长远利益。

联邦议院在辩论后作出了妥协性决议，对纳粹罪犯的追诉时效期限延长至1969年。决议虽然没有达到以本达为首的一些议员主张将时效延长至1975年的目的，但这次辩论是一个历史性的进步，更多的德国政治精英公开表现出他们反省纳粹历史的自觉意识和政治责任感，在法律上、政治上开始认真严肃对待追诉纳粹罪行问题，并把它作为一项长期任务坚持下去。1965年追诉时效辩论的一个积极成果是，1965年4月路德维希堡纳粹罪行侦查中心的检察官由15名增加到50名。1969年联邦议院就追诉时效问题进行了第三次辩论，和前两次一样，辩论以妥协性决议告终。1979年7月3日，经过辩论后联邦议院接受了取消对纳粹谋杀罪行和集体谋杀罪行有追诉时效的动议。至此，对纳粹罪犯的追究将无限

① Wilhelm von Sternburg：Erst Benda '65. Keine Verjährung von NS-Verbrechen. In：*Neue Gesellschaft / Frankfurt Hefte*，1–2/2001，S. 50.

② 同上。

③ 同上，S.51。

期继续下去,纳粹罪责也因此持续地成为一个公众广泛讨论的直接涉及德国政治文化的主题。毫无疑问,正是乌尔姆审判、奥斯维辛审判这类由德国司法机构进行的审判和关于追诉时效的讨论,激发了德国人反省纳粹历史的意识觉醒。但是,正确的历史观形成并成为广大公众接受的主流意识,这一进程在德国直到 60 年代后期才有重大进展。

三、68 年一代与自觉意识的传承

60 年代后期德国政府和媒体加强了历史意识方面的教育和传播,奥斯维辛开始成为德国人历史意识中的一个重要内容,但是,奥斯维辛审判给经历过战争的一代和战后的一代带来的影响和冲击是不同的。审判中被揭露的纳粹犯罪事实给年轻一代带来的更多的是一种精神打击,其反应首先是不知所措,继而是羞耻,最后是强烈的愤怒,被压抑的情绪终于在 1968 年学生运动中爆发。20 世纪 60 年代末的学生运动带有明显的代际冲突特征,其焦点之一正是纳粹历史问题。在这场大规模的政治及社会运动中,青年学生迫不及待地打破沉默,清算父辈们的历史,对他们进行公开的政治和道德审判,试图以此摆脱上一代留下的不堪重负的历史耻辱。68 年一代的反叛精神和激进行为不仅反映出主导学生运动的左翼意识形态特征,更重要的是年轻人对非正义公开表示反对的勇气,而这正是他们的父辈们在纳粹时期应该做而没能做到的。德国的战后一代通过代际冲突完成了历史意识的自我定位,一种更具批判性和反省意识的历史价值观开始在具有左翼倾向的政治及知识精英中形成。60 年代末随着左翼政党社会民主党成为主要执政党,反省纳粹历史在德国的民主文化中开始产生一种建设性的作用。[1]

---

[1] Matthias Weiß: Sinnliche Erinnerung. Die Filme >Holocaust< und >Schindlers Liste< in der bundesdeutschen Vergegenwärtigung der NZ-Zeit. In: Norbert Frei und Sybille Steinbacher (Hg.), *Beschweigen und Bekennen. Die deutsche Nachkriegsgesellschaft und der Holocaust*. Göttingen: Wallsten Verlag, 2001, S. 72.

尽管以 68 年一代为代表的院外政治反对派在 70 年中出现了分化,但作为政治及知识精英的左翼,他们对推动联邦德国政治文化的重大转折起了决定性的作用。这一时期德国反思纳粹历史呈现出深刻性、主动性、开放性和广泛性的特点。在政府方面,勃兰特在华沙的惊人一跪给受害国和全世界留下了极为深刻的印象。美国电视系列片《大屠杀》1979 年被德国电视一台的三个频道转播,成为德国媒体和社会以坦诚和开放的态度对待纳粹历史的重要标志,它的播放和产生的影响被称为是联邦德国媒体史上最重大的事件。《大屠杀》创历史纪录的收视率证明德国人对纳粹历史的回忆达到了一个新的质的高度,它主要表现为德国人的一种勇于直接面对纳粹历史的意愿。调查表明,电视片《大屠杀》播放后,大部分德国人对“第三帝国”、纳粹对犹太人所犯的罪行以及追诉时效问题都有了新的认识和观点上的转变,播放前有 51%的人赞成 1979 年后最终取消对纳粹罪犯的追诉,播放后赞成者的比例下降到 35%,反对者则由 15%增加到 39%。① 德国政府也在播放后作出积极反应,在学校教育和成人教育领域加强了有关纳粹对犹太人大屠杀的内容,同时给研究纳粹历史更多的支持。

68 年一代通过对上一代的政治“反叛”完成了他们在历史认识上的意识突变。70 年代后,68 年一代对政界、文化知识界和学术界的影响开始显现。包括君特·格拉斯在内的一批左翼作家通过文学作品反省二战历史,“大屠杀”成为文学创作的一个新的主题,它们从不同角度对纳粹时期人性的扭曲进行深刻的解剖。研究纳粹历史方面产生了许多新成果,其中以慕尼黑现代史研究所对纳粹制度的系统研究最为突出。沉寂多年的对战争罪责的讨论又在哲学界激烈地展开,其中包括对纳粹罪犯产生的根源进行深入探讨。80 年代以来,随着德国政界、文化学术界高层的代际交替的完成,68 年一代开始成为影响政治文化的主流,德国反省纳粹历史的自觉意识也完成了质的转变。这种质的转变主要表现在以下两个方面,第一,在政治、文化、司法、教育等各个领域对纳粹制度的产生及其根

---

① Matthias Weiß: Sinnliche Erinnerung. Die Filme ＞Holocaust＜ und ＞Schindlers Liste＜ in der bundesdeutschen Vergegenwärtigung der NZ-Zeit, S. 79.

源不断地进行再认识与自我解剖,并将其作为德国人自我认同的一个标志;第二,自觉地将反思历史、维护和平作为义不容辞的政治及道德义务,并将其制度化、法制化。这两个特点保证了在 68 年一代中形成的反省纳粹历史的自觉意识得以巩固和传承,这是 20 世纪最后 30 年德国政治史上具有深远意义的重要事件。

从纯粹司法的角度出发,即使是德国学者和法律界人士也认为,战后对纳粹罪行的追诉和审判并不很成功。但是,如果全面并历史地评价由德国司法进行的纳粹罪行审判,其意义就不应该仅仅局限在被审判和惩处的罪犯的数量上,这里更应该强调的是审判产生的广泛和深远的政治及社会效果。借助媒体的持续报道,乌尔姆审判和奥斯维辛审判等重要审判起到了一种对国民进行纳粹历史再认识和再教育的作用,德国人经历了一次以西方民主价值观为核心的政治启蒙,虽然这并不是审判的初衷,但却是它的最成功之处。在舆论压力和公众的关注下,联邦议院议员在对时效问题进行辩论时,始终无法摆脱审判纳粹罪行产生的政治、社会和道德压力,联邦议院在时效问题上的一再妥协直至最终取消时效,反映了德国政治精英在反省纳粹历史上的一个艰难过程和经历过战争的一代人的两难选择。德国人反省纳粹历史的自觉意识的产生是由多种因素决定的,其中主要包括盟国的占领政策、来自外部的压力、德国国内较强大的左翼力量、欧洲传统的民主价值观和德国人思辨的民族特性,而战后对纳粹罪犯的审判和对时效问题的辩论是产生自觉意识的强有力的催化剂,它对激发 68 年一代自我意识的质的变化起了决定性的作用。欧洲的和平与发展很大程度上取决于德国的复兴和进步,德国人在反省纳粹历史问题上的自觉意识及其传承是其主要动力。

四、结 束 语

在纪念第二次世界大战结束 60 周年之际,当年的两个加害国德国和日本在反省历史的态度方面出现了巨大的反差,就在德国政府在首都的中心地区建立欧洲被害犹太人纪念碑的时候,日本领导人仍在顽固坚持其参拜供奉着二战甲级战犯灵位的靖国神社的立场。日本目前反省二战的态度甚至还达不到德国 50 年代中期流行的"受骗论"，其中一个最根本的原因是在日本的政治精英、司法、媒体和民意的主流中根本没有反省二战历史的自觉意识，这是中日历史问题难以化解的根本症结。更严重的问题是，日本没有接受德国反省历史的自觉意识的意愿。

第五节

德国由主权统一到内部统一

王志强[*]

二战结束,德国作为主权国家名存实亡。德国被占领国分割成四个占领区,前帝国首都柏林也分别由四个占领国共同管辖。因四个占领国对战争赔款问题的不同处理方式和其不同的政治和经济制度,战后德国逐渐走向分裂。1947年1月英美占领国决定在经济上将其占领区合并成双占区,随后法占区也介入成为三占区(西战区)。在此期间西占区实施的货币改革为西占区在经济上的统一奠定了基础,但这也为德国分裂埋下伏笔。为抵挡苏联势力向西推进,美英法最终同意西占区成为独立国家。1949年5月23日,随着《基本法》生效,德意志联邦共和国宣告成立;同时生效的美英法"占领法规"在很大程度上又限制了联邦德国的国家主权。西占区成为独立国家加快了东占区的国家建立进程,1949年10月7日在苏占区成立了德意志民主共和国,由此德国开始了长达40年的分裂历史。1990年10月3日,德意志民主共和国按照"基本法"第23条加入了联邦德国,两德分裂历史由此结束。德国的统一也最终结束了二战以来占领国对德国的主权限制,德国成为独立的主权国家。在统一后的近20年,德国致力于内部统一,促进政治、经济和社会制度一体化,但这些行动未像人们所期待的那样在短期内完成,东西德百姓之间仍然存在一堵"心理墙",面对东部地区高失业率和由此所致的社会问题和经济发展不平衡现象,德国要最终实现内部统一将是一个较长过程,这将需要几代人的共同努力。本节试图从国家分裂到主权统一,统一后德国努力实现内

---

* 上海外国语大学德语系教授、博士。

部统一及面临的挑战等方面,对德国统一这一历史进程作一论述。

一、由国家分裂到主权统一

在长达 40 年的两德分裂中,面对民主德国,联邦德国各届政府经历了由不承认到承认德国现状和在东欧剧变背景下完成德国主权统一这几个阶段。

1. 面向西方和"哈尔斯泰因主义"

1949 年联邦德国成立后,面对国家分裂和主权受到限制的现状,阿登纳政府便制定了重返西方、重新武装和重建家园的"三重"国家原则,并根据国家至上原则制定了四项任务:恢复国家主权、融入欧洲、在世界体系中维护自我形象和最终消除国家分裂。在这一国家基本原则框架下,阿登纳成功地逐渐从西方占领国那儿为联邦德国获得了国家有限主权和在占领国家中的平等权利:1955 年联邦德国加入北大西洋公约组织,大部分针对联邦德国的主权限制也随之取消,只是在德国最后统一问题上占领国仍保留最后决定权。1958 年欧共体的成立为联邦政府提供更大的机会和空间,即在更大范围内赢得伙伴国的尊重;加入北约后,联邦德国便开始重新武装,建立联邦国防军,在维护国家自我形象方面取得了较快的进展。在德国统一方面,虽然消除国家分裂是阿登纳政府确定的四项基本工作之一,但没有进展。

在阿登纳长达 14 年的执政中,德国统一没有进展,这同阿登纳政府制定的针对民主德国的"哈尔斯泰因主义"基本政策有着内在联系。因为,"哈尔斯泰因主义"将联邦德国看作唯一的原德国继承国,其政府代表全体德意志人民。在这一政策下,联邦政府对德意志民主共和国采取了"不承认、不接触、不谈判"的"三不政策",并通过不与已承认民主德国国家建立外交关系的方式,达到在国际上孤立民德的目的,在很长时间内,这种强硬、不灵活的外交政策左右了阿登纳对民主德国的政策。

在此期间,东西德边界亦由开放状态转向封闭。民主德国方面虽然

通过了禁止东德百姓从边境前往柏林和西部地区的"边界法",但在 1961
年前,柏林边界仍处在开放状态,许多东德百姓借道西柏林进入联邦德
国,至 1961 年柏林墙竖起前,有占东德人口 18% 的近 300 万人逃往西德,
其中极大多数为东德社会精英如医生、教授、工程师和一些政府官员等。
为阻止如此严重的社会精英流失和保障东德社会和经济的稳定,在 1961
年 8 月 13 日凌晨,东德政府在东西柏林交界处突然筑起柏林墙,切断通
往西柏林所有的通道,一夜间东西柏林被分割成两个地区,从此,两地德
国百姓开始了长达 30 年之久的分离。柏林墙切断了东德百姓前往西柏
林和西德的最后途径,中断了东西德人员的交往。虽然东德方面允许西
德公民通过柏林墙,到东柏林作短暂探亲,但东德百姓不能前往西柏林和
西德地区,1964 年起东德边界逐步开始对退休人员开放。对联邦德国来
说,柏林墙的建立使东西德边界由开放转向全封闭,德国统一前景再度渺
茫,而阿登纳对民德的"三不政策"也加剧了两德的对立,另外,阿登纳对
东德的政策及东西德分裂现状在很大程度上也是二战后所形成的东西方
二大阵营的产物。

2. "通过接近求变化"——新东方政策

　　1969 年社民党赢得大选后,勃兰特政府便废除了前政府以"三不政
策"为核心的"哈尔斯泰因主义",提出了"通过接近求变化"的新东方政
策,承认德国现状,要求放弃使用武力,与东欧国家签约建交,承认奥得河
边界,裁减美苏在两德的驻军,使之达到均衡,建立欧洲集体安全体系。
在这一新外交政策框架下,联邦德国将外交政策视角和重心由西欧逐渐
转向东欧和苏联。这一重心转移为改善东欧国家关系和两德关系正常化
创造了有益的前提。

　　在新东方政策背景下,1970 年 8 月勃兰特总理访问苏联,签订了德苏
互不侵犯条约,双方同意在处理两国争端时互不动武,承认欧洲现状——
奥得河/尼斯河德波边界。此条约为联邦德国同其他东欧国家改善关系
奠定了基础。在访问苏联后,勃兰特访问了波兰,双方签订了"两国关系
正常化基础条约"。勃兰特在华沙犹太人殉难者纪念碑前突然双膝下跪

之举在德国国内、欧洲乃至世界引起了极大的反响。勃兰特勇于面对历史的谢罪举动不仅化解了德国和波兰两个相邻民族的战争宿怨，而且也在全世界面前表明德意志民族对战争行为的忏悔和自责。因其和解之举和"新东方政策"，勃兰特在 1971 年获得了诺贝尔和平奖。同年，美英法苏签订了"四国柏林协定"，重申柏林不属于联邦德国，但联邦德国有权代表西柏林。

面对民主德国，勃兰特政府放弃过去的"三不政策"，采取积极接触政策，1970 年 3 月实现了两德首脑在东德埃尔富特市的首次历史性会晤；1971 年 12 月两德签署了"过境交通协定"，以此确保西柏林同联邦德国交通的畅通无阻。此外还签定了扩大两德贸易和方便东西德公民探亲等协定。1972 年两德签订了确定两德关系的"基础条约"，双方相互承认，但互不视为外国。在各自首都设立"代办处"，而不设使领馆，以此为内容的两德基础条约在一定程度上使紧张的两德关系得到缓和，但国家的分裂也由条约形式得到了确认。

勃兰特"通过接近求变化"的新东方政策一方面促进了两德的接近，缓解冷战所致的两德紧张关系，另一方面又为德国以后的统一创造了重要的外部条件。

3. 东欧剧变和德国最终统一

1989 年东欧剧变为德国统一带来历史性的机遇。在东德建国 40 周年之际，在前苏共总书记戈尔巴乔夫"新思维"思想的影响下，民德各地出现了要求言论自由、旅行自由的示威游行，"莱比锡星期一游行"很快遍及民德各地。在此期间，匈牙利在 1989 年 5 月首先开放了通往奥地利的边界，为封闭的华沙公约组织边界打开了通往西方的通道。波恩政府同布拉格政府就东德公民滞留西德驻布拉格使馆事件达成共识后，要求避难的东德公民乘专列穿越东德领土来到西德，成为柏林墙倒塌前进入西德的首批东德公民。面对百姓旅行自由的要求，1989 年 11 月 9 日前东德政府推出了"迁居自由和旅行自由法"，但此法被情绪化的东德百姓误解为"边境开放法"，当晚人们便打通了柏林墙，东德百姓纷纷涌入西柏林。面对这一突发事件,西柏林市政府采取了推波助澜的措施,向每位过境的东德公民发放 100 马克的"欢迎钱"(Begrüßungsgeld)。柏林墙打开后,东德其他边界也随之开放,大批东德公民由此进入西德边境城市,同西柏林市政府一样,其他西德市政府也向每一位东德公民发放 100 马克的"欢迎钱",许多年轻人从此留在西德。

柏林墙打通和东德边界开放为德国统一带来了契机,前联邦总理科尔凭借政治家和历史学家的敏锐意识和历史责任感,抓住这一历史性机会,促成德国统一。在获悉柏林墙打通这一突发事件后,科尔中断了对波兰的访问,赶到西柏林处理国事,并于 1989 年 11 月 28 日宣布了"十点纲领",试图以"邦联国家"("Konföderation")形式实现德国统一。1990 年 1 月在莱比锡等东德城市爆发了大规模和平游行,东德百姓强烈要求德国统一,"我们是人民"口号变成"德国,统一的祖国"。除政治和文化因素外,人们渴望统一还有经济因素,人们渴望早日得到西马克,呼吁西马克早日来到东部地区,"若马克到我们这里,我们留在这里,若马克不到我们这里,我们到马克那儿。"迫于大批东德公民对西部地区潜在的移民压力,在短时间内两德政府决定将西马克输入东部地区,并在 1990 年 5 月 18 日签署了"关于建立经济、货币和社会联盟的国家条约"①,条约要求西马克代替东马克,建立社会市场经济,实施社会保障制度,建立社会联盟,按此"国家条约",7 月 1 日起西马克进入东部地区,在很短时间内,东马克由此消失,东西德实现了货币统一。货币的统一加快了东西德统一的进程,而 1990 年 8 月 31 日两德签署的"关于实现国家统一"的第二个国家条约,在政治上为两德政治统一奠定了法律基础。在美、英、法、苏原占领国最终同意德国统一后,1990 年 10 月 3 日民主德国按照联邦德国"基本法"第 23 条,加入了联邦德国,这一统一形式因其不对称性和不平等性在一定程度上具有"被并吞"的特点。

---

① *Staatsvertrag zur Währungs-, Wirtschafts-, und Sozialunion.* München,1990.

4. 美、英、法、苏对德统一的立场和"4+2条约"

在德国统一问题上，美英法苏原占领国持有不同的立场和态度，英国前首相撒切尔夫人反对德国统一；法国提出有条件支持德国国家统一，要求德国放弃马克，接受欧元，加快欧洲统一进程，使统一后的德国融入欧洲，以此限制德国的强大。同英法不同，美国则支持德国统一，其前提是统一后的德国须承认德波边界现状，即奥得—尼斯河边界，继续留在北约；而苏联要求统一后的德国退出北约，成为中立国家。面对美苏在德国统一问题上的对立立场，科尔凭着对德国统一的历史责任感，加紧外交谈判，1990年7月在莫斯科和高加索同前苏共总书记戈尔巴乔夫会晤时，在统一问题上实现了历史性突破。戈尔巴乔夫同意统一后的德国留在北约，其先决条件是，德国须放弃使用核武器和生化武器，将联邦国防军减至37万，在苏联在德国东部地区驻军期间，北约不得将其势力范围扩大至德国东部地区，另外同意在1994年年底前从德国东部地区全部撤出苏军。

为最终解决德国问题，1990年9月12日美英法苏外长和两德外长在莫斯科签署了"4+2条约"（最终解决德国问题条约），条约同意结束由波茨坦协定确定的占领国对德国的权利和责任，放弃对德国统一的最终决定权和对柏林的最高权力。随着"4+2条约"的批准和生效，统一后的德国成为政治上完整独立的主权国家。

1990年10月3日德国实现统一后，在规定的撤军期限内，四国先后完成了从德国的撤军，最后一批苏军也在1994年8月底撤回国内。德国支付了数百亿马克用于撤出东德的苏军在国内的安家费。四国占领军的完全撤走，二战后的德国被占领现状也随之结束，德国完成了主权统一。

二、由主权统一到内部统一

在完成主权统一前，联邦德国政府已关注德国内部统一，制定和推出相应的政策，实现东西德地区经济一体化和政治一体化，促进德国由主权统一到内部统一的进程。

1. 经济一体化进程及措施

为在东部地区建立社会市场经济,实现经济一体化,联邦政府根据统一前签署的"关于建立货币、经济和社会联盟的国家条约",在德国统一后不到 4 年内相继建立了货币联盟和以社会市场经济为核心的经济联盟,完成了东部经济转轨和私有化改造,并通过经济促进政策和措施加快东部建设和东部地区经济发展。

- 建立货币联盟

按照"关于建立货币、经济和社会联盟的国家条约",两德于 1990 年 7 月 1 日实现了以西马克为主的货币统一。在兑换比例方面,两德政府最终达成以下妥协,"工资、薪水、奖学金、养老金、房租、租赁金以及其他循环支付项目以 1:1 比例兑换","其他东马克款项和债务以 2:1 比例兑换",另外,根据不同年龄对东德公民存款给予 1:1 比例的限额兑换:14 岁以下为 2000 马克,15 岁到 59 岁为 4000 马克,60 岁以上为 6000 马克,剩余以 2:1 比例兑换。1990 年 7 月 1 日起西马克取代了东马克,这一新货币冲击了东德境内原有的商品价格体系,使之受到市场调整。在东马克消失后,原东德经济失去了货币金融基础,东部地区也被迫由计划经济转向市场经济。[①]

- 完成国企私有化

如果说货币统一为在德国东部地区建立社会市场经济提供货币机制,那么在统一后前 4 年由联邦托管局完成的原东德国企私有化改造使德国东部地区实现了经济制度的转轨,在这方面实施的措施有:直接私有化、重新私有化、先整治后私有化以及停业清理、理顺企业机制。

直接和重新私有化:其对象是具有市场竞争能力的国企,对之采用直

---

① *Gesetz zur Beseitigung von Hemmnissen bei der Privatisierung von Unternehmen und zur Förderung von Inverstitionen vom 22. März, 1991.* Bundesgesetzblatt, Jahrgang 1991, Teil I, Nr. 20 – Tag der Ausgabe: Bonn, den 28. März, 1991.

接出让或退还原主方式,这里负责私有化的联邦托管局没有将买主仅限于德国境内,也面向境外,力争在世界范围内为东部国企私有化改造开放市场,加快国企私有化国际进程,境外投资方主要来自欧盟国家(如英国和荷兰)、美国和加拿大等。

先整治后私有化:对不能直接私有化、但有整治能力的东德国企采用先整治后私有化改造方式,这方面联邦托管局给予的资助有:托管原企业债务,提高企业资本,提供整治补贴。对消耗大、效益小、污染重、长期依靠国家财政补贴的国企进行拆散、肢解和分离,使具有市场生存能力的国企部分实现私有化。

停业清理,理顺企业机制:对无市场生存能力,不能整治,严重亏损的国企进行"停业清理",对企业中有竞争能力的部分进行分离,实现局部私有化。

通过私有化改造,东部国企私有化程度达到近95%,其中全部私有化企业达到6089家,占托管企业的49.4%,直接转让企业达844家,重新私有化企业为1581家,占托管企业的13%,有近73家企业实现部分私有化,未完成私有化改造企业有649家,占托管企业的5.3%,① 联邦托管局对原东德国企近四年的私有化改造,虽然在短时间内为东部社会市场经济建立了相应的企业机制,但快速私有化也致使大批东德百姓失去工作岗位,影响德国的内部统一进程。

• 促进东部经济政策

为实现经济一体化,联邦政府推出的东部经济促进政策和措施有"团结公约"(统一附加税)和财政平衡,欧盟也向德国东部地区提供地区促进资助。

"团结公约":为克服东西德地区间存在的经济不平衡,缩小地区生产和消费上的差距,在两德统一后,联邦政府于1995年1月1日起实施有效

---

① Jan Priewe: Die Folgen der schnellen Privatisierung der Treuhandanstalt. Eine vorläufige Schlußbilanz. In: *Das Parlament* B 43 – 44, 1994, S. 21 – 30, hier S. 23.

期为 10 年的"团结公约",除要求各州、经济界关注东部建设、承担义务外,"团结公约"规定德国百姓交纳幅度为工资税 5.5% 的"统一附加税",每年联邦政府向新联邦州给予财政转让,以每年 1300 亿马克(约 650 亿欧元)计算,联邦政府为东部地区提供的直接财政资助已达 1.3 万亿(约 6500 亿欧元),约占国内生产总值的 6%。在"团结公约 I"第一阶段基础上,达成了第二阶段"团结公约 II",有效期为 15 年。按此公约,联邦政府将继续向新联邦州提供财政转让,自 2005 年起 15 年内向新联邦州提供总额为 1565 亿欧元的财政转让,自 2009 年起在幅度上将逐渐减少,最终使新联邦依靠自身财力,摆脱联邦政府的财政援助。

财政平衡:如果说,在"团结公约"框架下征收的"统一附加税"和财政转让是联邦政府旨在促进东部建设推出的政策和措施,那么,财政平衡则是在"基本法"宪法框架下进行对东部资助,其目的是依靠国家政策和财政政策杠杆,调节和平衡各州经济发展和社会福利,缩小因不同的经济发展前提和地区特殊性所致的地区差别。这里财政平衡有纵向平衡和横向平衡两种,前者指联邦政府对州、地方政府或州政府对地方政府的财政支持,后者则指富裕州向"贫困州"的同级财政转让。根据有关横向平衡的宪法要求,德国富裕州有向"贫困州"转让超标财政的义务,如多年来黑森州、巴符州、巴伐利亚州,北—威州和汉堡为五大"富裕州",它们每年转让的财政平衡款项达近 82 亿欧元,其中 86% 被注入东部地区。此外,联邦政府每年给予东部地区的纵向财政平衡款项多达数十亿欧元。

2. 政治社会一体化

在完成主权统一后,联邦政府通过政治法律一体化措施和"非民德化"进程,促进东西德地区的政治社会一体化。

• 法律制度一体化

在两德统一进程中签署的"关于建立货币、经济和社会联盟的国家条约"和"关于实现国家统一的条约"构成统一后德国法律政治一体化的基本出发点。在此基础上,联邦政府在统一后的很短时间内,将西部地区的基本法、法律制度、政府机构机制扩大至东部地区,以此取代原民德的宪法、法律制度和政府机构。这种制度文化强行推行方式，在一定程度上也让东德百姓失去国家政治认同，在心理上难以接受和适从新的社会制度和制度文化，并有"二等公民"的自卑感。

- 非民德化进程

为消除原民德的政治思想意识形态，在实现经济政治法律一体化过程中，联邦政府对原民德进行了"非民德化"运动，这里主要涉及上层建筑部门如高等学校和政府部门。受到清洗的对象主要有原民德的党政官员，公职人员和高校教师。一些受意识形态影响较大的大学专业如法律、经济、历史、哲学、教育和社会学等专业的学科相继被关闭或重组。为确保大学这一上层建筑领域不再受到原政治思想意识形态的影响，东部地区的大学有近 70% 在职岗位被换新人，许多重要学科也由西部地区教授担任，东部地区教授被迫失业；受到"非民德化"运动清洗的还有原民德驻外使节、工作人员和国家安全局人员。这种彻底的清洗方式虽然在很短时间内在形式上消除了原民德的政治思想意识形态，但由此造成的大批人员失业和辞退也给社会带来不稳定的因素。

3. 德国内部统一面临的困境

1990 年德国统一后，东部经济建设被确定为德国重中之重的任务。人们致力于内部统一的实现和东西部同等生活条件的建立，并把最终完成德国政治，经济和社会的内部统一看作联邦政府制定东部经济政策的基本出发点。但这一问题的解决不仅受制于国内因素，而且也受制于外部因素。

经济全球化所致的外部竞争也成为东部经济缓慢的外部因素之一。由于德国税收过高，致使本国资本流入低税国家和地区，而没有如同联邦政府所期望的那样，流入德国东部地区。联邦德国的高税收、高福利政策抑制经济的发展；高福利又成为国家的沉重负担。这种情况虽然已引起联邦政府的关注，并通过实施相应的减税方案，降低行商税、公司所得税和工资附加税，使德国的高税收情况有一定的改变，但要达到一般低税收国家的水平还有一段距离。另外，其他发展中国家产品涌入德国东部市场,使东部经济面临更加激烈的挑战。2004 年 5 月欧盟东扩后,德国东部企业面临了更大的竞争压力,特别是波及全球的金融危机使德国东部地区遭到更大的发展困境。

迄今为止德国所实施的各种改革如政治、经济和社会各层面的改革旨在应对经济全球化和金融危机所致的实体经济危机对德国经济、社会模式和德国内部统一的挑战。经济全球化对主权国家的冲击必然影响主权国家对本国公民的保护。统一后的德国对本国公民的保护虽具有合法性,但在经济全球化冲破国界时,这种合法性受到了挑战。鉴于经济全球化对本国经济发展的挑战,德国试图一方面深化内部统一,另一方面通过改革更好地应对产品、资本和劳动力在全球化背景下民族国家经济主权的局限性。

三、结　束　语

从内政角度来看,在过去 20 年中,德国东部建设虽然取得了很大的进展,基础设施得到飞速的发展,东西德百姓的生活水平也不断接近,但在柏林墙倒塌 20 年后仍有众多德国东部百姓认为统一的德国问题仍未得到解决,东西德百姓之间还存在着"心理墙"。另外,德国东部高达近 20%的失业率影响社会稳定,助长了排外和极右思潮和对社会制度的不满情绪。因此,要使东西德地区真正实现政治、社会和经济一体化,完成德国内部统一将是一个较长的过程,这将需要几代人的共同努力。从国际政治角度来看,20 世纪 80 年代末东欧剧变给德国用和平方式完成主权统一提供了历史性机遇。德国式的和平统一虽然给联邦德国带来了巨大的经济负担,但德国统一使德国避免因分裂面临的潜在战争危险。在这一前提下,尽管统一给德国百姓带来额外经济负担,缴纳"统一附加税",但德国统一这一历史事件受到德国社会各界的认可。随着德国问题的解决,长达 40 多年的冷战和东西方对峙状态也随之结束,世界更趋向和平。这便是德国统一对欧洲安全和世界安全与和平所作的贡献。

第
二
章

制度文化：政治法律

第一节

当代德国政治文化探析

刘立群*

一、德意志民族曲折的历史及政治文化史

100 多年以来，德意志民族及德国经历了十分复杂曲折的历程，总的来看经历了三起两落，即自 19 世纪下半叶，尤其是 1871 年德意志第二帝国的成立到第一次世界大战前的崛起和因战败而衰落；不久之后的重新崛起，尤其是希特勒 1933 年上台之后大肆穷兵黩武和对外扩张，发动第二次世界大战，最后因彻底战败而再度衰落；第三次崛起则是 1949 年两个德国分别成立后，尤其是联邦德国自 50 年代以后的再度迅速重新崛起，这一次崛起是以和平方式为特点和取向的，并最终导致两个德国在 1990 年以和平的方式重新统一。

与德意志民族复杂曲折的历史相对应，德国政治文化的历

* 北京外国语大学德语系教授、博士，中国德国研究会副会长、兼秘书长。

史也经历了几次重大转折,即:1871—1918 年期间民族沙文主义和扩张主义占上风;1933—1945 年法西斯主义居统治地位;1945—1990 年是以东、西德为最前沿的东西方冷战对峙,联邦德国与西方结盟并与其他西欧国家实行一体化,而东德则与苏联东欧集团结盟;1990 年两个德国统一后,德国一方面继续实行面向生态的社会市场经济体制,[①] 另一方面继续深化及扩大欧洲一体化进程,同时在国际事务中坚持反对战争、维护和平的立场,努力发挥积极作用。总起来说,在截至 1945 年以前的 100 年间,德国的战争与革命几乎不断,整个国家及其政治文化云翻雨覆、大起大落,其领土和疆界也相继发生了多次重大改变;而自 1945 年以来的 60 年间,虽然截止到 1989 年11 月的冷战期间热战的阴影始终存在,但是和平与发展成为其主流。只有比较深入全面地了解当代德国以及欧洲的政治文化及其特点,才能比较全面和深入地了解、理解和研究当代的德国及欧洲。

德国的政治文化特点与英国和法国等相比有很大不同。首先,德国从近代以来至今的政治文化不像英国和法国等国家那样有比较强的连续性,而是因多次发生重大历史转折而发生很大变化。其次,德国在政治上的发展曾长期落后于英国和法国等。德国迟至 1871 年才实现国家统一,到第一次世界大战后才成立魏玛共和国,但是于 1933 年又蜕变为纳粹专制国家。因此,对于 1945 年以前的德国而言,英国、法国乃至于美国是它的"西方"。主要自二次大战以后,联邦德国融入西方世界,同时也开始了其政治现代化的进程。这个过程是德国历史上基本上没有过的(魏玛共和国时期的民主制是一次失败的尝试),是一个新的历程。

英国有其崇尚自由、稳健务实及"光荣革命"的政治文化传统,法国有其大革命的光荣传统及追求独立和伟大的抱负,而德国谈不上有什么优秀的政治历史传统可以继承和发扬,有的几乎只是惨痛的历史教训,其政治文化的突出特点之一是权威主义,[②] 即盲目相信和崇拜军国主义色彩

---

① 戴启秀:《德国模式解读——建构对社会和生态负责任的经济秩序》,同济大学出版社,2008 年。

② 王明芳:权威主义政治文化与德国国家性格的改变,《欧洲研究》,2005 年第 6 期。

浓厚的专制性国家，这恰恰是将德意志民族屡屡带入战争的深渊。1949年5月和10月先后成立的两个德国所面临的一个共同重要任务就是建立和巩固民主政治的基础，不使法西斯专制和战争危险卷土重来。德国的政治文化在二战后开始了一个全新而又复杂曲折的历程。在纳粹统治时期，从国内政治制度角度看是实行专制独裁，从其对外政策看是实行极端民族主义和扩张主义；战后西德的国内政治制度是实行议会民主制，对外则主要是以克服极端民族主义、实行欧洲一体化为突出特征。

美国学者阿尔蒙德和维巴在《公民文化——五国的政治态度和民主》中区分了"参与型"、"臣属型"（又译"依附型"）和"地域型"这三种政治文化类型，并认为德国的特点主要是臣属型的，其具体表现是：1.民众对政治生活不够主动和热心；2.习惯于服从；3.法治思想较为根深蒂固。这种总结固然有一定道理，但也有其历史局限性，因该书是以50年代调研资料为依据的，当时西德正处于战后政治文化重建阶段，此后情况又发生了一系列变化，政治文化也获得进一步发展。1990年德国重新统一之后，其政治文化又显示出新的特点。在这方面，政治文化的研究者把政治文化区分为主流文化和亚文化。对战后德国来说，反对战争、主张走和平发展道路以及实行欧洲一体化、融入欧洲大家庭是德国政治文化的主流，而诸如极左翼、极右翼势力等问题则是其政治亚文化。

德国特殊的历史背景，使战后德国政治文化显示出与欧洲其他国家及自身历史上的政治文化都很不相同的一些特点。突出的有：第一，极右翼势力始终存在，但遭到社会主流力量的反对；第二，极左翼势力和思潮虽始终存在，但趋于不断衰落；第三，反对战争、主张和平的呼声始终很高；第四，出于自身利益与过去历史一刀两断，努力克服狭隘民族主义，坚决走欧洲一体化的道路，并努力在国际事务中发挥更大的作用。

二、两个德国政治文化的差异及其互动

二战后德国的分裂状况既是冷战的产物，同时两个德国也分别处于冷战的最前沿。在这个时期德国的土地上，既存在着剑拔弩张、明争暗斗

的局面，也出现了反对战争、热望和平的强大呼声。1990 年德国的重新统一及冷战的结束，为欧洲一体化事业开辟了崭新的前景。

希特勒军队于 1945 年 5 月彻底战败之后，有约 250 万纳粹国防军官兵被关进战俘营，还有几十万"纳粹积极分子和强烈同情纳粹的人"被拘禁，约 1200 万德国人从东普鲁士以及东欧等地被驱逐到奥德—尼斯河以西，纳粹政府文官系统也彻底瓦解。无论是工人还是中产阶级都一样陷于贫困当中。但德国并没有像第一次世界大战结束后那样发生政治革命或社会动乱，没有出现游行示威或者要求惩处纳粹领导人的呼声。生活在一片废墟当中的 6 千多万德国人基本上处于一种沮丧、无奈和麻木的状态中，战后德国被称为"男人失去了希望、女人失去了自尊"的国家。德国重新回到历史的"零点"，一切都必须从零开始。

二战后德国被美、英、法、苏四大国分别占领，在德国建立什么样的政体当时不可能由德国人民自己决定，而是分别由东部占领区的苏联和西部占领区的美、英、法，尤其是美国所决定。此外，人们普遍担心魏玛共和国时期的内乱和极右翼势力因此得势的历史在战后德国有朝一日重演，因此纷纷采取各种措施未雨绸缪，努力避免。

二战结束时，德国作为战争的主要发动者受到十分严厉的国际制裁，不仅国土被四大战胜国分区占领，10 万多平方公里的领土被割让，不享有充分的国家主权，而且德意志民族被一分为二，形成了两个政治实体、两个德国。德意志民族背负着沉重的战争罪责，在国际政治舞台上事实上沦为二等国家和二等民族。1949 年联邦德国诞生时只享有部分国家主权，国际社会、尤其是其邻国对德国抱有严重的戒心。为了消除国际社会的疑虑，联邦德国《基本法》第 23 条因此明确规定："(1)在联邦参议院同意下，联邦可以通过法律将部分主权让予国际机构。"与此同时，在德国《基本法》中没有写入"德意志民族"或者"民族国家"等字眼。这主要是因为以希特勒为代表的德国法西斯主义曾经大肆煽动民族沙文主义，利用了德国人民的民族情绪，大肆滥用了这些字眼，联邦德国各界因而普遍认为二战的主要原因就是德意志民族主义即大日耳曼民族主义的恶性膨胀，从而普遍羞于再谈论"民族"和"民族国家"，更几乎闭口不谈爱国主义

等，即把民族、民族主义甚至爱国主义都给"妖魔化"了，视之为洪水猛兽。而极右翼势力则继续滥用这些字眼、煽动排外情绪。

阿登纳等对于德国所负的历史责任有比较清醒的认识，认为无论是俾斯麦、威廉二世的第二帝国还是希特勒的第三帝国，都有强烈的民族主义色彩和军事侵略性质，必须完全摒弃这一传统，代之以新的国际主义立场和形象。他十分警惕以往的民族自大狂卷土重来，认定大德意志帝国时代已经一去不复返，德意志的未来在于与其他西欧国家在统一的联盟内共同协作。他反复强调"欧洲是我的指路明星"，要成为一个"欧洲色彩比德国色彩更浓的人"，并带领西德与法国和解、加入舒曼计划、欧洲煤钢共同体、欧洲委员会、北约和欧洲经济共同体等，使曾经"受人憎恨的德国佬和纳粹分子的国度重新取得在道义上受尊敬的地位"。[①] 但他企图通过重新武装联邦德国以及与西方结盟的实力政策迫使苏联政府允许德国重新统一的做法，在客观上却多少助长了联邦德国的极端民族主义的极右翼势力，与他关于防止联邦德国民族主义情绪的上升多少有些自相矛盾。由于德国缺少其他西欧国家的民主政治传统，因此不少人曾经担心联邦共和国会遭遇与魏玛共和国相同的下场。

民主德国于 1949 年 10 月成立时同样不享有完全的主权。在经历了纳粹专制统治之后，民主德国党和政府同样反对专制独裁，主张民主制度，但由于意识形态的影响及当时复杂而特殊的冷战背景，加之西方国家，尤其是联邦德国力图瓦解民主德国、争取让德国在联邦德国的基础上重新统一，使得民主德国对外和对内更多地采用强硬和高压的手段，采取了一些错误的政策，在社会上引起不少不满情绪，许多公民逃往西德。从 1949 年 10 月德意志民主共和国成立到 1961 年 8 月"柏林墙"建立这一时期，东德约有 269 万人流入西德，其中有 150 万人是从西柏林逃出的，多数是知识分子、技术人员和熟练工人，有 74% 是 45 岁以下，50% 是 25 岁以下的年轻人。其中不乏一些知名人士。东德当局虽然在边界设置了检查站和管制站，但未能遏制出走的势头，而西方则把东德公民大批出走视

---

① 转引自哈特里奇：《第四帝国》，新华出版社，1982 年，第 250 页。

为颠覆东德的"廉价原子弹"而予以鼓励。东德因此于1961年8月建起"柏林墙"以阻止公民外逃。从历史角度看，"柏林墙"的修建是东西方冷战的必然产物，沿边境线曾经密布铁丝网和地雷区，标志着当时德意志民族的完全分裂，对于德意志人民，尤其对当时的西德人在心理上和感情上造成了沉重的打击，认为德国重新统一的希望似乎遥遥无期。但与此同时，"柏林墙"也使东德的形象受到严重损害。

西德与东德的政治经济体制及政治文化有很大差异，两者之间有着复杂的关联和影响。东德认为西德是"资本主义"、力图"复活军国主义"，西德则认为东德是"极权专制"、"暴政"、"不民主"等等。双方都把对方与希特勒政权相联系或相比较。客观地说，尽管阿登纳政府在努力重新武装联邦德国、加入北约、起用若干前纳粹官员等方面的政策有不妥之处，但根本谈不上想重整军备、走纳粹扩张侵略的老路，也并不是想通过武力统一德国。当时东德政府对西德的抨击既有认识上的偏激，也有出于政治上即冷战的需要。也就是说，无论西德还是东德，当时都充满冷战思维，无法摆脱各自的成见和偏见，因此必然采取针锋相对、你死我活的尖锐对立态度。

西德把西方国家，尤其是美国当作其恩人和主要庇护者，完全依附于以美国为首的西方；东德则把苏联当作其恩人和主要庇护者，完全依附于以苏联为首的东方阵营，在两个德国因此必然形成完全不同的政治文化。东德的主流意识形态认为自己的道路及制度是完全正确的，而西德所走的道路和所选择的制度是完全错误的、"反动的"；而西德则正相反，认为自己的道路及制度是完全正确的，东德的道路则是完全错误的。但与此同时，无论在东德还是西德都存在亚文化群体，即东德有一部分人认为西德的道路更可取、向往西德的社会和生活，而西德也有一小部分人认为东德的道路更为正确，这主要是左翼乃至极左翼力量。极左翼和极右翼的一个共同特点就是否定民主制。历史的发展堪称物极必反，即法西斯德国的极右政策和前民主德国的极左做法都被联邦德国的主流力量所否定。

两个德国在1990年实现重新统一固然有国际大环境发生变化的外

部因素，但其内部因素起着更重要和更直接的作用。首先，虽然德国被分裂达近半个世纪之久，但两个德国的人民在语言、文化、生活习惯、民族认同意识等方面的共同之处仍始终存在，这是任何人都无法改变的。东德政府否认存在一个统一的德意志民族，这是无视起码的事实。其次，两个德国在经济实力方面存在明显的差距。尽管东德在经济建设方面取得一些成就，在当时苏联东欧集团中处于领先地位，但是和西德相比差距十分明显。对于许多东德人，尤其是年轻人来说，同样是德意志人、生活在同一块土地上，而西德的经济和生活水平要高得多，社会生活的活力和吸引力也大得多，令人感到无法理解和接受，因而他们迫切希望向西德看齐，希望通过统一迅速提高生活水平以及能够自由旅行、自由迁徙等。第三，自 70 年代以来，西德历届政府实行"以接近促转变"的东方政策，以各种方式显示自己的优越之处并在经济方面对东德慷慨解囊、大力支援，加强与之在经济、文化和人员等各方面的联系，为重新统一奠定了必要的基础。第四，前东德政府思想保守、僵化，不思改革、进取和开放，对民众的改革要求置若罔闻，坚持一些极左的错误做法，造成社会不满、人心思变，最终被自己的人民所抛弃。

三、德国统一后政治文化的发展

德国统一后，不少东德人最初抱有极大的希望，但很快却失望了，民主社会主义党在很大程度上是这种失望情绪的得益者，对于许多人来说，只有民社党才能"为东部争取更多的权益"。萨克森州民社党领导成员克里斯蒂尼·奥斯托夫斯基主张，民社党应转变成一个"东部德国人的政党"，就像巴伐利亚的基社盟一样。民社党通过在三个地区的获胜于 1994 年重返联邦议院。而在东部的萨克森—安哈尔特州，社民党在民社党的非正式支持下组成了一个政府。4 年后，在另一个东部州梅克伦堡—前波莫瑞，出现了第一个正式的社民党—民社党联合政府。1998 年，在社民党和基民盟同绿党组成联合政府的同时，民社党在联邦议会选举中获得了5% 的选票，这主要归功于其东部实力的增强。

　　另外,统一后的德国因为东西经济实力过分悬殊使德国东西部的人民纷纷不满,特别是东部的青少年由于大量失业,对于前途没有信心,很容易将其艰难处境和仇恨情绪归咎发泄到外来难民及外国移民头上,认为是他们不仅消耗德国的经济实力,而且"夺去"了德国人的生存机会。当这些不满情绪受到新纳粹主义的挑拨,这些没有方向感的年轻人很快便学会通过蔑视其他种族来找回心理的自尊和骄傲感。

　　德国的重新统一使少数人的民族主义情绪上升。据1994年发表的一份青年调查报告显示,有45%的青年人觉得自己作为德国人比其他民族优越。原东部地区的政治体制全面瓦解,给社会造成某种混乱和失控,同时给东部地区人民普遍带来失落感和信仰危机,原有的政治观念和价值标准崩溃,失业人数迅速上升,这些都促使社会风气向右转。在德国统一之前,前东德基本上没有极右翼势力存在,更没有极右翼组织。在重新统一之后,位于德国西部的极右翼组织利用东部的混乱局面,迅速发展和网罗成员,使极右翼势力一度甚嚣尘上,超过了德国西部的势力。

　　随着统一后德国完整主权的恢复,"德意志至上"、"日耳曼种族优越"的思想又在一部分德国人的心目中死灰复燃,而抱有这种思想的群众则成为新纳粹势力的社会基础。

　　德国统一后,1994年克林顿提出"美德特殊关系"论,使德美关系达到肯尼迪之后的最高潮。然而在2000年布什当政后德美关系开始变冷,特别是德国在美对伊拉克动武的问题上坚决说"不",使两国关系降到冰点。2002年布什首次访问柏林遭到了与肯尼迪1962年截然相反的待遇,他抵达的当晚,柏林就有近2万名示威者涌上街头,高呼"美国佬滚回去!""布什你不是柏林人!"的口号。

　　在德国,极左翼势力有反美情结,极右翼势力同样有,并且与反犹主义密切相关。左翼反美除了反对军备竞赛之外,主要是因为反对剥削和社会分配不公。极右翼反美的原因与此相类似,也是反对美国及犹太人的"拜金主义"。

　　柏林墙倒塌15年后,2004年一项民意调查发现,仍有21%的德国人希望回到柏林墙时代:西部有24%、东部有12%的被调查者在怀念过去

的"好日子"。同时，还有 20% 的西部人和 57% 的东部人认为"大转折"之后他们的境遇得到改善。但在是否满意统一后政治制度的问题上，西部人只有 41%、东部人只有 27% 表示满意。德国《明星》杂志 2004 年 9 月发表的民意调查结果表明，1/5 的德国人希望重建柏林墙，德国西部居民中对其倒塌表示不满的人数远远多于东部居民，分别占 24% 和 12%。主要原因有两点：一是不满东部地区的发展耗费了大量资金（约占西部各州国内生产总值的 4%）；二是与先前的西德时期相比，生活状况恶化，工资减少，失业率居高不下。2004 年德国东部地区失业率仍为 18%，西部地区为 8% 左右。不过，57% 的东部地区居民则对德国统一表示满意，宣称生活水平与前东德时期相比，得到了改善。

基于德国法西斯在二战期间犯下的滔天罪行，德国有不少人赞成把投身欧洲联合当作德意志民族得到救赎的基础。在学术界，也普遍把民族主义和民族国家视为"落后的"和"过时的"东西，认为目前世界已经到了"后民族国家时代"。例如，联邦德国著名政治学家策姆皮尔教授（E. Czempiel）认为"民族国家在很大程度上已经过时了"。[①] 哈贝马斯等则用"宪法爱国主义"取代民族主义。联邦制以及民族认同意识淡化是联邦德国政治文化的突出特点。在 1972 年联邦德国的一项民意调查中，有 71% 的人回答他们了解"国家"指的是什么，但回答不知怎样理解或定义"民族"一词的人却高达 34%。这与当时德意志民族被一分为二、两个德国并存直接有关。在关于"民族自豪感"的调查统计中，德国人对本民族感到自豪的比例在欧盟国家中最低，在 1986 年为 71%，1993 年降为 63%，2005 年仅为 64%（西部地区），均远低于欧盟其他国家；东部地区 1993 年为 61%，2005 年上升为 66%。而对本民族不感到自豪的比例则最高，在 1986 年为 27%，1993 年达到 37%，2005 年为 33%（西部地区）；东部地区 1993 年为 39%，2005 年降为 31%。德国战后占主导地位的民族观主要是"文化民族"观，而极右翼势力所持的民族观主要是"国家民族"观，与法

①　策姆皮尔：民族国家的未来，收于 K. Beyme 等主编《政治学基础》第 3 卷，斯图加特，1987 年。

西斯主义传统一脉相承,要求一个国家只能有一个民族,即种族、种族"纯洁",是历史的首要因素。而"文化民族"观则以文化方面融合为主,同时允许在一定程度上保留外来文化。

综观当代德国政治文化整体状况,可以看出其主流政治文化主要有以下三个特点:

1. 当代德国已经从以往缺少政治民主传统逐步过渡到在整个德国完全确立西方的政治民主制度,并且已经站稳脚跟,魏玛共和国民主制度遭到失败的历史已经不可能重演。

2. 德国的政治文化已经从昔日以臣属型为主、民众对政治参与冷淡,过渡到民众积极参与政治活动,摈弃了以往单纯信赖和服从政府的权威主义、国家主义传统。

3. 从根本上摈弃了极端民族主义传统,以积极的姿态投入到欧洲一体化事业中并极力融入欧洲,同时积极参与国际范围的和平与发展事务。不过,由于社会和思想等多方面原因,其极右翼和极左翼思潮及势力作为政治亚文化仍将长期存在,但是几乎不可能重新成为社会的主流。

第二节

德国政党体制与政党转型

伍慧萍[*]

一、政党格局的历史发展：从"两个半"到"三足鼎立"

近半个世纪以来，联邦德国的政党格局经历了不同的历史发展阶段，发生了深远变革：在经过二战后一段时间的不稳定期后，选民行为集中在两大影响广泛的全民党，即联盟党（基民盟/基社盟）和社民党中，它们与长期参与执政的第三支政治力量——自民党构成"两个半"政党格局，对战后德国的政治格局产生了深远影响。从 70 年代中期开始，随着新社会运动的兴起和绿党在政坛的迅速崛起，政治领域的竞争首次出现扩大的态势。两德统一加强了左翼政党在全国的影响力，政治格局逐渐开始形成五大主要政党"三足鼎立"之势。

1. 政治格局未成形期

在联邦德国成立之初，德国的政党体制尚未成形，虽然基民盟/基社盟始终占据主导地位，但阿登纳领导下的联邦政府就进行过八次重组，先后与自民党、德意志党（DP）和全德联盟/流亡与权利被剥夺者联盟（GB/BHE）等政党分别组成过三党甚至是四党联合政府，联邦议院中政党之间的联合表现为动荡的多元化特征，小党和大党之间的结盟意志也比较高。《基本法》中规定的规范化民主和宪政体制为政权的平稳过渡创造了有利的政治环境，在经历了 10 年左右不稳定的磨合期之后，政党结盟和联合

＊　同济大学德国问题研究所副教授、博士。

形势日益走向平稳均衡。

2. 稳定的"两个半"政党格局

从 1960 年开始,德国政治力量的分布进入相对集中的状态:1961—1983 年间,联盟党、社民党和自民党构成了所有进入联邦议院的政党。这几个政党在 1972 年和 1976 年的大选中甚至囊括 99% 以上的第二轮选票,稳定的"两个半"格局在几十年的时间里主宰了德国政坛,其主要特点就是政党以联盟党和社民党为核心形成泾渭分明、相互对峙的两大阵营,而自民党则扮演着实力较弱,但不可或缺的角色。联盟党从一开始就是建立在两大宗教教派基础之上的,其铁杆选民主要是企业主、农场主、职员和知识分子等传统人士;而社民党虽然在阶级斗争和阶级对立的纲领性要求上几经转折,但主要还是提倡国家干预主义,他们在工会组织下的劳工阶层中选民比例高。在 20 世纪五、六十年代,随着社会和工业结构的变化,两大政党在纲领中分别吸收了更多内容,联盟党不再高调突出自己的宗教特色,而是调整自身适应日益世俗化的社会,社民党 1959 年哥德斯堡党纲则摒弃了马克思主义的概念和主张,转而与德国的主流政治文化和解。两大政党因此在选民社会结构和社会背景上开始日趋接近,发展成为全民党,成为联邦德国政党体制的支柱。自 1949 年起每届都进入了联邦议院的自民党主要是高级职员、公务员和社会地位不断上升的独立职业者的政治代言人,强调市场经济和经济保守主义。作为"天平上的小砝码",该党一直处于有利的战略地位,它的态度往往成为联邦议院政党结盟的成败的关键,除了 1956—1961 年的基民盟单独执政以及 1966—1969 年的大联合政府执政期间以外,自民党在联邦德国成立直至 1998 年科尔政府下台的几十年间不间断地在联邦层面联合执政,在德国政治史上留下了深深的烙印。

3. 绿党的崛起

不过,在 20 世纪七、八十年代之交,随着公务员和职员等新兴中等阶层的迅速壮大,这种稳定的政治格局逐步发生了变化。受过良好教育的

年轻一代社会地位提高，世界观和价值观也发生了变化，他们刻意与已有政党保持距离，借助公民倡议活动和地方网络，积极投身和平、环保和妇女解放等新兴社会政治运动。这一时代精神催生了 80 年代初绿党的成立，在当时基本上是二元的政党政见分歧维度——即经济活力和社会公正——之上加入了第三种元素，即生态的分歧维度。与此同时，社民党和自民党在没有固定宗教信仰的新中等阶层中支持率明显上升，绿党与社民党甚至是自民党进行竞争，走务实政治路线的联盟 90/绿党成功地在左翼自由主义者、知识分子和后物质主义者中立足，对自民党构成有力的挑战。这一切导致德国政坛的竞争态势扩大，主要政党的政治结盟形式也开始表现出"两大集团"化的特征，其标准的阵营对峙形式就是黑黄联盟对红绿联盟，选民选举某个政党，也就同时参与决定了有哪个集团执政。

4. 两德统一和左翼政党的冲击

两德统一重塑了德国的政治版图，联邦议院的构成形势更复杂，原先西部的四党制和东部的三党制转变成了联邦层面的五党制。西部各大政党的势力逐渐渗透到东部，而东部也逐渐形成了选民行为的特有模式，由脱胎于社民党左翼的劳动与社会公正党（WASG）和东部统一社会党的后续政党——民社党合并而成的左翼党在这里的号召力尤其大，同样打出社会公正旗号的该党至少已经导致社民党陷入深重的自我认同危机。对两大全民党不满的选民在选举时极易出于抗议心态而向左倾斜，选举左翼党。左翼党目前在联邦议院的座次洗牌中甚至成为第三大政治力量，它的发展壮大成长为德国政党体制的转型增加了不确定因素。

5. "三足鼎立的共和国"

如今德国政党体制中各大政党的力量对比已经彻底告别了"两个半"时代，开始向"三足鼎立"的格局过渡，即在德国目前的政党体制中，联盟党和社民党分别占据大约 1/3 的比重，而自民党、绿党和左翼党这三个昔日的小党加起来占据剩下的大约 1/3 的比重。这三个小党为迈进联邦议院"5%条款"门槛而苦苦斗争的年代结束了，均已壮大成为中等规模的政党。如果说 2002 年大选之后三个小党加在一起只有 104 个议席，距离第二位的联盟党(248)还有相当大的距离，那么在 2005 年最近一次联邦议院选举之后形势就发生了变化，这三个政党获得的总议席数达到 165 个，已经可以和之前遥不可及的联盟党(224)以及社民党(222)分庭抗礼了，也就是说每三票中就有一票是投给这三个小党的。下表列举了不同渠道的选民支持率排名调查以及联邦和州议会选举中各个主要政党所获得的支持率，从中可以看到，这三个政党的支持率加起来已经逐渐形成了与两大全民党的抗衡之势，而它们彼此之间实力不分高低，始终处于激烈的竞争态势。

选民支持率的差异[①]

政策领域党派	联盟党	社民党	绿党	自民党	左翼党
第 16 届联邦议院议席百分比	36.5%	36.2%	8.3%	10%	8.6%
2007 年 10 月 24 日《明星周刊》民意调查	39%	26%	9%	10%	11%
2007 年 12 月德国电视二台政治晴雨表	44%	32%	8%	7%	7%
2007 年 12 月联邦政治教育中心民意调查	39%	28%	9%	10%	10%
2008 年 1 月下萨克森州议会选举结果	42.5%	30.3%	8%	8.2%	7.1%

二、政党联合模式的趋势分析

除了在一定阶段由基民盟、社民党或者基社盟单独执政以外，联邦政府和各州政府都是以政党联合的形式组成的，意识形态、政治价值观、党内政治文化，特别是经济、劳工、税务等政策领域的取向不同，也影响到政党间的结盟执政方式。[②]

1. 各州层面上的联合模式

在州层面，各州议会的政党联合在联邦德国成立之初经历了一段政

---

① 参见 www.welt.de，2007 年 12 月 14 日。

② 历届政府联合参见 http://www.election.de/ltw.html。

局不明朗的动荡期,先后出现过四党、五党甚至是六党联合政府。在这一政府频繁更迭的不稳定期后,各州便步入稳定期。纵观这以后几十年来各州层面的政党联合可以看出,各州的政治结盟组合比联邦呈现出更显著的多样性:

第一,社民党的结盟行为表现出更大的兼容性,该党不仅分别与基民盟、自民党组成过联合政府,而且先后在柏林和梅前州与左翼党及其前身民社党结盟,在不来梅目前也与联盟90/绿党联合执政,结盟对象跨越了目前所有大中型规模的政党。而基民盟的结盟行为相对保守,迄今为止只与传统的联合伙伴自民党以及社民党有过长期合作(唯一的例外是在汉堡与小党希尔党合作),而从未和绿党结盟,与左翼党更是不可能合作;

第二,"两大集团"在联邦州合作组成大联合政府的情况很多,目前基民盟就在5个州与社民党共同执政,而这几个州除了石荷州以外都是在东部,显然,在新联邦州,基民盟的参政活动还是要借重社民党的力量。此外,也曾出现过基民盟、自民党和社民党组成的州政府,例如在不来梅。

第三,三党联合执政的情况也屡次出现,这其中主要形式是社民党、自民党和绿党组成交通信号灯政府,也有上述的基民盟、自民党和社民党联合,还有汉堡的基民盟、自民党和希尔党组成的保守派政府。

第16届联邦参议院中的议席分配[①]

联邦州	居民(单位:百万)	联邦参议院议席数	执政党
巴符州	10.74	6	基民盟/自民党
巴伐利亚州	12.49	6	基社盟
柏林	3.40	4	社民党/民社党
勃兰登堡州	2.54	4	社民党/基民盟
不来梅	0.66	3	社民党/联盟90/绿党
汉堡	1.76	3	基民盟
黑森州	6.07	5	基民盟

① 数据来源:居民人数:联邦统计局,2007年3月31日。

（续表）

联邦州	居民(单位:百万)	联邦参议院议席数	执政党
梅前州	1.69	3	社民党/基民盟
下萨克森州	7.98	6	基民盟/自民党
北威州	18.02	6	基民盟/自民党
莱法州	4.05	4	社民党
萨尔州	1.04	3	基民盟
萨克森州	4.24	4	基民盟/社民党
萨安州	2.44	4	基民盟/社民党
石荷州	2.83	4	基民盟/社民党
图林根州	2.31	4	基民盟

2. 联邦层面政党结盟形式

在联邦层面上,在1960年政党格局历经调整开始明朗之后,一直占主导地位的是联盟党或社民党一党单独执政或者是两党分别联合本阵营的小党(例如黑黄联盟或者红绿联盟)联合执政,抑或是1966—1969年以及2005年以来的大联合政府,而从未出现过三党联合的架构,而且这里再次印证了社民党在结盟形式上的灵活——除了左翼党之外,它和所有进入联邦议院的政党都曾经联合执政过,而联盟党与绿党则从未联合执政。

鉴于政党力量对比现状,没有任何一种两党联合拥有多数票,而大联合政府便是权宜之计。因此,在2009年联邦议院大选后的政府联合形式时,人们经常讨论联邦层面还从未有过的模式:三党联合,猜测由"两大集团"中的一极联合其他两个中等规模的政党组成三党联合政府的可能性,这其中可能的组合包括由社民党、左翼党和绿党组成的红红绿联盟,社民党、自民党和绿党组成的交通信号灯式联盟以及联盟党、自民党和绿党组成的牙买加联盟。根据联邦议院目前的组成以及民调结果,这三种理论上的组合都很有可能形成虚拟的结构性多数,而且在2005年联邦政府组阁时都曾先后纳入考虑范围:

——红红绿联盟：这种"左翼多数派"中的三个政党的确在一些政策领域客观上存在共性，例如它们都主张在各种行业引入法定最低工资。但是这种设想实现的可能性很小，因为这种组合无论在联邦和各州都没有先例，三党人士也互不认同，社民党担忧，如果社民党真打算在联邦层面和背负"后共产主义者"形象的左翼党结盟，会有大量的选票流向联盟党和自民党，最终也无法形成"左翼派多数"。不过，联盟党始终认为社民党正在向左翼党靠拢；

——交通信号灯式联盟：这一联盟 90 年代初在不来梅和勃兰登堡州曾经实施过，2005 年 9 月大选结果出来以后施罗德曾一度争取过将自民党纳入联合。社民党与绿党在国内安全、外交、教育、生态和社会福利政策领域有许多共识，与自民党在外交内政、科学以及教育政策领域也有许多共同语言，但是在经济和社会福利政策领域有不同的看法，提倡国家干预主义的社民党和保守自由主义利益的自民党分歧甚远，自民党从保障就业的角度出发，提出在法定行业最低工资标准、税收政策、投资性工资以及解雇保护等经济和劳动力政策上的立场和红绿联盟相去甚远；

——牙买加联盟：这三个政党——尤其是联盟党和绿党之间——在历届联邦和各州政府都从未有过合作的先例。两个保守党在经济、税收和劳动力政策上的共同点更多一些，例如都反对在各个行业规定最低工资标准、减税等，而绿党虽然在简化税制上有共识，但是按照生态标准改革整个税收体制的主张难以获得其他两党支持。此外，基民盟和绿党都赞成雇员参股企业，自民党则加以反对。

三、政党基础的变化

1. 党员人数的变化

根据《明星周刊》和 RTL 电视台 2007 年 10 月中旬的政党民意调查，① 60% 以上的老百姓对政党工作不满，入党效力的意向也很低，82% 的

---

① 参见 www.welt.de,2007 年 10 月 17 日。

人不打算加入某个政党。选民远离政党的原因包括不愿卷入党派斗争、时间不够、在内容上不认同任何政党、党费太高、腐败等。政治积极性下降的直接后果就是严重削弱了两个大党的基础:社民党 1990 年还有超过 94 万党员,1993 年的时候减少到 87 万,2007 年 11 月底只有 54.1 万多名党员,17 年间损失了近 40 万党员,如果这一趋势继续,那么该党很快将不再是德国最大的政党;基民盟在 1990 年有将近 78 万党员,2007 年 11 月党员人数约有 53.9 万名,减少了 24 万左右,而且在萎缩的同时日益老化,68%的党员超过 50 岁,1/3 的人甚至超过 70 岁。1990 年基社盟党员人数达到 18.6 万,之后党员人数不断减少,1993 年党员人数下降到 17.7 万,2007 年底基社盟党员人数为 16.4 万,同 1990 年相比基社盟党员人数减少了大约 10%。而自民党党员人数也从 1993 年的 9.4 万人缓慢减少至 6.5 万。其他政党在同一时期表现出良性的发展态势:发展最快的是左翼党,党员人数迅速从 2006 年底的 6 万人壮大到 7.2 万人以上,绿党人数则从 1993 年的 4 万增加至 2006 年年底的 4.5 万左右。①

德国各大政党党员人数变化表

政党 ＼ 统计时间	1993 年	2007 年
基民盟	68.5 万	56.1 万(2006 年 9 月)
基社盟	17.7 万	16.4 万
社民党	87 万	54.1 万
绿 党	4 万	4.5 万
自民党	9.4 万	6.5 万
左翼党	6 万(2006 年 12 月)	7.2 万

数据来源: http://www.polixea-portal.de/index.php/Lexikon

2. 选民与政党传统结盟行为

政党活动的主要目的是通过参政议政谋取所代表社会集团的利益,社会背景各异的选民与政党之间存在天然的归属感和政治结盟的传统,

---

① 数字均参见 www.handelsblatt.de, 2007 年 12 月 18 日。

然而目前对政党忠诚度已经不像以往那样强烈决定选民的选举行为，越来越多的铁杆选民开始远离传统政治环境的约束，他们的政治倾向也很难用简单的左、中、右界定，选举结果的不确定性和选民的流动性增强。

社民党目前已经逐渐失去传统的铁杆选民——工人这一基础力量的信任，例如在金属工业工会组织发展良好的巴符州，多数人几十年以来一直选基民盟，施罗德领导下的红绿联盟依托"2010议程"推行的社会福利体制改革更是触及了社民党一贯代言的小人物的切身利益，大联合政府使得社民党裹足不前，社民党的高层危机也给本党带来了负面影响。从社民党的低迷境况中直接受益的是正在壮大的左翼党，其选民当中很多都是失业者和低收入者等以往社民党的铁杆选民。而支持保守的联盟党的选民很多都有"左倾"倾向：很多人希望保留强势的社会福利国家，希望引入该党高层和党主席默克尔反对的普遍法定最低工资，希望邮政、铁路和其他大型企业继续保留在国家手中，认为国家必须保障公正，希望关闭核电站，甚至有不少联盟党选民反对出兵阿富汗。而一直将自身定位为现代化自由主义党的绿党也和自民党乃至联盟党之间存在选民的交错，从后者那里争取到了一些城市市民阶层选民的选票。至少在2007年不来梅的州议会选举中，夺得16.4%得票率的绿党成功定位为市民阶层的政党，因为该党在大选中恰恰受到贴近经济界的独立从业者（不来梅21%的独立从业者选择了绿党）的青睐。绿党在不来梅成功的很大一个原因是该州已逐渐成为风能和其他生态技术的战略要地，如果德国继续加大对环保工业的扶持力度，绿党在城市中有望步入鼎盛期。绿党的成功也已经引起了基民盟高层的警觉，开始加大对于环保和儿童照管等城市主题的关注度，提高对各种生活方式的开放度。

四、政党政策立场的变化趋势

1. 政党理念的重新定位与调整

社会结构和选民行为的变化导致各大政党纷纷打破"颜色"的束缚，重新定位，调整本党传统的政治理念和政策立场，对其他的选民圈开放：

一贯强调传统家庭观念的联盟党提出的家庭政策带有社民党人的立场，提出的气候政策则带有绿党的传统特色；社会福利政策恰恰是在有着强调社会公正传统的社民党执掌联邦政府大权期间有了实质性的改革；在菲舍尔领导下大放异彩的绿党距离成立之初的生态和平主义理念越来越远；自民党奉作本党精髓的自由主义要求也愈来愈多地被其他政党，尤其是绿党提起。中间位置最决定选举结果，各个政党都在悄悄地和现实进行妥协，逐渐向中间路线偏移，而不再介意与其他政党的政治主张出现某些交叉和"趋同"现象。如果说 20 年前政党体制中还是特色鲜明的两个阵营集团，那么现在它们提出的政治主张更多是围绕具体政策领域而非本党党纲。在大联合政府中，为了达成妥协，更需要接受对方的观点，联盟党和社民党在捍卫生态和社会公正方面达成了前所未有的一致，大联合政府的政策远比前任红绿联盟政府更具备社会民主性。现在，"两大集团"之间的共同点已经不可忽视，强调经济、社会与生态的有机结合与均衡发展已经成为多数政党的倾向。

- 基民盟：向中间位置靠拢

作为一个保守主义特色浓郁的政党，基民盟一向主张对内实行社会市场经济，对外加强欧美联盟，实现以欧洲共同体为基础和核心的欧洲统一。不过，该党在哈瑙会议上提交的题为"德国原则"的党纲草案也讨论起家庭政策、移民政策、环保等非传统议题，试图传递安全、社会福利、绿色的信息，这彰显了基民盟以新面目示人的意图。基民盟已经悄悄地调整了传统的家庭观念，向中间路线偏移，冯·德·莱恩部长提出的家庭政策理念——例如扩建托儿所等照看儿童的基础设施，从 2007 年 1 月起引入父母双方都可能领取的育儿费等——实质上更符合执政伙伴的立场。在基民盟 12 月制定了本党历史上的第三份原则纲领、为今后 20 年的发展确定思想基础的汉诺威党代会上，默克尔毫不含糊地表示要占领"社民党自动让出"的中间阵地，德国的社会市场经济"不仅是一种经济模式，也是社会模式"。而且实际上她的确比所有前任党主席都更加偏左，这集中表现在她主张某些行业引进最低工资，批评经理人收入过高危害社会公正等等。当然，基民盟阵营内部围绕着路线调整也存在立场分歧，以北

威州州长吕特格尔斯为代表的左翼主张该党的方针应当更兼顾社会政策，以萨哈州州长伯默尔为代表的右翼则主张坚持经济自由主义，在避难政策、内部安全和基因工程等新话题上的观点更是分化显著。

- 社民党：在回归社会民主和寻找失去的中间派之间摇摆

社民党高层有一段时期围绕着"施罗德遗产"的纷争凸显了党内的纲领和路线之争。社民党自成立上百年以来的核心和动力是社会公正，但是在施罗德领导期间走的却是新中间道路，他实施的社会政策改革没有体现社会民主的宗旨，而是着力削减社会公正带来的福利负担和障碍，与意识形态和政治现实存有很大出入。进入后施罗德时代，在社民党领导层，2007 年 10 月底社民党汉堡党代会通过新的原则纲领，再次自我确定回归传统价值和最初的理念，推崇以社会福利和社会公正为基础的传统的社会民主基本党纲。但是社民党也不希望拱手让出政治中间位置和相应的目标群体，针对基民盟指责社民党越来越左倾的言论，社民党提出了"团结的多数派"说法，希望以一个左中多数派的阵营涵盖中间位置。因此，在不可避免地向左倾斜的过程中，社民党除了继续关注解雇保护等传统主题，也开始谈论生态政策、安全、劳动力市场和国际责任，在回归社会民主和占据政治中间位置之间寻求平衡。

- 自民党：自由主义者的生存危机

在联邦德国成立之初，自民党将自由思想具体到市场经济、国家统一以及政教分离等目标。在这些目标之下，大量市民阶层的支持保障了自民党独立于联盟党以外的生存，自民党得以在"两个半"的政治格局下、在所有政治层面对联邦德国的政治体制产生重要影响。但是作为一个高举自由主义理念的政党，自民党是以生活条件优越者代言人的姿态出现，不去操心遭遇社会不公的人的命运，主张自我责任的秩序自由主义，寄希望于公民的自我监管。因此，自民党的社会基础相对薄弱，理念和政治现实之间的矛盾显而易见，导致该党徘徊在全方位的政治影响和生存危机之间。1997 年自民党在威斯巴登党纲引言中写道：即便是在联邦德国的自由宪法中，"自由的思想也会经受逐渐滋长的适应和蔑视的危险。获得安全劳动岗位的机会减少、集体强制体制带来的权利剥夺以及监管式的官僚主义是自由面临的新威胁。"① 在参与执政的科尔政府中，自民党担任了副总理兼外长、经济部长和司法部长的职务，但它既未能避免失业，也没有避免官僚现象的日益扩散，陷入生存危机，在1998年成为在野党。

不仅如此，捍卫自由公民权这一自民党的宝贵遗产如今也已经拱手交给了绿党，自民党在成立之初一度高举公民权的旗帜捍卫社会公正，但随着目标群体的限制，如今在建设社会福利网络和法制国家等政策领域，自民党已经逐渐失去了话语权，生存空间日益狭小，与两大全民党、绿党和左翼党相比，处于不利的竞争态势。

• 绿党：理想主义者与实用主义者的清算

自1998年2月起，绿党首次成为联邦层面的执政党，标志着绿党的政治影响达到顶峰。为期7年的执政过程推动着该党调整了自我定位，以便努力印证自己的执政能力，创始人彼得拉·凯利的"反政党党"变成了菲舍尔的实用主义国家党，"现实派"在路线调整中战胜了"理想派"，绿党甚至支持红绿联盟对外派遣联邦国防军的决定。而在下台之后，绿党利用两年的反对党生涯总结了执政经验，重归原则性讨论和理想主义者的时代，开始无休无止地辩论出兵阿富汗、"2010议程"等政治问题，与一度的精神教父菲舍尔之间也再次进行了公开的清算。绿党的政治目标是实行面向生态的社会市场经济，试图继续凭借本党建党以来传统的气候与环境主题争取成功，所以希望按照生态标准改革整个税收体制，以便为有利于环境的生产和消费提供财政激励机制，减少对环境的负担。当然，如今以联邦总理为代表的其他政党也希望在这一领域有所收获，竞争风险和政治诉求实现的机遇并存。而且绿党的政党基础有望进一步扩大：自从1983年进入联邦议院之后，绿党就在自由公民权方面与自民党形成抗衡态势，左倾的民众希望逃避社民党和左翼党之间的争斗，在韦斯特维勒的自民党中找不到容身之地，只会最终驻足于绿党。

---

① 参见自民党1997年威斯巴登党纲：Wiesbadener Grundsätze. Für die liberale Bürgergesellschaft. Beschlossen auf dem 48. Ordentlichen Bundesparteitag der FDP am 24. Mai 1997 in Wiesbaden, Vorwort.

• 左翼党：背负抗议党的形象

政治学者施图穆有关民社党执政能力的调查显示,民社党针对的选民对象是那些抗议者、对东部过去的怀旧主义者、易于受到情绪控制而不知把握现实的人——总而言之就是不够果敢、不能下定决心听从个人理智的人。这些描述同样适用于合并后的左翼党,该党正是高举"民主社会主义"和"社会公正"的旗号,在与社民党争辩改革路线之际,成功地赢得了社会底层民众阵营的选票,但同时也背负上了抗议党的形象。由于主要脱胎于历史上长期存在的社会主义国家党,左翼党一直受到其他政治阵营的排斥,在西部和整个联邦层面的发展受到极大限制。鉴于此,左翼党从一开始就竭力与历史上旧国家党的理念撇清,在参与执政的地方——柏林和梅前州——实际推行的是市场经济政策,这显示了该党调整自身以适应政治现实的努力。该党目前主要在东部德国拥有稳定的一席之地,而在整个德国政党体制中的影响力也在逐渐增强,在最近的黑森州和萨克森州大选中就分别进入了州议会,但是这条在全德的扩张道路注定充满矛盾:一旦参与执政,往日的抗议党身份就面临颠覆,该党赖以生存的社会基础将不复存在,在参与执政的柏林和梅前州,左翼党参与执政后的支持率都无一例外降低,而如果不参与执政,则无法有效实现自己的政治抱负,缺乏纲领性的指导导致该党在持续连贯地形成政治主张方面存在问题。

2. 各大政党政策立场的分歧

当然,各主要政党在某些主题上还是有着鲜明的特色,自民党和左翼党代表的就是完全对立的政治模式。在经济、劳动力市场、税务、能源、教育、内务等多个具体的政策领域,各主要政党之间始终存在显著的分歧。以税务政策为例,虽然简化税制是所有政党的共识,但是在具体设想上却大相径庭:联盟党和自民党都希望减税,前者希望削减企业税和所得税,后者则主张取消营业税和财产税,而且建议引进15%、25%、35%的三级税制;绿党和社民党都反对减税,赞成削减税务优惠和补贴,绿党还希望按照生态衡量标准改革整个税收体制;左翼党则赞成增税,希望通过加大对富人和独立从业者的征税力度来为本党提高失业金的主张筹建资金。

下表列举的是两大全民党在最新的党纲中存在的诸多分歧：

两大人民党新的原则纲领要点对比

要　点	社民党	基民盟
自我定位	"左翼人民党"	"中间人民党"
社会观	信奉收入的公正分配，重申自由、公正和团结是不变的基本价值，主张社会福利国家是社会团结形式	信奉基督教社会福利、自由和保守价值的根源，信奉基督教人生观指导下的自由、团结和公正等基本价值
环保	退出核能	主张大幅度减排温室气体，看准核能为"桥梁技术"
家庭	对家庭的理解和定义比以前更宽泛	扩建托儿所照管设施
社会市场经济	坚持充分就业的目标	希望通过减少雇员保护权实现充分就业目标
社会保障	坚持公民保险的构想，在养老保险中主张引入独立从业者也可参加的普通就业者保险	主张在医疗保险和护理保险中由资本覆盖式保险费模式逐步取代转移支付式的筹资方式，补充养老保险
税务和财政	主张财产再分配，以进行较大规模的公共投资	坚持按照简单、低水平、公正的原则进行大规模所得税改革
融入	主张"德国是移民国"，赞成多重国籍	主张有控制地移民，要求移民认同德国历史与文化（"主流文化"）
国内安全	坚决反对动用联邦国防军	出现紧急形势可动用联邦国防军维护国内安全
外交	希望加强欧洲的"社会维度"，表示对美关系"尤其重要"	反对土耳其入盟，强调与美国的友谊
最低工资	主张大规模跨行业引进法定最低工资	劳资自治，同意邮政行业最低工资，主张禁止有违行业惯例的工资

由这两个政治主张分歧巨大的全民党组成的大联合政府必然难以代表任何政治模式和计划，而只是表现天然的妥协性。红绿联盟执政期间还通过了改革福利国家的"2010议程"，德国正式成为移民国，确定了推出核能政策。而大联合政府上台并没有推出过深远的改革措施。这种政治状况在2009年大选后才出现变化。

五、结论：政党转型对德国政治的影响

综上所述，"两个半"政党格局向"三足鼎立"的演化趋势将给中长期的德国政治带来多个方面深远影响：

1. 从主要政党的力量对比来看，两大全民党——尤其是社民党的影响力下降，而三个小党逐渐发展成为中等规模的政党。但不可否认的是，这"三足鼎立"格局尚处萌芽和确认过程中，一度的小党对日常政治的影响还有限，这其中的原因包括大政党太强大，同为反对党的政党基本政治主张的差异之大前所未有，它们当中的自民党和绿党又一直忙于重新定位。而且这些反对党一旦成为执政党，原先的政治主张就会面临考验，将本党导入认同危机。因此这种力量对比的演变势必要经历较长的确认和巩固期，而铁杆选民对政党的传统归属感下降更是导致了选民的流动性和选举结果的不确定性增大。

2. 社会结构的变化导致政党纷纷调整本党传统的政治理念，政治主张更多是围绕具体政策领域而非党章，"两大集团"的政治主张体现出不可忽视的交叉和部分趋同，争夺政治中间位置成为一种趋势，强调经济自由、社会公正和生态理性的有机结合与均衡发展已经成为不少政党的偏好。

3. 政党间政治结盟的不确定性增大。两大全民党政治作用的下降迫使两者加强合作，但没有人会真正满意大联合政府这种权宜之计，联邦层面上三党联合在目前的政党力量对比形势下日显可能。不过，最终组阁形式如何，不可能仅仅是理论上将各政党的支持率累加起来看能否超过半数，更多要看它们在具体政策领域能否达成共同目标。在这个意义上，任何一种三党联合的理论可能性都还是不成熟的。

第三节

左翼党对未来德国政党体制的影响

[德]米夏埃尔·施托伊伯（Michael Stoiber）*

一、引　言

自 2008 年初左翼党（Die Linke）在黑森州、下萨克森州和汉堡等几次州议会选举中获胜以来，德国的政党体制正在面临一场持久的变革，无论是联邦层面还是联邦州层面都确立了由两大全民党基民盟和社民党以及三个小党自民党、绿党、左翼党构成的五党并存的政党格局。由民主社会主义党（PDS）和劳动与社会公正党（WASG）合并而成的新左翼党在全德国范围内所取得的成功应该如何解释？它对于已有的地位稳固的政党、未来的政党竞争以及对于联邦和联邦州层面政府组阁的过程又有什么样的影响呢？

本节将首先结合李普塞特（Lipset）和罗坎（Rokkan）的分歧理论[①] 与道恩斯（Downs）的政党竞争理论[②] 来简要分析左翼党崛起和稳固的原因，因为只有通过将两个理论结合起来才能完整地解释左翼党在新、老联邦州取得的成功。接下来将借助萨托利（Sartori）的标准来检验左翼党能

---

* 作者是德国达姆施塔特工业大学政治学研究所教授、博士；译者是达姆施塔特工业大学政治学研究所博士研究生。

① S. M. Lipset/Stein Rokkan: Cleavage Structures, Party Systems and Voter Alignments: An Introduction. In: S. M. Lipset/Stein Rokkan, *Cleavage Structures, Party Systems and Voter Alignments: Cross National Perspectives*. New York: Free Press, 1967, S. 1 – 64.

② Anthony Downs: *Ökonomische Theorie der Demokratie*. Tübingen: Mohr, 1968.

在多大程度上确实被看作一个重要的政党,① 这里主要涉及两方面：它的要挟潜力,即它对政党竞争及对其他政党自我定位的影响,以及它的联合执政潜力。在黑森州安德列娅·于普斯兰迪（Andrea Ypsilanti）尝试组建社民党—绿党少数派政府并且失败,这就显示了左翼党的崛起对于稳固的政党以及政党体制产生的巨大影响。为此,本节第三部分将结合联合执政理论,分析巩固后的左翼党将对政府组阁形势和其他政党的策略产生怎样的影响,最后笔者将勾勒 2009 年联邦议院大选的两种不同前景,并运用各种联合执政理论的观点加以分析。

二、左翼党作为全德政党的巩固过程

多年以来在政治学文献中都把民社党看成是东德的特有现象。将它看成纯粹的地区性政党的经验性依据是,它不管是在联邦议院还是在州议会的选举中都未能在老联邦州获胜。那么左翼党是如何跃居为全德政党的呢?

人们往往用"代议缺口"现象来解释左翼党为什么能在德国西部也得以巩固,即认为社民党的立场在施罗德执政期间通过"哈茨方案"、"2010议程"和财政巩固政策向中间靠,导致在老联邦州也出现了大批左倾选民认为这些政策不再能代表他们的利益。这些利益在新联邦州可以在民社党中找到现成的政党政治依托,然而在老联邦州就需要一个新的政党来填补这一空白,由此产生了劳动与社会公正党。② 而 2005 年联邦议院提前选举则为更名为"左翼党/民社党"的民社党同劳动与社会公正党展开竞选合作以及两者于 2007 年正式合并为"左翼党"提供了契机。那么这

① Giovanni Sartori：*Parties and Party Systems: a Framework of Analysis*. Cambridge：Cambridge University Press，1976.

② Oliver Nachtwey/Tim Spier：Günstige Gelegenheit? Die sozialen und politischen Entstehungshintergründe der Linkspartei. In：Tim Spier/Felix Butzlaff/Matthias Micus/Franz Walter, *Die Linkspartei*. *Zeitgemäße Idee oder Bündnis ohne Zukunft?* Wiesbaden：VS Verlag für Sozialwissenschaften，2007，S. 13–70.

是不是全部事实真相？为什么两党展开竞选合作能够在 2005 年大选中快速取得成功？为什么两党会在 2007 年合并且发展成为一个全德政党？

李普塞特和罗坎认为，政党的产生要以社会分歧的存在为前提，各相关社会利益或出于反对或出于维护现状的目的组织成政党，以期在政治过程中表达自己的利益。[①] 在运用这一理论分析 19 世纪末欧洲政党体制产生的过程时，李普塞特和罗坎将社会分歧归纳为四类：第一类是教会和国家之间围绕世俗化和教育控制权问题的分歧；第二类是在民族国家形成过程中产生的新一代政治精英和反对这一进程的位于政治边缘的老一代精英之间的分歧；第三类是随着不断发展的工业化进程而产生的第一产业（农村）和第二产业（城市）之间的分歧；第四类分歧就是劳资之间的阶级对立。如果在上述分歧理论思路中遵从"去历史化逻辑"则可以看到，当代政党的产生也可以用社会分歧的存在来解释。[②] 观察两德统一后最初几年里的民社党，它的存在可以用中心—边缘分歧来解释。一开始民社党作为前东德统一社会党（SED）的后继政党主要代表民主德国老一代政治精英的利益，他们认为自己是统一的政治失败者。民社党代表了一个新的政治边缘，主要局限于新联邦州范围内，这导致它确立了地区性政党的地位，这样在社会上和媒体中广泛讨论的东西德对立在政党政治上也就得到了体现。民社党在德国统一后初期只占工人阶层选民的很小一部分，直到 90 年代中期才能确认民社党将本党定位在劳资分歧左侧。[③] 1998 年以后该党在新联邦州若干次议会选举中连续获得 20% 以上的高

① S. M. Lipset/Stein Rokkan: Cleavage Structures, Party Systems and Voter Alignments: An Introduction, S. 5.

② Gerd Mielke: Gesellschaftliche Konflikte und ihre Repräsentation im deutschen Parteiensystem. In: Ulrich Eith/Gerd Mielke (Hg.), *Gesellschaftliche Konflikte und Parteiensysteme. Länder- und Regionalstudien*. Opladen: Westdeutscher Verlag, 2001, S. 77–95.

③ Matthias Micus: Stärkung des Zentrums: Perspektiven, Risiken und Chancen des Fusionsprozesses von PDS und WASG. In: Tim Spier/Felix Butzlaff/Matthias Micus/Franz Walter, *Die Linkspartei. Zeitgemäße Idee oder Bündnis ohne Zukunft?* Wiesbaden: VS Verlag für Sozialwissenschaften, 2007, S. 185–238.

得票率就要归功于这种崭新的定位。民社党充分利用社会经济中的劳资分歧覆盖了中心—边缘分歧，获得了新联邦州中很多所谓统一失败者的支持。但是由于它在东西分歧中的清晰定位，所以并未能够在老联邦州中真正站稳脚跟，何况直到 1998 年老联邦州中还有社民党明确代表着左派立场。

然而上述分歧理论并不能充分解释老联邦州中劳动与社会公正党的产生，因为在那里社会经济分歧并不是新的分歧。虽然可以随着施罗德政府的政策将传统的劳资分歧转释为围绕社会福利国家的福利规模而产生的分歧，但由此，劳动与社会公正党应是维护旧有的福利国家现状的一方，而其他政党包括社民党才是遵循市场自由主义要求降低社会福利的一方。①

道恩斯的政党竞争理论则可以更好地描述 1999 年以后西德政党体制的动态进程。他的一维空间模型理论认为政党以选民分布为导向、以获取最多选票为目标进行自我定位。② 根据这一理论，1998 年社民党在联邦议院大选中向中间靠，就是理所当然的一步，因为社民党在那里可以和基民盟竞争获得最多的额外选票，该理论往往将在执政期间社民党继续向右移动归因于参与执政的情势所迫。③ 政党体制中对此变化作出的反应也再度同道恩斯的模式相吻合。对于老联邦州中位于政治谱系左侧的选民来说，社民党同基民盟已经区别不大，他们的政党区分度趋向于零，也就是说，选举社民党组建政府同基民盟政府毫无二致，收益都不大。由于缺少选择的余地，很多上述选民不再积极参选，而在"左侧"成立一个新的政党——在这里是以劳动与社会公正党的形式——就可以使政党体

---

① Matthias Micus：Stärkung des Zentrums：Perspektiven，Risiken und Chancen des Fusionsprozesses von PDS und WASG，S. 189.

② Anthony Downs：*Ökonomische Theorie der Demokratie*. Tübingen：Mohr，1968，S. 115.

③ F. U. Pappi/Susumu Shikano：Ideologische Signale in den Wahlprogrammen der deutschen Bundestagsparteien 1980 bis 2002. In：*MZES-Arbeitspapier* Nr. 76，Mannheim，2004.

制达到新的平衡状态,使左倾选民重新有政党可选。在 2005 年联邦议院大选中,左翼党/民社党的州候选人名单中也列入了劳动与社会公正党的候选人,最终有 4.9% 的左翼党/民社党选民选择把票投给了劳动与社会公正党的候选人。

如果说民社党在 2005 年以前未能在西德巩固地位的话,那么同劳动与社会公正党的合作则为其提供了一个开发左派选民潜力的契机。在两党 2007 年成功合并为"左翼党"以后可以看出,不管是作为针对大联合政府中的社民党的左派和社会福利国家政党,还是作为代表新联邦州的地区性利益政党,它的定位都是成功的:2008 年 10 月—11 月的民意调查显示左翼党的支持率为 10%—14%。① 由此可见左翼党在东西部分歧和社会福利国家规模的分歧这两方面的定位都获得了成功,当然这在西部德国只有在社民党立场趋向"中间"的情况下才得以实现。此外,两党合并后其原有的不同基础在领导人物上有所体现也是不无裨益的:原民社党主席罗塔·比斯基(Lothar Bisky)和原社民党主席奥斯卡·拉方丹(Oskar Lafontaine)出任新党主席,而格雷戈尔·居西(Gregor Gysi)出任联邦议院左翼党议会党团主席。

三、左翼党——真的是一个重要的政党吗?

2005 年左翼党/民社党与劳动与社会公正党组成的竞选同盟以 8.7% 的得票率进入联邦议院,2008 年以来左翼党已经进入 16 个州议会中的 10 个,但是并不是每个得票率超过 5% 的政党都能被视作重要的政党。萨托利提出了两个判断标准,一个政党必须至少满足其一才能被视为政党体制中的重要组成部分:② 它要么必须具备所谓的要挟潜力,要么必须具备联合执政潜力。

一个政党的联合执政潜力同它的得票率并无必然联系。无论是多小

---

① http://www.wahlrecht.de/umfragen/index.htm, 2008-11-12.

② Giovanni Sartori: *Parties and Party Systems: a Framework of Analysis*, S. 121ff.

的政党，如果只有它的参与才能组成联合政府的话，那么它算是一个重要的政党。在德国最好的例子就是自民党，这个"天平上的小砝码"直到 20 世纪 90 年代还一直在政府组阁中起着决定性作用，决定了基民盟和社民党谁可以作为大的全民党问鼎总理宝座并同它组成联合政府。而"要挟潜力"则可以提高一个政党的重要性，即便它是反对党，前提条件就是它的存在能够对政党竞争机制、政府组阁或者单个政党的定位产生影响。从联邦和州这两个层面来确定左翼党的重要性，可以把握德国政党体制发展的走向。

在新联邦州和柏林的情况同在老联邦州和联邦层面的情况不同。在过去的 18 年中，左翼党① 在东部通过竞选成功和参与执政已经成为一个稳固的政党。在最近几次州议会选举中左翼党以 17%—28% 的得票率终于巩固了其作为第三大政治力量的地位。这样在所有新联邦州中，左翼党、社民党和基民盟的三党制就形成了议会政党谱系的核心，在几个州辅之以自民党、绿党或者极右翼政党德国人民联盟（DVU）。左翼党在此毫无疑问具备要挟潜力，因为尤其是社民党已经在几个新联邦州中丧失了第二大党的地位，不得不在左侧同左翼党、在中间同基民盟争夺选民。在这种情况下，社民党面临从大党名单中被抹去的危险，这从它在上次选举中在图林根州（14.5%）和萨克森州（9.8%）的选举结果便可见一斑。只有在社民党在"中间"能够与基民盟抗衡的州，例如勃兰登堡州和梅前州，它才能利用其介于左翼党和基民盟之间的位置选择联合组阁的伙伴。对于其他几个政党（基民盟、自民党和绿党）而言，左翼党虽然在选举结果上具备威胁，但在策略定位上由于彼此间立场清晰的界分，因而没有影响。此外，左翼党也得以体现它的联合执政潜力：自 2002 年以来克劳斯·沃维莱特（Klaus Wowereit）就领导着柏林社民党—左翼党联合政府，之前在 1998—2002 年，梅前州也有过同样的联合执政经历；另一种组合模式是左翼党容忍下的少数派政府，如 1994—1998 年间萨安州的社民党—绿

---

① 在下文中为了行文简洁，将统一采用左翼党的说法，虽然 2005 年之前指的是民社党。

党少数派政府以及 1998—2002 年的社民党少数派政府。无论是左翼党的选举成功及由此获得的要挟潜力还是目前的联合执政潜力都充分显示,左翼党根据萨托利的标准在新联邦州也是一个重要的政党。

然而在老联邦州和联邦层面情形并非如此一目了然,因为左翼党在这里就其选票优势而言属于小党,但还是可以观察到它对政党竞争和其他政党的策略定位具有影响力。基民盟和自民党方面的反应相对干脆,即对左翼党采取划清界线的策略,这几乎没有改变政党竞争的动态过程。受左翼党影响颇多的是绿党,尤其是社民党:左翼党直接威胁到绿党左翼选民的支持率,在黑森州议会选举中绿党有 19000 张选票流向了左翼党,这毕竟占到了 0.7%。① 这些流失的选票主要涉及那些明显左倾的选民,他们更多的是属于维护基层民主以及和平主义阵营而非环保的阵营。左翼党对于社民党的影响则更为显著,社民党目前正经受着左翼党对于其部分传统选民所施加的巨大压力,它必须作出两个战略决定:第一个决定涉及该党在政党体制中的定位。由于施罗德执政时期社民党向中间移动,这给本党大部分传统上支持社会福利国家,尤其来自下层和中下层的党员和选民带来很大的认同问题,也正是因此,导致了劳动与社会公正党的产生,其最初的目标是促使社民党重新回到左侧,这是一个政党具有要挟潜力的典型标志。社民党基本上是处于进退两难的境地:如果它重新回到左倾立场就有可能赢回左倾选民,就像在黑森州议会选举中那样,虽然有 32000 张选票(1.1%)流向了左翼党,社民党的得票率总体上还是增长了 7%有余,尽管(或者是恰恰由于?)它全面推行了左倾的竞选纲领。在联邦层面也可以观察到社民党的类似努力,例如在库特·贝克(Kurt Beck)任党主席期间就提出过修正施罗德政府"哈茨立法"的要求。但是这种策略的危险在于可能导致由施罗德征服的"新中间"选民重又流向基民盟,当时争取这些摇摆选民曾被视为决定社民党能否组建多数派政府的关键因素。关于社民党政策内容的定位还仍然在热火朝天的讨论中。

---

① infratest-dimap 提供了黑森州议会选举选民变化的概况,参见 http://stat.tages-schau.de/wahlarchiv/wid253/analysewanderung6.shtml,2008‐12‐01。

从施泰因迈尔（Frank-Walter Steinmeier）被推选为总理候选人、明特费林（Franz Müntefering）复出取代贝克出任党主席的情况可以看出，至少在2009年大选之前，社民党中的中间派将占据主导地位。社民党的第二个战略决定涉及同左翼党可能的合作，以期将目前自民党和基民盟左侧的议会多数派转变为执政多数派。但是该党在联邦和州的层面上似乎没有统一的立场，在联邦层面上社民党普遍拒绝同左翼党开展任何形式的合作，其理由不仅是左翼党具有前东德统一社会党的历史背景，而且两党在外交和安全政策方面也大相径庭，这里在贝克领导期间就已经排除了同左翼党合作的可能性；而在联邦州层面的情况则各不相同。

　　同左翼党的要挟潜力比起来，要回答它是否具有联合执政潜力这个问题则更为复杂。时下黑森州政府组阁失败就展现了尤其是在社民党内部的困境。由于社民党德国西部各州党组织和大部分公共舆论对左翼党普遍持怀疑态度，似乎一个由社民党、绿党和左翼党组成的左翼多数派联合政府并不可行。因此社民党在黑森州谋求实现在萨安州已有成功先例的容忍模式，这是选举于普斯兰迪为州长的唯一可能性，因为基民盟和自民党、社民党和绿党都无法取得议会多数票。问题在于社民党州长候选人于普斯兰迪在2008年1月选举前曾强调，不会借助左翼党的力量来谋取政权，这后来引起了党内关于应走路线的极大分歧。经过地区性大会的激烈讨论，终于在2008年11月2日的黑森州党代会上以95%的赞成票支持采取左翼党容忍的模式，出人意料的是11月4日有4名社民党议员倒戈宣称不愿意选举于普斯兰迪担任州长，使得选举中途夭折。这4名议员中还包括社民党黑森州副主席于尔根·瓦尔特（Jürgen Walter），可见其党内对待与左翼党合作的问题上分歧裂痕之深。这一事件导致黑森州计划于2009年1月18日提前举行州议会选举。尽管社民党的路线尚不清晰，但是目前几乎可以排除此次选举后社民党和左翼党合作的可能性，即使基民盟和自民党重选后还是不能构成多数。尤其是联邦层面的社民党鉴于2009的联邦议院大选，不会希望在黑森州再次出现2008年这种局面。那么2009年大选后左翼党原则上可能以何种形式参与执政呢？社民党方面的方针是鲜明的：一定程度上鉴于黑森州社民党的惨败,以明特费林和施泰因迈尔为核心的社民党领导层会在大选中同左翼党划清界限,这也就几乎排除了两党联合执政或者左翼党容忍模式的可能性。但即便是左翼党方面同社民党的合作看来也不大可能,例如在柏林社民党—民社党联合政府中担任副市长的哈拉德·沃尔夫(Harald Wolf)的言论就印证了这一点:"如果我们2009年必须承担起执政责任,我们会遇到一个问题。我们作为政党经历了一个非常不同步的发展,在东部我们18年以来进入了议会并且享有认可。我们在西部各个州的州组织的明显特征是反对红绿联合政府和表达对社民党的失望。这是不同的文化,要形成共同的认同需要时间。尤其重要的是:目前我们与联邦层面的社民党没有共同的政治基础。"①

四、德国政党体制的未来——联合执政理论方面的思考

本节的最后一部分将从联合执政理论的视角强调左翼党对今后政府组阁的特殊意义,这种意义并不局限于2009年大选。为此首先将大致介绍联合执政理论中因政党行为动机不同而各异的两个重要理论方向,原则上可以区分职位追求理论和政策追求理论。② 在职位追求理论中,各政党仅仅是为了获得参与执政所带来的好处才谋求执政,为此它们首先会通过谋求得票数的最大化以获取尽可能多的政府职位。由这种政党行为动机出发得出两个经典理论,即最小规模获胜理论(minimum winning)和最小数量获胜理论(minimal winning),根据这两个理论得出的政府联合执政预测结果会稍有不同。③ 根据最小规模获胜理论所预测出的多数派执政联合是参与联合执政的政党总议席数控制在超过50%以上的最小

---

① 摘自2008年7月22日《法兰克福汇报》对哈拉德·沃尔夫的专访。
② 作为核心方案的成功的入门书籍,可参考 Wolfgang C. Müller: Koalitionstheorien. In: Ludger Helms/Uwe Jun (Hg.), *Politische Theorie und Regierungslehre*. Frankfurt a. M.: Campus, 2004, S. 267 - 301。
③ William H. Riker: *The Theory of Political Coalitions*. New Haven: Yale University Press, 1962.

值,这样才可以保证参政党在执政联合中所占的百分比最大化,才能获得最多的政府职位。因此,一般运用该理论只能得出一个预测结果,因为只有当所有政党议席总数均相同的时候才有可能出现多个势均力敌的组阁形式。而最小数量获胜理论只是注意将达到联合组阁要求的政党数控制在最少。利用这一理论得出的预测结果往往是各种两党联合执政的形式,只要它们满足议席数达到绝对多数的要求。该理论的理由是一个政党总是希望和尽可能少的其他政党分享政府权力。但是运用这一理论的问题在于可能得出多种预测结果,预测有失精确。①

与之相对的是政策追求理论,根据该理论,政党总是试图使本党对于政府政策内容的影响最大化,因此政党只有在能够更好地实现本党政策设想的前提下才会谋求参政。一般情况下这一目标是通过与意识形态相近的政党联合执政达到的,因为这样才会使联合执政的政党之间更容易达成共识,并使彼此有更多机会找到跟本党的理想化设想最接近的解决方案。为了分析各种联合执政的可能性,可以将各政党排列到政党体制最重要的意识形态维度上,一般为左右倾刻度表上。这一理论方向最著名的模式就是最近关联获胜联合(minimal connected winning coalitions),它将原则上的政策追求和职位追求两个标准结合在一起,② 这是因为根据这一模式对联合执政的预测结果往往是数量最少、位置相近的政党获得绝对多数。这一分析的核心论据在于,政党谋求执政权力往往是和令人信服地实现本党的政治设想相关联的,如果在执政过程中过分妥协将有可能导致在下一次选举中损失选票,因为妥协会引起本党选民对政府政策的不满。如果以政党在左右倾刻度表上的一维排列这一对于政府联合谈判非常基础的指标来分析,中间政党将总是参与执政。这里的中间政党指的是那些其左右侧的政党,如果不联合它就不会形成多数

---

① Wolfgang C. Müller: Koalitionstheorien, S. 269.

② Abram de Swaan: *Coalition Theories and Cabinet Formations*. Amsterdam: Elsevier, 1973.

的政党，① 因此没有中间政党的参与就不会形成两个位置相近的政党联合执政的格局，其他的组阁可能性必须越过中间政党而联合其左右侧的政党联合执政。这一战略地位使中间政党不论是在政府职位还是政策内容方面都获得了更多的谈判权力。

笔者在此选取 2009 年德国联邦议院大选两种不同前景，并运用上述理论分析德国左翼党未来的角色。最新的民意调查结果显示，这两种结果都是有可能出现的。两者都认为五个政党都将进入联邦议院，它们的议席分布情况以百分比由左及右排列如下：

前景一：左翼党 13%—绿党 11%—社民党 24%—基民盟 38%—自民党 14%

前景二：左翼党 15%—绿党 10%—社民党 27%—基民盟 36%—自民党 12%

以下分析都只考虑组成多数派联合政府的情况，这反映出德国到目前为止只有多数派政府这一事实，也主要是因为宪法中相关制度规定联邦总理必须由绝对多数票选举产生。如果用前面提到的最小数量获胜理论分析"前景一"可得出三种由两党组成的多数派政府联合，即基民盟作为最强的政党分别同自民党、社民党或者左翼党的联合。如果借助最小规模获胜理论，即基民盟不仅考虑同尽可能少的政党分享权力，而且考虑它在执政联合中的权重，那么同社民党联合的可能性降为最低。也就是说，如果纯粹从职位追求的角度考察，则预计可能形成基民盟—自民党和基民盟—左翼党的联合，基民盟—社民党的联合可能性要小一些。

但是从上述分析中马上可以发现，在德国单纯从职位追求模式来分析政党的真实动机是不够的，基民盟和左翼党的联合是难以想象的。也就是说政策追求发挥着重要的作用，那么根据最近关联获胜联合理论会预测形成基民盟—自民党或基民盟—社民党的联合。以上预测中基民盟作为中间政党明显具有突出地位，另一种可能性是排除基民盟而由社民

---

① 关于中间选民定理的推导可参见 M. J. Hinich/M. C. Munger：*Analytical Politics*. Cambridge：Cambridge University Press, 1997, S. 35ff。

党同其他政党联合执政，那么联合政府将不得不同时包含左翼党和自民党，这种组合在现实中是难以想象的。在此处即使不考虑相邻两党意识形态的差别，从政策追求的角度来看基民盟和自民党内容上更为接近，因此可以实现两者的联合。① 如果再加上职位追求的论据则可以进一步加强这一预测实现的可能性，因为基民盟如果同小伙伴自民党联合而不是同社民党组成大联合政府，则可以在执政联合内部获得更多的权重。

在"前景二"中多数派的情况只是稍有变动，但是对政府组阁形势将产生巨大的影响。在这里只有两种最小数量获胜联合，即基民盟—社民党和基民盟—左翼党，基民盟—自民党不能构成多数。虽然基民盟—左翼党的组合完全符合最小规模获胜理论（总共占51%），但是由于意识形态的原因这一组合是完全不现实的。因此我们转换视角考察意识形态相近的政党组成多数派的情况，可以预测出基民盟—社民党或者社民党—绿党—左翼党的左派三党联合两种结果。在这种前景下社民党明显取代了基民盟成为中间政党，它需要在两种政策追求的联合之间做出抉择。如果考虑职位追求中政党数量最少化的准则，社民党应该倾向于选择大联合政府；而如果采用执政联合内部权力最大化的标准，则社民党应该倾向于结成左派联盟，因为这样它可以推选总理并任命大多数部长。如果再加上意识形态的差距作为政策追求的标准，则很难判断，因为不清楚是社民党和左翼党之间还是社民党和基民盟之间的差距更大。在这一前景中社民党—绿党—自民党不够组成所谓的"交通信号灯式"联合（Ampel-Koalition），但由于政策追求方面意识形态的差距，这种联合即便可以构成多数也不可能产生。

这样社民党就会陷入进退两难的境地，左翼党的特殊作用也就显现出来：虽然社民党在这里是中间党，但由于选票结果较基民盟少，社民党要么只能屈居小伙伴的地位组成大联合政府，要么在联邦层面同左翼党

---

① 这相当于最近最小范围联合理论（closed minimal range），预测出的多数派联合政府表现出最小的意识形态差距，参见 Wolfgang C. Müller：Koalitionstheorien，S. 274。

合作,这在明特费林和施泰因迈尔的领导下是不可想象的。[①] 这样,除非社民党的议席能够意外超过基民盟,否则它在 2009 年大选后能够推举总理的可能性微乎其微。如此一来,无论是从 2009 年大选以后的选举结果还是从联合执政理论的角度来分析,社民党可能都要重新考虑是否和左翼党合作的问题。而左翼党也要考虑是像现在一样基本走反对党路线,还是在将来积极支持可能的左派多数派联合政府,当然这样做肯定有失去选民优势的危险。如果大选后基民盟—自民党不足以构成多数,那么基民盟除了大联合政府以外只能考虑所谓的"牙买加"组合(Jamaika-Koalition),即基民盟—自民党—绿党的组合,但是这种组合同"交通信号灯式"组合一样,存在意识形态迥异的问题。这些替代性组合方案只有脱离一维政治空间模式去联想才可能有意义。因为在多维空间中平衡的解决方案虽然原则上很难达到,但是可以通过制度上的安排实现。例如如果任命某职能部门部长的政党可以自主决定该职能部门政策的话,基于职能部门权限的政策构建就可以实现稳定的多党政府。[②] 但是鉴于如今各职能部门之间的政策制定息息相关,这种设想显然存在很多问题。由于对成功实现"牙买加"或"交通信号灯式"组合存有疑虑,左翼党在联邦层面的未来作用就成为各种可能执政联合的重要因素,尤其是对于社民党能否推选总理的机会而言。

五、结　语

通过本节的分析可以看出,左翼党之所以发展成为全德政党,是源自它在当前社会分歧中的定位。但作为解释,仅此一点并不够,还需补充考虑政党竞争的动态发展过程以及老联邦州由于社民党向中间移动而形成

[①]　由于联邦总理的选举执行绝对多数的标准,容忍模式同联合执政具有相同的协调机制,因此在此不再另述。

[②]　Michael Laver/Kenneth A. Shepsle：*Making and Breaking Governments: Cabinets and Legislatures in Parliamentary Democracies*. Cambridge：Cambridge University Press, 1996.

的代议缺口，社民党的偏移促成了新党劳动与社会公正党的产生。由于左翼党具备要挟潜力，它目前作为一个重要政党的地位已经毋庸置疑，尤其是给社民党将来的定位带来了很大的挑战。至于左翼党在老联邦州和联邦层面上能在多大程度上具有联合执政潜力，一方面取决于它是否准备承担执政责任；另一方面更具决定意义的是社民党今后面对左翼党将采取何种策略。联合执政理论方面的考量显示，如果社民党中期内不甘于作为基民盟的小伙伴参与执政、而是希望问鼎总理宝座，就必须向左翼党开放。至少在社民党的选民支持率低于基民盟的情况下必须如此，它同自民党和绿党组成"交通信号灯式"政府目前由于政策立场上的异质性并不可行。而只要对左翼党的定位至关重要的两个主要分歧，即东西分歧和福利国家规模的分歧，在德国社会依然重要，左翼党自身在选举层面上仍将处于安全的战略地位。

第四节

德国"宪法冲突"与宪法监督冲突

连玉如*

1951年9月28日,德意志联邦共和国联邦总统特奥多·霍斯(Theodor Heuss)和联邦总理康拉德·阿登纳(Konrad Adenauer)庄严宣告德国联邦宪法法院成立。2001年9月28日,德国在毗邻法国的西南边陲城市卡尔斯鲁厄隆重举行仪式,庆祝联邦宪法法院成立50周年。出席庆典的有德国五大宪法机构首脑以及前联邦总统罗曼·赫尔佐克(Roman Herzog)。劳(Johannes Rau)总统在庆典上发表讲话,盛赞联邦宪法法院50年走过的成功道路,已经发展成为一个"独立仲裁人";同时他还提到对有关"联邦宪法法院在从事政治活动,已成为立法替代者"的诸多批评,认为指责过分了等等。这篇讲话耐人寻味,因为它涉及德国两大宪法机构联邦议院和联邦宪法法院之间的关系,昭示出德国的宪法监督出现了矛盾和冲突。这里,暂且不论总统讲话对这一矛盾冲突的立场如何、有关道理。这一矛盾本身是值得认真对待的,因为它关系到1949年以后德国半个世纪政治制度发展的根本理念与实践在新世纪是否要继往开来的重大问题。

一

所谓宪法监督,主要是指议会对政府工作的监督(立法监督)和法院对议会法律和政府行政活动的宪法控制(司法监督)。立法监督不属本节阐述的范畴。司法监督在这里仅指由德国联邦宪法法院进行的宪法

---

* 北京大学国际关系学院教授、博士,中国德国研究会理事。

监督。

在德国，对联邦宪法法院的宪法监督提出批评早已有之，只是在 20 世纪 90 年代以后，特别是近几年来不仅指责日甚，而且尖酸刻薄，如"联邦宪法法院是宪法的捍卫者还是宪法的改变者"；"是宪法的捍卫者还是立法替代者"；"是宪法的捍卫者还是政治控制者"；"谁来保护宪法免遭其捍卫者的破坏"；"联邦宪法法院的功能是民主政治制度的寡头统治吗"、"是红衣贵族吗"等等，不一而足。值得注意的是就连曾经担任过联邦宪法法院法官的一些知名人士也都语无歧义地加入批评行列，如"宪法监督是司法问题，不是一种超级立法或类似超级立法的问题"；"联邦宪法法院既不拥有立法倡议权，也不拥有对立法行为实行宪法监督的辅助权力。在立法者面前，联邦宪法法院既非'严父'，又非'慈母'"或"宪法法院应事'司法'，而非'立法'"。

导致这些批评的联邦宪法法院判决涉及面广，涵盖各种极为不同的法律领域，如民法和刑法、税法和社会法等等。具体来说，联邦宪法法院招人非议的行为主要表现在两个方面：一是判决明显地超越宪法法院权限，缺少司法自律；二是法院判决的准则常常不是对错与否，而是要调和矛盾、化解冲突，客观环境和政治条件起了相当大的作用。关于缺少司法自律的典型案件有 1973 年 7 月 31 日联邦宪法法院对《德意志联邦共和国和德意志民主共和国之间关系的基础条约》（以下简称"基础条约"）是否违宪作出的判决。判决否定了巴伐利亚州政府有关"基础条约"违宪的起诉，判定"基础条约"与"基本法"是相符合的。判决并没有到此为止，而是涉足西德德国政策的广泛领域，譬如德国的法律现状、重新统一和自决、两个德国之间边界性质、柏林的法律地位、民族问题、德国国籍等一系列问题，从而成为西德德国政策中一个极为重要的法律文件。判决公布以后，西德反响颇大，并不乏批评之辞：一部好的宪法应该是能够适应变化了的形势，并能对之作出相应解释；用解释宪法来适应变化了的形势是一个政治任务，在这方面，联邦宪法法院无论如何应该克制一些。[①] 另外 20

---

① 连玉如：《德意志联邦共和国外交政策》，北京大学出版社，1987 年，第 207—211 页。

世纪 90 年代德国统一以后联邦宪法法院作出的有关终止怀孕、联邦国防军北约辖区以外派兵以及《马约》生效问题的判决，就其内涵而言也都超越了司法权限，成为现实存在的"立法替代者"。特别是对联邦国防军海外派兵问题，判决不仅判定德军有权在世界各地参与行动，而且还创造了"议会多数"（Parlamentsheer）这一做法，即德军的每项海外军事行动都必须经过联邦议院投票批准，需简单多数通过就行；"议会多数"判决在这里具有一种宪法创意性质，因为"基本法"中根本找不到这方面依据！同理，在驳回有关反对《马约》生效的起诉时，判决不仅以令人信服的方式为欧洲一体化进程奠定了具体宪法基础，而且还在政治上为德国的欧洲政策指明了前行道路。[①] 对联邦宪法法院的第二种指责是它不专司法、判断对错，而是还要调解冲突，折衷分歧。譬如，在中断怀孕问题上，联邦宪法法院作出的判决是：中断怀孕违法，但不予以惩处；对 1990 年德国统一以后第一次全德大选是否适用 5% 的限制条款问题，判决是：全德大选也要适用 5% 的限制条款，但在适用时，要对原联邦州和新联邦州加以区别对待。另外，上述的联邦宪法法院对有关终止怀孕和海外派兵案例的判决，结果也都是平息了各派纷争，实现了法律救助。

　　存在上述法律与政治关系的冲突问题，是否意味着要对德国联邦宪法法院 50 年来走过的历程作出贬多褒少的评价呢？回答是否定的，原因有三。首先，1949 年德国"基本法"规定设立的联邦宪法法院实施的宪法监督制度，是德国 19 世纪以来百年历史探索的首次实践，成就卓著，不仅为 20 世纪德国第二次民主制度的发展与巩固作出决定性贡献，而且在世界范围还形成一种独特模式，是除美国以外最有影响的另外一种宪法法院模式。第二，在法律与政治的关系上出现偏差，政治也应负有一定责任，即存在所谓"政治自律"的问题。第三，欧洲一体化事业的纵深发展以及法律日趋国际化的走势，将会逐步淡化德国的宪法监督冲突问题。

---

① Rupert Scholz：Fünfzig Jahre Bundesverfassungsgericht. In：*Aus Politik und Zeitgeschichte* B 37 – 38/2001，S，13 – 14 und *Das Parlament* 5./12. Oktober 2001，S. 2，14.

二

前德国联邦总统约翰内斯·劳对联邦宪法法院 50 年辉煌的成就、超过想象的评价是恰如其分的，并非夸大其词。因为，联邦宪法法院是 1949 年生效的德国"基本法"创立的唯一一个全新机构，是德国宪法体系中最具原创性的机构，[①] 是德国对宪法监督问题进行百年历史探索的首次成功实践。

1848 年 5 月 18 日，全德国民议长会在莱茵河畔法兰克福的圣保罗教堂开幕(史称法兰克福议会)，是第一个全德国民代议机构。1849 年 3 月 28 日，议会经过长期辩论通过了帝国宪法，又称圣保罗宪法。早在 1849 年，圣保罗宪法就已赋予当时拟议设立的"帝国法院"(Reichsgericht)以正式宪法冲突审理权，如宪法机构纠纷、联邦制国家纠纷和宪法申诉。这在德国历史上是第一次，但未成功。1871 年德国统一后制定的帝国宪法没有对宪法监督问题作出相应规定，宪法法院的功能实际上主要移到了帝国参议院。尽管从一定意义上说，只要代议制政府成立，就标志着行政权要受到议会监督；只要司法独立，法治就能逐步实现。但当时德国的国家学说根本没有接受人民主权思想，因此，所谓监督只是形式上的，行政大权仍然掌握在君主手中。在 1919—1933 年的魏玛共和国时期，德国对宪法法院问题是有争议的，争论焦点在于设立什么机构才能有利于调解国家宪法机构之间发生的纷争，维护政治稳定。德国法学家汉斯·凯尔森(Hans Kelsen)主张设立宪法法院，理由是宪法法院本身不拥有权力和私利，只以宪法即法律为准绳，不偏不倚公正裁决；可将政治冲突转为法律纠纷，从而起到真正的平乱作用。魏玛宪法在德国历史上是第一部民主宪法，它规定了公民基本权利，在世界范围都具有积极影响。它首次规

---

① 这是法国著名学者 Alfred Grosser 的评价，参见 Stephan Detjen：Das Bundesverfassungsgericht zwischen Recht und Politik. In：*Aus Politik und Zeitgeschichte*，B37－38/2001，S.4。

定在国家层次设立诉讼法院,主要涉及联邦制国家的宪法冲突问题,然而,魏玛共和国的国家法院并不是一个完全意义上的宪法法院,魏玛宪法也没能阻止法西斯政党上台执政,且本身机制上的缺陷还构成纳粹党上台的一个因素。1949 年生效的德国"基本法"明确规定设立联邦宪法法院;1951 年制定的"联邦宪法法院法",实现了三权分立下宪法解释权向联邦宪法法院的转移,这是德国宪法制度史上一个质的飞跃。它解决了魏玛共和国时期的历史争端,汲取了特别是纳粹极权时期的历史教训,是1849 年以来德国宪法监督制度百年探索以后取得的积极成果。

三

德国联邦宪法法院半个世纪走过的历程是成功的。在此期间,由它审理的各种案件已有 13 万之多,司法档案突破 100 多卷,有近 4 万页。它的成功不仅表现在数量上,而是更加在于它的实质意义:德国联邦宪法法院半个世纪来的司法实践为 20 世纪德国第二次民主制度的发展与巩固作出决定性贡献,且在世界范围独树一帜、影响巨大,屡屡成为别国仿效的榜样,譬如对西班牙、葡萄牙、中东欧国家、韩国、南非等就已产生显著影响。德国联邦宪法法院有以下特征:

首先,它是一个高居于最高联邦专门法院之上、地位自主和独立的司法机构。1949 年"基本法"规定设立联邦宪法法院,开始只简单赋予它司法权力,与其他联邦法院同等待遇,如没有本院财政,要隶属于联邦司法部长等。"联邦宪法法院法"第 1 条第 1 款明确规定:"联邦宪法法院是一个相对于所有其他宪法机构而言自主和独立的联邦法院。"这一规定还派生出它的第二特征:它是一个联邦宪法机构,独立于其他联邦宪法机构如联邦议院、联邦总统、联邦总理等。将宪法法院与国家其他政治性宪法机构等量齐观,在国际上实为罕见,在德国也是不无争议。第三,对立法、行政、司法三大国家权力行使完全的宪法监督,作出的判决也对所有这三大权力具有约束力。根据"基本法"和"联邦宪法法院法"规定,联邦宪法法院受理范围有:1. 抽象和具体的规范监督权(abstrakte und konkrete

Normenkontrolle)（基本法第 93 条第 Ⅰ 第 1 款,第 100 条）;2.宪法机构争讼(Organstreitigkeiten)（基本法第 93 条第 Ⅰ 第 2 款）;3.联邦与各州争讼(Bund-Länder-Streitigkeiten)（基本法第 93 条第 Ⅰ 第 2a、3、4 款）;4.宪法申诉(Verfassungsbeschwerden)（基本法第 93 条第 Ⅰ 第 4a—4b 款）;5.审理联邦总统弹劾案（基本法第 61 条）;6.审理法官弹劾案（基本法第 98 条第 2 款）;7.选举审查申诉（基本法第 41 条）;8.宣布剥夺基本权利（基本法第 18 条）;9.宣布取缔违宪政党（基本法第 21 条第 2 款）。

规范监督是宪法法院的职权核心,即审查法律的合宪问题,也就是宣布议会立法无效的诉讼。对这种审查必要性的认同并非易事,操作上也很困难。因为它使法院直接同立法者议会相对立,把最高民主机构议会通过的法律作为判决的唯一对象;宪法机构争讼裁决权,是法院依据法律审理最高国家机构争讼问题,政治性最强,在德国已由基本法作出规定,而在美国、英国和法国却没有相应规定。宪法申诉是指任何一个公民在他的基本权利以及"基本法"规定的其他权利受到公共权力分割时,都可以向联邦宪法法院提出申诉。德国在深刻反思纳粹独裁统治历史教训基础上所刻意设立的对人的基本权利的法律保护。"基本法"将公民基本权利置于宪法头等地位,强调它们不可侵犯,"约束立法、行政和司法,是直接有效的权利"。关于基本权利,"基本法"除在第 1 章第 1 条作出原则性规定以外,还在第 2 至第 17 条作出具体规定;如行动自由、人身自由;法律面前人人平等;信仰、良心和信教自由;言论自由;集会、结社自由;通讯秘密和邮政、电讯秘密不可侵犯;迁徙自由;选择职业自由;住宅不受侵犯等等。此外,属于公民宪法申诉范围的其他基本权利条还有第 20 条第 4 款（对企图推翻国家秩序的人具有抵抗权,）、第 33 条（公民权利与义务）、第 38 条（选举权和被选举权）、第 101 条（不允许设立特别法庭、不得剥夺任何人由合法的法官审判的权利）、第 103 条（任何人都有请求在法院依法审理的权利）和第 104 条（剥夺自由的法律保证）。

德国联邦宪法法院在国际比较中职权广泛的特点,这不仅体现在上述重要因素,更重要的还在于诸种因素之间的组合与联系上。譬如"判决后宪法申诉(Urteilsverfassungsbeschwerde)",向联邦宪法法院提出宪法申诉的条件中有：其他法律途径已经穷尽仍得不到解决；必须在诉讼时效内起诉，通常情况下是收到最后有效裁决书后一个月内。裁决权与联邦宪法法院独立地位相结合，使最高专门法院明显位于联邦宪法法院的监控之下，联邦宪法法院因而攀上德国司法组织系统的顶峰。另外，宪法机构争讼和规范监督权的组合，使联邦宪法法院获得在政治领域中所有重要的司法管辖职权。总之，德国联邦宪法法院拥有一切过去经常讨论但却很少实现的国家法院性（Staats-Gerichtsbarkeit），负责裁决最高国家机关之间出现的争执；它还因宪法申诉的设立而拥有广泛的监督国家机关对公民行为的权力。它在 50 年中的司法实践是德国政治制度横向分权制衡原则的重要因素，为二战以后自由民主的法治国家思想在德国扎根作出了贡献。这里应当看到：宪法监督和法律塑造之间的界限并不总是明确和清楚，德国联邦宪法法院在司法实践中有较多越权政治领域之嫌，纵使法院权力再大，但法院"不诉不理"。"司法政治化"偏差也有政治领域自身的"政治自律"问题。

四

联邦总统在德国联邦宪法法院成立 50 周年庆典上发表的重要讲话，除了指出对联邦宪法法院的批评过分以外，还特别警告说：不要滥用联邦宪法法院机制，动辄就"法院上见"（Gang nach Karlsruhe），这样做并不能代替竞选失败或议会中少数派的地位。这实际上已经提到"政治自律"的问题，矛头所指主要是议会反对派。

这要首先从立法监督说起。立法监督（即议会监督政府工作）已属于宪法监督范畴，从分权角度看，议会监督政府是宪法分配给议会的职责，是一种宪法分工，不仅意味着政府合法性来自于联邦议院选举，而且也意味着监督是联邦议院对政府的当然权力。另外，由于议会内阁制政府和议会多数同为一个政党或几个政党联盟，作为整体的议会对政府的监督职能不是强化而弱化了，对政府的监督权实际上也主要由反对党来承担了。引起联邦宪法法院作出重要判决的首先是反对党。这一点符合"基

本法"规定的将议会内阁体制同强势宪法法院相结合的机制性逻辑,是"基本法"克服"魏玛宪法"没有保护少数条款弊端的结果。处于议会少数派地位的反对党向联邦宪法法院提出诉讼的做法,源于"基本法"和"联邦宪法法院法",主要有三种途径。一是基本法第93条第1款第2段规定的抽象规范监督。如果在某项法律的合宪性问题上出现质疑,就可以引发诉讼程序。这方面的法律可以是联邦和州法律,也可以是法律规程和规定。有权提出申诉者是联邦政府、州政府或至少1/3的联邦议院议员。反对党议会党团可以在1/3议员支持下提起诉讼,反对党还可以联合一个州政府共同提出诉讼。① 二是基本法第93条第1款第1段规定的宪法机构争讼,这方面申诉者的范围要宽泛得多:有议会党团和小组、联邦议院议员以及政党。诉讼涉及宪法机构的权利和义务,如某宪法机构是否在"基本法"赋予的职权范围内活动;它的某项措施是否损害了诉讼者的权益。导致诉讼程序的还可以是:颁布某项法律、修改联邦议院活动规程、拒绝一项议会党团承认案等。第三种途径是:反对党议会党团联合州政府根据基本法第93条第1款第3段规定,利用联邦与各州关系争讼来贯彻自己的法律主张。这里涉及联邦制即联邦和州权利与义务方面的问题。

由于存在这些向联邦宪法法院提出诉讼的途径,议会反对派就可藉此而有效地弥补他们处于议会少数地位的弱点;加强他们对政府的监督职能,使联邦宪法法院成为一个政治机制上的"投反对票者"。可以说,50年来,联邦宪法法院的司法权在很大程度上是靠政治反对派推动为生的;宪法法院最经常被利用的情况是执政党与反对党的斗争中;最重要的"对扩大客观宪法秩序举足轻重"的判决也需常常追溯到反对派的诉案上。

那么,反对党是否滥用了联邦宪法法院机制呢? 对此问题已有实证研究作出了否定性答复。首先,定量分析已经证实:在联邦宪法法院收到

---

① Klaus Stuewe: Das Bundesverfassungsgericht als verlängerter Arm der Opposition? Eine Bilanz seit 1951. In: *Aus Politik und Zeitgesichte* B37 – 38 / 2001, S.35.

的所有诉讼案中大约 96% 来自单个公民的宪法申诉,占第二位的才是对其他起诉作出的法官判决,只占约 3%。另外,1949 年以后,反对党起诉案中总共只有 53 起获得胜诉,即完全或部分地推翻了政府或执政党多数的行动。显然,成功率很低! 再有,对 1949—2000 年底不同时期社民党和联盟党(CDU/CSU)两大政党在野时期利用联邦宪法法院机制的方式是相似的;不同反对党起诉的结果也有共同规律可循。一般来说,联邦议院反对党自己出面起诉。在抽象规范监督案中,反对党是作为议会 1/3 议员出面,在 1951—1999 年间只有 1/4 的诉案胜诉;宪法机构争讼案结果好一些,能完全或部分胜诉的比例达 44%。导致诉案结果不同的原因是:宪法机构争讼案涉及议会权利或议会少数派权利保护,在这方面宪法法院显然倾向于支持反对党;抽象规范监督针对的是执政党多数的实质政策,起诉者因而往往败诉。倘若反对党与州政府联合起诉,效果要比议会反对党自己出面好得多。这时,59% 的抽象规范监督案和 55% 的联邦与各州争讼案可以获得全部或部分胜诉。在涉及联邦制问题上,法院是倾向于反对党的。联盟党在野比社民党在野时上诉结果要成功。究其原因,主要有三个方面因素:社民党执政时期提出的一些改革方案涉及宪法敏感问题,如德国政策、中断怀孕等问题,便于反对党抓住攻而不舍;联盟党在野期间经常同州政府一同起诉,扩大起诉范围,进行协调与合作、在 1969—1982 年期间,德国联邦宪法法院法官的政党、意识形态或社会背景也对联盟党更为有利一些。从原则层次来看,反对党完全可以指望通过联邦宪法法院来阻止多数派作出的决定,尽管反对党总体起诉次数有限,但一些由反对党发起的诉案已对扩大宪法秩序作出决定性贡献。实证研究已经表明:所谓“反对党滥用联邦宪法法院机制”说法是站不住脚的。反对党利用联邦宪法法院机制,依靠的是法治国家合法性,而不是民主国家合法性! 具有民主合法基础和权利的是选民选出的议会多数党,他们受选民委托为实现自己的政治主张与目标而工作。假如反对党对同执政党的争议问题,总是不去作政治讨论,而是不断地起诉到联邦宪法法院,由法官判决来解决政治纠纷,那么,民主大选结果的意义就会下降。因此,反对党对联邦宪法法院“投反对票的角色”利用应该负责任,要实行

"政治自律"。

五

德国的行政法和国家法教授赖纳·瓦尔（Rainer Wahl）在一篇论述"联邦宪法法院的欧洲和国际环境"的文章中指出：在欧洲，不同国家的宪法法院在二战以后成功发展，已成定论，然而却不完全。因为，它们的地位和作用正在发生重大变化：过去是在一国法院金字塔中高居塔顶，唯我独尊；而今却是置身于欧洲宪法法院总体大厦，参与合唱。这一变化，对德国联邦宪法法院进行的宪法监督制度影响很大，德国宪法监督冲突就会在这一变化中逐步弱化。

欧洲宪法法院总体大厦分为两个层次。在欧洲层次，有欧洲联盟设在卢森堡的欧洲法院（der Europäische Gerichtshof，EuGH）和欧洲委员会（der Europarat）设在法国施特拉斯堡的欧洲人权法院（der Europäische Gerichtshof fuer Menschenrechte，EGMR），就其作用来看，它们可被视为欧洲宪法法院。在民族国家层次就是欧洲各国宪法法院，它们既保持相互之间的横向联系与对话，同时又有同 EuGH 和 EGMR 的纵向关系。法律国际化的发展趋势也对欧洲先法法院产生重要影响。在欧洲地区宪法法院欧洲化的新形势下，德国宪法监督冲突的弱化效应主要体现在两个方面：一个是联邦宪法法院正在失去其在德国进行宪法监督的专有地位，德国公民已有可能在德国以外的法院寻求法律保护，这在德国统一以后的新联邦州已经司空见惯。第二，上述两个欧洲宪法法院地位高于欧洲各国宪法法院，EuGH 是欧共体法的最高诉讼法院；EGMR负责监督各个成员国对"欧洲人权公约"的遵守情况，拥有终审裁决权，特别是当德国联邦宪法法院由于诉讼时间过长而自己也成为批评对象时。针对德国诉讼时间过长问题，欧洲人权法院曾于 1996 和 1997 年三次作裁决。

面对欧洲化、全球化的发展趋势，应该说德国具有优于其他国家的宪法基础和物质、心理准备。1949 年生效的"基本法"具有欧洲性和国际性，它在第 24 条中规定可将国家主权转让给国家之间的机构，已成为走向欧洲化和国际化的杠杆。然而在具体塑造德国联邦宪法法院同欧洲范围出现的法院之间的关系时一开始就有问题。联邦宪法法院在 50 年代处理同欧共体法院关系面临的问题是：欧洲共同体条约不包含基本权利部分，欧共体法院在其司法实践中也没有发展出自己一套规范欧共体次法（Sekundärrecht），即指令和条例的基本权利标准；联邦宪法法院 1974 年作出一个"只要"判决：只要欧洲层次还不能提供相应的基本权利保护，它就会以"基本法"的基本权利作为衡量欧共体次法的标准。这一判决从此成为欧共体法院加紧从事自己的基本权利司法实践的动因。有鉴于此，自 1986 年以后德国联邦宪法法院改变了原有看法，认为：从根本上来说，欧洲层次已经具备了可与德国标准相媲美的基本权利保护；它与欧共体法院的关系是一种"合作关系"，欧共体法院负起整个共同体范围内具体的基本权利保护责任，联邦宪法法院就可以集中致力于对不可转让的基本权利标准的总体保障。1993 年，联邦宪法法院在其《马约》判决中又强调指出：它将继续对下述情况进行审查，即欧洲的法律行为是否局限在欧洲层次应有的职权范围以内。

欧洲地区宪法法院欧洲化、欧洲层次和成员国层次宪法法院之间的关系，对欧洲法院推动欧洲一体化进程有着愈来愈大的客观作用，对此，德国公众和联邦宪法法院的认识相当滞后，直到 1992/1993 年围绕《马约》进行辩论时情况才有改观。从总体上看，欧洲宪法法院的发展没有也不可能取代各个民族国家宪法法院的存在，后者的职能将继续得以保留和扩展。然而，民族国家宪法法院已经不能仅仅局限于本国内部法治建设，而是必须将视角转向欧洲，参与全欧洲宪法秩序的整体塑造。这是新世纪向欧洲各国宪法法院提出的新任务和新挑战。尽管欧洲化的发展趋势将会淡化德国的宪法监督冲突问题，但德国国内仍要认真对待这一问题，因为它涉及联邦议院立法权和联邦宪法法院司法权这两大宪法机构之间的敏感关系。在这方面联邦议院和联邦宪法法院这两大国家权力的功效，对民主的从而也必须分权制衡的法治国家来说至关重要，它们应该相互尊重、平等负责地行使各自权力；立法权要专事立法，司法权应专事

司法,这一点联邦宪法法院要特别注意;基本法的法治国家不是司法至上国家;如若出现偏差,应予尽快矫正,在这一前提下,德国的宪法监督冲突问题会得到有效的控制。

第五节

论德国法律的文化渊源及其法律思想

戴启秀[*]

　　德国法律思想的源头和法律立法技术可追溯到古希腊古罗马神话、古希腊哲学和罗马法这三大渊源。本节通过追溯古希腊和古罗马神话中的法律原型，分析和确定神话语源最初的本义、厘清文字含义的成因、变化和脱离原义的演变过程，以此界定德国法律起源与发展。

一、神话中的法律原型

1. 古希腊神话中的法律原型与法律正义

　　按德国学者弗里茨·洛斯（Fritz Loos）及汉斯·路德维希·施雷贝尔（Hans Ludwig Schreiber）的观点，研究西方法律体系，首先应该研究构成西方法律思维模式的原型，即研究象征"神法"的希腊女神忒弥斯（Themis）。[①] 忒弥斯是古希腊神话中天神乌拉诺斯（Uranos）和地神盖亚（Gaia）的女儿。忒弥斯后来成为奥林匹斯主神宙斯（Zeus）的第二位妻子，是掌管奥林匹斯山各殿堂及整个宇宙治安的女神。在古希腊的雕塑中，作为法律和正义的女神，她的造型通常在艺术作品中被表现为左手举一架天平秤，右手持一把剑，双眼被布蒙住。她左手高举的天平，象征着

---

[*]　上海外国语大学国际关系与外交事务研究院副研究员，中国德国研究会理事。

[①]　Fritz Loos/Hans Ludwig Schreiber：Recht und Gerechtigkeit. In：Otto Brunner/Werner Conze/Reinhart Kosellek（Hg.），*Geschichtliche Grundbegriffe*. *Historishes Lexikon zur politisch-sozialen Sprache in Deutschland*. Bd . 5 . Stuttgart：Klett, 1984, S. 231 – 311, hier 233..

绝对的公平与正义；右手拿着的剑，惩恶扬善，维持公平正义，双眼蒙上眼布表示公正无私，不管面前是什么人她都会一视同仁。忒弥斯和宙斯育有多女，其中，狄克（Dike）与法律最有关系，她为母亲忒弥斯分担职责，协助母亲共掌法律、主管人间的生活与秩序并主持正义。狄克在神话中的造型往往是手持宝剑或权杖。忒弥斯和她的女儿狄克这两位令人敬畏的法神形象在古希腊的雕塑艺术中早已存在。根据神话传说，她们把神圣的法律秩序传给人类。忒弥斯的任务是主管天上众神之间的秩序，狄克分管人类社会中各种关系的秩序。狄克作为希腊女神，代表的是人所拥有的权力和权利，她既是神话中人为法的象征，又是正义神的象征。[①] 因此，狄克被视为对非正义的报复者，她手上所执的剑或权杖正是古老司法制度的象征，"报复剑"是对付邪恶的标志。

从希腊语的构词法角度而言，忒弥斯的原文 Themis 由"The"和"mis"两部分组成，词根"The"如作为动词，意指制订或做、干；如作名词使用，其意思是指"定律、标准、条例、法令"。"mis"表示女性。由此组成的名词Themis 指"制订法律的女神。"[②] 从法的作用角度来看此词，最初作为法神象征的 Themis 同代表法律、法规的"神法"概念所表达的内容是相一致的。"神法"的内容包括治理天国多神的秩序，规范人类在神面前的举止行为等。根据雅典法，仅在狄克的原文 Dike 这个名词词目下的内容就包括了整个司法行为过程的几种解释：法庭对诉讼当事人的传唤；由于某人受第三者伤害而要借助法庭或法院的职权来实现和重新调整与当事人之间的法律关系；对犯罪行为进行惩罚等公正行为。[③] 今天的西方国家，包括德国的法律实践中都仍保持着雅典法中的基本法律要素，如：1）原告、

---

① Georg Wissowa（Hg.）：*Paulys Realencyclopädie der classischen Altertumswissenschaft, Bd. 9.* Stuttgart：Metzler, 1958, S. 574.

② Wilhelm H. Roscher（Hg.）：*Lexikon der Mythologie. Ausführliches Lexikon der griechischen und römischen Mythologie. Bd. 4, 1909 - 1915.* Leipzig, S.570 - 650, hier S. 570.

③ Georg Wissowa（Hg.）：*Paulys Realencyclopädie der classischen Altertumswissenschaft, Bd. 9,* S.578.

2)被告、3)所涉及的事物和对有关事宜诉讼的要求（即原告的诉求）、4)法律诉讼程序、5)法律诉讼的形式、6)起诉行为的最终目的。① 如前所述，忒弥斯是"神法"的象征，狄克是管理人的"人为法"的法律象征。"人为法"虽不同于"神法"，但它的许多概念及法的功能和作用是从"神法"中派生而来的。两者的基本思想和功能是一致的。两者的根本区别主要在于管理对象的不同：神法主管的对象是诸神，而由人制订的"人为法"管理的对象是社会中的人和人之间的各种秩序。由此奠定了希腊古老法制的两根支柱，从神事和人事两个方面构成了古希腊人思维及其行为的统一体。随着时间的推移，人们已不再重视区分代表"神法"的忒弥斯和代表人的基本权利的狄克在其概念内涵上的不同，而是更注重其内容的实际运用。如果从西方法学史角度来看这一概念的辨析，赫拉克利特（Herakleitos，约公元前 540 年—公元前 480～470 年之间）是最早区分"自然法"和"人为法"的："一类是存在于万物之中的'神法'，即自然法；另一类是存在于人类社会中的'人为法'"。② 他的分类也受古希腊神话的影响，以此奠定了古希腊自然法思想的基础。

2. 古罗马神话中的法律原型与立法技术

如果说古希腊神话影响了西方人的法律思维，那么古罗马神话则影响了西方人的立法技术和法律实践。与希腊人追求"公正、合理"的观念相比，罗马人更追求成文法中的平等原则和法的效力，并将平等原则视为法律的基础。罗马的实体法律技术与法的平等观由西方法律体系和制度所继承。古罗马人对"神法"和由人自己制订的"人为法"的理解早期同古希腊人基本相同，最初，只知道法就是指"神法"，并不知道"神法"和由人自己制订的"人为法"之间有何区别。之后才慢慢对之加以区分，以至于后来演变成"法"只用于管理人类。

---

① Georg Wissowa（Hg.）：*Paulys Realencyclopädie der classischen Altertumswissenschaft*, *Bd*. 9, S. 578–580.
② 李束：《世界法学之最》，中国法制出版社，1995 年，第 212 页。

　　古罗马的神法女神阿库维塔斯（Aequitas）相当于古希腊代表"神法"的忒弥斯。① 如果说古希腊神法女神忒弥斯代表正义，那么古罗马神法女神阿库维塔斯则代表法律的公平和平等。"古罗马人将 Aequitas 通常看成象征一种法律有效性的朱蒂提亚（Justitia）来崇拜，这些我们都可以在古罗马的硬币上看到：一位女神睁着左眼，闭着右眼，拿着兽角和天平秤。"② 所以，从神话发展过来的 aequitas 这一词与 justitia 一词是近义词。从拉丁语词义上解释，aequitas 是"平等、公平"的意思，综合古希腊的"正义"和古罗马的"平等"的意义。平等后来发展成为一项重要的正义原则。在词语运用和文字本意的演变过程中，人们淡化了 aequitas 的应用，强化了近义词 justitia。除代表女神的意思外，justitia 这个词作为法律概念还包含了两层意义：主观意义指正义、公正；客观意义指成文法律。③ 从艺术造型上看，古罗马神话中朱蒂提亚女神手中持有的权仗或天平秤，象征权力、法的效力和平等。在欧洲文艺复兴时代，古希腊古罗马艺术得到复兴，罗马法也在复兴。由此古罗马女神朱蒂提亚的造型也开始演变，并出现在各个城市法院的屋檐上，女神的造型一般演变为是一手持剑、一手持天平，或手持权杖，紧闭双眼或双眼被布紧紧地蒙上等各种造型。这位女神的造型继承和融合了希腊的忒弥斯、狄克两位女神的特点，又加上了古罗马法律女神朱蒂提亚的造型。

　　尽管古希腊人和古罗马人的语言表达不同，但狄克和朱蒂提亚这两位女神所代表的法的本质是一样的。古希腊人将狄克看作是人的权利象

① Georg Wissowa（Hg.）：*Paulys Realencyclopädie der classischen Altertumswissenschaft, Bd.II*. Stuttgart：Metzler，1978，S.762.

② Georg Wissowa（Hg.）：*Paulys Realencyclopädie der classischen Altertumswissenschaft，Bd.9*，S.86. 古希腊神话中法律女神双眼被布蒙住，而古罗马神话中的女神是睁着左眼、闭着右眼。本文作者认为，右表示不看身份和地位，突出公正性，所以"右"在德语里的本意也是"Recht"，英语的表达是 right，正确的、合适的、合法的、合理的解释都源于此。但在英国不同，法律是 law，权利是 right，两者不能混用，故英美法系不同于罗马法系。

③ Georg Wissowa（Hg.）：*Paulys Realencyclopädie der classischen Altertumswissenschaft, Bd.9*，S.503－504.

征,而古罗马人则将朱蒂提亚看作是法的起源和法的核心。拉丁语"Jus"或"Jura"这词就是从古罗马司法女神"Justitia"派生而来的。作为法律概念的"Jus"或"Jura"同样包含两层意义:第一层的主观含义继承了古希腊代表正义之神的 Dike 精神,指出了权利与义务之间所存在的法的本质。第二层的客观含义继承了古罗马女神 Justitia 以平等为前提的法律的有效性。从法律体系的主客观性来看,"Jus"的客观含义指一切成文法、规章制度、法令等,即指在古代罗马,由国家机关按照立法程序制定并公布施行的法律;① 主观含义泛指"人的基本权利,如自然权、自由权等。"② 拉丁语"Jus"在这一层面所表达的以人的基本权利为内容的主观含义同古希腊的狄克一样,强调人所拥有的法律秩序和公正的要求。狄克女神允许人们首先拥有自己的权利,但同时也要求人们应该履行自己的义务,要求获得权利者同时要做出相应的付出。正如亚里士多德所指出的那样,"谁有权利,就意味着他应获得属于他的东西。狄克是调节权利和义务两者之间平衡关系的,即调节权利和义务之间的互换关系,她决定了人们要求拥有权利的限度,使每一方在获取权利和履行义务之间达到平衡",③ 从而实现公正。

　　虽说古希腊和古罗马神话对西方法律的起源有着重要影响,但古希腊人和古罗马人对法的理解还是有所区别的。古希腊人将法看成是一种法庭的仲裁和平衡;而古罗马人更倾向于将法看成是一种权力和效力的象征。如果说古希腊法哲学的核心强调公正,那么,古罗马的法哲学强调法的核心是以平等为前提的法的实施力度和法律的有效性。这种法律上的有效性和合法性又是通过"平等、公平"(aequitas)来体现的。古希腊、古罗马的法文化构成了西方法律概念合法性(Legalität)和合理性

①　Karl Ernst Georges（Hg.）：*Ausführliches Lateinisch — Deutsches Handwörterbuch*. *Bd*. *II*. Basel：Benno Schwabe,1959, S.500.

②　Karl Ernst Georges（Hg.）：*Ausführliches Lateinisch — Deutsches Handwörterbuch*. *Bd*. *II*, S. 501.

③　Rudolf Hirzel：*Themis, Dike und Verwandtes. Ein Beitrag zur Geschichte der Rechtsidee bei den Griechen*. Hildesheim：George Olms,1966, S.127－128.

（Legitimität）的两个方面，合理性强调了法律、成文法内容的公正性，合法性强调了法律的立法、成文法的制定与实施的实际效果。

二、德国法律体系的形成与发展

1. 希腊哲学与法的公正观对德国法哲学的影响

　　法律理论中所探讨的"公正、正义"这个概念一直是立法的尺度，是古希腊哲人首先摆脱了在这之前一直占主导地位的带有宗教神秘色彩的思维方式。[①] 德国的法哲学发展历史悠久。从法律（客观）与正义（主观）的关系来看，法律理论、法律实践和个人自由是理解德国法律概念的三个基本要素。欧洲法律理论的形成与古希腊的法哲学有着紧密的关系，古希腊的法哲学是西方法律理论的基础。如雅典哲学的奠基者苏格拉底、柏拉图和亚里士多德，他们以认知论作为哲学和科学的基础，特别是亚里士多德，他是西方最早提出"法治优于人治"的思想家，并在西方法律思想史上第一次系统地阐述了法治学说。亚里士多德的法治理论，对后来许多法学家都产生过重大影响。以希腊哲学为基础的系统性、逻辑性思维是欧洲法律理论形成的前提和基础。在这法律理论中，"公正性、合理性"是制定和实施法律的基本出发点。按亚里士多德的观点，建立在市民团体基础上的"公正"包含两层内容：一是向市民分配人的尊严和财产要公正、合理（公法）；二是市民之间相互交往过程中的协调要公正、合理（民法）。[②]古希腊和古罗马人将随意的协定上升为具有约束力的法律行为，要求双方履行两者之间达成的协定本身就是以公正、合理为基础的，是一种权利和义务的平衡契约关系。如果说古希腊的柏拉图和亚里士多德的法理论都是从正义论开始的，那么，古罗马人将古希腊人原来作为道德标准的"公正、合理"观念演变成一种以法为基础的具有合法性的行为准则，并达

---

① Vgl. Kurt Hübner：*Die Wahrheit des Mythos*. München：Beck，1985.

② Aristoteles：Pol. 1282 b, 14ff, zit. n. Fritz Loos/Hans-Ludwig Schreiber：Recht und Gerechtigkeit, S. 231.

成这样的基本共识：法律就是正义的体现，法律的好坏完全以是否符合正义为标准，立法的根本目的在于促进正义的实现。古希腊和古罗马人的这些法哲学的思考对德国哲学家康德的"法"思想产生重要影响，并一直影响至今。

2. 罗马法的立法技术与法的平等观对德国法律实践的影响

如果说西方法律理论特别是德国法律理论的形成离不开古希腊哲学，那么法律实践与法律立法技术的发展就离不开罗马法。罗马人用于实践的法律立法技术对西方的法律文化，特别是对德国影响更大。现代西方大陆法系和英美法系这两大体系均深受罗马法的影响，特别是大陆法系以罗马法提供的法律形式为蓝本而形成了以成文法为主要标志的法系。尽管在古希腊法律文化中早已有了理性法律，但它只是作为认知论的研究对象，并没有形成面向现实、以解决现实问题为主的法律体系，而罗马人用于实践的法律立法技术弥补了这一不足。斯多葛学派对罗马立法影响较大。斯多葛学派按其自身的宇宙观观察世界，将其分成宇宙法则、自然法则和人为法则。斯多葛学派将自然法则作为成文法的基础，并以此建立不可动摇的法律原则。从理论上说，罗马法学家从自然法观念出发制订罗马法，这无疑是一种进步。西塞罗（Marcus Tullius Cicero，公元前106年—公元前43年）继承和发展了斯多葛学派的自然法观念，并使之系统化、通俗化和罗马化，这也是西塞罗的法律思想中最有价值、对以后最有影响的自然法思想。自然法思想在古罗马时期就已经包含了自然权利的内涵，即所有人生而自由。古罗马的立法技术和法律制度强化了自然权利的观念，如私有财产制度和契约制度。这一自然权利之后被哲学家和法学家发展成为自然权利理论。

罗马法的特点是其法律机构理性化、系统化和职能化，同时还追求法律的客观合法性，此合法性又是在成文法中通过追求平等原则而实现的。在罗马立法技术方面最早、最著名的是公元前450年制订的《十二表法》，它是罗马人第一部成文法典，从此，罗马法在其发展史上跨出了具有重大意义的第一步，为以后法律的发展提供了基本依据，它是一切公法和私法

的源头。当今"西方国家的理性立法是以罗马法提供的成文法律形式为蓝本。什么地方使用罗马法，什么地方就会将公法和私法分开，不分法与习俗法的习惯被彻底打破，'法'作为一种独立的思维方式由此而出现"。①

3. 自然法对以个人自由/个人权利为核心的德国法思想的影响

除法律理论和法律实践外，理解欧洲和德国法律概念的另一要素是与自然法相联系的个人自由和个人权利。作为以自由、平等和正义为法律核心的自然法，自古希腊、古罗马时期就已存在。② 个人自由和个人权利在法律中的地位同欧洲文明发展史有着紧密的联系。古典和近代自然法的核心是自由、平等和公正。法国大革命中将古典自然法的核心演变成自由、平等和博爱。根据自然法，每一个人，一出生就拥有自然权的观念，在整个启蒙运动时期和在法国大革命的影响下成为当时市民在国家面前不能放弃的政治基本权。随同出生就拥有的自然权的内涵是指个人的自由和平等权，启蒙时期将自然权的内涵称为人权，同时在启蒙时期还将古典自然法发展成为符合现代人的自然法，其特点就是使自然法世俗化和法律化。在近代，启蒙思想家托马斯·潘恩（Thomas Paine）支持法国大革命，参与起草法国《人权宣言》。对"天赋人权"进行了科学的总结。他首次区分自然权利与公民权利，认为自然权利是公民权利的基础，公民权利是自然权利的具体表现。此外，他将属于道德范围的自然权利转化成由宪法保护的人的基本权利，并将之演变成为当今人们已习惯使用的公民权。

在德国以追求自由为特征的法律发展史也是与启蒙运动紧密相连的。康德对"自由"的阐述包含了两个层次的内容，一是只有当一方尊重另一方的自由时，一方自由才能存在；二是人的自由必须通过法律来

---

① Werner Kohlschmidt/Wolfgang Mohr（Hg.）：*Reallexikon der deutschen Literaturgeschichte*, Bd. 11. Berlin：de Gryter，1965，S. 179.

② Karl Kühl：Naturrecht. In：Joachim Ritter/Karfried Gründer（Hg.），*Historisches Wörterbuch der Philosophie*, Bd. 6. Basel/Stuttgart：Schwabe & Co. Verlag, 1989, S. 560 – 562.

调节，也就是说通过宪法和成文法。康德认为，人的自由必须限制在宪法和法律的范围内，宪法保证人拥有最大限度的自由，但也要根据法律保证另一方自由的同时存在。一方的自由不能以损害另一方的自由为条件，这一基本原则不仅应出现在国家宪法中，更应该作为所有法律条文的基础。这样，康德作为第一个哲学家为法律中的自由思想定下了尺度和界限，这一基本思想对以后德国的法律在各个阶段的发展都起到了重要的作用。属于康德法律思想精髓的除上述观点外，还有他对区别自然法和成文法的贡献。"法律是指在一定条件下一方的随意性同另一方的随意性按照自由的普遍法则而达到一致的总和。"① 康德将权利划分成自然的权利和成文法规定的权利，即天赋的权利和获得的权利。与自然的权利相比，成文法规定的权利是由公民选举产生的立法机构制定和颁布的法律法规规定的基本权，它是个人自治的基本前提。而自治的法律原则，是指承认每一个人是独立的，为自己的目的而存在的人，根据自己的判断能力，可以确定自己的行为和安排自己的生活。这一原则包括两个方面：客观上不伤害/不侵犯他人的生命和健康，包括心理；主观上不能剥夺他人的尊严和个人自由等，即要求平等对待每个人。然而，根据康德对"自由"的界定，个人的自由必须受到其他人的平等自治和人们在社会中共同生活的条件限制。所以，德国的社会模式是以个人自由为基础的。另外，自然法学派认为法律应该以正义（自然法）为依据，认为正义是衡量法律好坏的唯一标准。这实际上突出了"法"是有"正义"价值的。这不但在启蒙时代具有重大意义，而且在当代，特别是第二次世界大战后对德国法律改革和促进社会进步起着重要作用。如果说，"正义"在古希腊古罗马时代只是一种观念，那么，到了启蒙时代几乎被所有启蒙思想家都认定是自然法的体现。此时，人们对法的理解仍具有主观法和客观法的辩证意义，因为"没有成文法保证的自然法只是一种幻想，如果成文法不以自然法为准绳，不以平等为基础，不以公正

---

① Fritz Loos/Hans Ludwig Schreiber：Recht und Gerechtigkeit，S. 304.

为内容,那么这样的成文法也是一种讽刺"。①

这里,理解德国的法律理论和法律实践离不开理解德国哲学家康德对"法"的诠释。康德从法律和伦理这两个角度,区别法律的合法化和道德化,并将法律从伦理学中区分出来,这种区分界定了自然法和后自然法发展阶段的界线,因为在这种区分之前,自然法一直包括法律和伦理这两部分内容。经过这一区分,社会行为问题就成了伦理学和法哲学的研究对象,法律概念则被划为法律实证主义研究范围。康德的这些思想深深地影响了德国法哲学的发展和法律的实践。

进入后自然法的发展阶段,就意味着"法"(Recht)与"法律"(Gesetz)的分离。从19世纪分析法学诞生到第二次世界大战之前,法学的任务更多关注和完善法的技术性操作,忽略法的"正义"价值追求。随着法学学科的分类化,以实证主义为基础的分析法学派认为法与具有价值判断因素的"正义"无关,将法学家的任务定位在完善法的技术性操作上,认为法学只应该研究实证法(positivistisches Recht)。这一倾向导致法学研究对象仅限于实证法律,只重视法律在形式上是否被合法地制定出来,强调"客观法"研究,忽略了法律本身的正当性和合理性。在这期间,德国的法律思想的发展如同欧洲法律思想的发展一样,经历了如历史主义、实证主义和现实主义阶段,这些阶段的共同点是:将后自然法的研究中心和研究对象都看成是成文法研究,即不再包含伦理的法律研究,人们也将之称为客观法研究。区别只是在于每个阶段以不同的角度去审视成文法。

在经历了两次世界大战,特别是第二次世界大战之后,欧洲出现了古典自然法的复兴,它反思了实证的"客观法"忽略了法的内在伦理价值,这在一定程度上导致了德国在第二次世界大战中"依法"犯下的纳粹罪行。自然法的复兴是传统实证分析法学和古典自然法学的一个折衷和有机融合。二战以后,自然法的复兴,使法学家、法律专家更多考虑法律层面的

---

① Zit. n. Harro Otto: Diskurs über richtiges Recht. In: Hans Otto Lenel (Hg.), *Jahrbuch für die Ordnung von Wirtschaft und Gesellschaft 40*. Stuttgart: Lucius & Lucius, 1989, S. 265 – 279, hier S. 276.

技术问题,而法哲学家、法律思想家则研究法律问题中不能绕开和回避的正义这一基本价值判断问题。例如:二战后,战胜国的纽伦堡审判从法律角度分析,就是再现了自然法的复兴和运用,重申了"自然法意义上的反人类罪行应当受到惩罚。……迫使西德司法界直面纳粹罪行,进行自省和反思,特别是从法律意义上接受或重新认识维护人类尊严等基本价值观"。①

三、德国法律概念界定和《基本法》中的价值原则

1. 德国"法"(Recht)与"法律"(Gesetz)概念的界定

　　以公正、平等、权利与义务平衡为原则的古希腊和古罗马法文化源头对德国法律的形成与发展有着重要的影响。从词源上看,拉丁语"Jus"是印欧语系中英语"right"(权利、法律)、德语"Recht"的词源。但早期的"Jus"在罗马法中并不是现代意义上"权利"术语。近代以来欧洲大陆法学研究对"Jus"这词在"法律"和"权利"这两层意义间进行了区别。"法律"指法律、法规的"客观法";"权利"是包括人的自然权利的"主观法"。两者之间是辩证统一的关系。从法哲学角度思考,"right"的首要内涵与古希腊"正当、正义"等道德价值有密切的联系。因此,德语"Recht"也包括了这两层含意:它既指有客观含义的法律,又具有主观含义,泛指人的基本权利。由此,德语"Recht"此词的法律概念融合了正当性/合理性(主观法)和合法性(客观法)的双重属性,从中可以看到德国法律的主客观内容层面所继承的古希腊古罗马的法源思想。今天德国法律的核心概念——权利与义务的平衡这一思想就是源于古希腊、古罗马法文化源头。在德语的语境内,如果在一定的范围内专指或单指法律,则常用"Jus",或"Jura"。

　　前文所述的名词 aequitas,在德语中是"Gleichheit/Gleichgewicht",表示"平等和平衡"的意思。在德语"法"(Recht)的概念内,"平等"

---

① 李乐曾:战后对纳粹罪行的审判与德国反省历史的自觉意识,《德国研究》,2005年第2期,第4—9页,此处第5页。

(Gleichheit)转意为"以认同平等为法前提的法律合理性、合法性原则。"① 强调以公正、合理为特征的希腊法哲学思想和以强调以法律的合法性和有效性为特点的罗马法构成了德国法律体系的两个方面：即法律的主观性和客观性。主观性是指人们要求法律应具有的公正性和合理性；客观性是指以法律的合法性、以立法技术为研究对象，由此奠定了以"正义性"为核心的"主观法"和以研究法律有效性为主的"客观法"。在德语语境内，"法"（Recht）的概念是指具有以公平、正义为本质的法治概念；而"法律"（Gesetz）更强调通过法律程序与颁布的法律化的条款，具有形式法治的特点。在德国哲学家康德的视角下，"法"（Recht）主要有两层含义：一是客观的"法"，二是主观的"法"。客观的法是指法律、秩序；主观的法是指主体的权利。"法"（Recht）不仅与主体的外在实践、规范相关联，又与伦理、道德相区别；同时它又是划分一个自由与另一个自由的界限，从这个角度来看，"'法'与'权利'概念的外延不完全重合"。② 在这方面康德将义务解释为责任伦理（Pflichtethik），他认为，责任是一种自我约束，是一种内在的制约，而法律是一种外在的、强制性的制约手段；但约束性构成了法律和义务的共性。合法性和道德性构成了实践理性的整体。出于担忧"法律义务依赖于道德义务或者说道德义务会派生出法律义务，康德将法律义务同道德义务两者相分离，这样遵守法律法规不再从道德出发，而由法律自身而定，因为法律已明确规定了什么是合法的、公正的。遵守这些法律，是出于人们外在的约束还是出于理智或道德都并不重要"。在这一法律实践情况下，法的道德性和法的合法性被分离了。随着自然法的一分为二（法律与伦理），德国的法律思维进入了后自然法阶段。此种现象直到第二次世界大战以后，自然法的复兴与回归才改变了这种法律与伦理分离的状态。

---

① Georg Wissowa（Hg.）：*Paulys Realencyclopädie der classischen Altertumswissenschaft*. Bd. II，S. 762.

② 李道刚：从理想国到法治国，孙珺/葛永平主编：《德国法研究》第 2 卷，哈尔滨工业大学出版社，2008 年，第 7 页。

2. 德国宪法的最高价值与原则

　　第二次世界大战以后，德国法学界从法哲学层面对法律的基本要素和法律的内在公正性进行了反思。其最有代表性的学者是拉德布鲁赫（Gustav Radbruch，1878—1949），[①] 他认为，"法治国家"（Rechtsstaat）中的"法"（Recht）不能只理解为"法律"（Gesetz），它应该包括自然法中的人性尊严与正义等更高阶位的法，是超法律之法。[②] 这一法律思想贯穿于德国《基本法》的第 1 条："人的尊严不可侵犯。尊重和保护此尊严乃一切国家公权力的责任。"这在一定程度上体现了德国法学界对二战前所倾向的法律实证主义和战争中的责任进行了反思，在此基础上重新确定了正义标准在人类社会共同生活中的作用，通过检讨法律的不法问题，转向对超越法律的公正的关注。德国《基本法》第 1 条的总精神体现了它在 1949 年二战后作为德国宪法的最高价值，它的实质和特点就是必须尊重人的尊严，意味着所有主体人格在"法律面前人人平等"的原则，抛弃了二战中纳粹对人的尊严的蔑视和践踏。这是自然法本质的回归和复兴。作为《基本法》这一国家宪法的最高原则和最高价值，人的基本权已成为当代宪法的中心组成部分，《基本法》第 1 条到第 19 条确定的基本权构成法治国家宪法的核心，其中，以自由和平等为核心的个人基本权有：个性的自由发展、言论自由、信仰自由、集会自由、结社自由、择业自由和迁居自由等。当然，德国《基本法》中都有对每项自由的"限制"和"反限制"的条款，这也体现了康德对自由的界定的思想。

　　此外，德国《基本法》对形式法治国进行了反省，实现和建立了实质法治国（Rechtsstaat）的尝试。如同德国《基本法》第 20 条第 3 款所要求的那样，行政部门和司法机构必须受法律（Gesetz）和公正（Recht）的约束。在这方面，实质法治国要求国家权力要受到法价值的约束。二战后实质法治国在联邦德国的确立冲破了实证法的限制，以确保"天赋人权"的实

---

① 拉德布鲁赫积极促进德国的司法改革，由于他见证了纳粹暴政的反人类罪行，促使他对战前的法哲学理论进行了深刻反思。他的法学观点对于摆脱第二次世界大战结束后德国法院对于纳粹战犯审判所遭遇的困境具有重要意义。

② 陈新民：《德国公法学基础理论》，山东人民出版社，2001 年，第 920 页。

现,并将它称为"法中法"(Recht im Recht)。① 按照《基本法》的精神,公正原则效力高于法律。《基本法》以一个高于成文法的有约束力的法律(公正)原则为前提。它涉及保护人的尊严、承认基本权利,指引《基本法》第2条第1款规定的道德准则和《基本法》第79条第3款规定的承认不可放弃的宪法原则。随着《基本法》的通过和实施,德国由此实现了从以前主张形式法治国的理念向实质法治国的转变,使形式法治国与实质法治国达到了统一。从宪法层面看,《基本法》为每个公民确定的基本权是公民的政治基本权。德国宪法中的这些条款基本与民众所认可的普遍价值观相一致,以此为基础的法律实施的效力也就提高了。当然,德国法律的系统性和完善性的另一面是过度的法规化,这反过来又限制了人的自由,使个人生活的空间日益狭窄。于尔根·哈贝马斯将此现象称为"法律对人类生活世界的殖民化"。他认为,过度的法规化是剥夺了人的自由,但同时也保护了人的自由。②

四、结 束 语

如上文所述,德国法律融合了古希腊和古罗马的法律渊源,主观意义继承了古希腊法哲学本质的正义性和合理性;客观意义继承了古罗马成文法的法律效力和合法性。研究德国乃至西方法律起源及其核心理念,将有助于我们在西方文化背景下理解和解读当代西方包括德国法律本意及其法律行为方式。

---

① 〔德〕托马斯·莱塞尔(Thomas Raiser):《法社会学导论》,高旭军等译,上海人民出版社,2008年,第12页。

② Jürgen Habermas: *Theorie des kommunikativen Handelns, Bd . 2*. Frankfurt a. M.: Suhrkamp, 1981, S. 522−539.

第三章

社会文化

第一节
社会公正视角下的德国社会收入分配

裘元伦 *

国民收入的分配是否公正，是世界各国社会经济生活中不断受到质疑的一个问题。它之所以普遍受到关注，不仅是因为收入分配问题关系到一个国家的政治稳定、社会公正和经济公平，而且也由于分配的公平性既不能从科学的层面上、也不能从政治含义中加以界定，它首先同一个国家的价值目标相联系。在德国，这种价值目标来源于作为其基本政治制度决定性构成要素的"社会市场经济"，它重视效率与公平兼顾。本节从具体资料来考察一下这一价值目标，并对这一目标如何通过德国社会的初次收入分配和第二次收入分配得到实际体现、德国在收入分配问题上所面临的挑战作一阐述。

* 中国社会科学院欧洲研究所前所长，中国社会科学院学术委员会委员，中国德国研究会理事。

一、初次收入分配

为了通俗易懂,我们把对德国社会的初次收入分配问题列在下述三个要点中来加以讨论。

1. "初次收入分配"的界定:收入是指在一段时间内,通过不同渠道流向个人、家庭或企业的货币收入和实物收入。收入产生于国民经济的生产过程中,是对投入生产要素(劳动、土地、资本)的回报。人们得到的这些生产要素收入,包括工资和薪金、租金和赁金、利息和利润。工资和薪金是对付出劳动的报酬;租金和赁金是对提供地产或者一段时间内转让其他实物资本的回报;提供货币就能得到利息,利润或亏损则是对企业家的风险奖惩。这种按照各生产要素对国民收入的贡献大小而实现的收入分配称为职能收入分配,也被称为初次收入分配。

2. 初次收入分配的客体和主体:可供初次收入分配的客体是"国民收入"。按照德国国民经济的核算体系,"国内生产总值"在经过一些项目的增、减计算之后,最后得出的可供初次收入分配的"国民收入"总量大约相当于"国内生产总值"的75%左右,例如1988年(1990年德国重新统一前的西部地区)为77%,2004年(全德地区)为74%。2004年"国内生产总值"为21782亿欧元,在减去了"与外国的转移支付结算"的逆差94亿欧元之后为"国民总收入"21688亿欧元,再减去"折旧"总额3219亿欧元,即为"国民净收入"18469亿欧元,接着还要减去扣除了"补助金"之后的"间接税"总额2306亿欧元,最后剩下的16163亿欧元即是可供初次收入分配的"国民收入"总量。

参与初次收入分配的主体是两大社群,即"独立劳动者"和"非独立劳动者"。所谓"独立劳动者"包括雇主、农民、手工业者、自由职业者等,他们不必依靠出卖自己的劳动力为生,其中核心部分是雇主;所谓"非独立劳动者"包括官员、职员、工人和失业者,他们都被称为雇员。这两大社群是国民经济生产的直接参与者,即在职就业者。"非就业者"不参与初次收入分配,他们主要是老弱病残者,其核心部分是退休人员,他们主要通过第二次收入分配得到的收入为生。

3. 初次收入分配的结果：初次收入分配指国民收入在"雇主"与"雇员"之间进行分配。以2004年为例。在16163亿欧元的国民收入中，雇主得4840亿，占30%；雇员得11323亿，占70%。考虑到就业者中，雇主占10%，雇员占90%，经过简单的计算，从整个国民经济角度来看，雇主的人均收入为雇员的3.89倍。但是这样的计算肯定是夸大雇员的工薪收入，低估了雇主的利润收入。因为这里把农民、手工业者、小摊贩等都列入了"雇主"社群，而这些人的收入未必都高于"雇员"中的官员、职员等，同时，由于官员、中上层职员的进入又抬高了全体雇员的平均收入；如果再考虑到在计算国民收入的初次分配时，列入雇员工薪总收入项下的金额中，有1/3以上是雇主为雇员缴纳的各项法定保险费等，其中一大部分只是在将来才能用到（例如养老保险），因此，倘使仅以雇员实际拿到的净工薪来与雇主的收入相比，2004年分别为5978亿和4766亿欧元，雇主人均收入为雇员的7.2倍。国家在国民收入的实效分配中所起的作用，虽然不及二次收入分配中那么重要，但其影响也不可小视。这些影响主要通过三条渠道：一是通过发布宏观经济指导性信息，对劳资谈判协议施加间接影响。在经济形势欠佳的背景下，这种信息往往起着抑制工资增长的作用。二是政府征收的间接税即消费税，总的说来一般对低收入者相对不利（就占其收入的百分比而言）。三是通过某些有关政策，例如加速折旧政策，对居民的各类住房和企业的各种经济建筑允许实行不同的折旧率。2004年，德国整个国民经济折旧率为14.8%。一般说来，折旧率越高对企业越有利。

二、二次收入分配

如果说，初次收入分配主要是发生在雇主与雇员之间，简而言之，主要是发生在资本与劳动之间，那么，二次收入分配则主要是发生在就业者（包括雇主和雇员）与非就业者（包括已经失去劳动能力者和作为就业者边缘群体的失业者）之间。在下面关于二次收入分配即收入再分配的讨

论中，我们集中关注两个问题。

1. 为什么必须进行二次收入分配？与被称为要素收入（即功能收入、职能收入、初次分配收入）相对应的是再分配收入。再分配收入是指经济主体不必直接通过劳动而可依法获得的收入，如退休工资、（官员的）退休金、失业补贴等；也可以是国家或其他经济主体自愿的资助。把功能收入中的一部分拿出来通过税收的社会保险系统进行重新分配，构成了初次收入分配之后的二次收入分配。之所以必须进行二次收入分配，主要有两个原因：一是在人口和家庭中，除了就业者以外，还有大量的非就业人口和家庭，他们也需要有收入生活。以 2004 年为例，在德国的 8165 万人口中，就业人口为 3840 万人，失业者为 437 万人，非就业人口为 3888 万人，其中除了就业人员抚养的子女外，真正的非就业人员家庭有 1390 万个，他们多数为老人家庭。在德国 3793 万个家庭中，就业者家庭 2403 万个，其中"独立劳动者"（其核心部分是雇主）家庭 225 万个，"非独立劳动者"即雇员家庭 2178 万个，包括官员、职员、工人和失业者；非就业家庭 1390 万个，占全国家庭总数的 36.6%，加上失业者家庭合占 42%，他们主要依靠官方的转移支付为生。二是国家需要筹资提供"公共产品"，例如提供各种社会服务、维护国家内外安全等。

2. 二次收入分配的过程及其结果：二次收入分配的过程其实并不太复杂，它主要是通过国家财政机构向就业者征税（特别是个人所得税）和通过社会保险系统向就业者收费（首先是养老保险费），其所得款项，通过许多项目（养老保险金、医疗保险金、病假工资、劳动资助、公务员退休金、有子女家庭补贴、社会救济、住房补贴等等），由国家转移支付给各个社群。统计数字表明，就业者各类家庭，除了其边缘群体"失业者"之外，从整体上看都是缴给国家的税、费大于从国家得到的转移支付，因此，他们是二次收入分配的"出资者"；而非就业者家庭和失业者家庭都是从国家得到的转移支付远远多于向国家缴纳的税、费，他们是二次收入分配的"得益者"。这里我们以非就业者家庭和就业者中的职员家庭（他们占了就业者家庭总数的 46%）为例来具体说明这一过程。2003 年上半年，非就业者家庭平均月总收入为 2217 欧元，其中自己创造的收入共 498 欧元,得自官方的转移支付 1516 欧元(其中养老金 1076 欧元),得自非官方的转移支付 203 欧元,然后减去他们所缴的各项税、费合计 142 欧元,最终净收入 2075 欧元。与此相对照,职员家庭平均月收入为 4740 欧元,其中自己创造的收入为 4136 欧元(相当于非就业者家庭的 8.3 倍),得自官方的转移支付 440 欧元,得自非官方的转移支付 164 欧元,然后减去他们所缴的各项税(711 欧元)、费(629 欧元),合计 1340 欧元,最终净收入为 3400 欧元,相当于非就业者家庭的 1.64 倍。笔者在这里根据德国官方统计资料所作的计算,看来也许是夸大了一些通过收入再分配所达到的收入差距缩小的程度,德国有的经济学家在两德重新统一前对西部地区所作的一些计算可能更符合实际。它们的结果是,即使收入差别由于再分配措施而缩小了,例如"独立劳动者"家庭的收入在再分配前为所有家庭平均收入的 3.2 倍,经再分配缩小为 2.7 倍,差距依然很大。如果再考虑到 2002 年约 16%的人口生活在贫困之中,即他们的收入低于全国人口平均收入的 60%,那么我们说,即使在经过二次收入分配之后,德国"上端"的 20%家庭与"下端"的 20%家庭的收入差距仍在 4—5 倍之间,应该是不会过的。不过,我们还应该强调指出,在德国,国家在二次收入分配中所起的主要作用,不在于一定要把高低收入差距从多少倍缩小到多少倍,而在于通过收入再分配,为广大非就业者和失业者提供了基本生活保障(诚然,"非就业者"并非都是穷人),这具有巨大的政治、社会和经济意义。

三、目前德国在收入分配问题上所面临的挑战

虽然长期以来德国在收入再分配方面取得了举世公认的成绩,但在已经大大变化了的国内外新条件下,目前德国的收入分配问题上还是面临着诸多挑战。

1. 德国未能及时适应经济全球化的新形势。经济全球化使作为德国经济模式根基的社会福利制度面临严峻考验,资本、劳动、政府三者无不如此。在经济全球化资本自由流动的条件下,如果国内政策威胁到资本利益,它可以马上转移。由于在德国国内企业利润状况欠佳,同时也为

了巩固和加强德国大公司在国外市场上的竞争地位,德国资本大量外流。而流失资本等于流失繁荣、流失福利、流失就业。在劳动方面,与战后的"黄金"年代(20世纪50—60年代)相比,经济全球化、快速的技术变迁、后福特主义和自由市场政策的广泛采用所带来的最终结果就是弱化了劳动的交易权利,使雇员承担起失业的风险和工作条件变化的压力,增强了生活的不安定感,工资增长普遍减缓。在政府方面,为了留住本国资本,吸引外国资本,各国竞相进行"减税竞争",德国也不可能置身事外。这意味着极大地限制了政府利用财税政策调节收入分配、提供社会保障的能力,也使社会福利制度面临不可抗拒的巨大改革压力。

2. 经济不振,财政拮据,社会福利制度难以为继,改革步履维艰。2001—2005年,国内生产总值分别只增长了0.8%、0.1%、−0.1%、1.8%和1.5%;年度财政赤字率(财政赤字÷国内生产总值)则各达2.8%、3.7%、3.8%和3.5%。在这种背景下,要继续维持占去国内生产总值33%的社会福利网络(仅养老保险一项就占了国内生产总值的10.6%,医疗保险占了6.5%)日益困难,以削减社会福利支出为目标之一的各项改革势在必行。德国前总理施罗德说,"我们的社会福利国家的基本制度的基础是如下这些已经长期表明有效的假设:我们绝大部分的福利是在一个民族国家的工业社会中获得的,而这个社会本身能在有规则的正常劳资关系中接近实现充分就业。但是,在全球化的时代,在知识和资本自由流通、劳动市场和人口结构发生激烈变化的时代,我们已不再能运用这些假设了。"在这种情况下,德国如果不实行现代化,不使社会市场经济现代化,它就会被市场的不可抑制的力量"现代化",而对这种力量来说,自由始终是少数人的自由。在这些思想影响下,德国确实是在为变革而努力。2004年尤其突出。在民意调查支持率最低时仅及20%多的情况下,德国政府坚持实行"哈茨4计划"的规定,大约有27%的失业者将因此而不再能享受失业救济,48%的失业者将减少收入,今后每个失业者的收入每月平均将减少200欧元(超过养老金的20%)。这引起了德国社会的强烈反应,数以万计的人群走上街头抗议。真是言易行难。虽然改革将会有利于国家的长远前途,然而一旦触及人们的眼前的既得利益,那就困难重重了。

3. 国家税收和国家债务的自我限制性。在市场经济下,私人决定权优先,这必须会间接限制国家税收。而经济不景气,又会影响国家收入:德国的国家收入在国内生产总值中所占的比重已从 1999 年的 47.3% 下降到 2005 年 43.2%,其中税收收入从 24.2% 减到 21.8%,社会保险费收入从 19.0% 减到 17.8%。加上全球范围内的"税务竞争",促使德国税率连连调低:公司所得税已从 1998 年的 45% 降到 2005 年的 25%,个人所得税最高税率从 53% 降到 42%,起始税率由 25% 降到 15%,基本免税额则从 6322 欧元增至 7664 欧元。虽然国家支出在国内生产总值中所占的比重也已相应从 1999 年的 48.7% 降到 2005 年的 46.7%,毕竟一直是入不敷出,国家债务日益增加。如果当代人获得了国家债务速效的好处,而债务的偿还却要由下一代来承担,那样的国家债务将来会出问题。这在德国已隐约可见。

4. 收入再分配的"适度性"难以确定。收入再分配的程度一般取决于当时种种社会力量的对比关系。近些年,在世界范围内资本对劳动占有相对优势的背景下,在德国,人们也在日益说道"欠适度"的收入再分配的累进制所得税可能会带来某些副作用,例如减少工作刺激,把社会经济进一步引入"灰色经济"的歧途等。于是,德国也调低了个人所得税的累进率。按 2005 年税法,年收入 7665—12739 欧元按 15%—23.97% 的税率纳税;年收入 12740—52151 的税率为 23.97%—42%;年收入 52152 欧元以上则为 42%。这对收入分配的影响尚需拭目以待,而涣散人心的激烈争论却有增无减。

总之,德国社会的收入分配与再分配正处在新一轮的调整过程之中,值得关注。

第二节

宪法视角下的德国发展模式

戴启秀[*]

纵观德国经济、社会发展历程，德国发展模式——社会市场经济是战后德国取得经济奇迹的钥匙，这一经济发展模式处于市场经济和计划经济之间，是经济发展的第三条路。作为这样一种新型发展模式，社会市场经济是以自由竞争为基础、国家进行适当调控的、以社会安定为前提的市场经济模式，市场经济、适当调控和社会保障构成德国发展模式的三个基本特征，在这方面，经济效率和社会公正成为德国模式的基本出发点，由此奠定的发展模式有着与之相适应的宪法法律基础。本节在对社会市场经济的形成和运转机制进行阐述的基础上，对德国发展模式的宪法基础作一分析。

一、社会市场经济模式、运转机制

1. 社会市场经济体制的形成

二战后，德国的政治、经济和社会处于全面瘫痪状态，国家面临的最紧迫的任务是：如何以最快的速度恢复和振兴已全面崩溃的经济，恢复经济运转机制，保障公民的生计。在这一时刻，战后德国各党纷纷献计献策，以摆脱战争带来的灾难。但在采用市场经济还是计划经济这一问题上各党意见不一：社民党、基民盟和工会等反对实施市场经济这一经济体制。社民党主张以政府干预和调控为主的社会主义计划经济，要求主干

---

* 上海外国语大学国际关系与外交事务研究院副研究员，中国德国研究会理事。

企业、供应工业和加工工业部门进行国有化；基民盟在"阿伦纲领"提出类似的要求。以无党派身份出现的战后德国经济学家路德维希·艾哈德则主张采用以不同于古典经济自由主义，以新经济自由主义为基础的社会市场经济解决当时德国所面临的经济问题。①

1948 年 3 月，路德维希·艾哈德被推选为以振兴德国经济为中心任务的西占区经济管理委员会主任。艾哈德上任后便在以下两个方面为社会市场经济的诞生铺平道路：一、1948 年 6 月 20 日在西占区推行货币改革，实施以市场供需为基础的货币体制；二、1948 年 6 月 16 日艾哈德单方面作出取消占领国控制战后德国经济生活的规定，并在 6 月 24 日经济管理委员会上通过了"货币改革后经济政策和价格政策总则法"（简称总则法），以此取消价格规定，为实施以自由开放为主的价格体系创造了条件，确定了市场调控生产、国家保证竞争这一社会市场经济的市场经济原则，此法为联邦德国的经济制度奠定了基础。

1949 年联邦德国议会大选之际，艾哈德主张的社会市场经济发展模式由基民盟接受，在此基础上通过的"杜塞尔多夫总则"具体体现了基民盟对社会市场经济这一经济方案的理解精神：社会市场经济是一种向每个自由人提供最佳经济益处和社会平等的经济制度。这一经济制度阻止强者剥削弱者，主张消费独立、经济竞争以及有秩序的货币体系。市场价格被视为商品生产的调节杠杆和动力。国家应制定相应的法律和经济政策，以促进经济竞争、调整货币体系，以此创造和维护经济发展所需的经济秩序；国家也可以利用货币政策、投资政策和社会福利政策手段对经济过程进行有秩序的干预；"总则"还要求通过禁止卡特尔、控制垄断和新闻透明等手段保证国内经济自由竞争，并争取获得参加国际竞争的权利；货币值应由中央银行进行监督；行商自由、职业选择自由以及私有制应以宪法形式加以保护；企业自主同企业无限责任互相制约；劳资双方拥有独立性；"总则"还要求降低税收、促进储蓄，并利用货币政策和国库经济政策

---

① 裘元伦：《中国社会科学院学术委员文库·裘元伦文集》，上海辞书出版社，2005年，第 3—5 页。

降低物价,以保证商品源源不断地进入市场。但"总则"只注重市场这一支柱,对社会保障部分没有提出具体的设想,这在某种程序上也反映了战后德国恢复处于瘫痪状态的经济的迫切性。以恢复经济为中心内容的"杜塞尔多夫总则"这一基民盟竞选纲领使基民盟在联邦德国首届议会大选中获胜,社会市场经济成为联邦德国经济社会的发展模式,使德国在很短时间内摆脱经济困境,取得经济奇迹。

2. 模式运转机制:市场—社会保障—国家

社会市场经济模式的内涵是指"市场"和"社会"二要素。就"社会市场经济"范畴而言,"市场"即指市场经济,"社会"则指社会保障。在两者关系中,前者为主,后者为辅,但它们彼此又互相制约。

社会市场经济的主体部分既兼有市场经济的普遍性,又具有其特殊性。市场经济的普遍性指社会市场经济以市场经济基本运转机制为主,即以市场为商品生产调节杠杆,以经济自由竞争为前提。市场经济是通过市场和市场价格调节商品生产幅度和产品种类这样一种经济秩序。它以行商自由、合同缔造自由、职业选择自由和竞争自由以及国家不介入劳资关系为前提,这构成社会市场经济同市场经济相同之处。社会市场经济的市场机制同以经济自由主义为基础的市场经济不同之处在于:以经济自由主义为基础的市场经济是一种无国家干预的、自行运转的市场运转机制;社会市场经济则允许国家在一定程度和一定范围对自行调节的市场经济进行干预,以确保市场经济有序发展,避免市场经济自行运转最终导致自行剔除自由经济基础的危险。① 在这方面国家的任务是:纠正市场经济社会不允许的发展趋势;保护自由竞争,以避免垄断集团和垄断资本所致的危害;调配收入和财产以保证未参加经济生活公民的基本权益;负责城市规划和制定与之有关的结构政策;稳定货币,以缓解经济上下浮

---

① Werner Meissner / Rainer Markt: Der Staat in der Sozialen Marktwirtschaft der Bundesrepublik Deutschland. In: *Aus Politik und Zeitgeschichte* B 17 / 1988, S. 27 – 39.

动。这种由国家进行适量干预的"社会市场经济"不是一种自由调节的、以经济自由主义为基础的市场经济,而是诚如阿尔弗雷特·米勒－阿尔马克所希望的那样,是"一种有意识进行调控的、并兼容社会保障的市场经济"。[①]

作为社会市场经济的另一根支柱,社会保障旨在弥补以经济自由主义为基础的市场经济的弱点。按照经济自由主义观点,社会保障如养老、保险等可通过自救方式加以解决。这种社会保障解决方式最终造成社会贫富两极分化和社会不公正。这种以经济自由主义为基础的市场经济弱点由社会市场经济社会保障这一支柱加以弥补,在这方面社会市场经济允许国家采用扶贫政策,使弱势群体得到最基本的社会保障。国家通过收入和财产分配政策和社会福利保险政策实现国家所追求的社会福利性,以维护社会的安定,而社会的安定又是社会市场经济有秩序发展的前提。"作为社会市场经济,这一经济制度可成功地使个人利益和集体利益互相交融,互相渗透。从这一角度出发,社会市场经济这一经济形式是一种消除冲突,致力于社会和平的经济发展方式。在国家制定的总体政策范围内,社会市场经济使市场自由竞争同社会平等原则互相结合,也就是说,在自由竞争的基础上,每个人在自我选择的活动领域内所作的自由决定会带来市场经济效益,而由此所需的总体政策又保证这一竞争,同时也将每个人创造的效益转换成全民所享受的社会效益,并形成保护竞争较弱阶层的形式多样的社会保障制度。"[②]

由此形成的社会市场经济由相应的要素组成它们互相制约、互相影响,在这方面社会市场经济以市场自调机制为主,以自由竞争为基础,同时必须保证人们拥有经济自由权,如职业选择自由、行商自由、劳工迁居

① Alfred Müller-Armack：*Wirtschaftslenkung und Marktwirtschaft*. Hamburg, 1947, hier S. 88.

② Ludwig Erhard / Alfred Müller-Armack：*Soziale Marktwirtschaft, Ordnung der Zukunft, Manifest 72*. Frankfurt am Main, 1972, hier S. 42 – 43；Detlef Gürtler：Über die Stärken der sozialen Marktwirtschaft und die Individualisierung der Sozialsysteme. In：*Deutschland* Nr. 3 /2003, S. 8 – 11.

自由、开张自由和消费自由；以结盟自由为主组成的劳资双方成为市场经济的载体，国家对市场干预以同市场相一致为原则，国家制定竞争政策以保证市场竞争；竞争又是市场自调机制保持自调能力的前提。在这方面国家一方面采取经济复苏政策和经济增长和结构政策纠正或补充竞争政策，另一方面制定分配政策，即收入和财产分配政策以及社会福利保险政策，保障国家社会福利性。这些政策同时又纠正和补充市场干预政策和竞争政策；每个社会市场经济参加者通过竞争方式介入由非中央经济计划协调的、以自调为主的市场经济，积聚私有财产；国家通过分配政策（收入和财产分配政策）使私有财产拥有者履行社会福利义务，而国家制定的社会福利保险制度又把竞争较弱的社会阶层纳入社会保障网络。

联邦德国各届政府为实施社会市场经济所制定的一系列政策旨在使社会市场经济诸因素运行不断完善。虽然各届政府因对"社会"和"市场经济"内涵的理解和所面临的经济发展内外条件不同而制定了不同的政策，但在实施经济政策促进市场经济发展的同时，都在不同程度上履行社会保障，以此实现经济效率和社会公正的经济平衡发展。

二、社会市场经济的宪法法律基础

联邦德国虽然没有一部经济宪法或社会宪法，但作为立国的《基本法》在多个层面为社会市场经济模式奠定了宪法基础，如自由—民主基本制度、公民基本权、国家在联邦德国经济生活的作用及其经济权限。在这里，《基本法》虽没有确定社会市场经济的微观经济规定，但基本法奠定的自由—民主基本制度、社会法治国家原则和公民基本权，从宪法层面确定了保障社会市场经济正常运转的宪法基本原则，从而给社会市场经济提供宪法法律框架。此外，社会福利保障也被确定为国家宪法的主要任务之一。

1. 自由—民主基本制度

《基本法》把自由—民主基本制度确定为联邦德国的国家制度，把社会法治确定为国家形式，如同《基本法》第 20 条第 1 条款所规定的那样，"德意志联邦共和国是一个民主、社会的联邦国家"，把代议民主制确定为国家政治形式，"所有国家的权力源于人民，它由人民通过选举和投票，通过立法、行政和司法机构加以实施"（《基本法》第 20 条第 1 条款）；《基本法》第 20 条和第 28 条确定联邦德国为联邦制国家。而社会法治国家首先是法治国家，它通过认同对所有国家机构约束的基本权（《基本法》第 1 到第 19 条），保护公民的自由，通过三权分立限制国家权限，以此保护公民的权利和公民基本权，在这方面国家行为最重要的工具是法律。正如弗里茨·莎尔夫（Fritz Scharpf）指出的那样："在市场经济体制下，民主政体中最重要的因素是保持在市场自由和社会保障之间的平衡。"①

2. 社会法治国家和社会公正

根据《基本法》第 20 条规定，"联邦德国是一个社会法治国家"。从狭义角度看，"社会"是指社会保障，根据这一宪法基本原则，国家有义务为社会弱势群体提供基本的社会福利保障，以此纠正竞争所致的社会不公正性；"社会"也可理解为机会平等。从广义角度看，"社会"可被理解为国家对维护社会公正、促进社会公正、社会合理和公正地发展的承诺。在这方面社会福利和社会保障被视为国家的根本任务和法律制定的主导方向。由宪法确定的社会保障原则要求国家建立社会保障体系，确定社会保障目标，如同德语 sozial（社会）这一表达形式所表达的那样，"社会"被视为法治国家一个特殊的标志和属性，通过这种方式使"社会"（福利）与"法治国家"互相结合，并同时强调"公正性"。"公正性"是指公民拥有自由权和平等权，如同《基本法》第 2 条所奠定的那样，"每个人都有拓展个性的自由权；这种自由权不侵犯他人的权利，不触犯宪法制度和道德价

---

① W. Scharpf：*Demokratieprobleme in der europäischen Mehrebenenpolitik*. Frankfurt a. M.：Suhrkamp, 1999, S. 672-694.

值"；《基本法》第3条强调法律面前人人平等和男女平等，"任何人都不能由于性别、人种、出生，语言、故乡、信仰、宗教或社会观受到歧视或特殊对待"。从社会市场经济模式角度看，《基本法》奠定的公民平等权也为每个公民提供平等机会和相同起步前提，国家及其机构都有社会义务，平等对待每个公民，让每个人拥有自由活动和自由发展个性的权利。在这方面"社会国家"原则不是直接有效的法律，而是一种框架原则，联邦、州宪法机构制定相关法律时要兼顾和体现这一《基本法》确定的社会国家原则。

由此奠定的社会法治国家原则融入自由、民主基本制度，它以每个公民的自由和自决为基础。在这方面自由—民主基本制度是一种在人民自决基础上根据多数人意愿和自由、平等实施的法治制度，这一法治制度也受到价值制度/基本权的限制，由《基本法》第1条到第19条确定的基本权构成了法治国家宪法的核心，"在任何情况下不能侵犯基本法的核心部分。"（《基本法》第19条第2条款）《基本法》确立的自由—民主基本制度对联邦德国的经济生活也十分重要，宪法调节个人与社会和国家之间的关系，并在宪法宏观层面确定了个人、社会团体和国家相应的权利和义务。

3. 基本权与经济基本权

从宪法层面看，《基本法》为每个公民确定的基本权（《基本法》第1至第19条）是公民的政治基本权，但从社会市场经济模式视角看，它们也可被视为保障公民经济自由活动的经济自由权，从内容层面看，可分为直接经济基本权和间接经济基本权。直接经济基本权是指直接涵盖公民经济权利的基本权，如合同自由、行商自由、职业选择自由、结社自由、结盟自由和私有财产受到保护：

• 《基本法》第9条 结社自由和结盟自由：1.所有德国人有权利建立协会和缔结合同；3.保障每个公民接受任何职业的权利，为维护和促进工作条件有权利建立各类协会。任何限制和阻止这项权利都是无效的，以此为目的的措施都是违法的。

• 《基本法》第11条 迁居自由：1.所有德国人拥有在联邦地区内自

由迁居的权利。

- 《基本法》第 12 条 **职业选择自由**：1.所有德国人都拥有自由选择职业、工作岗位、教育培训机构的权利，可以借助法律或在法律基础上从事相应的职业。

- 《基本法》第 14 条 **私有财产**：1.对私有财产和继承权给予保障，2.私有财产也受到社会义务的约束，它的使用也应有利于全体人民的福祉。

如果说上文所列的公民基本权直接涉及德国经济生活，那么，《基本法》确定的平等权、言论自由、新闻自由和个人自由等基本权则间接涉及经济生活。在很大程度上它们同直接经济自由权互相补充，如平等权（《基本法》第 3 条款）与社会条款（《基本法》第 20 条）；言论自由/新闻自由（《基本法》第 5 条）与经济广告；迁居自由（《基本法》第 11 条）与职业选择自由（《基本法》第 12 条）；个人自由（《基本法》第 2 条）与职业选择自由（《基本法》第 12 条）。在这方面的个性自由发展不仅涉及非物质领域，也包括物质领域，特别是经济生活领域。从这一角度说，《基本法》第 2 条关于个人自由权不仅包括合同自由，也包括行商自由，特别是竞争自由。职业选择自由和自由从事职业构成了个性发展这一基本权的重要方面；而结社自由和结盟自由也是德国公民建立商业公司、有限责任公司和股份公司的宪法基础。作为社会市场经济的核心，竞争制度在基本法层面也受到《基本法》第 2 条"个人发展自由权"的保护。《基本法》保护的社会市场经济竞争制度是指不受到国家限制、但在个别问题上受到国家一定程度制约的个人和社会团体的经济活动空间，这一制度以合同自由、职业选择自由、结社、结盟自由和私有财产保护为宪法基本权为基础。如从经济角度看，就业、资本、公司和结盟则是基本法经济宪法基本点。保障私有财产是个性自由发展的基础，而且也是企业活动和经济活动的物质基础。在这方面受到保护的不仅仅是个人拥有的物质财产，而且也是私有财产。鉴于私有财产所具有的这二重性，国家一方面保护私有财产，以此强化公民的基本权，另一方面要求私有财产拥有者履行社会义务，但私有财产的合法性不因税收和税法而松动，在这方面国家保护私有财产的不可侵犯性，避免私有财产社会化，因为社会化的目的在于改变财产分配形式、改

变对财产的支配权,这最终会改变私有制这一经济制度。

4. 财政平衡和国家的经济权限

基于社会国家原则,《基本法》第 107 条对联邦州的财政平衡作了具体的规定。[①] 根据《基本法》第 107 条(财政平衡),各州可支配在本州内征收的州税收,所得税和公司税,各州的营业税比例则按州人口进行分配。在这方面,《基本法》104a 条(关于联邦与州财政支出分配)、第 105 条(税收立法权限分配)和第 106 条(税收分配)对联邦与州和州之间营业税和工商税分配确定了框架原则。

对于国家在经济生活的权限,《基本法》也作了相应的权限界定:在欧盟经济法规原则框架内,对货币、金融政策进行立法(《基本法》第 73/74 条)、统一关税和商业缔约、航海缔约、货物自由流通和外贸法(《基本法》第 73/第(5)条),经济权(矿产、工业、能源经济、劳工法、包括企业章程法),劳工保护法、就业介绍和社会保险,阻止滥用经济特权,航空(《基本法》第 87 条/d)、联邦水路/高速公路、联邦公路(《基本法》第 90 条)、改善经济法(《基本法》第 89 条)、农业结构法、海岸保护、税收立法、税收分配、财政平衡(《基本法》第 105 条,第 106 条和第 107 条)。除同欧盟共享的经济权外,这方面的国家的经济任务有:根据《基本法》第 73 条(5),国家对贸易区的贸易条约、航船航行条约、货物自由流通和外贸关税和边境保护等方面有立法权限;除经济制度方面立法权限外,根据《基本法》第 74 条第 11 条款,联邦的立法权扩大至经济权(如矿产、工业、能源经济、手工业、行业、贸易、银行和证券业和私人保险业),它也涉及就业法、包括企业章程法和劳工保护、职业介绍以及包括失业保险的社会保险,《基本法》第 74 条(16)要求国家防止滥用经济垄断地位的经济行为,因《基本法》第 74 条(11)提及的经济权限解释十分广泛,在宪法精神框架下,立法机构的经济法范围也比较广泛;《基本法》第 87(c)和第 87(d) 分别涉及国家对核能

---

① 在 20 世纪 60 年代末规范各联邦州的财政平衡条款写入《基本法》(《基本法》第 107 条)。参见 *Grundgesetz für die Bundesrepublik Deutschland*, Bonn, 1998。

和航空的管辖权限；第89和第90条规定了联邦对联邦水路、联邦公路和联邦高速公路的管辖权限，第87C、87F和第88条分别确定国家对联邦铁路、邮电和电信以及联邦银行方面的权限，"联邦建立货币银行作为联邦银行"（《基本法》第88条），其主要任务和权限可以在独立欧洲央行及其欧盟框架政策内加以确定。其首要目的是保证价格稳定。此外，如同《基本法》第91a条所规定的那样，联邦还要改善地区的经济结构、农业结构和海岸保护（《基本法》第91a），以此改善地区的生活水平。

对经济制度具有重要意义的是国家税收政策和财政政策，对之《基本法》第10部分"财政"确定了相应的权限规定。《基本法》第105条至第108条确定了联邦和州在税法方面不同的权限、税收分配、财政平衡（106a/107）和财政管理等问题。此外，根据《基本法》第104a条款，为抵制对经济总体平衡发展的干扰或促进联邦境内不同经济实力平衡发展，联邦向联邦州和地区为特别重要的投资项目提供财政资助，在第110条至第115条，基本法对联邦财政预算计划、财政预算法、贷款和借款界限作出了相应的规定。

对联邦与州之间的财政经济关系，《基本法》第109条做了如下规定：(1)联邦与州的财政经济自主并且相互独立。(2)联邦与州在其财政经济中考虑整体经济平衡的要求。(3)通过需联邦参议院同意的联邦法律，可以指定同样适用于联邦与州的预算法的、符合总的财政经济情况的以及多年财政计划的共同基本原则。(4)为防止整体经济失衡，可以根据需由联邦参议会同意的联邦法律颁布下列规定：a.地方政府和区域协作组织获得贷款的最高款项、条件和时间顺序。b.联邦与州在德意志联邦银行的无息结存款项的义务（经济平衡储备金）。只有联邦政府能够获授权颁布法规。法规需要联邦参议院的同意。它们须依联邦议会的要求撤销。

如上文所述，上文提到的《基本法》条款和宪法法律精神只是涉及社会市场经济的宏观法律层面。对经济生活如何运行，《基本法》持开放态度，排除不以实施社会国家原则和社会法律为目标的市场制度，同时也排除控制经济模式，要求社会市场经济全面履行宪法法律要求，符合《基本法》，允许社会市场经济多种模式同时存在、互相竞争，其共同前提是恪守

《基本法》和基本权。

三、结 束 语

面对经济全球化和由此所致的各国经济社会发展挑战,德国发展模式正以开放型发展形式不断适应人、技术、经济、社会和生态的发展。研究德国模式及其不断完善的过程,可为我们反思、摸索和构建中国式发展模式提供新的认知和借鉴。

第三节

德国社会"美国化"的历史思考

王晓德*

在欧洲大陆国家中,与美国打交道最多的大概就是德法两国。德国与法国不同,在历史上和美国真枪实弹地较量过两次,但均以"屈辱"的失败而告终。位于华盛顿的美国战略和国际研究中心的一位代表在2001年2月1日讲话中是这样评论美国与法德两国关系的,即美国人感觉到,"法国是一个难缠的国家,但不构成问题,德国不难缠,但可能构成问题。"上述这番话不见得很准确地描述了法德两国在美国人脑海中的形象,但显然是从历史经历中抽象得出的一种结论。很多德国人把德美关系看作若即若离,谈不上密切,但也不会中断。[①] 德国人可能会对这个在近代崛起的大西洋彼岸国家颇有微词,但很难否认尤其是20世纪以来美国对德国发展产生的巨大影响,进入现代消费社会的德国处处可以看到美国的痕迹,社会发生趋向"更像美国"的转变。有的学者由此把德国说成是欧洲国家中"最倾向美国的",认为"德国经历了几次喜欢美国主义的大潮,其中包括在魏玛共和国期间,当时这个国家在文化和工业化上趋向与美国更接近。许多政治观察家和文人支持与美国的密切关系"。这种观点只是说明"冷战"之前很长时期的情况,表明了德国在发展过程中对美国技术的引进和生活方式的模仿。就连在希特勒当政的第三帝国时期,"纳粹对美国的技术发展、泰勒制、现代化、合

---

* 福建师范大学社会历史学院教授。

① Michaela C. Hertkorn: The Relevance of Perceptions in Foreign Policy: A German-U. S. Perspective. In: *World Affairs*, Vol. 164, No. 2, Fall 2001, p. 60.

理化以及大众生产表现出强烈的兴趣,尤其对诸如汽车等消费品领域感兴趣"。① 冷战期间德国的"美国化"与以前相比更是有过之而无不及,而且表现为对美国发展模式一种主动的接受。本节通过对德国"美国化"的历史考察,为认识这一现象的实质提供一个文化上的视角。

一、魏玛共和国时期的"美国化"现象

"美国化"的载体主要是美国大众文化,这种文化向境外大规模的传播不仅表现为处于一种不同文化场景下的人对美国文化产品的消费,而且体现为对美国现代消费文化的接受,后者甚至比前者更为重要。美国在大众消费文化上走在了其他西方工业国家的前面,这种文化一旦在国内居于主导地位之后便以文化产品输出的形式大规模地向国外蔓延。欧洲人最早提出的所谓"美国化"主要是担心来自美国的"粗俗"的大众文化取代欧洲"高雅"的精英文化。在第一次世界大战之前,欧洲一些具有忧患意识的人士尽管已经提出了"美国化"的问题,但往往是对一种发展趋势的忧虑或预测,一般人并没有强烈地感受到自己的文化受到来自美国的一种新生活方式的冲击,欧洲国家也没有把美国大众文化的传播视为大不了的事情。一战之后,这种状态完全改观,美国虽然还没有放弃传统的孤立主义,但在外人的眼中却是一个政治、经济和军事强国,完全有实力与其他大国在国际政治舞台上一争高低。正是具备了这样的实力后盾,再加上受赚取更多利润的驱动,美国大众文化开始在欧洲一些国家大规模的蔓延,德国社会面临的"美国化"要比其他国家更为严峻。

美国部队从 1919 年至 1923 年占领了德国的莱茵地区,他们在这里以胜利者的角色出现,德国或许对美国持有异议,但作为战败国总是有点"敢怒不敢言"的味道。因此,美国驻德部队在德国很少遇到像法国那样

---

① Jessica C. E. Giennow-Hecht: Always Blame the Americans: Anti-Americanism in Europe in the Twentieth Century. In: *American Historical Review*, Vol. III, No. 4, October 2006, pp. 1075 - 1077.

的敌对。他们在这里传播了美国的生活方式,使德国人直接感受到现代大众消费文化的诱惑力。1931年,德国学者欧根·狄塞尔观察说:"战争的胜利者总是成为被征服者的不知不觉的理想和模式:已经征服了整个世界的美国使其机械方式的幼稚形式成为我们时代的特征。"① 其实,即使美国不是作为胜利者出现,德国人也很难抵制住代表"现代性"的美国大众文化对本国生活方式的冲击。战后德国成立的魏玛共和国在"美国化"上走到了其他欧洲国家的前面,这一问题已经越来越引起研究德美关系史学者的关注。已故的德国学者德特勒夫·波伊克特是研究两次世界大战期间德国面临危机的专家,因此在涉及魏玛共和国的历史时也不可避免地谈到"美国化"问题。他根据美国生活方式对德国社会在转型时期发生作用的事实,把"美国化"这一术语解释为反映了在整个魏玛德国期间现代性的迅速运行,而"现代性"则是"本世纪之交以来一直伴随我们的羽翼丰满的工业化社会的形式"。② 波伊克特讲的是一种以"现代性"为特征的"美国化"的趋势,这是一种在战后任何国家似乎都难以抵制的趋势,美国驻德部队只不过以自身生活方式的"形象"加快了这一趋势在德国的发展。在两次世界大战期间,德国开始向以"现代性"为特征的大众消费社会迈进。这本来是现代社会发展的一个基本趋势,但德国在从传统消费社会向现代大众消费社会的转变中深深地受到美国生产和消费理念的影响,在这一进程中明显留下了"美国化"的痕迹。德国学界名家1929年写道,"美国今天以一种典型的方式决定整个欧美世界的生活方式","我们的整个文明正在变得越来越美国化"。他确信,任何以前的世界征服"在程度和效率上都无法与美国化相比"。③ 这位学者显然是把"美国化"等同

---

① 转引自 Frank Costigliola: *Awkward Dominion: American Political, Economic and Cultural Relations with Europe, 1919－1933*. Ithaca and London: Cornell University Press, 1984, p.171。

② Detlev Peukert: *The Weimar Republic: the Crisis of Classical Modernity*. New York: Hill and Wang, 1987, pp.178, 81, 82。

③ Müler-Freienfels, Richardm: *Mysteries of the Soul*. London: G. Allen & Unwin ltd, 1929, pp.239, 287. 转引自 Comer Vann Woodward: *The Old World's New World*. New York: Oxford University Press, 1991, p.81。

于美国现代生活方式对德国传统生活方式的"征服"。用"征服"这一术语只是一个形象化的比喻，但却反映了这一时期美国文化对处于转型时期的德国社会所产生的巨大影响。

德国在两次世界大战期间经历了"美国化"的第一次高潮。德国人对"文化"的理解和美国人很不相同，这与德国的文化传统有很大的关系。德国人善于抽象思维，习惯于从深奥的层次对人类面对的问题以及终极目标进行阐述与理解，这样在历史上造就了一大批其他国家难以望其项背的大哲学家，即使是科学研究，也具有很浓的理论色彩。此外，这种文化毫无例外地由精英所创造和享有。从理论上讲，这样一种崇尚"高雅文化"的氛围很难提供给"大众文化"传播的空间。然而，事实恰恰相反，一战之后美国生活方式在德国迅速传播开来。德国人开始着迷于爵士音乐，到处放着美国流行歌手路易斯·阿姆斯特朗和比利·霍利戴的歌曲。好莱坞影片深受民众的欢迎，影剧院常常爆满。1923 年 11 月，亨利·福特的自传被译为德文在德国出版，其后福特的装配线技术很快被德国大工厂采纳，泰勒的效率模式受到工业家的青睐。体现在道威斯计划和杨格计划中的信用创新也很快为德国人所接受。德国电影业为了能提高自身的竞争力，在制作方法上以好莱坞为楷模，试图通过仿效好莱坞的经验使本国电影在世界电影市场上脱颖而出。美国麻省理工学院德国问题研究专家贝恩·威狄格把魏玛共和国所经历的严重通货膨胀时期看作德国文化史上的激进的转折点。"它意味着德皇强烈抵制一种'无疆界限制'的现代性入侵而维护的 19 世纪文化的最终崩溃。在通货膨胀之初，魏玛共和国经历了文化的现代化过程，在'美国化'的旗帜下，发生了诸如电影、体育比赛项目、时事讽刺剧以及各种娱乐杂志大规模发行的大众文化的迅速扩张。新的消遣和娱乐文化形式得到传播。"[①] 出生于俄国的德国艺术家塞尔日·佳吉列夫 1926 年强调说，美国的"影响已经随处可以感觉到——在绘画、戏剧以及音乐方

---

① Bernd Widdig：*Culture and Inflation in Weimar Germany*. Ewing：University of California Press，2001，p.72.

面……作曲家学会了爵士乐的风格,美国甚至在古老保守的芭蕾惯例上也说了算"。① 作为一个芭蕾剧团的经理,佳吉列夫目睹了德国音乐所谓"美国化"的过程,他这番话尽管只是涉及自己熟悉的专业领域,但却是美国大众文化在魏玛共和国时期对德国社会发生影响的真实写照。实际上,作为战败国的德国,尽管在战胜国的面前受尽屈辱,但也与其他欧洲国家一样大踏步地迈向现代消费社会,已经走在前面的美国自然成为德国人效仿的"榜样"。因此,在许多德国人看来,美国成为他们的国家走出面临之困境的希望。莫勒在 1928 年出版的书中认为,在所有欧洲国家中,魏玛共和国在沿着美国道路上走得最远。② 然而,美国大众文化产品的大举进入却使那些以德意志民族文化为自豪的德国人忧心忡忡。"希望与恐惧"以及"引进与抵制"构成了面对美国大众文化的强烈冲击的德国人的矛盾心态。

魏玛共和国是现代德国历史上的一个重要阶段,尽管它存在的时间不长,但却经历其中包括文化在内的重大社会变革。在这一过程中,作为战争之后在国际舞台上崛起的美国,无论在经济和政治上,还是在文化上对魏玛共和国发生了举足轻重的影响,研究这一时期的学者很少不承认这一事实。法国学者西格弗里德在 1927 年出版的一本书中甚至主张把德国从欧洲整体中排除出去,他把德国描述为欧洲的美国。用他的话来说:"德国人在很多方面与现代美国十分相似,正如他们一贯的做法,以满腔的热情把自己置于标准化进程。今天没有任何德国人不对'合理化'高唱赞歌;后者显然符合他们强调规矩的思想,让我们承认他们缺乏个性。"③ 西格弗里德这里显然有贬低德国之意,但从一个角度说明了魏玛共和国时期所谓的"美国化"程度之深。

---

① Modris Eksteins: *Rites of Spring: the Great War and the Birth of the Modern Age*. Boston: Houghton-Mifflin Corporation, 1989, p.269.

② Edgar A. Mowrer: *This American World*. New York: J. H. Sears & Company, Inc., 1928, p.215.

③ Rob Kroes: America and the European Sense of History. In: *The Journal of American History*, Vol.86, No.3, December 1999, p.1139.

二、二战后驻德美军与美国生活方式的传播

希特勒上台之后，第三帝国在德国的独裁统治实际上中断了德国的"美国化"进程，然而随着德国的战败，被中断的"美国化"呈现出更为加剧的趋势。这与美国战后在德国享有的特殊地位有很大的关系。德国一向是个民族主义很强烈的国家，美国成为西方世界的领袖乃是其无国可敌的力量所致。作为战败国，德国服从战胜国的安排多少有些无可奈何，但决不心甘情愿地让美国成为主宰德国未来发展的国家。不过从意识形态的角度讲，在苏联和美国之间，西德人宁愿选择美国，多少有点"两害相权取其轻"的味道。联邦德国政治家的这种选择决定了他们会把美国作为重建所依赖的主要国家和效仿的"榜样"，再加上美国在战后把改造和复兴德国作为其全球冷战战略中一个很重要的组成部分，各种援助的天平明显向西德倾斜，使之很快成为美国在欧洲大陆与苏联对抗的前哨基地。正是在这些因素的综合作用下，代表美国生活方式的文化观念和产品蜂拥而入西德，第三帝国中断的"美国化"进程再次成为人们所面对的一个现实。不可否认，代表现代消费社会发展趋势的美国大众文化的进入给战后德国社会的转型带来积极的影响，促进了当地人对美国文化价值观的认同，在实现对西德政治制度"民主化"的改造过程中起了非常重要的作用。此时的"美国化"尽管是战前业已开始的进程之继续，但体现的政治性更为明显，在思想意识上包含着突破东西方冷战"铁幕"的取向。所以，很多学者把"美国化"作为解释战后西德社会变迁的一种框架，"等同于自由国家和市场经济的成功确立。"[1] 当然，美国生活方式在联邦德国的大范围传播无疑是对当地传统观念延续的严重威胁，即使西德政府愿意接受美国的领导来与它认为对其制度构成更危险的苏联对抗，但西德

---

[1] Uta G. Poiger: Rock 'n' Roll, Female Sexuality, and the Cold War Battle over German Identities. In: *The Journal of Modern History*, Vol. 68, No. 3, September 1996, p. 585.

政治和社会精英决不希望看到本土传统的生活方式受到美国大众文化的侵蚀而日渐衰落,他们对"美国化"的批评和抵制反映了对自己拥有的文化权力的维护,但却很难扭转战后西德受美国大众文化影响向现代消费社会迈进的总趋势。

对战后联邦德国"美国化"很有研究的玛丽·诺兰认为,战后联邦德国在迈向现代消费社会过程中受到围绕着大众消费、商业化闲暇以及大众文化的美国生活方式的影响。这些消费品本身是由美国人,尤其是驻德美军作为媒介来传递的。[①] 美国生活方式在西德大范围的传播固然与美国政府有意识地"输出美国"联系密切,但德国人对这种新生活方式的学习或模仿很大程度上是在一种无意识过程中完成的,他们中的很多人,尤其是年轻人对一种来自境外文化的接受不排除对传统文化的逆反心理在作祟,但首先是这种文化在一定程度上满足了他们的物质和精神生活上的需要,对美国文化产品的消费便是这种需要的结果,而他们与在德国的美国人的接触或目睹体现在这些美国人身上的文化观念以及消费行为却是对一种新生活方式始而羡慕继而模仿的基础或开端。战后来到西德的美国人数目之大在历史上前所未有,有学者统计,自1945年以来,约1500万美国人曾经在联邦德国生活和工作。[②] 他们只是出于完成某项工作或执行某种任务来到西德,不会有意识地向当地人传播美国的文化观念,但他们的言谈举止却在当地人看来代表了一种新的生活方式,为当地人树立了模仿的"榜样"。因此,这些美国人自然就成为传播美国文化的"使者"。在这些美国人中,有执行欧洲复兴计划的官员,有美国会所的文化工作人员,有前来做生意的商人,有美国民间团体的代表等等,但人数最多的群体是驻德部队的官兵,不管是有意,还是无意,这些官兵对与之

---

① Mary Nolan: America in the German Imagination. In: Heide Fehrenbach and Uta G. Poiger, eds., *Transactions, Transgressions, Transformations: American Culture in Western Europe and Japan*. New York: Berghahn Books, 2000, pp.18-19.

② Maria Höhn: *GIs and Fraüleins: the German-American Encounter in 1950s West Germany*. Chapel Hill: University of North Carolina Press,2002, p.5.

接触的德国人的观念与行为产生了很大的影响。

根据雅尔塔会议盟国达成的战后解决德国问题的商定,德国将由盟国分几个区域占领,德国东部为苏联占领区;西北部为英国占领区;西南部为美国占领区;西部为法国占领区。德国战败投降后,这一商定随即被付诸实践,美、苏、英、法四大国分别派兵进驻各自的占领区。美国最初驻扎在欧洲的部队高达 260 万人,随着欧洲局势的稳定,绝大多数驻欧部队很快回国复员,1950 年驻欧部队的官兵只剩下 8 万人。朝鲜战争爆发后,美国加强了在德国占领区的兵力,在 1950—1951 年间,10 余万美国士兵及其家属来到了德国西南部的莱茵兰—普法耳茨州,在这里设营安寨,作为占领部队长期驻扎。当时大多数德国人估计,美国士兵只局限于他们的营地生活,驻扎时间最多不超过 10 年。历史事实正好相反,美国士兵与莱茵兰—普法耳茨地区的当地人为邻长达 50 余年。不管出于何种目的,异邦军队驻扎在享有主权国家的领土上本身就会激发起很多本土人的不满。美国政府 50 年代初大规模地增加驻德兵力主要是出于与苏联对抗的考虑,但却在很大程度上引起了西德人的猜忌甚至敌对。50 年代初,足足有 60% 的德国人确信美国把德国视为敌人,而只有 20% 者相信美国是德国的朋友。[①] 1952 年,美国驻欧陆军新闻处提交的报告对在德国出现的持续反美主义表示担忧,报告估计大概 10% 的德国人公开敌视美国人,这种敌视态度存在于各个社会集团当中,前政府官员和受到良好教育者尤甚。另外 15%—25% 的德国人对美国人不冷不热,谈不上喜欢与否。不过军方对那些通常对美国人友好的德国人更为忧虑。用报告中的话来说,显而易见,西德人对美国人更为友好,而他们对美国国家目标的认识却不是这样。很多德国人,尤其是社会民主党人认为,美国在国际事务中所确定的目标是实现"世界霸权,对世界的经济控制,让其他国家的人们为这些目标而战"。这种在美国官方看来对美国在德国使命的"错误"理解令美国政府十分不安。军方把这种状况归因为美国驻军大规模

---

① Höhn: *GIs and Fraüleins*, p.52.

地开进占领区,但这样一种调遣仍然未被当地人所接受。① 这种反美主义情绪如果长此以往,显然很不利于美国政府对德政策的顺利执行。

为了改变这种状况,美国占领当局采取了一系列缓和与当地人紧张关系的措施,希望驻德士兵能够善待驻军营地周边邻居,以树立美国的良好形象。如美国占领当局鼓励士兵尽量参与当地社区的活动,以一个"好邻居"的形象出现。这样,美国士兵主动参与当地教会庆典仪式,开展有助于相互了解的闲暇娱乐活动,组织考察观光,在开放日邀请德国人到军事基地进行参观访问。1951 年初,在比肯费尔德的美军司令部发起了"开放日",让前来参观的德国人能够目睹他们的新邻邦如何工作、生活和娱乐。美国占领当局认为,驻军营地对西德人开放是两种不同文化相互了解的较好途径,既可以消除彼此之间的一些隔阂和误解,又能够展示美国的强大。因此,"开放日"在美国驻军营地变得相当普遍,在 1955 年建军节那天,约 1 万名西德人参观了凯撒斯劳滕基地内部和四周的设置,仅前往拉姆施泰因基地的参观者就高达 2 万人。在美国独立日,美国驻军邀请很多德国人前来出席庆祝活动。他们向来宾介绍美国传统的方形舞以及乡村音乐和西部音乐,组织棒球和足球比赛,晚间燃放烟火。德国人往往在这些节日里玩得比较尽兴,孩子们特别喜欢美方提供的各种食物。美国驻军司令部也赞助邀请当地人参加的舞会。比肯费尔德空军基地的一位前军官回忆,基地周边村庄的年轻妇女乘坐军方提供的巴士到来,她们在悠扬的美国曲调中与美国士兵翩翩起舞。舞会结束后,巴士再把这些德国女子送回村庄。很有意思的是,这些活动往往使这些女子与美国士兵堕入情网,引起当地德国男子的很大嫉妒。一个当地男人回忆,当时他和他的朋友不得不到离家乡很远的地方寻求配偶,因为他们知道在这方面很难与美国士兵进行竞争。"已经在战场上被击败的许多男人现在也经历了家庭组合上的另一场失败"。② 在当地年轻妇女眼里,美国官兵

① Höhn: *GIs and Fraüleins*, p.61.

② Reinhold Wagnleitner: The Empire of the Fun, or Talkin' Soviet Union Blues: The Sound of Freedom and U.S. Cultural Hegemony in Europe. In: *Diplomatic History*, Vol.23, No.3, Summer 1999, p.516.

"慷慨大方,善于辞令,富有思想,很好接触,这是一种完全不同于德国男人的行为模式"。因此,美国官兵与当地女子结婚的数目呈上升趋势。据统计,仅在鲍姆霍尔德一地,1954—1962年登记的1865对婚姻中,涉及一方为美国人的婚姻数目为936对。在其他社区,这种跨国婚姻数也在持续增长,约占全部登记婚姻数的20%。①

美国占领当局开展的上述活动本意是要改善驻军与地方民众的关系,但却向当地人传播了美国文化观念,也大大促进了西德人对美国生活方式的了解以及进而模仿。美国士兵成为西德家庭中的女婿在这方面尤其具有意义。两种不同文化主体的直接接触在文化传播上尽管呈现出双向的特性,但处于强者的一方往往具有明显的优势,他们不会有意识地把自己的文化价值观强加给弱者,但其给对方输出的东西往往要远远大于从对方那里所接受的东西。这样一种不平等的文化交换所带来的结果自然就是,美国士兵决不会被"德国化",而与之接触的西德人身上却出现了"美国化"的现象。因此,"美国部队给欧洲特别是给德国带来的不仅是他们的罐头食品和现金,而且也带来他们的语言、他们的态度和他们的大众文化。"② 在两种不同文化的接触过程中,"强势文化"的优势在这里充分体现了出来。

三、美国生活方式在西德的广泛传播

美国士兵和当地居民的直接接触毕竟还是非常有限的,绝大多数德国人并没有获得这样的机会。因此通过无线电广播和报纸等媒介来宣传美国就显得格外重要。美国驻德军管会的官员认为,在联邦德国形成一个全新的民主媒介体系对于战后德国改造的成功十分重要。为了实现这一目的,军管会在1945年12月成立了新闻检查处,这一机构控制了诸如

---

① 关于美方开展的相关活动与引文详见 Hohn：*GIs and Fraüleins*, pp. 64 – 75.

② Richard Pells：*Not Like Us: How Europeans Have Loved, Hated, and Trans-formed American Culture Since World War II*. New York：Basic Books, 1997, p. 41.

文学、戏剧、音乐、电影、无线电广播以及所有文字印刷的媒介等文化事务。美国武装部队无线电通讯网制作的节目本来只是针对军人的,但收听者主要是占领区的当地居民,所占比例高达 90%。他们由此获得了大量关于美国的信息,能够听到美国的爵士乐、最新的歌曲和舞曲,知道了有关电影和政治事务的消息,学会了美国英语的表达方式等等。"美国之音"的节目在占领区居民中也很受欢迎。一次相关民意测验表明,在美国占领区人口中,41%经常或偶然收听"美国之音"的节目,而且收听者似乎都比较喜欢这些节目。①

为了更为有效地让当地人了解美国战后改造德国的意图以及美国文化和社会,军管会在慕尼黑市中心创办了一份名为《每日新闻》的报纸,所刊文章反映了美国占领区军管会的官方声音,主要栏目有国际政治和经济新闻、文化事务、体育运动和娱乐专辑,不仅向当地居民介绍了美国生活、文化和见解,而且成为德国民主化的一个重要工具。因此,《每日新闻》的目的是促进德国社会的民主"再教育";让本地居民了解美国外交政策、观点和美国生活方式;向他们展现"美国报刊经营的模式"。② 这份报纸在联邦德国发行量很大,1946 年 1 月就达到 160 万份,据估计读者在800 万到 1000 万之间。《每日新闻》持续了 10 年,到 1955 年 1 月才停办,在宣传美国生活方式上立下了"汗马功劳"。如该报 1946 年开设了"话说美国"与"美国实况"两个专栏,用令人忍俊不禁的小故事和玩笑的形式向读者们展现了美国社会和文化,题材广泛,几乎不受限制,从美国女人对胖男人的喜好以及汽车电话在圣路易斯的发明到国会选举、民意测验或在新世界养蚕的重要性等等。专栏作家弗纳斯的文章重点向读者们介绍了密歇根、亚利桑纳和纽约的美国中产阶级家庭的生活,这些美国人喜欢光顾舞厅和电影院。在周末,他们全家驾车到风景秀丽的地方旅游消遣。

---

① Walter L. Hixson: *Parting the Curtain: Propaganda, Culture, and the Cold War, 1945 – 1961*. Houndmills, London: Macmillan Press Ltd., 1997, p.46.

② Jessica C. E. Gienow-Hecht: *Transmission Impossible: American Journalism as Cultural Diplomacy in Postwar Germany, 1945 – 1955*. Baton Rouge: Louisiana State University Press, 1999, p.1.

他们喜好运动，尤其对棒球情有独钟。周日一般会到教堂去做礼拜等等。这些介绍美国社会生活与文化的文章主要由 5—10 年前来到美国的德国移民或来美访问和旅游的德国人撰写，他们显然不会像美国作者那样也许带有文化上的偏见或本国文化的优越感来观察和描述美国社会。研究这一问题很有成就的吉诺—黑希特博士指出："对《每日新闻》分析美国社会至关重要的是利用了外来者对美国的印象。这种方法不仅服务于克服文化之间的猜忌，而且反映了已经来到美国的移民们自己的独特观点。大多数文章反映了国外来访者的观点，而出生于美国的作者很少能得到机会来解释自己的文化。"[1] 其实，《每日新闻》的编辑和记者并不是土生土长的美国人，而是由德国移民和当地人构成，这些男女工作人员"对如何向德国读者展现美国的价值观具有特殊的理解，原因在于他们本身具有很深的德意志和奥地利文化的背景。他们是文化传递的理想人员"。[2] 这正是美国驻德军管会的高明之处，不用土生土长的美国人显然是在试图通过在美德国人的眼光来看美国，增加当地读者对文章内容的可信度。当然编辑们在稿件采用上也会进行筛选，但这些文章毕竟还是反映了美国社会的一个真实的方面，因此对德国读者了解美国很有帮助，更有助于美国文化价值观和生活方式在联邦德国的广泛传播。

美国前陆军部长史汀生在二战结束前夕曾告诉欧洲盟军占领区最高长官卢修斯·克莱，创造一种有助于"真正民主精神"形成的氛围对德国经济的重建至关重要。[3] 史汀生这里所谓的"真正民主精神"显然主要指美国人对民主制度形成的一套信仰或理念，这是美国文化中最重要的组

---

① Jessica C. E. Gienow-Hecht：When Spengler Saw Jefferson：The US Army Newspaper *Neue Zeitung*, and the Image of America in Post-war Germany, 1945–1947. In：Stephen Fender, ed., *American and European National Identities: Faces in the Mirror*. Staffordshire：Keele University Press, 1996, p. 92.

② Jessica C. E. Gienow-Hecht：Art is Democracy and Democracy is Art：Culture, Propaganda, and the *Neue Zeitung* in Germany, 1944–1947. In：*Diplomatic History*, Vol. 23, No. 1, Winter 1999, p. 24.

③ Ralph Willett：*The Americanization of Germany, 1945–1949*. New York：Routledge, 1989, p. 5.

成部分。因此,美国占领当局把美国民主精神在德国社会的广泛传播视为改造德国是否能成功的一个衡量标准。在这方面,对传递美国文化观念最有效的媒体的控制尤为重要。创办《每日新闻》报纸和《月刊》杂志(1948年创刊)主要是出于这种考虑。此外,美国占领当局1946年后在联邦德国开办的"美国会所"同样具有这方面的意义,这些主要以宣传美国为主要使命的会所在运行过程中得到美国国务院的资助。第一家美国会所1946年在法兰克福开张,到1950年,在美国占领区内美国会所的数目增加到20个,1951年整个西德共有27个美国会所。1952年,设在凯撒斯劳滕的美国会所向外开放,很快就吸引了当地各个阶层的人经常光顾。开放当年举办了17场不同的音乐会,约有17000人前来观看。来自美国的专家做了67次题目广泛的讲座,听众共有5600人。电影总共放映了277部,43900人观看。美国会所还资助了凯撒斯劳滕和边远社区开展的2560次活动,270840名当地德国人从中受益。[①] 所以,美国会所是图书馆和信息中心,提供开架阅览室、英语班、艺术展览、电影放映、音乐会和讲演等。美国会所的活动是美国政府文化外交的重要组成部分,旨在通过传递有关美国的正面信息来影响当地人对美国的态度或看法。

第二次世界大战之后,德国是东西方冷战的中心之一,当美国政府开始推行官方文化交流项目时,联邦德国自然成为这种项目针对的主要国家之一。实际上,两国之间的文化交流在战争一结束便已开始,尽管这种交流往往是单方面的。1946年,50名来自西德的学生访问了美国。在战后最初几年,这种交流项目主要由美国私人组织来具体执行,但须得到美国驻德军管会的批准。1948年,美国政府开始对西德实施官方文化交流项目,目的在于让年轻的学生到美国亲身体验一下民主制,以便在他们身上培育民主的种子,最终导致其态度、信念和行为发生彻底的改变。美国占领当局最初把这种交流视为"偷偷带进民主细菌的一个工具",认为对

---

① Höhn, *GIs and Fraüleins*, pp.61-62.

美国生活的直接了解是"产生携带者以及并立即传播开来的最好方法"。①
1949年,军管会发起了所谓的"德国项目",由美国驻西德高级专员办公室
具体负责。该项目主要目的是向德国人展现美国民主制如何有效地运
行,使获得资助的德国人能够亲眼观察和体验基于民主理想之上的美国
生活方式。在该项目的资助下,1946—1952年,约3000名来自联邦德国
的学生在美国访问学习。② 在这一时期,美国政府还开展了很多文化交流
项目,上到联邦德国的政治家和专家学者,下到大学生和青少年被派往美
国。联邦德国议会议院中25%的议员和联邦参议院中的17%的议员先
后去美国访问,劳工运动、教育界、社区事务、公共健康和福利以及其他领
域的领导人或名流被选派到美国,最高年份时,派往美国的这类人高达千
余,留居时间从30天到120天不等。到美国学习的学生数目在某些年份
也达到千人,他们通常至少要呆9个月。还有数百名16—19岁的德国青
少年在美国度过一年时间,他们被安排住在美国家庭,在当地高中上学。
美国与联邦德国之间的文化交流项目多是单方面的,这些被派往美国的
德国人尽管对美国社会的观察不会全是正面的,但对很长时期生活在专
制独裁统治下的他们来说,美国生活的确有焕然一新之感,他们在美国的
所见所闻不仅对其思想和行为发生影响,而且他们自然会把这些印象带
给他们的家庭和国人。从思想意识上发生有利于美国的转变成为联邦德
国人在行为上对美国生活方式模仿的基础。

四、联邦德国年轻人的"美国化"

福尔克·伯格哈恩在提交给关于战后联邦德国"美国化"的国际学术
讨论会的论文中认为,当着眼于经济制度时,战后西德的"美国化"就更为

① George N. Shuster：The American Occupation and German Education. In：*Proceedings of the American Phiosophical Society*，No. 97，1953，p. 161.

② Annette Puckhaber：German Student Exchange Programs in the United States，1946-1952. In：*GHI Bulletin*，No. 30，Spring 2002，pp. 124，125. 全文可在 http://www.ghi-dc.org/bulletinS02/123.pdf 网址上获得。

明显。伯格哈恩主要想说明战后西德的工业生产体系、营销方式和管理方法等仿效美国模式所发生的巨大转变,但也包括西德向现代消费社会过渡时美国生活方式产生的影响。因此,他把那些对来自大西洋彼岸的一切做出积极热情反应的年轻人称为"美国化者",而与之对立的一方是老一代人,他们拒绝接受在他们眼中属于"非文化"的摇滚乐、爵士乐、詹姆斯·迪恩和可口可乐等。[①] 因此,战后西德的"美国化"所表现出的一个重要部分是对美国现代消费模式的接受。美国占领区的士兵可以说是传播美国现代生活方式的"大使",他们的行为方式尤其对德国年轻人产生了很大的影响。在过去,很多德国人只是通过电影、流行音乐或书刊等媒介对美国生活方式有所了解,但生活在占领区内或周边的年轻人有机会目睹了美国士兵的日常生活。对于正处于反叛父辈文化年龄段的年轻人来说,这种体现了不同文化的生活方式无疑对他们具有很大的吸引力,他们很快学会了跳摇摆舞,喝可口可乐,穿休闲的牛仔服装,在条件许可的情况下尽可能追求这些"新奇"而蕴含着一种新文化的东西。一个西德人曾回忆说:"人们从美国士兵身上看到了拥有他们并不知道的生活方式的国家之象征,但非常渴望地追求它。"[②] 这种描绘的确是他那代人当时接触这些美国文化产品所产生的真实感受。多林—曼托伊费尔教授的研究表明,美国占领区官兵的"生活方式对德国人的日常生活产生了影响,影响了年轻人在公众场合的举止方式、他们的衣着以及他们的社会行为。对许多人来说,美国成为战后时代的重要模式"。[③] 这些年轻人对美国生活方式的模仿成为西德社会"美国化"的一个重要标志。

爵士乐本来是一种具有奇特节奏与非洲和声色彩的音乐形式,最早起源于美国黑人的即兴表演,以后发展为美国人喜闻乐见的民间音乐形

---

① Volker Berghahn：Conceptualizing the American Impact on Germany：West German Society and the Problem of Americanization. 全文可在 http://www. ghi-org/conpotweb/westernpapers/ berghahn. pdf 网址上获得。

② Höhn：*GIs and Fraüleins*，pp. 226 – 227.

③ Doering-Manteuffel：Transatlantic Exchange and Interaction — The Concept of Westernization，p. 3.

式,在国外也成为美国生活方式的主要象征之一。早在魏玛共和国时期,爵士乐便成为源于美国的现代性的一种象征。不过,在20年代和30年代,爵士乐尚未进入德国音乐的主流。二战之后,这种状况发生改观,爵士乐在德国年轻人中成为消遣的一种时尚。在40年代后期和50年代初期西德大城市出现了所谓"热乐"的爵士乐俱乐部,其中很多拥有自己的乐队阵营,爵士音乐家和爵士乐迷经常在俱乐部相聚,除了聊天之外,在快节奏的音乐声中无拘无束地又唱又跳。爵士乐即兴表演在西德特别流行。在俱乐部成员中,许多是男女在校学生,自认为是放荡不羁者,尤其大家在一起狂欢时更是无所顾忌。许多俱乐部联合在一起成立了西德爵士乐联盟,出版自己的杂志,在许多方面以美国的爵士乐杂志《敲击》为效仿的模式。西德爵士乐迷最初在公众的眼里和媒介报道中形象并不是太好。为了改变这种消极的形象,西德爵士乐联盟做了很大的努力,效果很明显,形成了不再以狂欢乱跳为特征的柏林新爵士乐圈。这个新的爵士乐俱乐部举办爵士音乐会,在媒体公布有关爵士乐活动的信息,邀请一些名人专家前来做有关爵士乐的演讲,除了讲爵士乐本身的发展之外,还讲爵士乐对古典音乐的影响和对现代音乐的贡献。在西柏林的美国会所成为这些爵士乐迷经常聚会的地方。尽管存在西德的文化保守主义分子的警告与反对,但爵士乐还是在西德得到广泛的传播,这在很大程度上反映了处于反叛年龄时期的青少年对一种体现"现代性"的新文化的追求。因此,"爵士乐一直是现代德国经历的美国化最持久的形式之一"。① 爵士乐在德国的传播经历了曲折的过程,最终成为联邦德国青年文化的重要组成部分。此外,爵士乐在穿越东西方冷战的铁幕上起到了一种特殊的作用。在意识形态对立的国家,这种作用表现为瓦解国家对人们思想的"控制",使他们产生对西方或美国生活的向往;在与美国结盟的国家,这种作用加速了所谓"自由舒适"的美国生活方式的广泛传播。

可口可乐本来只是一种普通的商品而已,因为这种饮料源于美国,而且向外扩张的速度超过了一般的商品,所以便具有了代表美国生活方式

---

① Willett: *The Americanization of Germany, 1945 - 1949*, p.86.

的意识形态或文化上的内涵。因此,当可口可乐在战后被西德年轻人广泛消费时,在那些竭力维护正统的人看来,这种消费行为并非单纯是在满足身体机能的需要,而是对传统文化的一种叛逆,体现了对一种威胁传统的新的生活方式的追求。1929 年,这种象征着美国生活方式的饮料便在德国的埃森市开始销售,德国人比较喜欢啤酒,但可乐从进入德国市场之日起就显示出良好的发展势头,到 1939 年销售量已达到 450 万箱。在战争开始时,德国人一年要消费掉近 1.1 亿瓶冰镇可乐,占德国非酒精饮料市场的 15% 多。① 这一时期可口可乐深受德国很多人的喜爱,出现了大量的"可口可乐家庭"。二战后。可口可乐在西德饮料市场上所占的份额日益上升。到 1956 年,可口可乐公司庆祝可乐进入德国 25 周年时,西德共有 96 家可乐瓶装厂在运行。这种饮料尤其在年轻人中间很有市场,成为西德受美国大众文化产品影响的一个很重要标志,也在很大程度上象征着美国及其以消费主义为基础的生活方式。在一些学者看来,对可乐的消费成为西德人"美国化"的明显标志。② 舒茨毕业于美国乔治敦大学,他的博士论文研究了德国的可口可乐化历史,他在文中引用了德国《时事周报》1950 年 7 月 13 日刊登的文章来说明可口可乐开拓德国市场上的成功。该文章宣称:"没有美元,但有德国的主动性和海报女郎,西德的可口可乐推销商成功地推进和征服了他们失去的市场。"舒茨的研究还表明,可口可乐公司原打算在 1950 年在德国销售 400 万箱或 9600 万瓶可乐,实际销售的数目远远超过了预想,达到 1.4 亿瓶。1954 年,可乐在德国的年销售增长为 2400 万箱,创造了可乐销售历史上的奇迹。1956 年可乐的销售量更是高达 3500 万箱或 8.4 亿瓶,平均每人消费 17 瓶。10 年之后,当《时事周报》的封面故事宣称可口可乐为"世界列强"时,西德人每天消费近 450 万瓶可乐或每年消费 8200 万箱可乐。1950 年,德国普通工人花在

① Jeff Richard Schutts: *Coca-Colonization, "Refreshing" Americanization, or Nazi Volksgetränk? The History of Coca-Cola in Germany, 1929 – 1961*, Vol. 2. A Dissertation, Georgetown University, April 2003, pp. 281,305.

② 转引自 Schutts: *Coca-Colonization, "Refreshing" Americanization, or Nazi Volksgetränk?*, p. 305。

软饮料上的钱为 58 芬尼,1955 年为 1.57 马克,1963 年为 5.73 马克。[①]一些学者由此提出联邦德国被"可口可乐化"的观点,舒茨尽管对这种说法持有异议,但并不否认可口可乐对联邦德国迈向现代消费社会所产生的影响。

五、如何看待战后西德的"美国化"

1999 年 3 月 25—27 日,美国德国历史协会在首都华盛顿举行了一次国际学术讨论会,会议主题尽管是"美国对西欧的影响:跨大西洋视野下的美国化和西方化",但很多论文涉及美国与战后联邦德国的文化关系,"美国化"成为一些历史学家和学者进行相关研究时所采用的一个独特视角,他们把"1945 年之后的德美关系解释为西方一个霸权大国发起的美国化进程的组成部分",在这一过程中,"美国把大众消费社会的文化模式和行为方式准则出口到了欧洲"。[②] 这些学者的观点在会上引起争论,多林－曼托伊费尔提出冷战期间的美国与德国的关系也包含着联邦德国的"西方化"。他认为,这种关系的主要特征在于与社会和政治事务结构相关联的欧洲和美国价值观的混合,这是赋予自 20 世纪初开始以来新旧世界文化交流之特征的一个主题,还在于把德国民族传统中的政治和社会秩序思想与源于大西洋或美国的思想结合在一起。[③] 曼托伊费尔教授的观点很有代表性,他本人是不大赞成用"美国化"来研究战后美德文化关系,原因在于这一概念很容易导致人们认为,美国的准则、惯例、商品、形象和思想向德国的传输是行走在只去不回的"单行道"上。其实,曼托

---

① Schutts: *Coca-Colonization, "Refreshing" Americanization, or Nazi Volksgetränk?* pp. 315 – 316.

② Volker Berghahn, etc: Introduction: The American impact on Western Europe: Americanization and Westernization in transatlantic perspective. 全文可在 http://www.ghi-dc.org/conpotweb/westernpapers/ introduction.html 网址上获得。

③ Doering-Manteuffel: Transatlantic Exchange and Interaction — The Concept of Westernization.

伊费尔并没有否认美国文化对战后德国社会转型产生的深刻影响,但他的观点中显然包含着德国人对美国文化的接受并不是在简单地复制这种文化,而是把当地的文化传统与之结合起来。战后联邦德国的社会变迁受多种因素的制约,美国无疑是其中最重要的外部因素,而美国文化又在这一最重要的因素中扮演了不同寻常的角色。

战后西德的确发生了很多学者将之作为研究视角的"美国化"趋势,这种结果一方面反映了美国大众文化传播对西德社会的广泛冲击,但也表明当西德社会在向现代消费社会迈进时出现的与美国社会很相似的特征。德国学者亚历克斯·希尔德在1995年出版的一本专著中认为,"经济奇迹"有效地把西德转变为拥有一种成熟消费文化的社会,在这种消费文化的氛围中,个人和社会的身份不是由工作和生产形成的,而是取决于舒适和消费主义。希尔德并不否认现代消费文化开始于魏玛共和国时期,但却以很有说服力的材料来表明,战后西德经历了这种闲暇文化的真正普遍化。所以出现所谓的"美国化"丝毫不足为奇,原因首先在于美国社会是"现代消费的先驱",这样,西德现代化的迅速追赶自然会具有相当多的美国文化特征,尽管人们应该把美国这些间接影响形式和美国直接进口品区别开来;其次,1961年柏林墙修起之后两个德国越来越独立地发展。联邦德国在地理上和文化上越来越趋向西方;第三,大众媒介的传播,尤其电视为来自美国的文化移转提供了范围更大的可能性;最后,年轻人首先学会了被认为来自美国的文化惯例,这个继而使老一辈人愤怒不已。在50年代,联邦德国出现了很多被称为"痞子"的小团体,他们整日沉迷于摇滚舞,以"美国酷"而自豪。不过,希尔德在对西德大众媒介早期发展进行考察时,与许多历史学家不同,没有提出大众媒介如何为西德日常生活"可口可乐化"铺平道路这一命题。对他来说,这一进程总是旧与新、传统与现代的复杂交织。尽管他承认大众媒介通过有助于形成一种新的全国"大众文化"而有效地瓦解了西德的地方和地区认同,但这并不意味着传统的德国文化遭到破坏。因此,战后西德在文化上趋向"美国化"是德国人对美国文化成分的主动获得和适应,也就是说把来自外部的新的文化成分融合进传统文化之中,他主张用"混合文化"来解释战后西

德的文化发展。① 希尔德在这里实际上提出了如何认识战后西德"美国化"这一问题。

战后美国的"技术文明"或"物质文明"对联邦德国进入现代消费社会产生了很大的影响,很多欧洲知识分子从美国的经历中看到了他们国家的未来。他们忧虑的"美国化"正是在大洋彼岸文明的影响下在西德出现的一个趋势,"可口可乐化"、"麦当劳化"以及"迪斯尼化"等提法是对"美国化"更形象化的缩影,反映了他们在"现代性"的冲击下通过向公众灌输一种可怖的描述来维护传统生活方式不受外来"侵蚀"的延续。然而,他们的这种努力最终还是未能奏效,源于美国的文化产品还是长驱直入,横扫包括西德在内的美国欧洲盟国,形成了不可阻挡之势,似乎表明战后西德不可避免地重蹈美国发展的"覆辙",结果是西德看起来"更像美国"。其实,发达国家看起来"相互更像"的说法可能更为准确。对美国文化产品的消费充其量只是增加了消费选择的多样性,并不会从根本上改变从父辈延续下来的生活方式。其实,在这些打上美国名牌商标的消费品中,很多已经本土化,成为带动地方经济发展的重要企业。当然,一些追求"时尚"的年轻人消费可乐等美国产品显然包含着向往"更像美国人"的生活,但对大多数人来说,喝可乐、吃麦当劳、看好莱坞大片以及逛迪斯尼乐园等纯粹只是一种消费行为,并不足于改变原有的生活方式甚至民族文化认同,历史的发展已经证明了这一点。

战后西德社会经历了历史上的前所未有的大转变,美国作为西方世界的领袖和主要占领国之一,在这一大转变过程中发挥了任何其他国家所无法替代的作用,美国文化对西德人的思想意识和行为方式发生影响是太正常不过了,50 年代西德公众展开的关于所谓"德国美国化"的辩论便是这种影响的表现,他们把对美国大众文化的评价纳入了为"不同生活

---

① 参见 Paul Betts：German Modernity as New Historical Object. In：*Journal of Urban History*，Vol. 25，No. 6，September 1999，pp. 878 – 879。

方式合法性的日常斗争"之中。① 然而,这决不意味着西德人放弃了自己的文化传统而接受一种全新的生活方式了。热衷于用美国文化改造其他国家的美国人也许是这样希望的,但这种希望很难成为现实。佩尔斯的研究表明:"尽管美国强大和德国孤弱,但美国未能实现其宏大设计。相反,美国在40年代和50年代初期在德国的经历成为一个个案研究,说明面对着强大的外部压力一个决心维护自己民族传统和地方习俗的国家如何能够适应、修改和抵制美国的政治和文化政策。"② 瓦根雷特纳的研究结论是,尽管战后美国把奥地利紧紧地拉入西方轨道的努力在物质层面上是最成功的,但只要被出口的文化符号认同一经与其他文化相交便会发生改变。奥地利人之所以喜欢牛仔裤是因为它们象征着自由和进步,但奥地利人并非必然喜欢美国文化,更不用说采纳了。③ 瓦根雷特纳尽管谈的是战后奥地利的情况,但对理解西德的"美国化"的确是深有启迪。

① Raspar Maase, "Halbstarke" and Hegemony: Meanings of American Mass Culture in the Federal Republic of Germany During the 1950s. In: Rob Kroes, R. W. Rydell and D. F. J. Bosscher, eds., *Cultural Transmissions and Receptions: American Mass Culture in Europe*. Amsterdam: VU University Press, 1993. p. 154.

② Pells, *Not Like Us*, pp. 41 – 42.

③ Reinhold Wagnleitner, *Coca-Colonization and Cold War: The Cultural Mission of the United States in Austria after the Second World War*. Chapel Hill: University of North Carolina Press, 1994.

第四节

德国移民的社会一体化进程

宋全成[*]

在当代欧洲,移民问题已经不再被看作一个区域性的社会问题,而是一个全球性的问题,它涉及许多国家。从历史学的角度来看,迁移和移民,特别是跨越国境的工作移民和永久性迁移,有着长久的历史,是文明社会的产物。如果从欧洲文明的发展和传播的视角来考察,那么,我们也会发现,在一定的意义上,完全可以说,欧洲的文明正是通过跨越国界的移民浪潮得以广泛传播的。直到今天,跨越国境线的迁移和移民,依然是人类社会生存的基本组成部分。但是,广泛的跨越国境线的国际移民,对今日的西欧国家来说,已经成为一个严重的社会问题、经济问题和政治问题。特别是在德国,传统意义上的德意志民族国家已经成为非典型意义上的多民族的移民国家。在以德意志民族为核心的德国 8270 万人口中,有 8.9%,即 740 万人是外国人。由于战后历史上的德国政府和各主要政党在 20 世纪以前,大多不愿承认德国作为非典型意义上的移民国家的存在,因此,无论在政治、法律、政策的制定,还是在社会措施、组织结构的安排上,对于移民的社会一体化缺乏足够的准备,从而使得德国的移民问题变得日益严重和突出。本节拟从社会学和国际政治学的研究视角出发,简要考察德国移民的历史发展,并对在德国的移民社会一体化进程及问题进行具体的阐述。

一、德国战后历史上的四次移民潮

今天的德国,是许多移民输出国家的移民向往的目标国家。但从历

* 中国人民大学国际关系学院、山东大学移民研究所教授、博士。

史上看,德国也曾是移民输出国。在西欧从农业文明走向工业文明的
17世纪,当时的德国还是众多的邦联诸侯国家,社会和经济发展相对于
尼德兰(即今日荷兰)和东部的俄罗斯来说,要落后得多。因此,德国人
便开始了向东和向西两个方向的移民潮,一是西向资本主义经济发展迅
速的尼德兰,二是东向俄罗斯。从移民的类型来看,西向的移民多是多
次往返的季节性的工作移民,而东向的移民多是迁居型的外迁移民。这
种移民的潮流,后来被跨越大西洋的外迁美洲的移民所取代,并一直持
续到19世纪末。从19世纪90年代起,随着德意志帝国的经济实力已
达到世界先进行列,帝国的大规模的经济建设需要各方面的劳动力,但
是,帝国的劳动力资源又远远不能满足帝国大规模经济建设的需求。于
是,外国的流动工人开始大规模地流入德国。到第一次世界大战前夕,
据官方的统计,大约有120万人,主要来自东欧国家如波兰和南欧国家
如意大利。1933年纳粹上台以后,许多德国人由于政治、世界观和种族
主义等原因而逃往国外,美国是逃亡的主要目的地。第二次世界大战期
间,德国占领的欧洲开始了大规模的逃亡性移民和强制性移民的浪潮。
这一时期,具有决定意义的是,德国实现了由移民输出国到移民输入国
的根本变迁。

　　第二次世界大战结束以后,德国的历史上曾经出现过四次移民德国
的浪潮。第一次移民浪潮是德国的难民和被驱逐者返回德国。战后几十
年来,西德一些有影响的被驱逐者组织,通过强大的舆论,要求被驱逐者
拥有回家的权利。1945—1950年,德国有1170万难民来自其东部。
1951—1988年,在西德,有160万人从东欧和东南欧国家穿越国境返回德
国。而东德,上述情况极少。从20世纪80年起,随着苏联社会主义改
革,特别是政治改革的深入,原东欧社会主义国家逐步开始了摆脱苏联的
控制。与此同时,大量的东德人逃离东德进入西德,或通过政治避难的方
式进入西德。在冷战时期,这种移民向西德的涌入,由于冷战思维、意识
形态和西德社会经济高速发展缺乏劳动力等原因,而受到了西德的热烈
欢迎。为此,东德建立了严格的边防检查制度和有关的军事设施,以此阻
止东德人向西德的流入。于是,西德开始违背自己的意志而将移民的目

标转向国外，这也加速了西德成为非典型意义的移民国家的步伐。由此，德国开始了战后历史上第二次大规模移民浪潮。1955年，西德政府与意大利政府签署了有关引进劳工的协议，以满足膨胀的经济发展状况对劳工的迫切需求。在1961年柏林墙建成后，东德结束涌入西德的移民潮流以后，西德转向了其他国家，并加大了招募外籍劳工的力度，分别于1961年与土耳其、1964年与葡萄牙、1968年与南斯拉夫、1963/1966年两次与摩洛哥，1965年与突尼斯签署引进劳工的协议。据德国移民局不完全统计，大约有1500万外国劳工来到了西德。德国社会公众称这些劳工为外籍工人，以区别于纳粹时期的外来工人和帝国时代的外国流动工人。这些外籍工人对于战后德国经济和社会的恢复、对于德国经济奇迹的创造，发挥了至关重要的作用。1973年世界石油危机爆发，西德政府被迫停止从国外输入劳工的政策。在此期间，共有1500万人来到德国，期满后有1200万人回到了自己的祖国，有300万人滞留在德国，并在随后的日子里，全家迁往德国。第三次移民浪潮是避难者和其他难民的大量涌入。二战结束以后，西德承诺接受1933—1945年期间逃亡国外的德国难民，这是依据《基本法》第16条关于政治受迫害者享有避难权的规定。随着政治避难权在西方发达国家受到认同，其他国家利用避难权迁入德国的人数也在急剧增加。其中有些是非法入境者，有些是违规停留者，另有一些是在接到离境要求或驱逐警告以后就销声匿迹。1990年的波黑战争和1999年的科索沃战争中，又有大量的战争难民流入德国。尽管从1993年起，德国开始对《基本法》本身进行限制，并通过了《基本法》修正案。从此，那些来自无迫害国家的外国人和那些经由所谓的安全第三国入境的外国人，失去了申请政治避难权的机会和资格。第四次移民浪潮是东欧国家的回迁者。依据德国的国籍法和移民法，只要有德国人的血统、并得到德国官方的认同，移居国外者就可以申请获得德国国籍，并移居德国，获得与德国公民同样的一切权利和义务。20世纪90年代初，伴随着两德的统一、东西欧"铁幕"的结束和华沙条约组织的解散，中东欧国家冷战时代形成的严厉的移民政策被废止，于是，中东欧国家的拥有德国血统的移民，蜂拥而来，进入德国，每年达到40万人。来自中东欧国家的移民潮，使德国政府面临着的移民社会一体化问题日益突出。于是,到 90 年代末,德国政府开始实施严格的移民政策,提高了移民的条件,同时限定了移民的指标,规定每年的进入指标是 10 万人。这些限制性的措施发挥了明显的作用。从过去每月申请的 12000 份,下降到 2002 年每月 6000 份,下降了 50%。这些来自东欧原社会主义国家的移民,尽管被赋予了德国国籍,但是,由于他们长时间生活在过去的东欧社会主义国家,他们在社会和文化意义上对德国依然是陌生的——他们带着沉重的心理上的和精神上的负担而回迁德国的。他们中的大多数依然处于一种真正的移民情况和移民环境中。因此,他们进入德国以后,面临着更艰巨的与德国社会、文化相融合的社会一体化的任务。

二、统一后的德国社会的移民冲突

1990 年 10 月 3 日,德意志民族统一,举国欢腾。但国家的统一,并没有消解德国移民的社会一体化的任务,相反,移民冲突更加突出,主要表现在东部德国与西部德国的移民冲突,德国人对外国人的移民冲突两个方面。

1. 处于移民环境中的东部德国人与西部德国的冲突

与跨越统一的共和国外部边界的移民相伴随的是,在德国国内还存在着两个需要加以解决的移民一体化问题:跨越国界的人们和超越人的国界。一是跨越国境的人们:在西德,从 20 世纪 80 年末期到 1990 年,来自于东部的,首先是东德的难民,作为迁移者进入西德。他们大多数出于意识形态的原因,误以为由于东西德都是德意志民族而具有一致的民族文化,认为,一旦来到"金色的资本主义制度的西方",便可以获得物质、生活方式、文化和社会心理上的巨大跃进。但现实是,来自东德的难民和避难者在西德,他们的过高期望完全落空,并经历和遭受着西德资本主义市场竞争文明的沉重打击。这种打击,不仅表现在物质文化和生活方式上,而且更重要的是表现在东西德政治和意识形态不同而形成的社会心理

上。二是超越人的国界：在东德，始终存在着统一进程中的，不仅是经济上的、社会上的，而且更重要的是社会心理上的社会融合问题。对于东德人来说，面对在 20 世纪 90 年代初期开始的急剧的社会、经济、政治和精神的极大转折和社会变革，许多人生活于一种"西方进口"的没有实现社会融合的陌生社会环境中。半个世纪形成的人们习惯的政治、经济、文化和社会心理，难以在短时间里适应西德的社会，许多人在自己的国家里面对着两者择其一的尴尬境地：要么无条件的适应这种陌生的社会情形，要么是拒绝这种陌生的社会，以自己所习惯的方式继续生存，最终被主流社会边缘化。①

2. 处于移民环境中的外国人与德国人的冲突

东德在德国统一的进程中，对于远来的外国移民，缺少社会融合的足够准备。从境外而来的外国人，例如政治避难申请者，依据统一条约被分配到新联邦州，即东部各州。对东部德国人而言，大多数人面对政治转换、经济倒退、与西德人的社会地位及物质生活上的巨大差距等原因而产生了自我社会疏远感，对外国人的敌对态度大大增加，暴力排外事件屡有发生。这导致了在萨克森霍耶斯韦达(Sächsischen Hoyerswerde)1991 年 9 月的针对外国人的敌对进攻的不法犯罪行为。人们发现，此类事件在德国西部也不例外，但开始很少被人们所注意，因为在大众媒体上还没有发现报道此类的对外国人的暴力事件。在德国东部，针对外国人的日益增加的敌对性，使人们误认为，好攻击和强暴是东部德国人的特点，而实际上它是由社会生存环境的恶化而威胁着的社会边缘性群体的一种过激的自卫反应。这种情况日益加剧，随后，针对外国人的暴力行为，便扩展到整个德国境内。据德国内务部统计，1992 年德国发生 2544 起仇外暴力事件，1993 年又发生 1609 起，2000 年发生了德国统一后历史上创纪录的

---

① Klaus J Bade：*Die multikulturelle Herausforderung: Menschen über Grenzen-Grenzen über Menschen*. München：Beck，1996，S.82 - 98.

15651 起排外暴力犯罪案件。① 由于缺少移民的社会一体化政策和行动，外来移民在德国从来就没有真正融合到德国的主流社会中。德国面临着移民的社会一体化的艰巨任务。

三、德国移民艰难的社会一体化进程

1. 20 世纪 70 年代以前：移民没有成为社会问题，移民的社会一体化问题在德国被漠视，20 世纪 70 年代以前，具有典型意义的外来移民是客籍工人。无论是基于双边协定的来自于意大利、土耳其等国家的客籍工人，还是来自于东欧和其他社会主义国家的移民、政治难民，甚至非法移民，由于经济和社会的重建而需要大量劳动力的社会需求，几乎毫无例外地受到了德国的欢迎。这一时期外来移民的进入，无论社会大众，还是政府，都将关注的目光聚焦在经济和社会的重建所需要的劳动力这一积极的方面。而对移民的社会一体化问题，没有给予应有的考虑。这一时期主要的移民群体是客籍工人，但无论是外来移民还是德国政府，都没有社会一体化的具体目标和任务。其主要原因是：

（1）客籍工人的时间限制。依据引进劳工的双边协定，这些外国劳工在德国服务一定的年限以后，不能在德国继续居留，而必须返回自己的祖国。因此，这些劳工的长期居留以及他们的家庭问题，都似乎不需要德国政府给予关注，在这样的情况下，也就不存在与德国社会的融合和一体化问题。

（2）客籍工人居住相对集中，保持移民国文化价值观念，没有产生与德国居民、文化价值观的冲突。早期的客籍工人并不是与德国居民混居的，而是相对集中于某一专门社区，在工作之外，某种程度上是远离德国的主流社会的。因此，他们较好地保持了他们本民族的文化价值观，同时由于外国人的数量不多，在社会生活的层面上，其价值观没有与德国居民和德国主流的文化价值观产生冲突。

---

① 姚宝、过文英：《当代德国社会与文化》，上海外语教育出版社，2002 年，第249 页。

（3）德国政府缺乏移民的社会一体化的政策和相应机构。与在美国的外来移民从一开始踏入美国的国土那天就想在美国长期居住相比，在德国，第二次世界大战以后引进的外国劳工，从一开始似乎就决定不在德国长期居留，而只是暂时在德国工作，在德国自然也就缺乏移民的社会一体化的政策和机构。德国的外国人政策，仅仅作为劳动力市场政策的附属，而不是社会政策的重要组成部分——移民政策——被使用。①

2. 20 世纪 70 年代到 90 年代：移民逐渐成为严峻的社会问题，移民的社会一体化问题受到高度关注。

70 年代到 90 年代，特别是 80 年代以后，德国的社会和经济出现了"滞涨"的现象。早在 70 年代早期的"全球性石油危机"中，欧洲非典型意义上的移民国家先后提出了"零移民"的口号，移民政策随后趋紧，德国也不例外。1973 年德国出台的法案，明文禁止外国人在德国自由择业。但在工作移民减少的同时，以政治避难为标志的政治难民的大量进入，成为这一时期欧洲移民的一个新特点。由于意识形态的对立和冷战思维的影响，欧洲共同体主要成员国先后接纳了来自原社会主义国家的大量移民。特别是苏联解体、原东欧社会主义国家巨变前后，在欧洲主要国家申请政治避难的人数，达到了前所未有的水平。仅以德国为例，依据德国内务部移民和难民局提供的数据，在 1985 年，有 73832 人，到 1990 年达到了193063 人，1991 年 256112 人，到 1992 年达到了创纪录的 438191 人，尽管在 1992 年以后，逐年下降，但依然保持着较高的人数，见下页表。② 除了难民以外，来自东欧国家的回归移民也大量增加，据不完全统计，有大约150 万人回到了德国。同时，有大约 50 万到 100 万非法移民滞留德国。到 2000 年德国拥有外国人的数量达到了 740 万人，占其总人口的 8.9%（不包括非法移民的数量）。德国正在成为一个事实上的非典型意义上的

---

① Klaus J. Bade：*Europa in Bewegung: Migration vom späten 18. Jahrhundert bis zur Gegenwart.* München：Verlag C. H. Beck，2002，S. 312 - 347.

② http://www. Bundesamt für Migration und Flüchtlinge. de/Asyl/html.

移民国家。

德国申请避难历年人数一览表（1985—1999）

年份	总人数(千人)	首次申请	非首次申请
1985	73.832		
1986	99.650		
1987	57.379		
1988	103.076		
1989	121.315	注释： 在 1994 年以前， 没有对避难申请的人进行 首次申请和非首次申请的区分。	
1990	193.063		
1991	256.112		
1992	438.191		
1993	322.599		
1994	127.210		
1995	166.951	127.937	39.014
1996	149.193	116.367	32.826
1997	151.700	104.353	47.347
1998	143.429	98.644	44.785
1999	138.319	95.113	43.206

　　面对日益严重的移民社会状况，从 20 世纪 80 年代以来，在移民和一体化政策问题上，德国政府始终拒绝承认德国是事实上的新型移民国家。从 1983 年以来，围绕"德国是否是移民国家"这一主题，德国上下展开了一场热烈的讨论，不仅各政党阐述在移民问题上的立场，而且社会传播媒体和社会大众也积极参与。但是直到 1998 年以前，在德国，无论是政府，还是社会大众，主流的倾向依然是不愿意承认德国是一个移民国家，并为上述观点进行了辩护，认为典型意义上的移民国家有着特殊的内涵，它是指外来移民通过和平或战争的方式，驱赶或同化了土著民族，并最终在原民族居住的土地上，建立了城市和国家。如果以此为标准，德国自然不是典型意义的移民国家。由于这种观念，德国在机构

和政策上始终缺乏对移民社会一体化问题的结构性和工具性安排，而现实社会中的大量移民存在和针对外国移民的排外暴力行为，政府却力图淡化，这样，在"政治性的捉迷藏游戏"中，德国政府不仅浪费了解决移民的社会一体化问题的大量宝贵时间，而且使问题日益严重，成为社会的核心问题。

之所以说现在的移民问题已经成为德国社会的核心问题，就是因为过去的移民问题只是德国社会问题的边缘化问题，它没有对德国社会的政治、经济和文化等领域产生全面影响。而现在则不同了，在政党选举的层面上，大量选民对移民的拒绝态度和对外国移民大量增加的恐惧，使得以反对外国移民为特征的右翼政党迅速崛起。在德国 2004 年 9 月 19 日的萨克森州和勃兰登堡州议会大选中，以反对外来移民为特征的极右翼政党，重新获得选民的支持而进入州议会。在目前由社民党与基民盟以大联盟方式执政的布兰登堡州，极右的德意志人民联盟（DVU）得票率在 5.9% 左右，与 1999 年（5.3%）一样，得以继续进入州议会。绿党和自民党此番同样没有希望越过 5% 限额条款进入议会。在目前尚由基民盟独立执政的萨克森州，反对外来移民的极右的国家民主党（NPD）同样在大选中大获全胜，得票率由 5 年前的可怜的 1.4% 暴涨到现在的 8.9% 左右，几乎与社民党打个平手。这是该党 40 多年来第一次取得一个州议会的议席；① 在经济的层面上，在德国 470 万失业人口中，有近 300 万是外国移民，面对国际性的移民浪潮，人们产生了一种危及自身安全的感觉。处处能感觉到福利国家因为移民和迁移现象的大量存在而有了强烈危机。沉重的社会保障和社会福利负担，严重制约了经济的可持续发展；在民族文化的层面上，研究移民文化的专家赫希曼（Heckmann）教授认为，民族概念，应理解为一个民族的一致性和团结性，自我表现意识的统一性，首先是在一个国家机构中有共同生活的愿望、有共同的价值观、有共同的政治观（共同的信念）和学术见解。而不是说生活在一起，就是同一民族。而大量移民群体的存在和缺乏一体化的移民政策，使得外国移民较好地

---

① http://www.dw-world.de/20-09-2004.

保持了自己所独有的民族文化,而没有实现外国移民与德国社会的一体化。这就在民族文化的层面上,出现了德意志"主流文化"和其他民族"非主流文化"同时并存的局面,并由此产生了"主流文化同化非主流文化"和"保持多元文化"之争。[1]　显然,在德国继续面临着移民社会一体化的艰巨任务。

四、难产的德国移民法:移民的社会一体化任务任重而道远

进入 21 世纪以后,德国政府逐渐接纳了德国学术界的一些移民研究专家的观点。认为,在德国 8270 万人口中有 740 多万外国人的情况下,必须承认,德国已经成为一个非典型意义上的移民国家,外来移民及其所拥有的民族文化、特殊的社会群体和社会结构,与德意志民族共处于一个"伙伴社会"中,[2]　这种状况是不能通过政府的否认、拒绝和排斥外来移民来实现移民的一体化进程和与德国社会的真正融合。解决移民的社会一体化问题,必须从德国发展的未来、德意志民族的长远利益、外来移民的根本利益的关注及移民的全球性等多角度,进行系统性、整体性的思考。正是在这样的背景下,德国政府于 2000 年任命了以前议长丽塔聚斯穆特(Rita Süssmuth)为主席的独立于党派之外的移民委员会,审查德国的外国人政策,并着手制定适合于德国移民现状、有利于德国未来发展和德国移民的社会一体化任务的德国新移民法。

但是,在德国一直不愿意承认本国是一个移民国家的历史和现实下,很难在短时间内得到政治精英对新移民法的普遍认可。果然,2001 年当独立的移民委员会提出被认为是欧洲最现代化的、对德国的移民实现社会一体化任务寄予厚望的德国新移民法草案以后,立即引起了政府领导层、各党派和社会大众的广泛争论。支持者和反对者进行了反复的较量,

---

[1]　Friedrich Heckmann: *Ethnische Minderheiten, Volk und Nation, Soziologie interethnischer Beziehungen.* Stuttgart: Enke Verlag, 1992, S. 321-322.

[2]　Klaus J. Bade/Mainer Mütz: *Das Manifest der 60: Deutschland und die Einwanderung.* München: Verlage G. H. Beck, 1993.

势均力敌。2002 年 3 月 22 日，在最后表决的关键时刻，红绿执政联盟仅以一票优势通过了新移民法。尽管前联邦总统约翰内斯·劳签署了该法案，并决定于 2004 年 1 月 1 日正式生效。但反对派却提出了移民法案的表决程序违反了宪法，要求提交宪法法院裁决。原因是执政于勃兰登堡州的是社民党和基民盟的大联合政府的投票出了问题。基民盟籍的内政部长在表决时投了新移民法的反对票，而其他投票人士则投了赞同票。一般在出现这种情况时，参议院轮职主席应将该州的表决作弃权处理。但 3 月 22 日任参议院主席的社民党籍柏林市市长维沃莱特却将勃兰登堡州的不一致表决算作了赞同票，理由是他当场询问了该州州长施托尔佩，施托尔佩是社民党籍，赞同新移民法。由此，反对党基民盟、基社盟执政的 6 个州向联邦宪法法院送交了诉状，控告表决程序，即不牵涉新移民法简化外籍专业人员来德工作的手续以及限制外来移民的事实。2002 年 12 月 18 日，联邦法院多数法官形成了一致意见，认为在 2002 年 3 月 22 日联邦参议院通过新移民法的程序，违反了德国宪法第 78 条的规定，原因是勃兰登堡州未能一致的投票却算作了赞同票，这样，新移民法的产生是违宪的。德国联邦法院依此否决了新移民法，这不啻是对 2002 年 9 月在联邦大选中获胜连任的德国红绿政府的当头棒喝。德国政府 2004 年 1 月 1 日使新移民法生效的计划在最后关头不幸流产。反对党借此要求修改或删除第 20 条的条款。移民法草案中最重要的条款是第 20 条的明确积分制，曾被看作德国红绿执政联盟的杰作，它借鉴了加拿大、澳大利亚和新西兰的相关法律制度。内容是，德国劳动市场每年均对一定份额的外国人开放，按照分数接纳外国移民。而这一条款将被删除，否则反对党联盟将不会重返谈判桌前。

尽管德国各政党为新移民法争论不休长达 3 年，但是，德国已经成为非典型意义上的移民国家，而且德国目前的移民确实需要社会一体化的社会融合进程，这已经是一个不争的事实。在这样的背景下，积极主张推进新移民法实行的德国执政的社民党和绿党，在新移民法的个别条款的修改方面，对反对党做出了较大的让步。2004 年 6 月中旬，联邦执政党同反对党就移民法草案展开谈判，并最终达成妥协。7 月 1 日，经过数易其稿的移民法终于在联邦议院顺利通过。几乎所有的议员都对这一政府与反对党通过艰苦谈判达成的妥协方案投了赞成票。依据德国法律,新移民法已于 2005 年 1 月 1 日生效。[①]

[①] http://www.dw-world.de/02－07－2004.

第五节
德国国民性特征及其文化渊源

王志强 *

德国国民特性具有正面和负面二重性，在这方面，对德国国民特性的负面看法更多地涉及外国人对德国人的看法，在很大程度上同其正面特性互相依存，由德国国民正面特性所致。我们说到德国人，一般会联想到：德国人稳重、踏实、言行一致、表里一致、秩序意识、顺从、忠诚、法律意识、就事论事、诚实、权威意识、严谨性、富有理性、有哲学头脑/哲学思辨能力、勇敢、刚毅、勤奋、忠于职业、务实、有团队精神、守法、惜时、守时和准时、恪守诺言、精确细心、坦诚直率、井井有条、敬业爱岗、认真、讲究效率、遵纪守法、锲而不舍、公私分明，以及冷淡、保守、无幽默感、死板、无灵活性、方块脑子、傲慢、固执、刻意强调法治和合法性，缺乏合理性意识，思维处事格式化/刻板和工作至上等，自卑与自傲，内在自由与外在顺从。本节试图从日耳曼精神、路德神学观和普鲁士精神三个方面对德国国民性形成的历史成因、文化背景及其文化遗产对当今德国人的民族性和国民性进行阐述。

一、日耳曼人和日耳曼精神

日耳曼民族被视为德国人的祖先，对于其民族特性，古罗马历史学家塔西陀斯（Tacitus）在其《日耳曼志》（Germania）中有着详实的记载。[①] 在这方面，塔西陀斯笔下的日耳曼人注重忠诚、名誉、荣誉和勇敢，将忠于本

---

* 上海外国语大学德语系教授、博士。

① Tacitus：*Germania*，übersetzt v. Manfred Fuhrmann. Stuttgart，1977.

民族、忠于首领和勇敢视为"美德",把效忠部落首领视为天职,并以此为荣。为了名声和荣誉,不惜牺牲自己生命。对他们来说,人的生命和财产均可随时流逝,但事业的荣耀和功绩将流芳百世。日耳曼人追求自由,凭借对本民族的忠诚和勇敢,不畏外来入侵。这一特有的民族忠诚意识也决定其对异族的态度。为了保持种族纯洁性,人们反对同异族通婚;对日耳曼人来说,名誉和荣誉建立在战功的基础上。在当时的生存环境和生存条件下,勇敢被视为人生存的重要前提,在战场上,日耳曼人十分勇敢,宁死不屈,不打仗时在家中懈怠懒散,不愿意在农田干活。

同民族忠诚和勇敢一样,军事性构成了日耳曼民族另一重要特性,人们强调顺从意识,服从主子,服从首领;在战场上,日耳曼人强调战斗精神,绝对服从主子,甚至愿意为之献身。军事性也贯穿于日耳曼民族日常生活诸层面,如孩子进入成人阶段,人们会送予长矛和盾牌等兵器。除成人节外,日耳曼人的婚姻也充满着军事性特点,如女方陪嫁要有战马和长矛;妇女要忠于婚姻,她们可以不爱丈夫,但要维系婚姻,对日耳曼人来说,女人一生只嫁一个丈夫,妇女要守节,违者将被剃去头发,裸体示众,甚至被逐出家门。虽然日耳曼人对妇女有着严厉的守节要求,但妇女享有较高的地位,她们受人尊重,在打仗时可以就地观战,鼓励丈夫勇敢应战。另外,在日耳曼人那儿有着严格的男女分工,男人在外打仗、打猎;女人在家操持家业。

对待客人,日耳曼人十分好客,不分熟人和陌生人,对他们来说,来访者都拥有客人的权利。他们爱银币胜过爱金币,喜欢用小额银币进行交换;在信仰上,相信自然神和迷信,把星辰等自然现象奉为神,并以此命名星期的名称,在打仗时会根据战马嘶叫声占卜战局;在饮食方面,人们不懂得精细烹饪,喜欢直接吃野果、野味和鲜奶,饮酒没有节制,喜欢痛饮啤酒。

上文所述的日耳曼民族特性和日耳曼精神,在许多方面影响德国民族精神的形成,并被德国人和当代德国人所接受,如忠诚、勇敢、荣誉观和男女分工等。在今天的德国,许多德国企业将忠诚确定为用人的一个重要标准,要求忠于本职工作、忠于自己的企业,反对跳槽,而对事业成就的功名心又使德国人一丝不苟地工作;日耳曼人的勇敢、好战和不怕死的性

格虽然也由德国人继承,但表现形式有所不同;在战争年代,勇敢也成为获得荣誉的阶梯,在和平年代,人们通过事业的成就获得荣誉,在足球场上也表现得十分勇敢,对他们来说,胜利是比赛的目的,结果重于过程。同日耳曼人一样,在今天的德国许多家庭中保持着男女分工的传统,一般丈夫在外工作,养家糊口,妻子在家操持家务。纵观德国近代历史发展,人们便看到,民族忠诚和种族纯洁性这一日耳曼民族意识被纳粹帝国所利用,由此奠定的狭隘的民族观给人类和德意志民族带来了沉重的灾难。

二、路德神学观对德国民族及其职业观的影响

马丁·路德神学观对德国民族性形成有着重要的影响,这方面主要涉及路德的两个世界理论和具有准宗教性的工作态度和职业观:①

1. 路德的两个世界论——内在世界和外在世界

马丁·路德提出了"两个世界"理论—— 内在世界和外在世界。这里,内在世界是指信仰世界,外在世界则指权威世界,这在很大程度上奠定了人们常说的德国人精神内在性和外在顺民心态。按照"两个世界"理论,路德区分信仰世界和世俗世界。在他的"论基督徒自由"一文中,路德推崇信仰自由和基督徒的自由,这种自由奠定了人直接面向上帝的认知基础。在信仰方面,每个基督徒一方面是高于一切的自由人,作为个人,他属于信仰世界,完全自由,没有世俗权威能对之施加影响,在信仰世界人们是绝对自由的,人们直接面向上帝,自己直接对上帝负责,路德强调内心世界,注重精神自由、信仰自由,反对基督徒去关心世俗世界,要求人们服从各种世俗权威;另一方面,由于每个人处于具有强制性和非自由性世俗世界,面对世俗权威,人是不自由的,必须服从,这被看作基督徒的一

---

① 李伯杰等:《德国文化史》,第三章"人文主义与宗教改革:德国近代文化的开端",第三节"宗教改革及其对德国人心态的影响",对外经济贸易大学出版社,2002年,第70—80页。

种使命,对马丁·路德来说,服从世俗权威,忠于世俗秩序,是维护上帝为人类创建的秩序。在这一认知理念下,服从世俗权威在一定程度上具有宗教性,即:世俗世界被视为上帝创造的秩序,作为上帝的信徒,每个人都有义务去维持世俗秩序。

基于这一认知出发点,马丁·路德的两个世界思想影响和奠定了德意志民族的内在性和顺民心态的外在性:德意志人的内在性在很大程度上源于路德的信仰自由要求,而人们常说的德国人的顺民心态则产生于路德服从世俗世界的要求。在德意志民族特性形成过程中,服从构成了德国人重要的国民特性之一,服从上司,听命于官僚便是在维护上帝创造的秩序。由此奠定的服从性在普鲁士王国得到极致的发展,臣民的责任在于信仰上帝,服从国家的权威;人们不能过问政治,做好自己的工作被视为每个人的天职,这又导致了敬业精神的产生,但这也是一种源于宗教、发自内心的敬业精神。

2. 路德神学观对德国职业观的影响

此外,路德基于其神学思想的职业观在很大程度上对德国人的工作态度和职业观形成产生了深刻的影响。在早期基督教中,劳动不是一种美德,而是被视为上帝对人类的惩罚,其直接原因是:人类始祖亚当和夏娃违反上帝禁令,偷吃智慧果而被逐出伊甸园,在人间忍受辛苦的劳作。路德认为,任何职业都是为上帝服务,任何工作与教士工作一样高贵,这改变了之前基督教对待劳动的态度,工作是进入天国的重要途径,不是上帝对人的惩罚,而是为上帝服务。因此,工作被赋予积极的意义。在这方面,职业不再只是一种谋生的手段,而是被赋予了神圣的意义,德语中的职业"Beruf"源于Be-rufung 一词,意为"得到上帝的召唤和担负上帝的使命",是上帝给予一个人的角色,从事这种职业的人就必须接受上帝的安排,全身心地履行职责。如同马克斯·韦伯所说的那样,德语"职业"(Beruf)一词具有宗教和经济双重意义,职业/工作不仅仅是一项谋生的手段,而且也包含一种神圣的使命,如同不能随意对待上帝一样,人们不能玩忽职守,随意对待工作,每个人,无论从事什么工作,都必须恪守职责,通过努力工作,以积极和勤奋的工作态度

进入天国。由此奠定的新教伦理和工作观被视为资本主义发展的精神原动力，[①] 这种新教伦理精神在很大程度上奠定了德意志民族的工作态度和职业观。人们把工作视为人生的第一重要使命，工作重于生活，认真工作被视为重要的职业道德，工作成为公共道德和公共精神，由此奠定的工作态度/职业观不断深入德意志人的灵魂，成为德意志民族重要的精神组成部分，并构成了德意志国民的重要特征。

三、普鲁士精神的历史传承

形成于 17 世纪的普鲁士王国在很多方面继承了日耳曼民族精神和马丁·路德的国家观念，在这方面，日耳曼民族的军事性、勇敢性、尚武性和好战等特点，随着普鲁士国家军事化不断深入到达前所未有的程度。在德意志帝国内，通过政治、经济、军事、教育改革，普鲁士王国成为先进的现代化国家，工业化进程又加快了普鲁士向外扩张的要求，军事改革贯彻了全民军事化理念。从宗教传统角度看，这一普鲁士的国家观受到德国宗教改革家马丁·路德国家观的影响，路德把国家视为上帝为人类建构的制度和秩序，人们应像服从上帝那样服从国家，维护上帝为人类创造的秩序。如上文所述，路德把人的世界分为"两个世界"，信仰世界和世俗世界，在信仰世界每个人是自由的，直接面对上帝，信仰上帝；在世俗世界个人要服从国家意志，听从国家，听命于国王，便是服从上帝。由马丁·路德这一宗教性国家观奠定的德国人的顺民心态在普鲁士军国主义背景下达到前所未有的程度。在此基础上奠定的普鲁士精神和普鲁士国家的美德在很多方面至今仍影响着德国的国民心态和行为价值取向。

在这方面，普鲁士精神主要包括三个方面：军国主义、国家利益至上和臣仆/顺民精神。军国主义是普鲁士王国的立国之本，国家利益至上是

---

① Max Weber：Die protestantische Ethik und der Geist des Kapitalismus. In：Max Weber，*Gesammelte Aufsätze zur Religionssoziologie I*，Tübingen：J. C. B. Mohr，1988，S. 17-206.

普鲁士王国对百姓的国家意识要求,军国主义和国家利益至上思想互相影响,互相支撑。在普鲁士,每个人无论贵贱贫富,都将自己的精神,身体和全部财富归属于国家,个人服务国家,个人的行为不允许有悖于国家利益,服从成为普鲁士人的天职,国王也自称为"国家的第一公仆"。由此形成的普鲁士人特有的忠诚性要求人们对国家的忠诚。服从、尽职、守时、节俭、精确成为军人的品德要求。对普鲁士将士来说,效忠国家、效忠国王,为国服务是最大的荣誉,而荣誉来自纪律,纪律又是国家荣誉和生存的基础。将士要做到律己、勤俭和忠君爱国,勇敢、尽职、服从、守时、节俭和准时。随着国家军事化的不断深入和官僚机构军事化,那些本属于军人职业道德和"美德"也随之渗透于普鲁士国家机构,并由此进入普鲁士人的日常生活各个层面,成为每个普鲁士人的行为准则。对于国家官吏,普鲁士国家要求将个人思想和个人利益,服从于国家利益,履行个人对国家承担的义务,荣誉胜过薪俸。通过严格的军事化教育方式,学校从小培养学生的忍耐、勤勉、律己和为国家服务的普鲁士精神意识,借助这种由军国主义奠定的普鲁士精神和行为准则,普鲁士王国得以在较短的时间成为强国,最终统一了德国。

在当代德国,普鲁士精神和行为准则/职业道德仍在很多方面被看作德意志民族的文化精神遗产,如:义务意识、尽职、服从、守时、节俭、准确等普鲁士人的职业道德和行为要求,影响和决定德国人对待生活、对待工作和对待社会的态度和方式。

四、当代德国国民特征和行为特性

如上文所述,日耳曼精神、路德视角下的职业观和普鲁士精神遗产对德国国民特征形成产生重要的影响,在此基础上形成的当代国民特征和行为特性有着严谨性、秩序性、法治性、务实性、个体性五大特点:[①]

---

① Stefan Zedenitz u. Ben Barkow: *Die Deutschen pauschal*. Frankfurt am Main, 1997.

1. 严谨性

在德国人眼里,人生最重要的是严肃对待生活、对待工作和社会。在这一严肃、认真理念支配下,人们工作一丝不苟,遵纪守法,服从权威。这种对严谨性的追求使得德国人缺少幽默感,对人严肃古板,但又给人做事稳重、踏实和认真的印象。对德国人来说,只有经过理性论证的事,才具有可信性和可靠性,人们反对草率行事、无把握性和无确定性,反对偶然性、轻率性和随意性。凡事主张理性思考、科学论证和事前论证。发明创造要精心策划,得到专家周密考证,人们既反对没有绝对把握的计划和决定,又不轻易改变已作出的计划和决定。

德国人对待工作严肃认真,尽心尽责,忠于自己选择的职业,反对跳槽,改行被视为不负责任和轻率的行为。在待人方面,强调诚实和正直,反对弄虚作假,信守承诺,即使在商业界,也通常以诚信取信,在商店购物,营业员会按顾客要求推荐和介绍商品;在谈判时,人们虽然不轻易让步,但若许诺,即便是口头承诺,也会认真兑现;对待事情坦诚和直率,对别人请求也认真对待。在政治领域,社会也要求诚实,如:政治家染发也被视为不诚实的表现。在人际关系和社会交往中,人们注重言而有信、言行一致,要求做到表里一致。在这方面兑现承诺被视为诚实的表现,不兑现承诺行为是对当事人的轻视和侮辱。这种认真性也反映在对工作的态度。在德国,人们做事虽然过分认真,在谈判时给人留下不够灵活的印象,但讲究信用,恪守承诺的义务。做事事先安排和进行周密的计划构成德国人处事的基本准则之一。在这一处事原则下,谈判前,人们会准备好所需的资料,对谈判过程和谈判内容进行详实的记录。在日常生活中,人们喜欢有序生活,做事事先安排,如家庭主妇会按事先准备好的购物单购置所需的东西;对社交生活,人们强调事先约定、守时和准时,反对随意性和突然性,而守时是得体行为的表现。在德国,准时和守时是人们在公共生活领域必须遵守的最基本的行为规则,赴约不能迟到,迟到被视为缺乏严肃作风的表现。人们不仅要求他人,而且也要求自己做到守时,不守时被视为个人对生活和社会不负责的表现。在德国企业准时性要求人们准时上班,按时下班,并避免加班,在许多情况下,加班被看作是没有工作能力的表现。对德国人来说,工作是人同社会联系的纽带,是获得社会地位的重要途径。

2. 秩序性

在德国,人们时常听到"秩序"(Ordnung)一词,甚至平时人们相互问候不忘"秩序"一词,"你还好吗?","你没事吗?"都与"秩序"一词有关,成为"一切有序吗?"(alles in Ordnung),这些表达方式虽然让人感到缺乏情感,但也反映了人们对秩序的重视。德语"秩序"(Ordnung)一词引申为"规定"、"条例"和"法规"(Verordnung),用于整理文件的文件夹被称为"Ordner"。同严肃性和严谨性一样,秩序性/有序性构成德国国民的另一重要特征。有序性是指:精确性、适度性、效率性、纪律性、守时性、准时性、整洁性、规范性和合法化。在这一理念下,人们反对随意性和偶然性。有序生活虽然有时会使生活死板,但给人踏实而可靠的感觉,循规蹈矩使人避免生活和工作的无序化。在这方面,"秩序观"远远超越整洁的范围。对秩序的追求和要求,使人在一定程度上也认同权威和服从权威,遵守秩序、遵纪守法。在德国人眼里,法律不允许的,是不能做的。由此奠定的社会法律化在另一层面展现德国人对法律的认同心态,人们自觉维护公共秩序,将之看作公民应尽的社会义务和公民社会公德的重要标准。

为使社会生活和日常生活规范化、契约化和法律化,德国制定了相应的法规和法律,以此规范人的日常行为和社会行为,如人们不能过度地发出噪音,打扰左邻右室;装修房子、在花园除草须在规定时间进行(上午9点至11点,下午3点至6点);在公寓大楼早上7点前和晚上10点后不能高声说话,电视机和收音机也要降低音响;在周末举行派对要事先通知左邻右舍。有些城市和社区甚至出台规定,禁止晚上10点后在公寓大楼使用淋浴和抽水马桶,以免过大的噪音影响邻居休息。德国社会法律化不仅反映在人们对法律的认同,而且也成为社会个人关系的基础,公民生活各层面、社会关系和人的关系以及权益关系都以法律形式和契约形式加以确定,如租赁合同、购货合同、工作合同、聘用合同、入会协定以及各类责任声明和委托合同等在一定程度上使德国社会个人生活和社会人际关

系法律化和契约化。在公共场所和公共生活，人们到处都能感受到德国人的有序观念，公共交通井然有序，各大小车站都有一目了然的站牌，上面有着起点站、终点站、沿途各站站名和到达各站的时间，车辆准时进站、离站，像德国造机器那样精确无误；在火车站，站台被划分为 A、B、C、D 等区段，在车票上注明上车的站台位置和火车车厢停靠的区段；飞机场也有相应区域划分。这种场所区域化方式一方面方便乘客，另一方面也可提高效率，可谓"秩序是生命的一半"。这种秩序观所致的公共生活高效率基于精确的时间观和时间管理。在德国，整个社会建立在时间安排、时间管理和遵守时间的基础上。人们推崇精确时间观、时间的约定方式和准时性。对德国人来说，所谓"立即到达"是指"在几分钟内"；看望朋友要事先约好，在很多情况下会说明事由。约定去看望朋友要守时，若因特殊原因不能赴约会事先告知，会在见面时说明原委。在德国，预约不仅涉及私人间的交往，而且也涉及公共生活，如请客吃饭、在银行办事、修车、看病、理发或在官方机构办理手续等方面。做事要事先约定时间，否则将遭到拒绝，或以"我正在办公，我正忙着，没空接待你，请下次再来"等话语方式被拒之门外。这种对待时间的方式虽然在一定程度上会减少生活的乐趣，但它可使生活保持有序的节奏，使人避免突如其来的心理紧张，保障生活的高效率。在德国，从公司经理、大学生、中小学生到家庭妇女都有用记事本的记事习惯安排时间。

在有序意识下，德国人强调生活条理性和分类意识，以理性方式安排生活，对事物进行分类，避免生活的无序性和随意性。如：人们自觉对垃圾进行分类处理，习惯把东西放在固定的位置；厨房不仅要求干净、卫生，而且东西要放得井然有序；在公共场所人们自觉排队，遵守一米线；在称谓上喜欢提到当事人的学位和职位，在这方面，学术头衔表示人际等级、人际距离和由此形成的社会认同。对德国人来说，社会距离是重要的人际交往规则。人们强调有区别、有层次的社会距离，根据彼此熟悉的程度确定交际反应方式，对很熟悉的人互相问候，进行较长时间的交谈；对随意认识的人可以问候，但没有必要进行攀谈；对不认识的陌生人，一般不给予特别的关注。鉴于这一有区别的社会距离要求，德国人拒绝过度接近和无社会距离的交往方式，反对他人未经同意进入私人领域，接受由此带来的交际障碍和社会交际拘束。在他人特别要求下也会同他人进行交流和攀谈。另外，熟悉的人会很快成为朋友，这方面，信任被视为朋友关系和朋友交往的基础，在此基础上人们互相帮助，互相依赖，并在一定范围内和一定程度上允许进入彼此的私人领域。彼此成为朋友，首先要突破人际社会界线，缩短彼此的社会距离。

在私人生活层面，虽然人们要求实现个性平等和法律平等，但职业生活和公共生活在很多场合强调等级取向。虽在学术上师生可以各自平等地表达观点，但大学认同学位/头衔等级；在政治权利方面，社会认同平等意识和民主意识，强调平权理念，基于对国家的顺从感和信赖性，人们遵守法律，主动申报收入，自觉纳税。在官方机构和职业领域，等级取向和服从上级在很多方面依然是重要的行为要求，服从被视为高效工作和有序工作的保障，在这一服从意识下德国人循规蹈矩，对法规和政策不敢越雷池一步。对企业的忠诚成为职工评价的重要标准，员工跳槽是对企业不忠的表现。德国人认同等级，服从权威，虽然有悖于西方民主理念，但这也反映了德国在传统上和历史上所形成的等级社会和等级意识。

德国人如此强调秩序观，同其危机意识有着内有的联系。人们害怕生活不确定性、无把握性和人生无序性，反对感情冲动。对德国人来说，无把握性和感情冲动构成人生二忌。正出于对生活的担忧，人们认真对待生活中的每一件事，对生活进行调节、疏导、监督、控制和记录，使生活有序化，使生活中一切事情可预测和可量化，减少对生活的担忧；害怕未来又使人们格外珍惜今日。

3. 法治性

法律支配着德国人的日常行为方式和日常生活方式，人们遵守法律到了顺从的程度，谁违法，谁将遭到法律的制裁，由此奠定的社会法律化表现为社会契约化和服从权威两个方面：

- 社会契约化——德国社会建立在契约和法律基础上，人们通过契

约、合同形式确定人际关系和权利和义务关系，由此避免社会矛盾和冲突，维系和保证社会稳定。

• 服从权威——人们服从权威，遵守国家法律，在职业世界，服从上级的安排，对之不会提出疑问。

这里，法律和法规制约人的社会行为、社会生活和公共生活。对公务员而言，法律和规章成为为民办事的出发点，人们不会因特殊情况或出于同情而背离法律和公务员的义务。在某种意义上说，这种处事方式缺乏同情心，但这在一定程度上保证法律的公正性。在德国，法律调节公民的社会生活、人际关系和职业生活；人们强调法律，试图在法律中寻找和维护利益，习惯通过法律诉讼方式解决社会法律化和个人利益法律化所致的民事纠纷，家庭成员关系也受到法律的制约，在德国，子告父的民事纠纷时有发生。法律首先保护孩子的利益，在这方面人们更多关注的是个人的权利，试图通过法律手段加以维护。在这一法律权益观理念下，人们有理必争，有理不争被视为放弃权利的行为表现，在很多情况下被理解为软弱，甚至是无理和无能的表现。这一法律权益意识在一定程度上使德国人得理不让人，如车辆停错位置时，会有人走来加以阻止；在火车上别人占据自己的座位时，会让人离开。德国人有着强烈的义务观，在这方面人们区分义务和权利，对于合同中承诺的义务，会认真履行。

德国人对待生活的严肃态度也决定了其对法律和规章制度的基本态度，人们强调"秩序"、"义务"和"责任"，憎恨违章行为。在德国大街小巷到处可以见到禁止牌、警示牌和提示牌，如"不准在此停车"、"不准闯入私人区域"、"在此不准堆放垃圾"、"小心，在刮风下雪时遭到屋顶下落的冰雪"、"小心被狗咬"或者影院和酒吧能见到"12岁以下学生不准入内"、"[酒吧]不向18岁以下青少年出售烈性酒"等，对此人们会自觉遵守，不会在有禁止牌的地方抽烟或进入禁止区域或倒垃圾。法律和法规不仅制约公民在公共场所的行为方式，而且也左右人们的私人生活行为，如搬家要事先在民政局登记，即便在同一楼从一楼搬到二楼也要事先通知；午休时间邻居互相不能干扰，平时不能发出过大的噪音；在交通方面人们不仅自觉恪守交通法规，而且也要求他人做到守法，碰到他人违章过马路时会加以阻止。对德国人来说,隐私权和保护隐私是公民至高无上的基本权,任何人都不可侵犯,私人领域和个人隐私受到格外的尊重和保护,人们不允许其他人随意进入私人领域。这种私人领域保护意识和隐私观也决定德国人彼此交流的话题范围。在这方面,党派、收入、年龄、婚姻、政治态度、宗教信仰被看作个人隐私领域。

4. 务实性

德国人对工作和生活十分务实,反对做事马虎和只求过得去的心态,人们讲究精确,重视质量,追求效率,做事习惯做笔记,做记要,办事要求承诺,由此奠定的务实性贯穿于德国人的日常生活各层面,其主要表现为按计划办事,守时守约,按原则办事,先工作后娱乐:

- 按计划办事——德国人做什么事都有计划,如公司请客吃饭,要事先申请费用;这种按计划办事也左右德国人的日常生活方式,如在购物时要按事先准备好的购物单。
- 守时守约——守时守约是按计划办事的先决条件和保证。人们反对模糊时间观,主张明确时间观,对时间进行网格化,按分钟安排每天的工作和个人生活诸层面。
- 按原则办事——德国人习惯按原则办事,处理问题时恪守原则;在人与原则上,原则优先;在原则问题上不轻易让步。
- 先工作后娱乐——德国人区分工作和娱乐,在这方面,把工作看作生命重要部分,甚至比生命还重要,把娱乐放在生命的第二位,喜欢在工作后尽情娱乐。这种先工作后娱乐的生活方式同德国人的职业观有着直接的关系,对德国人来说,在生命、工作、娱乐三者关系上,人们把工作放在第一位,工作构成人们与社会的纽带,是人们获得社会地位的先决条件。在这一工作观念下,人们务实、认真和严肃地对待工作,按计划合理安排工作,遵守约定日期,使工作计划有可预测性。

这里,德国人的务实性在很大程度上是基于就事论事的处事方式。人们喜欢争论,在德语中,"争论"一词不是贬义词,人们通过"争论"只是想弄清"是非"和弄清事情真相。这里只涉及事而不涉及人,可谓就事论

事。对某一事情或某一决定,人们可以面红耳赤地进行讨论和争论,彼此的关系不会因此受到影响。人们喜欢用直言话语方式进行交流,认可直言批评方式。"批评"和"争论"这一过程是对事实的审核过程。在意识到做错时,人们会乐意接受批评,纠正错误。在用人上人们更多关注人的能力。没有专业能力便没有社会生存能力。另外,就事论事要求事情明确性,反对模糊性和不确定性,如德国人反对"基本合格"这种评分标准,对他们来说只有"合格"或"不合格"两种评价标准。人们追求完美主义,完美状态使人获得最大的快乐和满足,这种对完美主义的追求是德国工业产品质量至上的保证,并使德国许多工业产品占据世界的领先地位。德国人的务实性也表现在固执性和对诚信的追求上。反对言而无信,在很多情况下言而无信被视为不道德的行为方式。这里,言而有信是德国人对人的基本要求。

5. 个体性

在德国,人们强调自我,并以此作为行为出发点。这种自我意识贯穿于人们的日常生活和日常行为方式,如在学生宿舍和邻居关系上,人们不允许他人干扰自己宁静的环境。这种自我拓显形式也涉及德国人的讨论形式,在讨论时人们坚持己见,不轻易接受他人观点。对德国人来说,帮助和被帮助是陌生的,接受帮助是能力薄弱的表现。在这一对帮助观的理解下,对来自同事的帮助,人们格外小心。人们依靠自己,即便年老、生活不能自理的老人也不太乐意接受别人的帮助和护理,如在下车时,会拒绝别人主动提供的帮助,因为在老人眼里,接受别人帮助意味着自己失去了生存能力,或被视为无用的人。德国人有着很强的自我中心意识,喜欢独树一帜,显示棱角,反对步人后尘、模仿他人,赞成在工作上要有自己的特点和观点;不附合主流观点,坚持己见,喜欢表现自我,表现自我成了社会对个人的要求,谁不这样做,会被视为无能的表现。迫于这一社会压力,人们竞相表现自我,为了更好地应对竞争对手,掩饰个人的弱点。

在个体性理念下,在德国,人们认同自我,认同竞争,这同利己主义观有着内在的关系。人的习性是自私的,如同生物一样,无论是动物还是植物,一切生物都是自私的,这是其生存的必然前提。人的自私性/私心是人的第一属性,人的自私本性变化只涉及量的变化。自私性/利己主义被看作积极的、个人不断奋斗、创造和发明的原动力和驱动力,从这一角度出发,人的自私具有其合法性和合理性,在此基础上形成的群体间和个人间的对峙关系和个体、群体冲突由法律规定进行制约和调节,使之处于彼此都可接受的程度和状态。从某种意义上说,德国人竞争意识源于利己主义和人的自私本性,即为了生存必须竞争,竞争可能失败,但有获胜的希望,如同德国现代叙事戏剧家布莱希特所说的那样,谁不去争斗,谁已失败,谁去争斗,可能失败,但也有获胜的希望,这便是人们勇于竞争的哲理层面。

五、结　束　语

在全球化时代,国民性研究越来越备受关注,成为在美国、欧洲的文化学、跨文化学和国际关系、国际政治学领域内重要的研究课题。从跨文化认知角度看,对他国的国民性研究一方面可使人们更好地理解他国国民的社会文化心态,另一方面可借助"他者"进行自我反思和自我认识。基于这一认知,探析德意志民族精神及其国民文化心理架构有助于反思本民族特性。

第四章

文学、语言

第一节

魏玛：文学建构德意志民族精神

李伯杰[*]

魏玛，德国东部图林根州的一个小城，人口 2.6 万，1999 被欧盟选为"欧洲文化首都"。不是柏林，不是慕尼黑，也不是法兰克福，而是人口不过 2.6 万的小城魏玛。德国也不乏历史名城和大都会，不过德国的文化和历史似乎特别垂青于小城。的确，若是缺少了几个小城，一部德国史、一部德国文化史，甚至世界的历史将不得不改写。譬如凝聚德意志民族这样一个沉重的历史使命，就被历史委托给魏玛这样一个一向名不见经传的蕞尔小城。而且无独有偶，还有一座小城，也曾经叱咤风云，改写了德国、欧洲的历史，这就是维腾堡。1517 年，马丁·路德就是在这个他称之为"处于文明边缘"的小城对教皇说"不"，从而掀起了改变历史的宗教改革运动。德国与小城市有缘。一个"小"字，却可以反映出德国历史和文化发展历程的一个重大特点，这就是"小国小邦"。

---

[*] 对外经济贸易大学外语学院德语系教授。

纵观德国的历史进程，1871年以前，所谓"德意志民族神圣罗马帝国"，即"第一帝国"或曰"老帝国"，从未发展成为一个中央集权的大一统国家，其疆界随着统治者的婚媾、赎卖策略和频繁的战争而经常变更。所以老帝国不像英、法等国一样，未能建成一个强大的中央政权，"欧洲中部说德语的大片地区却从未组成一个民族国家。神圣罗马帝国可以说是一个由地区强权组成的松散的联邦[……]。他们组成了一个松散的集合体，而非一个中央集权的国家。"① 在这个政治架构中，皇帝只是一个"虚君"，其势力范围实际上只是自己的领土。即便遇上了"明君"和强势皇帝，他们面对各地诸侯强大的离心力尚无可奈何，遇上弱势皇帝，皇权的削弱就更加迅速。由此，老帝国形成了一个独特的政治格局，即"小邦分治/割据"，各个小邦自成一体，不听皇帝的号令，所以中世纪的德国版图也被形容为一张"打满补丁的地毯"。17世纪初的三十年战争结束后，老帝国仍旧包括了300余个大大小小的邦国，即便到了1815年的维也纳和会后，德国也由38个主权邦组成，包括34个邦国和4个自由市，歌德与艾克曼对话时，对此曾有一段刻骨铭心的感慨之言。

"小邦割据"最初源自老帝国实行的日耳曼时代遗留下来的皇帝选举制，皇帝轮流做，不知明年到谁家；老帝国因此也无固定的首都，"当选皇帝"的官邸城市就是首都，因此首都经常在迁徙之中。虽有一个帝国议会，但是帝国议会也没有常设地，开会地点不断变动，帝国法庭的所在地亦然。此外，西欧历史上的一个突出特征——皇权和教权之争——也在德国表现得最为突出，德国就是这个"主教续任权"的主要战场。所以，德国历史上决定性的力量是离心力与向心力的不分伯仲："第一个德意志帝国众多的小邦及其扩展、与之相应的离心力的强度，致使数百年来，当德国的部分邻国不断朝向统一和集中化前进时，德国人却相互间争斗征战不已，导致德国人长期不能统一，以及他们因此而

---

① 米夏埃尔·施蒂默尔：《德意志——一段寻找自我的国家历史》，孙雪晶译，天津人民出版社，2007年，第1页。

相对软弱无能和处于弱势。"①

这样的政治格局导致相应的文化格局应运而生，"小邦割据"的政治格局注定德国不可能有一个全国性的政治、文化中心。所以，德国特殊的历史发展进程没有赋予德国一个像巴黎、伦敦那样的文化中心，当伦敦、巴黎等城市各自成为各自国家的文化中心时，德国则走上了另一条路；一直到第二帝国建立，破碎化/碎片化语境中的德国文化一直呈现出无中心的形态；而无中心也就意味着多中心的存在机遇，德国历史上的文化生态最显著的特点就是"丰富的多样性"，各个地区的文化呈现出鲜明的地方意识和乡土特点，造就了多元的文化生态，这也就给多中心的存在提供了生存空间。在这种文化格局中，任何一个城市、任何一个宫廷，都有可能成为文化的中心。

在巴洛克之风劲吹之下，德国各路诸侯中有文化品位和艺术追求的人，无不以凡尔赛马首是瞻，竞相攀比，唯恐落于人后。文化中心不复为大城市的专利，小城市也有机会一显身手。歌德来到魏玛时，魏玛只是一个房屋不过六七百座的小城，甚至连邮车也不到达魏玛，离魏玛最近的邮车站位于莱比锡到埃尔福特的路上，距魏玛城尚有 15 公里左右。魏玛之闭塞，可见一斑。城里的马厩不时地散发着特殊的气味，小城上空经常飘扬着阵阵夹杂着马厩气味的空气，魏玛也被有些刻薄的人戏称为"弥漫着马厩气味的宫廷"。可以想见，人们在宫廷图书馆里博览群书、与先贤神交之时，时常会有马圈牛棚飘过来的气味相伴；在宫廷剧院里聆听音乐、欣赏歌剧时，往往会有鸡鸣马嘶之声相闻。

但是，在这种文化生态中，个人的作用具有被无限放大的可能性，特别是在当时叱咤风云的一批"开明君主"更是可以大显身手。如果没有卡尔·奥古斯特大公及其母亲这样的"开明君主"，没有这样一个酷爱文学的宫廷，歌德、席勒纵有伟大的抱负和惊世之才，恐怕也难以一展宏图。

---

① Norbert Elias：*Studien über die Deutschen. Machtkämpfe und Habitusentwicklung im 19. und 20. Jahrhundert*，3. *Auflage*. München：Suhrkamp，1989，hier S. 413.

正是借助这种奇特的文化生态,像魏玛这样一个小镇,才拥有了崭露头角的机遇。魏玛城当时人口不过六千,却拥有德国当时第三大的图书馆;就是这样一个边远、闭塞的弹丸之地,却由于接纳了歌德、席勒,从此犹如脱胎换骨,从一个名不见经传的小城一举成为闻名遐迩的历史文化名城。除了魏玛之外,还有许多中小城市也在这样一批艺术赞助人的支持和推动下,发展成为文化名城。在艺术商业化之前,市场对于艺术并无太大的影响力,艺术赞助人可以主导艺术的发展,开明君主在文化发展中所起的作用在魏玛显露得明明白白。遥想当年,文人、名人纷至沓来,人才济济,魏玛一跃成为德国文化的一个重镇,热闹非凡。除了先于歌德已在魏玛的哲人赫尔德和诗人维兰德之外,威廉·洪堡和亚历山大·洪堡兄弟,哲人费希特、谢林、黑格尔,作家让·保尔,浪漫派新锐施莱格尔兄弟、蒂克、诺瓦利斯、亨利克·斯苔芬斯等人都或长或短在魏玛逗留过,或是在耶拿同歌德、席勒保持着联系。

歌德、席勒定居魏玛后,他们两人在魏玛创作出了大量传世之作,由此创造出了德国"魏玛古典文学"。魏玛剧院在歌德的执掌之下,上演了大批国内外的优秀戏剧,如席勒、莎士比亚和卡尔德隆的一系列戏剧。魏玛给歌德、席勒们提供了一个舞台,让他们得以通过他们的文学作品和理论创作以及魏玛剧院的演出,具体实践古典艺术的原则;其结果当然是使魏玛声名远播。随着"魏玛古典文学"在 19 世纪上叶被确立为德国文学的正统,魏玛作为一个文化名城、德国人文精神象征的地位由此奠定。德国特殊的历史格局给小城魏玛提供了机遇,而魏玛抓住了这个机遇,于是成为一个承载着人文精神、民主政治的符号。

德国民族被称为一个"诗人与思想家的民族",或"诗人与音乐家的民族"。无论如何,诗人在德国民族的建构过程中的特殊作用是巨大的,而文学在"文化民族"的建构中的作用也清楚地体现在小城魏玛中。中世纪末期曾经初露端倪的德意志民族意识,被历史的车轮辗碎,在一系列战争中沉寂,没有形成民族认同的机会。谁是德国人? 这个问题一直困扰着德国人,阻碍着德意志民族认同的成型。诗人维兰德于 1791 年在《论德意志共同意识的普遍缺失》里痛心疾首地说道:"比较了解我们的外国人

对我们的指责实在是太真实了：一个外国人，游历德意志帝国时只要仔细一点，就会发现，他看到的、结识的只是奥地利人、勃兰登堡人、萨克森人、普法尔茨人、巴伐利亚人、黑森人、符腾堡人等等。这些人按照其所属的帝国等级来命名，他们中有些又分为数百个更小的部族群体，一个比一个小，却各自具有其形态，但是人们就是看不到德国人。"① 日耳曼人移居中欧地区时，是以部落为单位的，各部落内部的身份认同很清楚，但是各部落之间的联系是松散的。而由部落发展出来的部族群体形成了不同的地域和邦国，它们之间处于竞争状态，相互认同相当模糊。如前所述，老帝国未能建立一个强大的中央政权，皇权衰落，诸侯坐大，德国错过了建构民族国家的历史机遇，成为一个"迟到的民族"。所以历史上德国人的国家/民族认同始终是一个重大问题。相反，地域认同、乡土认同在德国并不是问题，德国人的故乡/乡土意识异常强烈，这也是民族、国家认同缺失的一个补偿。地方主义/乡土观念、地方意识/乡土意识等意识之强与民族意识之淡漠，形成强烈的反差，为世所罕见。

等到 1800 年前后的浪漫主义运动兴起之时，德意志民族意识终于开始形成。但是德国人却面临一个困境，即民族认同却没有一个国家实体作为载体。到了这个时候，德国的知识分子、有识之士发现，德国人之间的联系纽带无处可寻。德国既不像美国、法国和瑞士一样，有一部宪法作为立国的基础，各色人等可以团结在宪法周围，形成一个政治民族。甚至德国在哪里？谁是德国人？也是一个问题。曾经囊括整个中欧的老帝国是一个由多个民族或曰部族组成的政治体，而德意志人在向东部的扩张中建立的殖民地又不全在老帝国的境内，所以就产生了一个困境：德意志人（说德语的人）并非都生活在德意志帝国，而德意志帝国境内的臣民也并非都是德意志人（说德语的人）。找来找去，寻寻觅觅，他们发现，联系德国人的纽带只有一条：这就是德国的文化。共同的语言、习俗，共同的

---

① Christoph Martin Wieland: Der allgemeine Mangel deutschen Gemeinsinnes und Nationalgeistes und Mittel zu deren Erweckung und Belebung. In: Heinz Ludwig Arnold（Hg）, *Deutsche über die Deutschen. Auch ein deutsches Lesebuch*. München: dtv, 1975, S.122.

传统、历史,是他们之间唯一共同的东西,正如诗人普雷特尔所说:"哪里有人说着赫尔曼的语言/哪里就是德意志祖国!"①

德国处在"中央位置",特殊的地理位置在多数时间中成为他们的一个不幸,导致德国经历了一系列的分裂。自罗马时代起,罗马人建立的"莱姆斯防线",把日耳曼、即后来的德国一分为二,形成了两种传统。在宗教改革中,这个分裂的后果清晰可见:经过罗马人"教化"的南部地区最终坚守天主教,而未经"教化"的北部地区则揭竿而起,与罗马教廷分庭抗礼。德语的第二次辅音变化,使德语有高地德语与低地德语之分,两者不但发音多有不同,而且书写方式迥异。16世纪起的宗教改革,使德国内部再添隔阂,一个德国内部却两大教派并存,新教和天主教比肩而立、相互敌视;新教与天主教之间的夙怨之深、仇恨之深,有长期的宗教战争为证。凡此种种都表明了一个事实:除了德语的书面语和以这种书面语为载体的德国文学之外,他们之间几乎再无其他可以维系共同的归属感的载体和纽带。循着这个思路来看,当年马丁·路德翻译《圣经》,给德国人提供了一个共同的书面语言,可谓功莫大焉。路德使德国人在语言里找到了一个祖国,使得一个共同的德国文学成为可能,也给德意志民族意识的形成创造了一个先决条件。

诚然,作为一个举世公认的"文化民族",德国拥有歌德、席勒等"世界级"的大文豪,魏玛古典文学的成就也得到了世界的公认;而此后的德国,杰出的文学巨匠更是层出不穷,比如托马斯·曼,比如卡夫卡。从这个意义上说,德国的确是一个文学大国,担当得起"诗人的国度"的美誉。歌德、席勒的作品把德国文学推上了前所未有的高度,德国文学长期跟在法、英、意等国文学后面亦步亦趋的局面为之改观,德国当之无愧地成为一个"文化民族"。经过几代文人的努力,歌德、席勒的作品极大地丰富了德语,使德语趋于完美,德语第一次在歌德、席勒等人的作品中展现出强

---

① Friedrich David Gräter：Das Teutsche Vaterland (1797). In：Heinz Ludwig Arnold（Hg），*Deutsche über die Deutschen. Auch ein deutsches Lesebuch*，München：dtv，1975，S.134.

大的表现力，终于成为一种名副其实的文学语言。从此德国人可以向世界宣布，德语同拉丁语、法语、英语等"文明语言"一样，也是一种诗的语言。而且在更高的层次上，他们的作品总结了欧洲自文艺复兴以来的精神历程，探讨了"人类到底有没有前途"等大问题，洋溢着人道主义、乐观主义、渴望自由的思想，放射着超越地区、民族、国家的世界主义之光。正是由于这些深邃的内涵，这些作品不仅构成了德国文化中重要的人文传统，也成了人类文明极其宝贵的遗产。

但是，文学对于当时的德国人的意义远远超出了文学本身的界域；拥有令人羡慕的文学成就的民族不止德国一个，而依靠文学来建构民族意识的国家大概只有德国一个。德国文学作为超越了方言隔阂的书面语言的艺术作品，给生活于政治分裂中的德国人提供了一个实现民族认同的媒介："在18世纪缔造了统一的德国的，正是作家和启蒙运动思想家，他们以言词的力量，反对权势者的分裂主义政策。从此，作家便承担了提醒政治家注意这个民族的文化统一的任务。"[①] 而歌德、席勒的作品则最圆满地完成了这一历史使命，在精神上给德国人创造了一个祖国。仅此一点，歌德、席勒就有权受到德国人的敬仰。即使仅仅就语言而言，歌德、席勒就有理由接受德国人的感谢。1836年，沃尔夫冈·门策尔在一篇文章里写道："德国人做的不多，但写得很多。[……]勤于思考的德意志民族热爱思考和写诗，写作的时间总是有的。德意志民族发明了活字印刷术，并且不知疲倦地使用印刷机。[……]不论我们在一只手里拿的是什么，我们的另一只手里拿的总是一本书，"[②] "诗人与思想家的国度"一说从此不胫而走（也有另一种说法，认为是法国女作家斯泰尔夫人在她的《德意志论》里首创了这个说法）。所以，所谓"文化民族"之说，并非只是强调德国文学的成就为世界之最，因此德国是一个"文化民族"，而主要是说，德国人只是依靠共同的语言和文学才成为一个民族。换言之，在这样的历史

---

① 扬—维尔纳·米勒：《另一个国度》，马俊、谢青译，新星出版社，2008年，第105页。

② http://wissen.spiegel.de/wissen/dokument/dokument.html? id=46174006&top=SPIEGEL；阅读时间：2009.2.2。

语境中,德国人被迫成为一个"文化民族"。

从古至今,文化在德国一直起着特殊的作用;正是因为德意志民族与文学的特殊渊源,使德国一直摆脱不了"文化民族"的命运,从"文化民族"的概念于19世纪落地德国时至今日,德国都以"文化民族"自居。2005年,德国联邦议会主席沃尔夫冈·蒂尔泽在一篇广播讲话里仍然承袭一贯的传统,坚持认为德国人是一个"文化民族":"德意志民族形成于德意志民族国家还远未形成之时。德国人想要把自己理解为一个民族时,没有固定的边界意识。他们所拥有的共同的事物,是语言、传统和民族符号,是使他们想到的诸如马丁·路德或约翰内斯·古腾堡等伟人,或业已湮没的老帝国的事物。"[1] 而只要"文化民族"的意识还在,魏玛的光环就不会褪色。同时,在当今这个概念里所包含的血统、种族的含量在增加。我们可以看到,"文化民族"的概念也在演变,甚至在左右着德国的政治决策。德国各届政府都把"文化民族"定为立国之本。自二战结束以来,历史上移民国外的德国人后裔,只要能提供合法的证明,证明其祖上是德国人,就可以申请"返回"德国,成为德国公民。[2] 因此,大量东欧的德国后裔出于各种原因纷纷申请移居德国,如今这些德裔的数量已达数百万之众。而有些令人尴尬的是,"德裔"们不但大多不会德语,甚至因为几代混血的原因连长相也不像德国人,但其身份却是德国人;与此同时,在德国已经生活了三、四代的"客籍工人",他们掌握德语的程度远甚于其"母语",德国是他们的故乡,但他们的身份仍然是"老外"。

而当魏玛古典文学被树立为德国文学的顶峰之后,魏玛城当然就成了德国文化的圣地,成为文化人乃至全民族的顶礼膜拜之地。一个小城,凭借着"文化民族"的观念,凭借着文学文化在近代德国历史进程中的特殊作用和地位,一举成了德国人文精神的符号,一步登上了最重要的文化名城的宝座。如是,德国历史的"小邦割据"与德意志民族被迫成为一个

---

[1] Wolfgang Thierse: Die Kulturnation — "Von Schiller lernen?". *Deutschlandradio vom 3*, April 2005.

[2] 因为申请移居德国的德裔人数不断上升,所以德国政府也不得不对此作了一些限制,例如申请者必须先掌握达到规定程度的德语,申请方有可能被批准。

"文化民族"的历史处境,成就了小城魏玛作为德国人文精神象征的地位。但是这个"德意志文化"的圣地却遭遇到一个无法摆脱的尴尬,因为它同样也是德国"野蛮思想"(Ungeist)的重镇。同一个地点,高度发达的人文精神与野蛮的前现代意识奇怪地结合在一起,展示了近代德国文化的一个根本性的悖论。

魏玛的名字当然与德国的第一个共和政体"魏玛共和国"及其"魏玛宪法"密不可分。1919 年 2 月 6 日,423 名当选国民议会议员齐聚魏玛的民族剧院,以制定一部共和宪法。之所以选择魏玛作为会议地点,是因为新德国的领导们想要通过这个象征性的地点向世界昭示,即将建立的德国将与普鲁士及第二帝国的军国主义传统决裂,重续歌德、席勒的人文主义与德国理想主义传统。这就是说,第一次世界大战结束后,另一个德国、即"好德国"将与旧德国、"坏德国"划清界限,"两个德国"不可同日而语。正是由于这个原因,德国的第一个民主政体被称为"魏玛共和国"。

但是就在此后不久,正是在魏玛,就在国民议会召开之地、魏玛的民族剧院,战争英雄鲁登道夫站在上演过歌德、席勒戏剧的舞台上不遗余力地大声疾呼,号召人们反对刚刚诞生的议会民主制度,并且称颂正在品尝铁窗生涯滋味的希特勒为"民族救星"。正是在魏玛,20 世纪 20 年代初正在壮大的纳粹主义势力特别强大;魏玛城里既有人数众多的纳粹运动追随者,亦不乏纳粹的思想家和蛊惑者,如弗里茨·索克尔、马丁·博尔曼、巴拉杜尔·封·希拉赫等,其中希拉赫之父还是魏玛民族剧院的院长。正是在魏玛,"希特勒青年团"宣告成立。正是在魏玛,哲人尼采之妹向急于获得社会承认的希特勒开放尼采档案。正是在魏玛,约翰内斯·施拉夫缔造了"第三帝国"这个概念。除此以外,魏玛的历史上,还记录着不光彩的一章。艺术史上占有重要的一席之地的"包豪斯"学派,是由格罗皮乌斯于 1919 年在魏玛创立的。但是曾几何时,魏玛市民对于这所"造型艺术大学"的反感日渐强烈,其后竟然发展成为抗议运动。魏玛人对于进出于包豪斯的艺术家们光怪陆离的发型、深浅不一的肤色、标新立异的着装、奇奇怪怪的姓名大为反感,把这所学校称为"文化布尔什维克主义"的阵地,决不允许歌德和席勒的城市被其"玷污"。1925 年,新当选的图林根政府决定终止发给"造型艺术大学"的政府资助,"包豪斯"终于被迫离开魏玛迁至德骚。歌德、席勒的城市却缺乏最起码的宽容,歌德、席勒的世界主义胸怀让位于狭隘的德意志民族主义,使这座德国的历史文化名城背上了一个洗刷不掉的污点。魏玛人不接受西方民主制度,认为一个以歌德、席勒的"魏玛古典文学"为代表的德意志不同于腐朽、没落的西方,恰恰印证了德国近代文化史上"德意志文化"与"西方文明"的对抗,表现了德国人关于"德意志文化"高于"西方文明"的心态,从中折射出了"德意志特殊道路"。至于魏玛容不下布尔什维主义,则可从中看出德国人的种族优越感。一个小小魏玛民族剧院,却上演着德国近代的历史大戏。

而最使热爱魏玛的人们感到羞耻的,莫过于魏玛城离布痕瓦尔德仅一步之遥。在第三帝国时代,布痕瓦尔德曾是一个著名的集中营,1937—1945年间曾关押了来自32个国家和民族的24万人,其中有5.6万人惨死在这个集中营里。两个闻名于世的地名,"两个德国",分别处在20余公里距离的两边。这边是德国人文精神及其传统的象征,伫立着歌德、席勒的塑像;那边是德国人文精神和政治道德崩溃的见证,到处是游荡在集中营里的亡灵。它们之间仅一步之遥。所以有人说过:"在我们和魏玛之间,横亘着布痕瓦尔德。我们随时可以宣称,我们与德意志民族没有关系。[……]无论如何,只是有一点是行不通的,这就是一边赞誉歌德,另一边否认希特勒。歌德与希特勒同在;人道与野蛮同在。也就是说,至少对于现在的一代德国人来说,没有两个德国。"① 魏玛与布痕瓦尔德的比肩而立,见证了文明与野蛮、高度现代与前现代的奇怪结合,"诗人与思想家的国度"成了"法官和刽子手的国度"。文明与野蛮之间的分野何在?"文明"的民族与国度是否与野蛮无涉? 即如诺伯特·埃里亚斯所质疑

---

① J. M. Fischer: Zwischen uns und Weimar liegt Buchenwald. Germanisten im Dritten Reich. In: *Merkur*, Heft I/1987, S. 25. 转引自 Hermann Glaser: *Kleine Kulturgeschichte Deutschlands im 20. Jahrhundert*. München: C. H. Beck Verlag, 2002, S. 155。

的，一朝文明，永远文明？① 文明是一个过程，而非一个已经成型就不再反复的结果。魏玛与布痕瓦尔德比肩而立，不断地迫使人们思考这些问题。

"大日耳曼"、"大德意志"却与"小"字结下不解之缘。德国历史的困境和尴尬，却成就了一个历史名城，使小城魏玛成为德意志文化精神的象征，正好印证了德国人"变困境为美德"的本领。小城魏玛，怎一个"小"字了得。

---

① Norbert Elias：*Studien über die Deutschen. Machtkämpfe und Habitusentwick-lung im 19. und 20. Jahrhundert*，hier S.404.

第二节

德国后现代文学发展的基本线索

谢建文 *

从今天的文学立场出发，我们对后现代在德国文学中的发展状况，已可作出基本判断。后现代最初主要是在德国文学评论圈内引起争论，其时也有相当一部分作家参与进来。德国思想界对后现代的反应，在时间上也并非是对文学批评界的跟进。实际上，是他们的认识赋予了后现代在德国思想文化框架下的一种基本形态。最终被曲折接受和较普遍认可的后现代观念，则是由韦尔施咀嚼过来的多元性。这一多元性对德国文学发展具有明显的影响力。至少它作为一种尺度，影响着文评家们的意识和视角。至于后现代在思想讨论层面之外，作为一个文学概念与文学事实，则只能在作家们的创作中求证。而且也可以得到证实。借助一批有典型意义的作家和作品，大致可确立起德语文学中的后现代主义。所以，面对后现代，本节从思想讨论和作家创作这两条线索来进行考察。

一、后现代最初的反响

文学史一般认为，是美国小说家兼文学批评家莱斯利·阿·费德勒，将后现代主义的概念引入德国文学之中。1968 年 6 月，费德勒在弗莱堡大学召开的文学研讨会①上作了一个即席发言，题为"为后现代主义辩护"。他宣称，托马斯·曼、詹姆斯·乔伊斯和 T·S·艾略特等现代经典

---

* 上海外国语大学德语系教授、博士。

① Roman Luckscheiter：*Der postmoderne Impuse: Die Krise der Literatur um 1968 und ihre Überwindung.* Berlin：Duncker & Humblot GmbH，2001，S.31.

作家所代表的时代已成历史,而新生代作家的时代正在到来。稍后他应《基督与世界》周报之约,将发言整理成文,并将此文以"新文学的时代"为题,分两部分刊发于该报(1968 年 9 月 13 日和 20 日)。其主要观点包括:1."现代派"的艺术小说连同其代表作家已经出局;2.现代派因其理性和对分析的癖好已走向没落;3.依然采用"新批评"和"文本内在解释"这类过时语汇评价作品的当代批评已陷入两难之境;4.40 岁以上的小说家将面临难以适应未来的困难;5.时下某些形式主义的流派决不可与"后现代"混为一谈;6."后现代文学"已然存在;7.未来文学的最高目的在于最终填平精英文化与大众文化之间的沟壑;8.小说作为一种最不大可能拥有未来的体裁,应摆脱事实强制、摆脱现实主义,去追寻超自然力和魔力;9.新型文学需要梦、幻想与狂喜。①

正如发言在研讨会上激起不寻常的反响那样,文章发表后一连数月,在德国文学评论界和更大的德语作家圈子内引发了激烈的争论,参与论战的评论家或作家大抵表现出两种态度:赞同或者反对。赞同者包括赫尔穆特·海森比特尔和年轻一代作家的代表罗尔夫·迪特尔· 布林克曼。前者在《已消散的光晕》中说,他对费德勒认为现代派文学已终结的观点,唯有表示赞同;② 后者说得更直接:"我恨那些老诗人"。③ 反对方的赖因哈德·鲍姆伽尔特,对费德勒简直是逐条反驳。他认为:这么激烈地告别现代主义,没有任何根据和理由;在什么属于艺术和什么已不再属于艺术之间,并不存在清晰的历史分水岭;跨越雅文学和俗文学之间的界限,出于政治的原因,几乎为人人所盼,但同样是出于政治的考虑,就像费德勒所热衷的,由可能性跨入奇迹、神话和童话,却不免让人害怕。加入反对行列的,还有彼时颇取得了些文学成就的马丁·瓦尔泽。他说他对由古典主义教皇乔装而来的"通俗文学教皇"不屑一顾,对费德勒"新的神

---

① Leslie A. Fiedler:Das Zeitalter der neuen Literatur:Die Wiedergeburt der Kritik. In:*Christ und Welt*. 13.9.1968 und 20.9.1968,S.14, 15, 16.

② Helmut Heißenbüttel:Tote Aura. In:*Christ und Welt*. 13.9.1968,S.11.

③ Rolf Dieter Brinkmann:Angriff aufs Monopol. In:*Christ und Welt*. 15.11. 1968,S.14.

话指标"嗤之以鼻,如此等等。

在德国文学界与文学批评界激起最初反响的,就是后现代主义的这一早期版本。它与亚或反文化相伴而生,是"以大众文化的名义对盛期现代派传统中的精英文化[发起]挑战"。① 但美国版后现代主义在一场争论过后,当时主要还只是在布林克曼等新锐作家身上产生了影响。布林克曼在当时那种出于对"纳粹父辈"的反抗、转而向充满欲望与无政府主义倾向的通俗文化求取情感与精神解脱的氛围中,于费德勒的号召与观点里获得安慰与振奋。一如费德勒在所谓现代之后,从通俗文化和文学的立场向文学上的现代发起进攻,布林克曼同样以一种摧毁和埋葬现代主义的态度,来告别德国当时通行的三种美学方案:"批判理论"的美学、"四七社"内成长起来的战后作家群的社会批判倾向和在"议会外反对派"周围推行的文学的政治化。他通过编选文集和一系列翻译,将费德勒的后现代理论和"垮掉一代"诗人们的作品带入德语文学。其成果之一就是他与拉尔夫·赖讷·汝古拉合编的文集《酸:新的美国场景》。他还身体力行地在创作中展现他接受过来的诗学主张。其最后的抒情诗集《向西一、二》(1975)和身后出版的遗稿《罗马:目光》(1979),综合起来看,体现了他美学上的创新意识。作家在题材、语言和叙述形式上,以及在对意义的理解和传递上,与上述那三种美学方案隔离了开来。这种有意选择的隔离意味着反叛。他无忌地谈论性与毒品,"对事情及其过程不加思考",只把它们当作他所醉心的"感性"经验,且"本能地把这些[由感性经验所产生的]情绪表现出来"。② 奥尔特海尔这样来总结布林克曼的文学努力,说他弃"词语"传统、反思能力、艺术性要求、深度、意义、文本指涉性,而主张画面性、敏感性、新的直接性、表面性、多样性和文本对读者的开放性等。

---

① 伊·哈桑:后现代主义概念初探,盛宁译,让-弗·利奥塔:《后现代主义》,社会科学文献出版社,1999 年,第 114 页。

② 贝恩特·巴尔泽等:《联邦德国文学史》,范大灿等译,北京大学出版社,1991 年,第 411 页。

二、多 样 性

除了布林克曼这样的个案外，经历过文学政治化的德国文学，在其后的 20 世纪 70、80 年代并未向通俗文学撤退，而是择取了另一种"反权威运动的直接产物"，即退入内心世界，真实地摹写自我的真实和个人的痛苦。所谓"新主体性文学"一时大盛。当然，90 年代中期以后，"消遣阅读"意义上的通俗文学又颇占得了些市场。只是它放弃了布林克曼抗拒主流的政治与美学态度，以及形式上求新的文学尝试。于是，布林克曼当初的通俗文学尝试，在今天的视角下，又矛盾地变成了"高雅文化的一种形式"。不过，这已是后话。

费德勒的后现代主义遭到否弃自不待言。就是后现代概念本身，起初在德国的"诗学讨论"中，也是普遍遭到抵制的。因为在先以阿多诺为据、后以于尔根·哈贝马斯为依傍的左派知识分子眼里，后现代是新保守主义的表现。也就是说，战后德国思想与文学界处于优势地位的批判理论传统，排斥着同样是向启蒙、理性发起进攻（虽然是从右翼进攻）的后现代。稍稍展开来讲就是：现代主义在二战之后年轻一代文学人那里，是作为被"法西斯时期"压制和隔断的文学传统来重续并当作他们新接触的文学运动来研习的——它不容轻易被否定；且德国文学界受阿多诺的影响至深。而按照后者的美学理解，现代主义是对现代化异化过程唯一确切的回答——它又不能轻易被取代；而且据克洛茨分析，德国最重要的那些现代派艺术家曾为国家社会主义分子所迫而流亡国外，其创作在今天普遍被视为反法西斯主义的、民主的作品，任何对这些作品的批评都被认为是"向黑暗的从前的倒退"① ——现代主义又因一层近乎意识形态的因素而"不可侵犯"。所以，当后现代观念由美国向法国和意大利输出时，就"无怪乎"德国的"作家

---

① Uwe Wittstock: Pluralismus und Püree. In: Uwe Wittstock (Hg.), *Roman oder Leben: Postmoderne in der deutschen Literatur*. Leipzig: Recklam Verlag, 1994, S. 425.

们"却"羞于"或怯于或拒绝于"展现其写作方式是后现代的"了。①

　　然而,哈贝马斯 1980 年在其"阿多诺奖"受奖答谢辞(即"现代:一项未完成的规划")中,将后现代对现代主义方案失败所作出的反应视为对现代理性的攻击,把后现代主义同西方国家的保守主义联系在一起,认为前者有害于现代方案中启蒙的继续进行,贬之为新保守主义,却也产生了另一项效果。这就使后现代这一概念最终被带入德国的思想讨论。哲学家沃尔夫冈·韦尔施通过编选后现代经典文本(如论文集《自现代引出的路:后现代讨论中的核心文本》)和撰写论著(如《我们的后现代的现代》),直接推动了后现代思维在德国的发展。当然,后现代在德国文学中真正建立起自己的声誉,还是在艾柯的《玫瑰之名》和米兰·昆德拉的《生命不可承受之轻》等小说取得巨大成功并迅速引入德国,而德国文学也相应地奉献出自己最初的文学成果(例如《年轻人》和《香水》)。而德国文学批评界的跟进,也显示出对后现代文学的关注。其中奥尔特海尔对后现代文学特征和流变过程的探讨,算是较早的范例。

　　"文学上的后现代"在 80 年代,"以其[与新主体性文学相比]明显相异的对虚构、审美距离、形式意识、美和游戏性的再度重视而取代了新主体性文学";② 奥尔特海尔更将德国文学新质呈现的时间提前到 70 年代后期,认为此时"外国文学的后现代刺激"所产生的影响日益巨大,艾柯、博尔赫斯和昆德拉等"彻底告别了现代主义"的作家的影响作用促使德国文学发生变化。后者"向一种无度的画面性、向异所产生的吸引力、向熟悉之物的文学性殖民化形式敞开;想象、魔幻、利用种种熟悉的风格手段所产生的戏仿性突变、场景的反讽性破坏重又被发现了";③ 而律策勒尔

---

①　Michael Kämper-van den Boogaart: Theorien-Ideologien-Programme: BRD. In: Horst Albert Glaser (Hg.), *Deutsche Literatur zwischen 1945 und 1995. Eine Sozialgeschichte*. Wien, Bern und Stuttgart: Verlag Paul Haupt, 1997, S. 198.

②　Thomas Anz: Gegenwartsliteratur. In: Ulfert Ricklefs (Hg.), *Das Fischer Lexikon, Literatur, Band 12*. Frankfurt a. M.: Fischer Taschenbuch Verlag, 1996, S. 733.

③　Hans-Josef Ortheil: Postmoderne in der deutschen Literatur. In: Uwe Wittstock (Hg.), *Roman oder Leben: Postmoderne in der deutschen Literatur*. Leipzig: Reclam Verlag, 1994, S. 209.

认为德国文学现在处于"审美现代派和后现代"之间的"中间状态"，对之不可以"一般性标签"① 归结。所以，他在更倾向于后现代文学与现代主义文学共核的基础上，只对两者作了特征上度的区分："[……]后现代主义文学比之现代主义文学，少了些努力和雄心，少了些对整体的癖好和以神话为中心的性质，少了些对乌托邦的沉迷和宣言性，少了些意识形态性和决断性，少了些封闭性和幽暝性，少了些指涉性和代表性，少了些风格纯净性和文化高雅性。"② 而他编选的论文集标题，也是含混或包容地叫作《后期现代主义与后现代主义》。

不过，从文学作品的成长状况和后现代思维的接受过程来看，一般认为，大约自20世纪70年代后期起，特别是在80年代，德国继美国、拉丁美洲、法国和意大利等国家和地区之后，成为后现代的又一个生长点。德国接受的后现代概念，主要是韦尔施意义上的，或接近韦尔施所界定的。而韦尔施又深受利奥塔关于"元话语"消解和"两套宏大叙事"失效的观念的启发。也就是说，后现代思维在德国，虽也放弃了对统一、整体、中心和意义的追求，但其崇奉的意义模式与行动模式等的多元性，又被视为取自现代主义，而后现代在反"流传下来的一切霸权"时，同时也反对建立"新的霸权"，如此一来，它就"不是对现代的告别，而只是想将现代主义的基本思想尖锐化和极端化地向前推进。其目的不在于宣布一个新时代的开始，而在于强调现代主义的某些因素，并以此为现代主义的自我批判作出贡献。"③ 如果套用韦尔施论著的标题"我们的后现代的现代"，则基本上可将德国的后现代定义为："现代的后现代。" 而80年代以来的文学，虽然按照奥尔特海尔的分析，要以深入了解"与之相伴随"的后历史主义、后现代主义和后结构主义这三项"伟大经验"的主题为解读的前提，但被视为后现代或具有后现

---

① Paul Michael Lützeler：Einleitung：Von der Spätmoderne zur Postmoderne. In：Paul Michael Lützeler (Hg.)，*Spätmoderne und Postmoderne. Beiträge zur deutschsprachigen Gegenwartsliteratur*. Frankfurt a. M.：Fischer Taschenbuch Verlag，1991，S. 20 - 21.

② 同上，S. 12 - 13。

③ Uwe Wittstock：Pluralismus und Püree，1994，S. 144 - 145.

代因素的那一部分，核心的思想和美学依据其实可简化为"元叙事"瓦解的观念。正是在"元叙事"消解后，以往通行的中心、整体和意义等才被尖锐质疑，而差异性、多样性等也才受到标举。

三、后现代写作

鲍姆伽尔特对后现代德语文学事实性的存在，持强烈的怀疑态度。他认为，"审美后现代理论的[……]第三阶段"，"在我们的文学中遇到的仍然还是相对后现代理论的期待而言不太有代表性的例证"，因而所发挥的作用"犹如一台飞速空转的机器"。[①] 而且，他不满于其他论者将他以为不属于后现代范畴的作家归在后现代名下，讥嘲地说："我终于又明白了，一个夜晚用'后现代'光源来作布置，是夜所有的猫儿都显出[后现代的]斑斓之色。"[②] 鲍姆伽尔特无疑代表了文学批评与研究界一派人的观点。

然而，德国文学中存在的后现代作家及其写作方式究竟不能否定，与后现代知识状况相适应的文学发展已然成为一种现实，而且也被国际或德国国内部分文艺理论家或文学史家作为一个事实接受下来。杜威·佛克马将老作家托马斯·伯恩哈特以及60年代开始文学生涯的彼德·汉德克和博托·施特劳斯，与欧美其他国家的后现代主义作家相并置；德国国内的文艺理论家们，则放出自己的目光来选拔。一份并不完整的清单，也大致勾画了后现代作家与作品所形成的阵容。福斯特尔等在其文学史中，以与文学史编撰通例相异的文本读解形式，将5位作家列在"后现代写作方式"之下。他们是：沃尔夫冈·希尔德斯海默尔（《玛赞特》，1973年），汉斯·马格努斯·恩岑斯贝格尔（《泰坦尼克号的沉没》，1978年），博托·施特劳斯（《伴侣，路人》，1981年），帕特里克·聚斯金德（《香水》，

---

① Reinhard Baumgart: Postmoderne Literatur — auf deutsch? Über eine lange verschleppte, leergedroschene Frage. In: Uwe Wittstock（Hg.）, *Roman oder Leben: Postmoderne in der deutschen Literatur*. Leipzig: Reclam Verlag, 1994, S. 143.

② 同上，S. 136。

1985 年)和克里斯托夫·兰斯迈尔(《最后的世界》,1988 年);律策勒尔编选的论文集,与福斯特尔等的文学史在作家和作品的选拔上有重合处,但视域更宽,把其文学创作成就于东德时期的作家也包括了进来,通过从所列作品中索解出的各不相同的论据将一批作家集合到了现代与后现代之间的过渡带上。论集中的"战后和近期德国文学剪影"一文,将克劳斯·霍费尔(《在比勒施那儿》)和格罗尔特·施佩特(《喜剧》)等视为"后现代意义上"的作家;奥尔特海尔在另两篇文章中倒是颇有清点德语后现代文学的味道,但在作家的圈点上始终保持着克制。他认为,除霍费尔和施佩特外,布林克曼以其编选集《酸:新的美国场景》(1969 年),汉德克以其早期创作《短简于长别》(1972 年),沃尔夫冈·希尔德斯海默尔以其《玛尔伯特游戏》,胡贝尔特·费希特以其《调色板》和《关于青春期的尝试》,为后现代在德语文学中的形成和发展作出了贡献;维特施托克开列的至少是体现了某些后现代特征的作家、作品名单最长。除开前述论者已列举的,计有贝尔恩德·艾勒尔特(《床的故事》,1981 年)、施得恩·纳多尔尼(《对缓慢的发现》,1983 年)、罗伯特·施奈德(《睡眠的兄弟》,1992 年)、达格玛尔·罗依泊尔特(《埃德蒙特:渴念的故事》,1992 年)、乌尔里希·韦尔克(《回访赛》,1993 年)、乌韦·梯姆(《咖喱香肠的发现》,1993 年)等作家。此外,前东德剧作家海因讷·米勒,也因其一系列世界末日预言式的作品(如《哈姆莱特机器》,1978 年;《图像描述》,1985 年)而被认为带有明显的后现代特征。

上述作家中,汉德克、博托·施特劳斯和聚斯金德引起批评界和读者们格外的关注。汉德克拿"四·七社"所代表的审美意识和写作状态开刀,在早年的《骂观众》(1966 年)和《卡斯帕尔》(1968 年)中淋漓尽致地展现了他对语言激烈批判的态度和游戏语言的编码方式。这里提到的《短简于长别》,虽被视为作家早期语言意识和形式实验的终结作品,是他"在经过解构传统叙事模式和语言形式阶段之后再一次转向重建",[1] 但其以

---

① 罗尔夫·君特·莱纳尔:德语当代文学中的后现代状况,宁瑛译、柳鸣九主编,《从现代主义到后现代主义》,中国社会科学出版社,1994 年,第 471 页。

第一人称叙事者叙述的旅行经历,表现主体和外在世界间的失谐,戏仿了歌德和凯勒开创并发展了的教育小说的诸多因素。而博托·施特劳斯,与阿多诺精神渊源甚深,但也受到福柯等人的深刻影响。像前述清单中未提及的《威胁的理论》(1975 年),切断小说本文的客观指涉,[1] 也是被视为后现代小说的。当然,博托·施特劳斯的长篇小说《年轻人》(1984年),更有理由成为后现代德语文学作品的范例。小说以莱昂·普拉赫特趋向幻灭的艺术发展道路为断续的叙事脉络,将浪漫主义想象和多样性的后现代观熔铸于一体。小说直接采引或变异处理德国浪漫派作品中惯见的形象、场景和情节,借鉴或承续了浪漫派的"片断"技法以及对艺术与爱欲主题的偏爱,并让更显著的艺术特征见之于以所谓的"循环时间"来展开非线性叙事,在主角和其他人物的外在行动与心理现实等层面,展演时间的多向度,从而落实其在引言处所提出的"多重意识"要求,达成对进步神话的抵抗;比之《年轻人》,帕特里克·聚斯金德的《香水》(1985 年)在国际影响方面更胜一筹。该小说在发表后产生了轰动而持久的效应,曾连续 8 年居于《明镜》周刊畅销书榜,至 2000 年,已译成 39 种文字。它开掘向为文学界忽视的"气味"题材,以貌似传统的叙事,把一个与气味紧密相连的天才和凶手的故事发挥到了极致的程度。它与《年轻人》颇为相似地也在互文性上做尽了文章,在小说样式和一系列笔法、形象和观念上,与既往和当代的文学形成了借用、变异处理和戏仿的交流关系。例如,它接过了彼得·施莱米尔无影子的痛苦,借用了霍夫曼笔下那个金匠人格分裂的特征,把神话传说或欧洲骑士文学或晚近如浪漫派文学中的洞穴之类,也拿过来当作主人公进行自我反思、精神与生活上行将经历蜕变的暂居之地。更主要的是,它在主体图景和天才观等等的处理上,体现出变化的特质。比如,启蒙运动以来的德国文学乃至欧洲文学向以普罗米修斯为天才,而此处代之而出的,却是丧失了精神超拔性甚至基本道德意识的格雷诺耶。崇高与悲壮,让位于卓越而病态的本能。此外,其多重编码

---

[1] 章国锋:从"现代"到"后现代":小说观念的变化,柳鸣九主编,《从现代主义到后现代主义》,中国社会科学出版社,1994 年,第 21－24 页。

的方式,同时还赋予了文本后现代文学和通俗文学的读解视角。

这一群包括奥地利作家在内的、人数并不十分可观的后现代作家,其精神追求上的共同点,在于"力避求统一的中心或同一",① 而其作品在表现技法和美学趣味上尽管存在较大差异,却也表现出后现代文学最一般的特征:诸如混杂、戏仿、反讽、互文等技法,精英文化与大众文化模式间界限的消解,文本向读者敞开的设置,调查员、发现者或侦探一类心爱的人物形象,失踪文本这种颇得青睐的主题——德国文学中的这一后现代因子,毕竟是在外来的思想与文学影响下,作为"克服 70 年代中期即已极明显呈现的文学危机"② 的尝试之一而萌动的。

此外,后现代主义延至 90 年代,在德国或德语文学中并未发展到呈现出更明确的态势。它依然与其他文学倾向交织并存,或交混于一体,或者被视作如此。两方面的因素促生了这一格局。一方面,与后现代主义有关联的作家,大多有复杂的思想倾向和美学追求,其不同的作品往往体现了这种复杂多变性,而且,少有作家会自划范畴或乐于领受派发的标签;另一方面,后现代的边界既明确也游移。后现代文学与现代文学在 20 世纪的诸种形态之间,其联系和区分是可以探究而又难以深究的,这正如后现代文学与通俗文学和浪漫主义文学的关联,可以讨论却又先要确定在何种意义上讨论一样。因此,认识论和评解尺度上的某种难题,也影响着对德国后现代文学明确的理解与解释。像格奥尔格·克莱因的《利比第斯城》(1998 年),同时也被划归通俗文学名下,尽管通俗文学在费德勒那里,至少是与后现代文学紧密相连的。简言之,后现代在德国思想讨论与文学创作中走出了自己的道路。它可以把相当一批重要作家和成熟的

---

① Hans-Josef Ortheil：Postmoderne in der deutschen Literatur. In：Wittstock, Uwe（Hg.）, *Roman oder Leben: Postmoderne in der deutschen Literatur*. Leipzig：Recklam Verlag, 1994, S.209.

② Hans-Josef Ortheil：Zum Profil der neuen und jüngsten Literatur. In：Lützeler, Paul Michael（Hg.）, *Spätmoderne und Postmoderne*. *Beiträge zur deutschsprachigen Gegenwartsliteratur*. Frankfurt a. M.：Fischer Taschenbuch Verlag, 1991, S.49.

文学作品纳入自己的范畴,虽然在另一方面有人自德国文学的立场出发,一直怀疑后现代写作是否真正存在。不过,显见的是,后现代写作没有替代现代主义文学成为新的主流。实际上,成为主流正与其主旨相悖。它仍然只是对当今媒体社会所作出的一种文学上的反应。

第三节

君特·格拉斯和《剥洋葱》：对二战的反思

赵蕾莲*

一、反思二战罪行仍是德国当今非常现实的主题

2006 年 8 月 12 日,《法兰克福汇报》刊登了记者对德国作家,诺贝尔奖获得者君特·格拉斯(Günter Grass)的访谈。作家回答了有关自己将于 9 月份出版的新自传体小说《剥洋葱》的提问。这次访谈首次披露作家自己隐瞒多年的事实:他在 17 岁时曾应征入伍,成为纳粹武装党卫军成员。当记者问,为什么现在才公开自己曾经是纳粹武装党卫军成员时,格拉斯这样回答:"这个问题使我压抑。这些年来我对此沉默不语,这也是我写此书的原因之一。这到了终于该说出来的时候了。事情当时是这样的:我自愿报名参军,但不是参加纳粹武装党卫军,而是报名参加潜艇部队,这同样是疯狂的事。但是,潜艇部队已经不要人了。相反,纳粹武装党卫军在 1944 年到 1945 年战争的最后几个月招募他们能招募的人,包括新兵和空军退下来的老兵……但是,对我来说,就我的记忆所及,纳粹武装党卫军开始并不吓人,而只是一支精锐部队,总是哪里有危险就被派到哪里。正如人们所说,也是损失最惨重的部队。"[①] 格拉斯打破沉默如一石击起千层浪。

于是,德国舆论界对此吵得沸沸扬扬,对格拉斯的态度则是褒贬不一,众说纷纭。批评界认为,格拉斯长期隐瞒自己曾是纳粹武装党卫军成员,这不仅使他不配获得诺贝尔文学奖,而且完全破坏了自己在道德上的

---

* 中国人民大学外国语学院德语系教授、博士。

① 2006 年 8 月 12 日,《法兰克福汇报》,第 33 页。

完好形象。有些批评家甚至认为,格拉斯因晚年丧失有良知的楷模形象而应退还诺贝尔奖。瑞典的诺贝尔评奖委员会明确表态,排除了要求格拉斯退还所获诺贝尔文学奖的可能性,因为颁奖是永久性的,而且过去从来没有收回诺贝尔奖这一先例。有人指责格拉斯过去一直在文学作品中探讨其他人在二战的罪责和责任问题,而把自己的责任排除在外。也有人站出来为格拉斯说话,例如,哲学家吕迪格·萨弗兰斯基(Rüdiger Sa-franski)指出,格拉斯能在晚年忏悔是可敬的,因为他认为,格拉斯长期在文学作品中探讨战争罪责问题,他让别人感到亏心,这是化解自己内心懊悔的一种好方法。对此我很赞同 2006 年第 3 期《德国研究》卷首语中表达的观点,即,"他的勇气和行动值得尊重。"尽管君特·格拉斯对自己这段不光彩的历史隐瞒几十年,但他毕竟能经过长期的思想斗争后,在临近耄耋之年坦诚地把这段历史公之于众。他理应得到人们的赞赏和钦佩而不是诋毁和猜疑。我们可以说,格拉斯是把反战题材彻底贯穿于作品始终的典型作家。在德国战后文学的重要作家中,有的作家在年迈时宁愿改弦更张,一改年轻时社会批评的主旋律,厌烦了对那场惨绝人寰的战争的反复反思,力主忘掉这段历史,比如马丁·瓦尔泽(Martin Walser)。1998 年 10 月 11 日,获得"德国书业和平奖"的马丁·瓦尔泽在莱茵河畔法兰克福的圣保罗教堂发表题为"关于自己国家"的演讲。他称纳粹的罪行对他触动很深。但是,不断重复地描述这一罪行会使他个人对这些罪行的规模的感受变得平庸乏味。因此他不愿意再促进"祈祷般地、转磨盘似地"反复整理这段悲哀的德国历史:"当我每天看到媒体上连篇累牍地报道这段过去时,我就发觉,我的内心会产生某种对于这种持续报道我们的耻辱的抵触情绪。我不是对这种无尽无休地展示我们的耻辱产生感激之情,而是开始把视线移开,开始熟视无睹。我想明白,为什么在这十年对我们那段过去展示的规模达到前所未有的程度。当我发觉我的内心对此产生某些抵触情绪时,我就尝试着从不同的主题角度仔细听对我们的耻辱的报道。当我觉得能有如下发现时,我甚至会感到高兴:主题常常并不是要纪念二战,并不是不许遗忘二战,而是为了现在的某些目的把我们的耻辱工具化,而且总是好的、值得尊敬的目的。但是工具化……奥斯维

辛不适合成为威胁做法,成为随时可以投入使用的恐吓手段,或者道德棍棒,或者也仅仅是履行义务。"① 有人指责瓦尔泽在为使纳粹的罪行平庸化甚至否认纳粹的罪行铺平道路。还有人指责瓦尔泽此言会成为想封锁这一有迫切的现实意义的主题的右翼修正论者依据的口实。瓦尔泽对此批评予以反驳,他说,他并无意使自己完全个人的观点被在政治上予以工具化,他只是谈论了他自己的主观感受而已。无论瓦尔泽怎样为自己辩解,他对客观反思二战持反对态度,与格拉斯对这一主题的一贯态度截然不同,这一点是不可否认的。

奥斯维辛作为德国纳粹设立的集中营,早已成为二战给人造成的所有痛苦与德国人罪行的代名词。1949 年,著名哲学家阿多诺在论述从美学的角度来面对纳粹的国家社会主义时说出了一再被引用的名句:"在奥斯维辛之后再写诗是野蛮的……今天写诗是不可能的。"同样是如何面对奥斯维辛这一主题,格拉斯则有着一段更使人产生内心共鸣、更易于接受的、更深刻而坦诚的论述:"任何事情,任何涂抹上田园色彩的民族感,任何后来出生者对顺从的重申,都不能淡化甚至草率地抹去我们的经历,我们作为统一的德国人,作为罪犯和我们自己的牺牲品的所有的经历。我们绕不过奥斯维辛。尽管我们很迫切地想这样做,我们也不应该尝试这一暴力行动,因为奥斯维辛属于我们,是我们历史的永恒的耻辱标记,而且是一种收获! 它使一种见解成为可能,那就是:现在,我们终于认识了我们自己! ……对德国进行思考也是我文学创作的一部分……还没有说出的话必须说出来。旧的故事想要以完全不同的方式被叙述出来……可是,我们不能承诺,在奥斯维辛之后写作告终结,除非人类社会自暴自弃。"② 这段极富感染力的反思二战的文字写于 1990 年。

1995 年,格拉斯在题为"维利·勃兰特在华沙犹太人隔离区"的文章中描写了维利·勃兰特 1970 年 12 月在华沙犹太人隔离区向二战中罹难

---

① 摘自 www.dhm.de/lemo/html/biografien/WalserMartin,1998 年 10 月 11 日。
② Günter Grass: *Essays und Reden III*, *1980 - 1997*. Göttingen, 1997, S. 256,笔者译。

的犹太人下跪的场面和作者当时复杂的心理。这位可敬的德国总理、社会民主党人一直致力于东西方缓和政策。他出于责任感,代表德国人谢罪,为德国人发动的战争,为那场浩劫给犹太人带来的灾难谢罪。他的勇敢义举感动了世界,也使他遭到国内政敌的诽谤和攻击。曾经为勃兰特竞选总理而四处奔走的格拉斯在场亲眼目睹了勃兰特做出的震惊世界的举动。他当时的第一反应是震惊、恐惧和担心。格拉斯在此文的最后强调,事隔多年后,他的恐惧犹存:"是的,我曾在场。在拥挤的人群中我看到跪着的总理的一部分身影:一个无言的、说明一切的举动。而现在……我又感受到引起我恐惧和担心的震惊,因为维利·勃兰特的下跪依然或者又重新引起某些人的反感。"而作家担心的就是德国右翼势力抬头,这一主题他已经通过中篇小说《蟹行》(2003 年)表现出来。①

二、《剥洋葱》是老调新唱,寓意深刻

格拉斯是写反战题材的德国作家中的典型代表。反思、讽刺、批评第二次世界大战,这是贯穿于其作品的永恒主题。反复写同样的主题,很容易流于单调乏味,给人老调重弹、老生常谈之感。更何况他老是在揭露德国那段不光彩的历史,总往同胞们的伤口上撒盐。因此,格拉斯在创作完"旦泽三部曲"《铁皮鼓》、《狗年月》和《猫与鼠》之后就成为有争议的作家,成为把家丑往外扬的作家。对此格拉斯颇感冤枉。他在 1999 年 12 月 7日诺贝尔文学奖的颁奖仪式上发表的题为"文学创作在继续"的演讲中声称,他无非是想通过写书来激励人们,通过写书来使人们发泄愤怒与仇恨,而且他创作的基本情愫是出于对祖国的热爱。在这篇演讲中他还提到,他作为作家反思过去,这是时代赋予的责任,使他无法满足于象牙塔里的纯美学创作:"因为每个作家都是其时代的产物,无论他怎样强烈辩解自己生不逢时。并不是他自己刚愎自用地为自己挑选创作主题,而是

---

① 赵蕾莲:冷漠与狂热的共栖现象是德国新极端右翼分子滋生的土壤——评君特·格拉斯的新中篇小说《蟹行》,《德国研究》,2003 年第 1 期,第 60—67 页。

他被赋予了、规定了这一主题。无论如何，我是无法自由选择的。因为，假如只为了我自己和我的游戏本能，那我早就会探讨纯美学规则去了，我也就会不被抱怨地、安然无恙地在怪诞中扮演我的角色了。"①

如前所述，格拉斯的反战主题并不新鲜，是老调，但格拉斯难能可贵的是，他善于老调新唱，不断赋予这一主题以不同的载体，不同的形式，用各种生动的文学表现形式来表现这一主题，其效果就不同凡响，可以很好地表达作品深刻的寓意。在《剥洋葱》出版后引发的争论中，有人认为，这是年事已高的作家又一次炒作。其实，笔者认为，以剥洋葱的方式来层层深入地反思二战历史，这是在格拉斯的潜意识中酝酿已久的文学形式。1990年，他在著名的演讲"奥斯维辛后的写作"中提到，保罗·策兰对他创作揭露纳粹罪行的"旦泽三部曲"起过很大的推动作用，这时候他就使用剥洋葱这一比喻来形容对历史层层揭示的方法。1999年10月22日，格拉斯作为首位非西班牙语的作家获得久负盛名的"奥斯图利恩王子奖"。在奥维多举行的颁奖仪式上，他发表题为"文学与历史"的演讲。他强调，从事文学创作五十年来，德国历史始终是他无法绕行的主题。他又提到了这种以剥洋葱的方式反思历史的文学形式："历史总是轰鸣着继续放置其数据。而唯独借助文学的技巧，才可能用一种相对的文本来与这一俯首听命相抗衡：在这里匆忙地攫取时间；在那里扩展时间的长度。有时也通过限制同时发生的情节脉络，通过改变视角，而且通过像剥洋葱式的方法，一层一层揭示历史。"

可见，剥洋葱这种叙述形式并非在他创作该小说这3年中才想到的，而是早就若隐若现地徘徊在他的大脑中。这部小说属于自传体小说，讲述了作者青少年时期的故事，即1939年第二次世界大战爆发时作者12岁到1959年作者因创作《铁皮鼓》而蜚声世界文坛这20年间发生的事情。作者很巧妙地采用"剥洋葱"这一比喻形式，很有效地烘托、渲染二战这一像洋葱一样会越剥越会刺激人流泪的棘手主题。2006年8月12日

---

① Günter Grass：*Fortsetzung folgt und Literatur und Geschichte*. Göttingen：Steidl Verlag，1999，S.40，笔者译。

的《法兰克福汇报》刊登了格拉斯答记者问及"洋葱"与作品的关系时,格拉斯回答:"我必须为本书寻找一种形式。而这是写书中最难的。我们的回忆、我们的自我描述可能,也常常是具有欺骗性的,这一点是人所共知的事实。我们美化经历,把经历戏剧化,让我们的经历化成逸事趣闻。所有这些,还有可疑的事情,用文学的回忆来证实这一切,我想用这种形式来让这些回忆显示声音和图像。所以我采用'洋葱'这一比喻。在剥洋葱时,也就是在写作时,一层又一层地,一句又一句地清晰、可读,这时候,消失的记忆又鲜活起来。"在这方面,"洋葱"始终代表格拉斯回忆行为的特殊价值。回忆就像剥洋葱一样。为了渗透到越来越深的记忆库,人们必须一层一层地剥。正如剥洋葱时人们会流泪一样,回忆也是如此,因为回忆的过程是痛苦的。对此,有些人宁愿稍微闭上眼睛,因为眼睛灼痛。而格拉斯本人也过早地停止剥洋葱,"以至于我在剥洋葱时,我的沉默在我的耳畔轰鸣。"他现在仍然对此望而却步:"难道是我不愿意破解刻在洋葱皮上的密码吗?"

伊尤玛·曼高尔特(Ijoma Mangold)在关于这部小说的评论中这样述及它的叙述方式:"格拉斯导演了两幅自画像:其经验的自我和艺术的自我。一个自我在寻求逃避和借口,有回忆的盲点。他有时闪烁其词,隐瞒着什么;另一个自我则总是不断地在经验的自我排斥回忆时抓住他,敲击手指来警告他,而且摩擦着洋葱,把洋葱放到他的鼻子底下。格拉斯总是以第三叙述者的方式来讲述年轻的士兵,这并不是偶然的。格拉斯导演了一幕道德剧,在这幕道德剧中,他扮演两个角色:经验的自我和艺术的自我;盲从者和评价者;排斥记忆者和分析家;罪人和通过文学的力量自我拯救者。其实格拉斯不想粉饰任何事情。但是,他热切地相信,艺术品作为回忆的催化剂具有使人得到解脱和拯救的力量。"① 格拉斯把自我控诉和自我提高合二为一。这是文学形式与主题完美结合的又一范例。与2003年创作的《蟹行》一样有异曲同工之妙。他用螃蟹独特的行走姿势来比喻德国人对二战历史回忆的烦冗:"中篇小说《蟹行》的名字暗示了

① www.sueddeutsche.de/kultur/artikel/94/83011,2006年8月18日。

作品中类似螃蟹行走姿势的叙事方法：螃蟹走路的特点就是总偏离原来的行走路线，时而前进，时而后退。格拉斯分几条线来在叙述层面上叙述，几个层面有时重叠，有时分开，但是格拉斯超凡的叙事技巧又使这几个叙事层面和线索杂而不乱，情节有条理地展开。"格拉斯在叙述中擅长用简单的事物来象征深刻的寓意，例如，他在《蜗牛日记》（1972 年）中用"蜗牛"象征进步，因为蜗牛虽然行走缓慢，但毕竟带着耐心和毅力在行走，离开固定点。作者想以此反对右翼复辟势力的顽固不化，赞同德国社会民主党的改革。他在《比目鱼》（1977 年）中用"比目鱼"来比喻妇女解放；在《母鼠》（1986 年）中，他用一只逃过核灾难从而证明自己是比人更高一等的生物的"母鼠"来预示人类因为环境破坏而面临世界末日。此外，他还在《蛙鸣》（1992 年）中用一只"铃蟾"来象征德国与波兰的和解，在《辽阔的原野》（1995 年）中用"一个不断开动的自动电梯"来比喻德国历史的永恒反复。

《剥洋葱》无论从内容还是创作手法上看都堪称佳作。从内容上看，格拉斯写出了他所代表的这一代人痛苦的心路历程：少年的他以纳粹党卫军这支欧洲精锐部队而感到自豪，完全被纳粹的意识形态所迷惑，因此没有任何叛逆的和颠覆性的想法与行为。而战后几十年，在德国由纳粹专制统治到战后初期阿登纳时代右翼势力占主导地位、弥漫着污浊的天主教气息的局面，继而到真正民主的开始，格拉斯们背负着沉重的心灵十字架：自己作为战争的盲从者也负有不可推卸的责任，这种心理阴影笼罩在他们心头几十年。那种欲言不能，欲罢不忍的心灵折磨、内心的焦灼是可想而知的。从创作手法上，作者使用了多样的文体风格。在描述自己在战争中几次死里逃生的经历时，作者几乎采用了报告文学的方式来报道，风格与雷马克的《西线无战事》相似。作者还引用 17 世纪作家格里姆豪森反映德国三十年战争的《痴儿西木传》。文中也不乏幽默式的夸张：主厨的"眉毛很长，以至于人们想用梳子去梳他的眉毛"。作者继续使用了在《泰尔格特聚会》（1979 年）和《比目鱼》中使用的把过去、现在和将来联系起来的时态形式。总之，格拉斯又一次成功地给反思二战这一主题找到了一种理想的叙述形式，可谓老调新唱，寓意深刻。

三、二战历史对作者文学创作的影响

正如格拉斯在文章"奥斯维辛后的写作"末尾所指出的那样,对德国的历史进行反思成为他的文学创作的一部分。而这段历史就是指德国二战的历史。综观格拉斯从1959年一举成名到最近的新作,反思二战历史的确成为他的文学创作的不可缺少的一部分内容。从他的成名作《铁皮鼓》(1959年)到《猫与鼠》(1961年)、《狗年月》(1963年)、《蜗牛日记》(1972年)、《我的世纪》(1999年)、《蟹行》(2003年),再到《剥洋葱》(2006年),他在这些重要的叙述作品中无不以文学手法反思二战这段历史,只是叙述手法和方式不同而已。《铁皮鼓》和《狗年月》以二战前、二战期间和二战后的德国历史为背景,涵盖了希特勒统治下的德国和战后联邦德国的历史。《猫与鼠》描写二战期间发生的事情。《蜗牛日记》中,作家在自己的孩子们面前讲述他的政治责任感,在叙述上起了衔接纳粹历史和1969年德国大选的作用。作家向孩子们说明、解释德国被排斥的纳粹过去,使他们明白纳粹的过去依然影响着现在。《我的世纪》则由讲述20世纪的100个短篇故事组成,每个故事都有不同的叙事者,整体上又有叙事的内在联系。二战当然也是其中的重要组成部分。这里笔者仅以格拉斯的代表作《铁皮鼓》为例,来分析他如何在叙述作品中触及那段不光彩的历史。该作从一个侏儒的独特视角,批判地描写德国1924—1954年的历史,讽刺法西斯主义的倒行逆施,回顾小资产阶级和无产者等底层人的特殊生活方式、情感、本能需要和行为方式。正因为作者选取了一个不起眼的、残疾的小人物为主人公,才能淋漓尽致地再现那个特殊的时代,才得以成功地反衬出纳粹的反人性特征。批评家拉尼茨基(Ranicki)对小说中主人公趁人不备、击鼓扰乱纳粹集会那一段描写简直赞不绝口。格拉斯想通过这部小说来与排斥对二战记忆这一主流趋势相抗衡。"格拉斯以他的小说为此确立了一个重要的艺术标志,即人们在战后最初几年如此迅速地借以解释的那些方法是不合适的,即解释为什么一个有着几百年文化传统的开化、文明的民族会毫无抵制地受到一个政治煽动者的血

腥的反理性主义的影响。这种解释方法一方面说明：德国历史的走势仿佛随着历史的合乎逻辑的考虑向希特勒靠拢，而所有的德国人在所谓'集体罪责'这一抽象的罪责摊派中同样都要为基本上无法由他们阻止的灾难负责。另一方面，这种解释说明：德国人仿佛违心地被一伙政治牵线者的犯罪集团一网打尽，而且违背他们宣告的意愿始终在内心厌恶希特勒及其所作所为的情绪中被迫成为其罪行的历史见证人。这两个命题，集体罪责的命题和政治密谋的命题都为个人参与的任何具体的、有罪的行为开脱。"① 而格拉斯显然在通过自己的成名作讽刺这种为自己开脱罪责的做法。他明确主张，每个德国人都要为这场战争浩劫负责。在《铁皮鼓》中，艺术表现与反战主题达到了最完美的结合。

在一封题为"非洲的奥斯维辛和特雷勃林卡"（1968 年）的公开信中，格拉斯预言，德国人将永远背着负罪的沉重十字架，没有完结："作为德国人，我不得不学着不草率地说出'民族屠杀'这个词。我的国家的历史永远地打上了这所有罪行中最严重罪行的烙印。德国公民将不得不经历几代人，去承担对犹太人进行民族屠杀的这一罪行累累的、给人心灵带来严重创伤的后果。就连战后出生的这一代人，即便从出生年份上看是无辜的这一代人，也得一起承担这一负担。我们无法预见到终结。"② 在"文学与政治"（1970 年）中，格拉斯论述了自己对两者关系的认识，强调了他作为文学家的社会责任感，而其中的政治就是"二战历史"的同义词："政治是现实的一部分，也就是说，总是在寻求现实的文学无法略去或者排斥政治。政治和文学对我来说是永远无法彼此排除的对立：我用来创作的语言患了政治病；我在其中进行创作的国家沉重地承担着其政治的后果；我的书的读者和我这位作家一样打上政治烙印；寻求无政治的田园风光会没有什么意义，因为就连月光的比喻都会突然变得黯然失色……文学没有理由超越政治及其罪行；文学应发挥其作用。同样，自 18 世纪以来，欧

---

① Wilfried Barner（Hg.）：*Geschichte der deutschen Literatur von 1945 bis zur Gegenwart.* München，1994，S.380.
② Günter Grass：*Essays und Reden I, 1955 – 1969.* Göttingen，1993，S.353.

洲文学有益地参与了政治启蒙运动和开明政治。这一传统从狄德罗和莱辛一直延续到我们今天；我与这一传统息息相关。"① 在"回顾'铁皮鼓'或者作家作为可疑的证人，尝试剖析自己的作品"（1973 年）一文中，格拉斯坦言，自己"不能也不愿意克服对过去梦魇式的记忆。""文学与神话"（1981 年）再一次影射了纳粹千年帝国的神话对德国人的捉弄："经验使我对'神话'这一词汇产生怀疑，更何况我们在德国仍然不得不承担那种政治的后果：它想创造一个新的神话，其结果却叫奥斯维辛。"格拉斯在"关于希望的演讲"（1985 年）中反复强调，二战失败的损失和责任会一直成为几代德国人的负担。"任何德国人都不能推卸这一负担，谁想推卸负担，谁就得承载加倍的、更重的负担。""奥斯维辛后的写作"记载了作者由不愿意相信德国人确实犯下滔天罪行，到不得不相信这一不争的事实的心理变化过程："因为当我和许多我这一代人面对德国人要负责的罪行的后果，而且从此这些后果就集中为'奥斯维辛'这一概念时，我对我自己说：从来都不会。我对我自己和别人这样说，别人也这样对自己说，对我说：德国人从来都不会做出这种事。这种自我证实的'从来都不会'甚至很自鸣得意，以牢不可破的姿态出现。因为难以计数的、令人压抑的照片，那些拍摄堆积如山的鞋子和头发，拍摄堆积如山的尸体的照片，而且用难以理解的数字和听起来陌生的地名——特雷伯林卡、索利波尔、奥斯维辛——作为副标题的照片，只要美国人的教育意愿强迫我们这些十七八岁的人去认识这些画面的纪实性，那么就只有一个被说出来的和没有被说出来的、不被迷惑的答案：德国人从来都不会干这种事，从来也没有干过这种事。当这种'从来不'或者'从来没有'（最晚到纽伦堡军事审判庭开始审判）被摧毁时……我花费了好多年才开始明白：历史会不停地一直保持当今的状态；我们的耻辱既不会被排斥掉，也不会被克服掉；这些照片强迫的具体性——鞋、眼镜、头发、尸体——拒绝这一抽象概念；尽管奥斯维辛充斥着解释性的词汇，但是奥斯维辛永远不会被理解。"在这篇文章中作者还提到，自己之所以在战后写出反法西斯的主题以表示抵抗，那

---

① Günter Grass：*Essays und Reden II, 1970 - 1979*. Göttingen，1993，S. 8.

是因为"在奥斯维辛后写作是以耻辱，以写在每页白纸上的耻辱为前提的"。格拉斯特意感谢保罗·策兰，因为他使格拉斯认识到，"奥斯维辛不会终结。"

四、结　束　语

反思二战是个永远也挖掘不完的主题，所以格拉斯不仅在小说中探讨，而且还在许多演讲和随笔中深刻剖析。德国二战这一段耻辱史仿佛一个巨大的洋葱，格拉斯在他大半生的文学创作生涯中不断扪心自问、叩问良知，不停地、无情地层层剥皮，试图以此达到逐渐净化自己和其他德国人心灵的目的。但这一浩大工程只有一个格拉斯是远远不够的，它需要无数像他这样善于自省的德国人历经几代去剥洋葱式地深入研究，才能真正实现德国人发出的"在德国土地上永远再没有战争"这一誓言。

第四节

歌德《浮士德》之"天上序曲"新释：人类的界限

吴建广 *

　　初读《浮士德》①"天上序曲"时，读者会有不着边际、无关紧要之感。我们时代的读者甚至会不以为然，以为歌德不过是借用当时的宗教故事这么一说而已。细读这部诗剧之后，回过头来再读"序曲"，就有豁然开朗之震撼。在这狭小的空间里几乎囊括了现代西方文化和哲学思想的基本问题，即人与自然（神）的问题、人与认识的问题、人与理性的问题。它居于全局开篇之前，开启了《浮士德：一部悲剧》的大幕。探讨"序曲"有助于我们更深刻地认识浮士德悲剧之所在。

　　"天上序曲"写作于 1800 年，至少在 1800 年 12 月之前，歌德还试图要写一个与"序曲"相呼应的"终曲"（Epilog），场景也在天上，由神主组成一个天上法庭来审判浮士德是否有罪，是上天堂还是下地狱。后来歌德放弃了"终曲"计划，取而代之的是以"山谷"一场结束全剧。②《浮士德》最后两场"埋葬"和"山谷"中的恐惧、祈盼和获救都在浮士德临终的意识幻觉中上演。在触摸到死亡界限的最后片刻，曾经被拒的忧虑（die Sorge）再

---

* 同济大学外国语学院德语系教授、博士。

① 本文主要参考德语文本 J. W. Goethe：*Werke. Kommentare und Register Hamburger Ausgabe in 14 Bänden*，hrsg. v. Erich Trunz. München：C. H. Beck，1996，Bd. 3. 德文《浮士德》已经标准化，本文引用作品时只标诗行。中文译本《浮士德》主要参考［德］沃尔夫冈·冯·歌德：《浮士德》，绿原译，人民文学出版社，2002 年。

② Albrecht Schöne：*Johann Wolfgang Goethe. Faust. Kommentare*. Frankfurt am Main：Deitscher Klassiker Verlag，1999，S. 162，S. 781；Ulrich Gaier：*Johann Wolfgang Goethe. Faust-Dichtung. Kommentar I*. Stuttgart：Reclam，1999，Bd. 1，S. 781.

度浮现，浮士德惧怕在俗世中的罪孽，在极度的忏悔中祈求神性的救赎，从一个无神论的人本主义博士演变成一个祈求拯救和恩典，崇拜圣母玛丽亚的博士。与"序曲"相连，构成《浮士德》特殊的神性框架。①

"天上序曲"总共 111 行诗句，有其自身完整的结构，对整部《浮士德》具有纲领性的功能。它由两个部分组成，一个是天使长的诗句，一个是主与魔关于人的对话。就主题而言，"天上序曲"的故事原型就是《圣经·旧约·约伯记》神主耶和华与撒旦的对话，事关人（约伯或浮士德）是否虔敬神主之事，这也构成了《浮士德》与《圣经》内容的互文关系，显示了古人的虔诚敬畏和现代人的欲篡主位的肆无忌惮。这种互文关系及其形成的隐性张力对熟悉"约伯记"的读者显而易见，且持续当下。

一、形象的功能

"天上序曲"中的戏剧形象按说话顺序分别是三位天使长、梅菲斯特和主。不过在舞台说明中带有定冠词的主（der Herr）率先出现："主。众天使。后随梅菲斯特费勒斯（一般简称梅菲斯特）。三位天使长出列。"为什么《浮士德》中不称这个天上之王为上帝，而是"主"呢？这里确实沿用了"约伯记"中对上帝耶和华的称呼，② 更为重要的是确定了他的地位，确定了他与人的关系，即他是人的主（参见 V 299）。文中并没有说这是基督

① 类似的"框架说"可参见 Albrecht Schöne：*Johann Wolfgang Goethe. Faust. Kommentare*，S. 162。他认为："天上序曲"和第二部末尾的"山谷"把俗世戏放置到一个"形上的框架"中。其实，严格说来，这是一个不太对称的框形结构，因为"天上序曲"在《悲剧》之外，而"山谷"仍在《悲剧》之内。不过，无论圣母玛丽亚、天使等神性以何种方式出现，都在某种程度上摒弃了浮士德的人本主义无神论，因此可以说这是一种"特殊的神性框架"。

② 中文《圣经》译本在此处是"耶和华"，参见《新旧约全书·旧约全书》，中国基督教协会、中国基督教三自爱国运动委员会印，南京：1986 年，第 609 页及以下。德语译为"主"（der Herr），参见路德版《圣经》：*Die Bibel oder Die Ganze Heilige Schrift des Alten und Neuen Testaments*，nach der Übersetzung Martin Luthers，Evangelische Haupt-Bibelgesellschaft zu Berlin，1967，S. 662 ff. 本文《圣经》译文均根据路德版，参考中文版。

教的上帝,或是伊斯兰教的安拉,或是古希腊神话中诸神之神的宙斯,而是在极为宽泛的意义上,确立一个在人之上的存在。我们甚至可以理解为自然,或按照中国文化也可以理解为天。最为本质的是,这个至关重要的地位确定扬弃了"人是万物尺度"的人本主义观念。"凡重视人与神的关系、人的自由意志和人对于自然界的优越性的态度都是人本主义。从哲学方面讲,人本主义以人为衡量一切事物的标准"。① 简言之,人本主义的基本教义就是人定胜天,人为万物之主。

与主对话者是梅菲斯特费勒斯(Mephistopheles),据说该词源于希腊或希伯来语,意即"不爱光者"或"善的摧毁者",只是歌德自己也不知道这个词源于何处。歌德在给策尔特(Zelter)的信中表示:"如果我们从历史学和词源学的角度研究这个词,通常会陷入一个无底深渊。梅菲斯特费勒斯这个名字从何而来我也无法直接回答。"② "天上序曲"中的主给他的定义是"否定的精灵"(V 338)。当浮士德问他是谁时,梅菲斯特自己也如此回答:"我是精灵,永远否定的精灵"(V 1338)。德语中精灵与精神(der Geist)是同一个词。一般研究者倾向于把梅菲斯特简单地解释成魔(der Teufel)或者撒旦,在某种程度上就限制了对这个形象进行公正、全面的诠释。就是在"天上序曲"中,他"也不是'约伯记'中所说的撒旦"。③ 整部《浮士德》中梅菲斯特形象的复杂性、丰富性和哲理性丝毫不逊色于悲剧主人公浮士德。诚然,他首要的功能是陪伴浮士德,使他的各种大欲得以实现。同时他还兼任多重角色,他不会不切实际的高调(V 275),对人物和情节的评论却带有睿智的调侃和哲理的反讽,常让人本主义者处于尴尬的境地。我们甚至可以说,"否定的精神"就是对文艺复兴和启蒙运动以来西方人本主义价值体系的全方位怀疑、扬弃和否定。

最先出场的三位天使就是拉斐尔(Raphael)、加布里尔(Gabriel)和

---

① 《简明大不列颠百科全书》,共十卷,中国大百科全书出版社,1987 年,第六卷,第761 页。
② 参见 Albrecht Schöne：*Johann Wolfgang Goethe*. *Faust*. *Kommentare*,S. 167,同页转引歌德 1829 年 11 月 20 日致策尔特的信。
③ Albrecht Schöne：*Johann Wolfgang Goethe*. *Faust*. *Kommentare*,S. 168.

米歇尔(Michael)。① 他们的来历看似简单,实则复杂,因为他们不仅是基督教的天使,也是伊斯兰教的天使,弥尔顿的长诗《失乐园》也赋予这些天使长新的职能和行为。拉斐尔,词义为"神之圣",在"托比亚斯记"中的主要形象……是神意的诠释者,"神的杰作我们应该热情赞美和阐明……所以我要阐明真"。② 在伊斯兰教的"四大天使"中拉斐尔专司世界末日来临时吹响号角,宣告审判日到来。加布里尔是奉真主之命传达启示和宣示奥秘的天使长。米歇尔被称为不信伊斯兰教者的敌人。③ 据经注,米歇尔"专司观察宇宙万物,掌管人间衣食给养的天使长"。④ 歌德对包括《古兰经》在内的波斯—阿拉伯文化的熟稔和热衷一直以来鲜有研究,或是被故意忽视了。在《失乐园》中,拉斐尔被派去警告人类始祖亚当和夏娃不要受撒旦诱惑;由于撒旦对亚当和夏娃的诱惑,拉斐尔成为守护的天使。⑤ 三位天使长受主派遣,诠释神意,传达启示,宣告末日审判,掌管宇宙万物,劝告人类信神,告诫人类不受诱惑等,都会在我们理解三位天使的诗句时起到辅助作用。

---

① 三位天使的中文译名由于不同时代、不同来源差异颇大。中译本与德译本在节数上有差异。就连在各种《浮士德》中译本中也不尽相同。基督教《圣经》,一般把拉斐尔译为拉法尔,把加布里尔译为加百列,把米歇尔译为米迦勒。这三位天使作为"四大天使"同样出现在伊斯兰教中,分别译为伊斯拉非来、哲布勒伊来(亦称吉卜利里)和米卡伊来(亦称米卡里)。《浮士德》是德语著作,这些天使之名也都是德语国家的普通人名,因此我们用现代德语的读音,按照现代人的习惯统一翻译。

② 转引自 Ulrich Gaier: *Johann Wolfgang Goethe. Faust-Dichtung. Kommentar I*, *Bd*. 1, S. 54。

③ 参见《古兰经》,马坚译,中国社会科学出版社,1985年,第二章,第 97、98 节;德译本《古兰经》: *Der Koran — Das Heilige Buch des Islam*, übertr. v. Ludwig Ullmann, neu bearb. u. erläutert v. L. W.-Winter. München: Goldmann, 1959, §98, 99。

④ 金宜久主编:《伊斯兰教辞典》,上海辞书出版社,1997年,"米卡伊来"词条,第 516 页。

⑤ 天使对亚当说:"天地之子呀,/你听着! 你现在的幸福是由于神,/但幸福的继续却由于你自己,/就是说,由于你的顺从,站定脚跟。/我给你的警告也是为此,要记住。"参见[英]弥尔顿:《失乐园》,朱维之译,上海译文出版社,1986年,第五卷,第 519—523 行诗。

二、天主的力量不可探究

人是否有能力认识自然的本质,这是现代西方认识论的重大课题。对此,天使长的歌词持否定态度,他们排除了包括人在内的任何生物具有这样的能力。天使长并非严格意义上的歌队,不过显然具有歌队的功能。歌队的主要作用在于对剧中人物和剧情进行观察、释义和评价。[①] 天使长每位有八行诗,加上最后合唱的四行,一共四节 28 行(Ⅴ 243—270),诗句虽然不长,却具有一言千鼎的重大意义。首先诗句出现在"天上序曲"之首,以神性的名义赞美主的杰作,把天地万物的运行归结为主的力量。这多少也体现了歌德本人反对无神论的自然神论观念。[②] 天使长拉斐尔、加布里尔和米歇尔赞美主的四段诗句:无论是天上日月星辰的运转,还是地上的山河动静和昼夜交替,都是主的伟大杰作。日月星辰"按照古老的方式"(Ⅴ 243)"完成既定的旅程"(Ⅴ 245—246),昼夜山河"轻柔变化"(Ⅴ 266),都是主的"高不可测的杰作"(Ⅴ 249),"谁也不能探究到这种力量的根底"(Ⅴ 248)。这一切的运作一如既往、雄伟壮观,与它们产生的第一天一样(Ⅴ 250 和 270)。在最后的合唱中,天使长们唱道:

> 尽管谁也不能把你探究到底,

[①] 参见 Gero von Wilpert: *Sachwörterbuch der Literatur*, erw. 8. Auflage, Stuttgart: Kröner, 1955, 2001, S. 112 ff. 中的"歌队"(Chor)词条。

[②] 在《诗与真》中,歌德明确地批判了法兰西启蒙运动中物质主义(Materialismus)倾向,尤其对霍尔巴赫《自然的体系》一书中无神论思想表现出极大的不满。歌德说:这本小书"让我们就像在凄惨的无神论的深夜中感到空洞和旷无,大地及其造型,天及其所有的星辰都消失在黑夜之中。在这里,物质被视为永恒的存在,并从永恒中运动过来……他要把高于自然的东西,或者自然中出现的更高的自然,变化为物质的,有重量的,虽然运动却是没有方向的,没有形态的自然"。参见 J. W. Goethe: *Werke. Kommentare und Register Hamburger Ausgabe in 14 Bänden*, Bd. 9, S. 491. 译文参考[德]沃尔夫冈·冯·歌德:《歌德自传——诗与真》,上下卷,刘思慕译,人民文学出版社,1983 年,下卷,第 511、512 页。

见到你，我们便获得力量，

你的一切崇高伟业

依然像第一天那么雄壮。（Ⅴ 267—269）

　　三位天使长的开场诗句对整部《浮士德》具有定音作用。天使长传达给读者两个重要的信息：一是，突出主的至高无上的强力和不容置疑的权威，无论是日月星辰的交替运行，还是山地海河的运动潮汐，其背后都是主的力量在运作，而不是启蒙主义者所认为的只是物质和运动；二是，强调这些力量的内部结构既不可测，也不可量，更不能把握，从而否定了包括人在内的所有在者认识天主力量，即自然神秘的能力。可以说，这些信息针对的是整个 18 世纪的启蒙运动、科学信仰，尤其是物质主义转向，它把一切现象简单归结为物质和运动，并把这种认识论推广到众多科学领域。[①] 科学的"发明"和技术的"进步"让日益高涨的人本主义产生足够的自信，以为自然毫无神秘可言，人完全有能力认识世界。

　　悲剧人物浮士德就是这样一个现代认识论的代表，他的企图就是"认识世界最内在的构成"（Ⅴ 382—383），他要"揭示……自然的力量"（Ⅴ 438），把握"这无边的自然"（Ⅴ 455）。浮士德已经到达人的认识边缘，却还没有，也无法越过界限。于是，他就求助精灵或魔的帮助，以便突破，这就是《浮士德》的悲剧根源，也是现代西方的悲剧之根源。一方面，天使长如全知叙事者设定了情节的框架和条件，另一方面，主要人物浮士德的所有努力就是为了突破所予的框架，否决所予的条件。如果把天使长的诗句与浮士德最后的诗句（Ⅴ 11559—11586）对照起来，我们会发现其中不可调和的对立和冲突，前者是赞美主的永恒世界，后者是人（浮士德）在癫狂中宣告人间天堂的到来，颇具讽刺意味的是，这个人造天堂却建立在必将毁灭的基础之上。前后同样用了 28 行，这难道是偶然的巧合吗？

[①]　参见［美］梯利：《哲学史》，葛力译，商务印书馆，2004 年，第 396 页及以下。

三、神主人仆的既定关系

《圣经·旧约·约伯记》中耶和华与撒旦的对话通常被视为"天上序曲"中主与梅菲斯特对话的范本。两者对立的互文性显而易见。浮士德是世俗化了的现代无神论者，不具有约伯的笃信不疑的宗教虔诚，更没有像约伯那样经受住考验。主与梅菲斯特的对话从情节上开启了浮士德实践"自由意志"的可能性，给了读者或者观众一个巨大的悬念：浮士德是否会被魔引上歧途？

人本主义认为，人不仅是自己的主，而且还是天地万物之主，人有能力按照自己的理念来设计、构造世界，改造和征服神性给予的自然，力图颠覆传统中神主人仆的关系。"天上序曲"试图把现代人的幻觉重新颠倒过来，确立神主人仆的关系，把人限制在一定的界限之内，并暗示突破这一既定框架和界限就会造成悲剧。

满足人的欲望的前提是依靠理性，它能使各种膨胀的、变异的、变态的欲望成为可能。梅菲斯特一张口就批判人的"理性"这一启蒙运动和现代西方文化的神圣概念，并把人的狂妄归结为对理性的拥有。所谓理性（die Vernunft）就是抽象与经验的逻辑推理，其实践形态就是现代科学和技术，"理性有两种用法。一种是表示在数学和逻辑中进行的抽象推理……；另一种是表示经验性的实践、实践性的推理"。① 在梅菲斯特看来，人类称之为理性的东西不过是主赋予的"天光的余辉"，人"占据独用，却比任何动物的兽性更甚"（V 284—286）。自启蒙运动以来，现代西方人赋予理性的无限权力和无上权威就不断遭到德意志思想界和文学界的长期反对。当代德国思想家伽达默尔就明白无误地指出："理性的自予权力是现代思想的诸幻觉之一"。②

---

① ［美］罗兰·斯特龙伯格：《西方现代思想史》，刘北成等译，中央编译出版社，2005年，第169页。

② Hans-Georg Gadamer：Vom geistigen Lauf des Menschen — Studien zu unvollendeten Dichtungen Goethes. In：*Gesammelte Werke, 10 Bd*. Tübingen：Mohr，1993，Bd. 9，S.81.

在几百年的人本主义实践中，科学理性的无限扩张性承载着人本大欲的永不满足性，把人类导向不可逆转的灾难，因此"大欲"和"理性"的结合才是把人引向歧途的真正的魔，才使悲剧成为现代人的真正悲剧，即是人本身的行为预先设定的悲剧。

主对梅菲斯特把人间说得一无是处似乎不甚满意，就问："你认识浮士德吗？"梅菲斯特："那位博士吗？"主说："他是我的仆！"（V 299）。虽说是来回问答，在诗句上属于一行。主以感叹号结束这句命题式的陈述句，以十分肯定口吻确定了他与浮士德的关系是主仆关系。《圣经》中的主也这么问撒旦："你观察过我的仆约伯吗？"① 在耶和华眼中，人类无疑都是他的仆，为他服务，他才是人类的至上权威。《圣经》中，撒旦似乎也承认约伯是个"虔诚、正直、敬畏上帝、避离恶事"的信徒，只是认为约伯这么侍奉神是因为神给了他好处，若无好处，定会背叛神。于是主要考验约伯，结果约伯经受住了神对他极其残酷的考验。

然而，浮士德完全是约伯的对立面。梅菲斯特调侃说浮士德以一种特别的方式侍奉主，显然这是相对约伯而言的。于是，梅菲斯特历数浮士德有好高骛远、贪得无厌的野心，要摘取天上最美的星星，享受世间每一样至高的快乐，无论近的还是远的都满足不了他那深深激荡的心胸（V 304—307）。这一切性格与行为都为一般主流宗教和文化所不能容忍，主似乎没有反驳的理由，只能承认现实，寄希望于未来："纵然他现在只是浑沌地侍奉我，我将很快把他引向清明（Klarheit）"（V 309）。这里的"清明"意指"主的清明"②，或是指神性权力的展现。③ 由于末日审判式的审判因对"终曲"的放弃而无从开庭，浮士德是否被引向清明在文本中并不那么清楚明白。有学者认为，"埋葬"中"爱的火焰，你们转向清明！"（V

---

① 《圣经·旧约·约伯记》第一章第八节。
② 见《圣经·新约·路加福音》第二章第九节："主的清明照耀在他们的周围"。
③ Ulrich Gaier：*Johann Wolfgang Goethe*．*Faust-Dichtung*．*Kommentar I*，*Bd*．*1*，S.64.

11801—11802)就是对主这句话的回答。① 其实这里并无必然联系，这句命令句的主语是"爱的火焰"，不是浮士德，而是浮士德在最后的"埋葬"和"山谷"中也并没有达到"天堂序曲"意义上的清明。

就人有怎样的未来这个问题，主与梅菲斯特各有己见。梅菲斯特显然对自己的观点颇有信心，于是提出与主打赌："您赌点什么？您肯定会输，如果有您的允许，我会悄悄把他引上我的路"（V 312—314）。主既没有同意打赌，也没有反对梅菲斯特这么去做："只要他还活在世上，就不会禁止你去做。人只要追求，就会迷误"（V 315—317）。这里的"追求"（streben）在德语中只是一个中性词，既可是褒义，亦可是贬义（亦可译为"追逐"），就要看追求和追逐的对象是什么。② 早在 20 世纪 30 年代，伯姆

---

① Albrecht Schöne: *Johann Wolfgang Goethe. Faust. Kommentare*, S. 72, 789.

② 国内学界长期以来对歌德《浮士德》研究和解释出现局限。究其根源可能是出自一种"发展的"、"进步的"、"人本主义"的意识形态，相信自意大利文艺复兴以来，经法兰西启蒙运动，到英格兰工业革命是人类发展的必由之路，由此赞美人的解放和追求。用意识形态来理解文学作品，对作品进行削足适履的解读，其结果必然是强制作品屈从俯就，沦为意识形态的婢女。一个简单的语法现象，由于意识形态的影响就会在翻译时出现有意无意的误译，误导了中文读者和研究者。主对梅菲斯特说："Es irrt der Mensch, so lang'er strebt"（V 317），这句诗的时间状语从句，中文翻译应该是："人只要追求，就会迷误"。两者并立、共时，无先后，无多寡。然而，中译者竟无一例外地走私进了"难"或"难免"或"免不了"等字样，扬前抑后，把逻辑的必然性释译为可能性，使浮士德的人本主义追逐合理化，因而也就无从合理解释《浮士德》何以为悲剧。郭沫若译本："天帝：人在努力时，难离错误。"人民文学出版社，1959/1978 年，第 16 页；董问樵译本："天帝：人在努力追求时总难免迷误。"复旦大学出版社，1982 年，第 17 页；钱春绮译本："天主：人在奋斗时，难免迷误。"上海译文出版社，1982 年，第 20 页；绿原译本："天主：人只要努力，犯错误总归难免。"人民文学出版社，2003 年，第 9 页；杨武能译本："人要奋斗失误免不了。"广西师范大学出版社，2003 年，第 14 页；余匡复译文："人在努力时，难免错误"。余匡复似乎察觉到译文有所不妥，随即做了解释："即'追求'与'错误'总不可分离。"可惜没有就此深入下去，也没有从这个角度进行诠释。余匡复：《浮士德——歌德的精神自传》，上海外语教育出版社，1999 年，第 9 页。森鸥外的日译本则确定了迷误的不可避免："人は務めている間は、迷うに極まったものだからな"。森鸥外：《ファウスト》，書肆富山房，大正二年[1913]；築摩書房，1996 年，2007 年。

（Wilhelm Böhm）就对当时占统治地位的浮士德"完善论"释义传统发起全面反击和批驳，他的著名论点是：浮士德一路杀戮，"在其生命的每一阶段都是踏着众多尸体而过，越来越深地蹚入血泊。"[①] 显然，"浮士德形象显示了对人的追求——迷误之存在的深刻疑问。"[②] 自此，德意志日耳曼学界对《浮士德》的研究结束了"完善论"，开始了一个新的纪元，经久不衰，尽管其中还有许多问题尚待深入研究。

有诠释者借主之口断定浮士德不会迷失正途，言下之意是他会走上一条正途而不会迷失。"主"的原话是："一个善人在黑暗的冲动中也意识到合适的路"（V 328—329），《浮士德》全剧贯穿的正是这"黑暗的冲动"。且不谈中文翻译方面的分歧，单说"意识到"（bewusst）充其量是指人在理解力上能明白哪条是合适的路，至于他是否有意愿、有毅力、有能力走上这条路，或者是否有可能走上这条路，则完全是另一码事。浮士德的反省与悔悟，在临终之前与忧虑（Sorge）的一席对话中才稍有显示（参见 V 11433—11452）。但他依旧执迷不悟，忧虑才吹瞎了他的眼睛。

浮士德的综合性悲剧就在于他企图认识自然的内在结构，用魔药扭转时间的一维性，制造虚拟的金融空间，在意念中占有神母，创造人间天堂而把人类带向大洪水般的毁灭。总而言之，是要做神能做的一切，目的是篡夺神的主位，立意成神。最终，浮士德在展望未来的迷误与荒诞中倒下。

四、结 束 语

人若超越了神性或自然的所予界限，就会导致悲剧，这是《浮士德》的主导性主题。这个界限在"天上序曲"中就已经设定。人的此在的有限性，首先在于他受时间限制，再者是他受空间限制，人的此时此地的在

---

① Wilhelm Böhm：*Goethes Faust in neuer Deutung*. Köln，1933，zitiert nach Albrecht Schöne，*Johann Wolfgang Goethe*. *Faust*. *Kommentare*，S. 785.

② Albrecht Schöne：*Johann Wolfgang Goethe*. *Faust*. *Kommentare*，S. 785.

(Dasein)是他与神的本质区别。"天上序曲"中代表神性的主不具严格意义上的宗教性质,更多的是极为宽泛的神性含义,指包容人的宇宙、自然,指在人之上的权威。这个神性代表了歌德自然神论的基本思想,歌德"树立了自己宏大的世界观,认为自然力自我建造和毁坏,并不顾及人类的目的。'自然。我们被它环绕、怀抱——我们既无能力走出它,也无能力深入它。'这也是歌德观点中的决定性部分:在人与之发生关系的自然面前,人并不是自命为主的终极目的——人是被大自然环抱的,人本身就是自然"。①

因此,梅菲斯特要赢的是"天堂序曲"中与主的赌赛,与浮士德的契约并不重要,浮士德最后是否会满足完全不是《浮士德悲剧》之为悲剧的关键所在。在与浮士德订立契约时,梅菲斯特只是附和了浮士德提出的条件,即只要在某一瞬间得到满足,浮士德的灵魂就归梅菲斯特(参见 V 1641—1702)。其实,浮士德提出的"永不满足"的条件正中梅菲斯特下怀,梅菲斯特对人的贪得无厌、欲壑难填的本性了如指掌(V 304—307);他从一开始就没有期待浮士德会满足。浮士德倒下后,梅菲斯特的第一句话就是:"什么快乐也不会让他腻味,什么幸福也不会让他满足;这糟糕的、空洞的最后瞬间,这可怜的人祈望紧紧抓住"(V 11586—11590)。

因为梅菲斯特是"否定的精神",要否定的正是人本主义借助理性力量企图突破人的界限,妄想成神的意图。浮士德无从知道,梅菲斯特已经与主在天上有一个更为本质的大赌赛,这才是"悲剧"至关重要的看点。梅菲斯特要给主证明的就是人使用"理性"必然会走上魔道这么一个现代人的悲剧命题。因此,问题也不在于浮士德与梅菲斯特之间谁赢谁输所进行法学和诗学上的毫无意义的讨论,而是在于浮士德在人间的所作所为是否全面满足了梅菲斯特在"天上序曲"中的论断。《浮士德》中的主显然没有《圣经》中的主那么幸运,在这场与主的赌赛中,浮士德走上的正是梅菲斯特所预见的魔道。

---

① Hans-Georg Gadamer: Goethe und Philosophie. In: *Gesammelte Werke*, *Bd. 9*, S.59.

人不能跨越神性界限,歌德在"人类的界限"一诗中有过明确的表达。如果歌德狂飙突进时期的"普罗米修斯"(1773 年)① 一诗中有过亵渎神灵、赞美人本的话,在 8 年之后"人类的界限"(1781 年)这首诗中则收回了"普罗米修斯"中人要与神平起平坐的豪言壮语,也收回了那貌似人本主义的思想。在诸神面前,诗人诚惶诚恐的谦卑与敬畏充满字里行间:

> [⋯⋯]
> 以忠诚在胸的
> 孩童般的惊恐,我
> 吻着他[神]
> 衣裳最底下的边角。
>
>
> 因为与诸神
> 任何人都不应
> 相提并论。②

---

① J. W. Goethe：Prometheus. In：ders., *Werke*. *Kommentare und Register Hamburger Ausgabe in 14 Bänden*, *Bd*. *1*, 1999, S. 44 ff.

② J. W. Goethe：Grenzen der Menschheit. In：ders., *Werke*. *Kommentare und Register Hamburger Ausgabe in 14 Bänden*, *Bd*. *1*, 1999, S. 146.

第五节

论现代德语中的两性平等问题

来　炯[*]

语言与社会的发展紧密相连,它随着社会的产生而产生,又随着社会的发展而发展。从 20 世纪后期开始,男尊女卑的语言现象不断受到批判,这一部分的语言应用也随之发生了诸多的变化。本节将从语言学的基本观点出发,对德语中歧视女性的现象进行归纳,考察现代德语在词汇和句法上所呈现出的新的变化和发展趋势,并探讨这些变化给人们的日常交际所带来的结果和影响。

一、德语中歧视女性的现象

语言不仅仅是语法、语音和词汇的总和,更是人类沟通、交流的一种符号系统,就如现代语言学的创始人之一索绪尔(Saussure)所说:"语言不是一种自我发展的有机体,而是社会力量的产物,是一个语言集团的集体精神的产物"。[①] 在此之前,洪堡特(Humboldt)也有非常精辟的论述:"语言可以说是各个民族的精神的外在表现:他们的语言即是他们的精神,他们的精神即是他们的语言"。[②] 近代的萨丕尔—沃尔夫(Sapir-Whorf)理论也认为,语言和世界观是相互作用的,一个民族的语言就是该民族的社

---

[*] 　中国人民大学外国语学院德语系讲师、博士。

[①] 　Ferdinand Saussure: *Grundfragen der allgemeinen Sprachwissenschaft*. Berlin: Walter de Gruyter & Co.,1967, S. 6.

[②] 　威廉·冯·洪堡特:《论人类语言结构的差异及其对人类精神发展的影响》,钱敏汝译,陕西人民出版社,2006 年,第 50 页。

会现实和民族心理的表述。反之，语言又影响着人的认知和思维，影响着一个民族的世界观和价值观。在这一语言性认知下，男尊女卑的语言现象反映出德语国家男女社会地位的差异；同时，这种语言现象又对男性统治地位的巩固和加强起着推波助澜的作用。具体来说，传统德语中对女性的歧视现象归纳起来有以下几种：

• 忽略和排斥女性，女性只是附带地被提到——大量的职业称谓语缺乏相应的女性形式。因名词有性区别，大部分职业和职位称谓均为阳性，如以下例子所示：

"Jeder Wähler hat zwei Stimmen. Mit der ersten Stimme wählt er den Kandidaten seines Wahlkreises, und zwar nach relativem Mehrheitswahlrecht: Wer die meisten Stimmen erhält, ist gewählt. Mit der zweiten Stimme entscheidet er über die Abgeordneten, die über die sogenannten Landeslisten der Parteien in den Bundestag gelangen."（每一位选民有两张选票。第一张投给该选区的一位候选人；根据相对多数选举制的原则，得票最多的人当选。第二张决定哪些人可以经由各政党提出的所谓"州候选人名单"进入联邦议院。）[1] 这段文字虽然针对的是所有选民，但从字面上来看，有关人称的冠词、名词、不定代词、物主代词和关系代词都是阳性，女性只是隐性地、附带地被提到。1976 年出版的杜登大词典中，有阳性形式的称谓语是 203 个，而区分两性的称谓语仅有 52 个。此外，阳性名词是代表两性的统称；当谈话对象性别不确定时，相应的称谓语用阳性单词和阳性冠词，表示泛指的疑问代词和不定代词也多为阳性词尾。从 *der Bürger*（公民），*Regierungsmannschaft*（政府工作人员），*Amtmann*（官员），*irgendwer*（谁），*der Nächste*（下一个），*herrenlos*（没有主人的）这样的词语中我们可以明显地辨认出男性的统治地位。

• 把女性形容为男性的附庸品和从属物，认为女性的地位低男性一等：如 *Herr Kurt Müller und/mit Ehefrau*（*Kurt Müller* 先生和/或夫人）这样的称谓方式，以及两性之间不对称的称谓方式，如 *Frau Meyer*

---

[1] *Presse- und Informationsamt der Bundesregierung*, 1998, S. 175.

und Rektor Schmidt（*Meyer* 女士和校长 *Schmidt*）。

- 把女性形容为只适合扮演家庭主妇、妻子和母亲这类传统的女性角色：如 *Fräulein!*（小姐！），*Hausfraupflicht*（家庭妇女的职责），*die Frau des Hauses*（居家女人）这类用语。

- 轻视、贬低和敌视女性：如 *das schwache Geschlecht*（弱势性别），*Weibsbild*（女人），*Weiber*（女人），*Dienstmädchen*（女佣人），*Emanze*（主张女权的妇女），*Putzfrau*（女清洁工），*Tippse*（女打字员）这一类词语中包含有对女性的贬低意味，体现出人们的价值取向。

综上所述，在传统德语中女性不是被忽视、被遗忘，就是以二等公民的身份出现，女性的角色只被限制在对男性提供服务的范围内。

二、女性歧视现象的消除和改变

虽然在任何时代，语言都始终是前一时代的遗产，是相对稳固的，但是语言绝不是一成不变的，就像索绪尔的一张图表所示，语言会随着时代的变化，在社会力量的作用下发生变化：

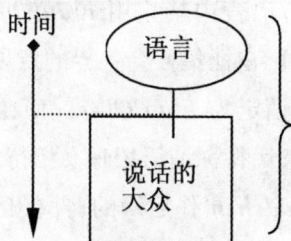

该图表明，要给语言下一个完备的定义，就不能不考虑到两样分不开的东西：语言和说话的大众。任何语言都不是一种简单的、可以由说话人随意改变的规约，能使语言发生演变的因素一是社会力量，二是时间。当两者共同作用时，语言的可变性就成为一种必然。从上世纪 60、70 年代开始，由于妇女社会地位的提高和社会角色的改变，语言中旧有的词汇已经不能满足人们正常表述的需要，产生了改变的必要性和必然性。随着

学生运动和女权运动在西方兴起,妇女们提出了"妇女进入语言!"的口号,表达了要显性地、独立地出现在语言中的要求。1975 年前后,男尊女卑的语言现象在欧美国家不断受到批判。最早对此公开提出批评的是美国的拉考夫(Lakoff),他在 1975 年出版了《语言和妇女的位置》一书。在德国最先研究这一语言现象的是安得瑞森(Andresen)、克岚(Klann)等人,早期比较有影响的著作是京特若特(Güentherodt)等四位语言学家于 1980 年发表的论文"避免男尊女卑语言应用的准则"。该文指出德语是一种歧视女性的语言,呼吁消除和改变语言中的女性歧视现象。此后,众多的语言学家从各个跨学科角度来研究这一问题。90 年代比较有影响的著作是格拉布汝克(Grabrucker)于 1993 年出版的《父亲的政权没有母亲的语言》一书,对这种现象提出了猛烈的抨击。多年以来,政府、教会及各个妇女组织都在不懈努力,要求在语言中可视并且可听到妇女的存在。在众多社会力量的作用下,这部分的语言逐渐发生了巨大的变化。这些变化可以归纳为以下四个方面:

1. 歧视女性的称谓逐渐消失

从 1972 年开始,官方语言中禁止用 *Fräulein* 这一称谓,所有年龄段的妇女一概称为 *Frau X*。在征集社会各界的意见之后,德语协会(GfdS)于 1994 年把女招待的称谓定为 *Frau Ober*。而在日常生活人们多用 *Bitte! Entschuldigen Sie!* 来代替称谓语招呼女招待。随 *Fräulein* 一起消失的还有用-*fräulein* 或-*mädchen* 作后缀的、含有贬义的单词。这类单词现改用-*frau* 或-*hilfe* 作后缀。还有以-*euse* 结尾的词语,多具有轻视和贬低的意味,现已改用-*eurin*,如 *Dopmteurin*(女驯兽师)。此外,*Dame* 原来是对妇女的一个文雅、尊敬的称呼,但在某些语境中传达的却是轻视之意,如在以男性参加者为主的会议中,*Damenprogramm* 指专门给随夫前来的夫人们安排的活动,现在人们已经很少用这类单词了。

2. 表示女性称谓的新词产生

从 1979 年开始,在联邦职业培训所公布的职业称谓索引表中,每一项职业称谓都有了男性和女性形式。1990 年,德语协会法律语言工作组规定,在相关文件中关于职业、职位和职能的称谓要求能区分出两性。依此规定,语言学家建议对于用 *-mann* 作后缀的单词,相应的女性称谓使用 *-frau*。目前这一构词方法在日常语言中得到广泛应用,新生词汇数目众多,如 *Fußballfrau*(女足球运动员),*Kamerafrau*(女摄影师)等。① 近年来,越来越多的女性在国家政治和经济生活中扮演重要角色。翻开最近的报纸杂志,表示女性头衔的新词比比皆是,如 *Kanzlerin*(女总理),*Ministerin*(女部长),*Senatorin*(女议员),*Staatssekretärin*(女国务秘书),由此我们看到女性社会形象的巨大转变。杜登正字法词典从 1991 年开始,在表示男性的称谓后面都附上了相应的女性称谓。值得一提的是,那些在传统妇女职业领域中工作的男性也有了新的称谓,如 *Krankenpfleger*(男护工),*Entbindungspfleger*(男助产士)。随着男性进入幼儿园工作,*Kindergärtnerin*(幼儿园阿姨)被 *Erzieher/Erzieherin*(教育者)代替。由此我们可以明显看到社会生活的改变对于语言的影响。

3. 完整的对词形式更多地被使用

1990 年生效的德国公民法禁止工作岗位上任何因性别引起的歧视现象,要求企业在公众文件和企业内部文件中涉及称谓时要同时提到两性。② 这一规定使得像 *Leiter/Leiterin*(领导者)这样两分的用法渐渐得以推广。对词形式有不同的构词可能性:a) 分别表示男女的两个单词加上冠词和连接词的形式,如 *die Antragstellerin und/oder der Antragsteller*(女申请人和/或男申请人);b) 省略连接词的形式,如 *die Studenten/Studentinnen*(大学生);c) 阳性单词加上斜线或括号,附带上阴性的后缀,如 *Student/-in*,*Student/in* 或 *Student(in)*;d) 阳性单词的后缀附

---

① 2002 版的杜登大词典收录了数目众多的以-frau 为后缀的词语,参见 Duden: *Das große Wörterbuch der deutschen Sprache*,2002。

② 参见 § 611a, § 611b, Bürgerliches Gesetzbuch im Internet, http://wwwwbs.cs. tu-berlin.de,28.07.2005。

在阴性单词后面，如 *Angestellte / r*，*eine / n Angestellte / n*。

完整的对词形式多用在称呼和信件中。政治家们在公众讲话中一般都会用完整的对词形式，如德国前总理施罗德在新年讲话中对民众的称谓是 *Liebe Mitbürgerinnen und Mitbürger!* （亲爱的女公民和男公民们！）。[①] 在宗教聚会中，教民被称为 *Christinnen und Christen*（女基督徒和男基督徒）或 *Jüngerinnen und Jünger*（女信徒和男信徒）。信件上的收信人现在也多用双词来称呼，如 *Frau Anna Meyer und Herrn Horst Meyer* 或是 *Familie Horst und Anna Meyer*。此外，完整的对词形式还适用于书面文章，特别是对语言精确性要求比较高的法律和行政文件；后缀的形式则适用于用词简洁的篇章类型，如证明、表格、图表和广告等。

目前还有一种在学术刊物中应用广泛的对词形式是将 *I* 大写的形式，如 *ForscherInnen*（研究者）。此外，还有一种在媒体上广泛应用的形式是给阳性称谓语后面加上（*w / m*），[②] 如 *Mineralölverkaufsprofi*（*w / m*）（矿物油销售员）。这一形式较适用于那些暂时没有阴性形式的称谓，但因其简洁，它在媒体上出现频率很高。

4. 性别中立的形式被更多地使用

对词的使用在实际行文中会引起很多的语法问题，这是因为其他词类，如冠词、各类代词和作定语用的形容词都要随之变化。因此，性别中立的词语，如 *Mensch*，*Person*，*Mitglied*，*Hilfe*，*Kraft*，*Teil* 以及以 *-ling* 为后缀的单词（如 *Prüfling*）被用来代替对词。它们既不单指男性或是女性，本身的冠词也不代表指称对象的性别。这些单词也能构成复合词，如 *Haushaltshilfe*（家政助理），*Hotelfachkraft*（宾馆职员），

---

① 该称谓方式见 Neujahrsansprache 2005 von Bundeskanzler Gerhard Schröder，http：//www. bundesregierung. de；Neujahrsansprache 2004 von Bundeskanzler Gerhard Schröder，http：//www. faktfinder. de，16. 07. 2005。

② 字母 *w* 和 *m* 分别是女性（weiblich）和男性（männlich）的缩写形式。

Pflegeperson（护工），*Schiedsperson*（裁判员）等。① 对于复合词中的阳性词根，也可用性别中立的词语替换，如用 *Teilnahmegebühr* 和 *Wahl-verzeichnis* 分别来代替 *Teilnehmergebühr*（参加者费用）和 *Wählerverzeichnis*（选举人目录）。语言学家们提出的替换策略还有：用性别中立的词语加上形容词定语或是定语从句来代替阳性单词，如用 *das vorsitzende Mitglied / das Mitglied，das den Vorsitz führt*（任主席职务的成员）来代替 *der Vorsitzer*（主席）；或是用集体或抽象的概念，如 *Geschäftsleitung*（业务领导层），*Präsidium*（主席团），*Anklage*（起诉方），*Publikum*（观众），*Vertretung*（代理）来代替阳性单词的复数形式。从前请柬中常用的套语 *Wir laden Sie mit Ihrem Ehegatten / Ihrer Ehegattin herzlich ein*（我们诚挚地邀请您与丈夫/夫人）现多改用 *Wir laden Sie mit Begleitung herzlich ein*（我们诚挚地邀请您及您的眷属）。还有很多形容词或分词作名词用的形式也是性别中立的，如 *Arbeitslose*（失业者），*Anwesende*（在场者），*Zuwiderhandelnde*（犯法者）。这样的词语在法律和行政语言中很常见，日常生活中也在逐步推广。如 1996 年版的杜登正字法词典收录了 *Studierende*（大学生）这一词条，4 年后的新版本则增加了该词条的复合词形式，如 *Studierendenausweis*（学生证），*Studier-endenparlament*（学生议会），*Studierendenwohnheim*（学生宿舍）。

　　语言学家还倡导人们利用各种策略以避免使用称谓语，如使用各类被动形式来代替主动形式，这样就无需给出动作的施为者，如用 *Der Antrag und ein ärztliches Gesundheitszeugnis sind bis zum … einzureichen*（申请书和健康证明须在……前递交）来代替下句：*Der Bewerber muss den Antrag und das ärztliche Gesundheitszeugnis bis zum … einreichen*（申请人须在……前递交申请书和健康证明）。还可使用 *wer* 引导的关系

---

① 近年出版的字典收录了众多以-hilfe,-kraft,-person 为后缀的复合词（参见 *Langenscheidts Großwörterbuch*，1997，*Duden - Rechtschreibung*，2000 和 *Duden - Das große Wörterbuch der deutschen Sprache*，2002）。此外，*Pflegeperson* 是 1994 年的护理保险法出台后产生的新词，*Schiedsperson* 是萨克森—安哈尔特州的裁判员法律条文中的新词。

从句，以避免称谓语的出现，如用 *Wer teilnimmt*，*erhält einen Zuschuss*（谁参加，谁就得到补助）来代替 *Teilnehmern wird ein Zuschuss gewährt*（给参加者提供补助）。此外，还可使用介宾结构的情状说明语来避免称谓语的出现，如 *Bei Teihnahme wird ein Zuschuss gewährt*（参加〈会议〉有补助提供）。关于 *jeder*（每人）和 *man*（有人/人们）这样的不定代词，语言学家也提出了替换的策略，如用 *alle*（所有人）代替 *jeder*，用 *wir*（我们）代替 *man*。如将 *Jeder ist herzlich eingeladen*（每个人都被诚挚邀请）改为 *Alle sind herzlich eingeladen*（所有人都被诚挚邀请）。另外，用被动态的形式也可避免 *man* 的使用，如用 *Darüber braucht nicht gesprochen zu werden*（此事无须讨论）来代替 *Darüber spricht man nicht*（人们不讨论此事）。

三、结果和影响

如上所述，语言中歧视女性的现象正在逐渐消除，这是一个可喜的变化，它体现了社会文明程度的提高和人性的平等，但是这些变化也会给人们的交流带来不利影响，如过多的词尾变化形式会给非母语的德语学习者增加负担。举例来说，按照上文提到的书写方式，*die Studenten* 的替换形式就有以下六种：

die Studentinnen und Studenten	die Student/innen
die Student/-innen	die Student(inn)en
die StudentInnen	die Studierenden

面对如此多的选择，人们会无以适从，这不仅会给日常交际造成一定困难，也与正字法要简化德语的宗旨背道而驰，不利于德语本身的统一。再以附带后缀的对词简写形式为例，杜登词典第九卷（*Richtiges und gutes Deutsch*）（1997）采用的是括号的形式，如 *Student*（*in*），*die Student*（*inn*）*en*。而以传播规范语言为职责的媒体是怎样对待这一问题

的呢？让我们先来看一份全国性大报——《南德意志报》(*Süddeutsche Zeitung*)的做法。在该报 2005 年 6 月 25/26 日周末版的第 14—34 版刊登的招聘启示中,使用的对词形式有完整的双词形式,也有各种简写形式。其中对后缀-*in* 的处理有以下五种书写形式:

后缀形式	例　　词
/-in	Kontroller/-in(监查员)
/in	Projektleiter/in(项目主任)
|in	Verkaufsleiter|in(销售主任)
|-in	Referent|-in(部门负责人)
(in)	Manager(in)(经理)

此外,同一对单词 *Leiter* 和 *Leiterin* 出现了三种不同的书写形式: *Leiterin/Leiter*, *Leiter/in* 和 *Leiter* (*m/w*)。对于阳性称谓后附带缩略词的形式,该报共使用了四种书写形式,即(*m/w*),(*w/m*),*m/w* 和 \|*m/w*\|。像这样随意使用多种对词简写形式的情况不仅出现在上述这份报纸,也出现其他十多份全国性报纸上,如《法兰克福汇报》和《世界报》。面对让人眼花缭乱的各种对词书写形式,我们不禁会困惑,究竟在日常生活中人们是否也可以随便使用任何一种书写形式呢？另外一种困惑来自于书面语言中完整的对词形式的使用。让我们比较一下德语协会 1978 年和 1998 年的章程,以其中一段话为例,1978 年的表述如下:

Dem Hauptvorstand gehören als gewählte Mitglieder an: der Vorsitzer, der Vertreter des Vorsitzers, der Schatzmeister und ein Beisitzer ... Der Hauptvorstand zieht von Fall zu Fall wissenschaftliche Berater zu seinen Sitzungen hinzu. (选出的下列成员进入董事会:主席、主席代表、财务主管和一位董事。……根据不同情况,董事会邀请专业的顾问参加董事会议。)

在 1998 年的体现了男女平等的新章程中，该段文字被修改如下：

Dem Hauptvorstand gehören an: der oder die Vorsitzende, der oder die stellvertretende Vorsitzende, der Schatzmeister oder die Schatzmeisterin und zwei Beisitzende ... Der Hauptvorstand zieht von Fall zu Fall Berater oder Beraterinnen zu seinen Sitzungen hinzu. ①

新章程中的这段话不仅在四处涉及称谓的地方都分别指称了男和女，而且淘汰了旧词 *Vorsitzer*，改用分词 *Vorsitzende*，更好地体现了两性平等。但同时，原本简短的行文变得冗长和啰嗦，语言经济、简洁的规律被打破。如果篇篇文章都区分男性和女性称谓，不仅会使语言囿于形式，影响人们自由的表达，也会影响语言的简约之美。倘若报刊文章都如此行文，那么还能吸引读者阅读吗？且不说媒体的工作成本要大大增加这一弊端。按照笔者的调查，德语报刊上延用阳性称谓统称两性还是非常普遍的现象，特别是在文章标题部分。要体现男女平等势必会与报刊语言简洁而有意趣的要求相矛盾。事实上，对于书面语言中区分男女称谓的问题，德国国内一直不乏批评的声音。此外，语言学家们建议的各种避免称谓语的策略也会带来新的问题，为性别平等付出的代价将是语义和叙述风格的改变，而且并不是所有语境下都能机械地用这些策略来代替阳性词语的使用。以 *jeder* 和替换词 *alle* 为例，*jeder* 强调的是单个的人和物，而 *alle* 强调的是人和物的整体，它们在语义特征上是有差别的，机械的替换只会损害语义，损害语言的准确度。

既然德国现行法律规定，行政语言当中应该使用能区分男女的称谓，那么行政文件中常用的涉及无数公民的一些称谓又该如何处理，如 *der/*

① Satzung der Gesellschaft für deutsche Sprache（GfdS），http：//www. gfds. de，30.07.2005. 这段文字与旧章程大意相同，故不再翻译。不同的地方是旧章程中说除主席、主席代表、财务主管之外，还要选出"一位董事"，在新章程中则为"两位董事"。

jeder／alle／die Steuerzahler（纳税人）？德语协会法律语言工作组认为这里对性别的考虑是不必要的。但实际情况是：德国有八个联邦州延用阳性称谓，而其他八个州则改用性别中立的形式，有些联邦州甚至为此修改了宪法，如汉堡、下萨克森和北莱茵—威斯特法伦州。出现这样的情况会使德语的统一性受到威胁。德国国内尚且如此，再加上瑞士、奥地利等国，德语的"分裂"会更为严重。

四、结 束 语

20世纪后期以来，为消除和避免歧视女性的现象，现代德语在词汇和句法上有诸多变化，包括从私人信件到国家宪法的各类篇章都有了相应的更改。但是目前，实现语言两性平等的现象引发诸多的争议，我们看到妇女意识在语言中得到鲜明体现的同时所引起的新问题和新矛盾。真正性别平等的语言是世间少有的。笔者认为，所谓性别平等的语言应该是平等对待两性的，既不应歧视女性，也不应该矫枉过正，损害语言的简约、自然之美。看来现代德语需要在两性平等和语言的自然美之间找到切合实际的平衡点，这需要以德语为母语的人们进行深刻的思考。

第五章

互动国家形象

第一节
德语版中国旅游指南视角下的中国形象

王志强[*]

一、互动认知与国家形象

国家形象影响国与国之间的认知与判断，良好的国家形象有助于消解恶意认知和负面解读，从而增进国家间交流与合作。在通常情况下，人们都很看重本国国家形象。虽然说国家形象具有客观和主观这两重性，但国家形象的客观性又是通过一定的中间媒介奠定主观形象的，从而产生了国家客观形象与被感知和评价后的主观国家形象之间的不同性。由于人们对事物的判断并不完全等同于事物的本身，在很大程度上往往取决于主体的认知视角，并受到所获取的相关信息的限制。因此，人们经过已有信息和本我文化视角的双重选择后所形成的他国国家形象就是"主观国家形象"，而非"客观国家形象"。

从跨文化诠释学角度看，一国对另一国国家形象的建构是

---

* 上海外国语大学德语系教授、博士。

一国对另一国关系界定的结果。① 从国家形象的历史性这一纬度看,欧洲早期启蒙时期对中国形象的描述更多是正面的。如丝绸之路与郑和商船,一陆一海的两条文明之路,把中国富有、强大的形象传播到世界各地。"在近代以前时期所有文明中,没有一个国家的文明比中国文明更发达、更先进。"② 在这里,中国国家的历史形象更多地表现在传统文化的一面。在 18 世纪,中国形象对欧洲人构成吸引力的是中国的传统文化、儒学、历史以及由于对中国不了解所产生的神秘感和幻想。③ 然而,在 18 世纪,欧洲所认知的中国形象也经历了由正面形象发展为负面形象的过程,这一方面是由于欧洲对中国政治态度发生了变化,另一方面则是欧洲自身政治文化理念变化的结果,欧洲人按照人权、民主和自由等由启蒙运动奠定的政治文化价值观察、评判和解读当时的中国社会。在这其中,自由被看作欧洲价值观的核心,"……个人通过自由决定而塑造自己的生活,或者如柏拉图所说,选择自己的灵魂。"④ 从这段话中可以看出存在于中国与欧洲国家之间的不同性。到了 19 世纪欧洲开始妖魔化中国,这是出于当时欧洲对中国殖民化和侵略中国的需要。在鸦片战争后,中国形象已被符号化为"东亚病夫"。欧洲人眼中的中国形象变化可以被看作欧洲与中国关系变化的反映。由此奠定的欧洲中国历史形象至今仍影响着欧洲人对中国和中国人的感知和理解方式,在一定程度上也影响了德语版中国旅游指南对中国的介绍。

---

① 王志强:国际关系的关系性和跨文化性,《国际观察》,2008 年第 3 期,第 30—36 页。
② [美]保罗·肯尼迪:《大国的兴衰:1500~2000 年的经济变迁与军事冲突》,陈景彪译,国际文化出版公司,2006 年,第 4—6 页。
③ Vgl. Folker Reichert: Das China-Bild des Abendlandes. In: Frank Rainer Scheck (Hg.), *Volksrepublik China. DuMont Kunstreiseführer'*. Köln: DuMont Buchverlag, 1995, S.17 - 30.
④ [美]约瑟夫·奈:《美国霸权的困惑》,郑治国等译,世界知识出版社,2002 年,第 11—12 页。

二、德国版中国形象的主体媒介：旅游指南

众所周知,德国是一个旅游业相当发达的国家。从 20 世纪 60、70 年代起,德国开始进入工业化后期,旅游业得到迅速发展。中国在改革开放后,也向西欧国家开放了旅游市场。进入 20 世纪 80 年代后期,特别是 90 年代,德国面向中国的旅游业进入一个高潮期。为了适应这一旅游市场,德国图书市场出现了大量以介绍中国为主的旅游指南,如：贝德克尔中国旅游指南(以下简称 Baedeker),① 宝丽格罗特中国旅游指南(以下简称 Polyglott),② 杜蒙特中国旅游指南(以下简称 DuMond),③ "旅游知识"中国旅游指南(以下简称 Reise Know-How),④ 马可·波罗中国旅游指南(以下简称 Marco Polo),⑤ 内勒斯中国旅游指南(以下简称 Nelles)⑥ 和维瓦中国旅游指南(以下简称 Viva)⑦ 等。本节以这些文本为研究对象,从实例出发,通过对物质文明异同、文化异同和制度异同特征这三个层面的分析,界定德语版旅游指南视角下的中国形象。

从文本内容来看,人们不难确定,除读者群取向和由此确定的选材取向不同外,这些 20 世纪 80 年代后期和 90 年代的德语版中国旅游指南有

① Susanne Kolb：*Baedeker Allianz Reiseführer China*. Ostfildern （Kemnat） bei Stuttgart：Verlag Karl Baedeker，1994.

② Franz-Josef Krücker：*Polyglott-Reiseführer China*. München：Polyglott-Verlag，1995；Franz-Josef Krücker：*Polyglott Reiseführer Peking*. München：Polyglott-Verlag，1996.

③ Frank Rainer Scheck （Hg.）：*DuMont Kunstreiseführer Volksrepublik China*. Köln：DuMont Buchverlag，1995.

④ Andrea u. Oliver Fülling：*Reise Know-How Chinas Norden — die Seidenstraße*. Bielefeld/Brackwede：Reise Know-How Verlag，1996.

⑤ Kai Nieper/Hans-Wilm Schütte：*Marco Polo China*，hg. v. Ferdinand Ranft. Ostfildern：Mairs Geographischer Verlag，1994.

⑥ Günter Nelles （Hg.）：*Nelles-Guide China*. München：Nelles Verlag，1996.

⑦ Christopher Knowles：*Viva-Guide China*. München/Stuttgart：RV Reise-und Verkehrsverlag，1995.

着以下共同的特点：1）在文化对象选择上，重过去轻当代。文本的作者将视角不是放在当代中国，而是更多地放在过去的中国，关注和介绍中国文化历史古迹和景点。这不仅涉及以介绍文化为主要内容的传统旅游指南，如 Baedeker，Polyglott 和 DuMont 等，而且也包括以介绍日常文化为主要内容选项的现代旅游指南，如 Viva 或 Reise Know-How。除介绍一些个别日常生活场景外，当代中国和中国人日常文化在这些指南中没有受到足够的重视。基于历史文化这一主线，文本作者按照西方传承的中国形象，介绍中国的过去，并配有相应的历史照片和反映中国过去的画面；而对 1949 年后新中国的介绍也更多地停留在充满意识形态和制度特点的阶段，如"文化大革命"等。这一取向使读者更关注中国的过去，在当代中国寻找中国的古迹，感知中国的过去，这在一定程度上阻碍读者对当代中国的感受和了解，使之不能客观地了解当代中国。2）在内容选择上，关注历史文化景点。德语版中国旅游指南以历史文化景点为首选排序内容，忽视中国百姓的日常生活和日常行为，这主要涉及以高雅文化和历史文化为内容选项的传统德语版旅游指南，如 Baedeker，Polyglott 和 Du-Mont 等。以当代中国为内容选项的现代德语旅游指南，如 Viva 或 Reise Know-How，在介绍对象国时虽然也给读者介绍一些关于百姓的日常生活，但文本关注更多的还是历史文化景点。

由此亦可见，德语版中国旅游指南对中国的描述具有中性化和倾向性两种趋势：前者以介绍、客观描述为主，在内容上主要涉及客体文化内容，如中国文化历史景点等物质文化遗产、自然风景，这方面的介绍和描述相对客观，一般较少评论和批评；后者则涉及互动文化内容层面，它包含两个方面，一是宏观层面上的本我文化和他我文化之间的相同性和不同性；二是旅游指南作者对存在于文化间的不同性的态度、立场和审视方式，以及在这一互动认知过程中对中国形象的建构。

三、中国形象建构的特征

就文本的目的而言，旅游指南的基本用途在于向旅游者和读者直接

或间接地介绍对象国,并为他们在接触外国文化时提供有益的帮助。从跨文化认知角度看,作为文化理解者,人们往往会依据本我文化观念去解读他我文化,在这一过程中出现的文化异同性是本我对他我文化主观理解的结果,是对他我文化解释的方式。而他我和本我的互动关系又决定人们对他我文化的感知和理解方式和程度。[①] 在这一跨文化认知前提下,德语版旅游指南作者自身的文化理念和其对对象国的态度决定了其对对象国的内容选项和阐述方式,并以此来为读者提供相应的文化反应框架。这些作者对中国的态度和西方中国观的认同度在很大程度上也影响一些文本对中国的介绍和中国形象的建构。

如下所述,本文所选的这些德语版旅游指南文本存在着跨文化认知问题,多数文本没有更多地向读者提供关于当代中国的客观信息,而是在许多方面更多地流露出作者对对象国的无知和主观态度。这些旅游指南的作者从本国特有的文明、文化和制度出发去阐述中国,由此描绘出的中国形象反映了作者个人文化视角和由民族文化价值奠定的宏观文化视角,是作者的本我文化观、文明观和政治观对对象国反射的结果,这也构成了德语版旅游指南视角下的中国形象的如下三个层面的异同特征:

1. 物质文明异同特征

在 20 世纪 90 年代,中国改革开放虽然已经十几年了,经济和科技也得到了快速发展,但同德国等发达国家相比还有很大的差距,存在着发展的不平衡。因此,在介绍中国时,许多德语版旅游指南突出西方和本国的物质文明发展优势,并以此为出发点,刻意强调中国的落后。在关于中国的吃、住、行旅游信息中,作者往往以德国的生活水平为标准,捕捉对象国的"落后"面。

基于这一中国"落后"的文明发展定位,作者以本国的文明发展程度、

---

① Pramod Tageri: Vom Verständnis der Andersheit der Fremdkultur. In: Alois Wierlacher(Hg.), *Perspektiven und Verfahren interkultureller Germanistik*. München: Iudicium, 1987, S. 367 - 376;王志强:跨文化诠释学视角下的跨文化接受:文化认知形式和认知假设,《德国研究》,2008 年第 1 期,第 47—54 页。

生活水平为标准,衡量中国的旅游服务设施和接待水平,或出于对读者的保护和自身具有的法律保护意识,向读者提出过度的安全提示、忠告和警示,在字里行间让人感到对象国的"落后"和"贫困"。如同迪奇(Klaus A. Dietsch)在旅游指南中描述的那样,"每个在中国大街上走的人都会发现,这里依然存在贫困。生活在最低标准下的人们可以要求获得食品补贴,在上海每月 500 克食糖,500 克食油和 10 公斤大米。"① 在一些作者眼里,这种贫困也影响了中国人的饮食习惯。一些旅游信息甚至把中国人饮茶的习惯解读为贫穷的生活方式,"中国人通常在吃饭时喝绿茶,而且是不加糖和奶的清绿茶。"② 这里,作者把西方人加糖、加奶的饮茶方式视为富裕的象征。在这一思维理念下,不加糖和牛奶喝茶便被误读为贫穷的表现,殊不知在中国这一饮茶方式更多是出于对健康的考虑。说到饮茶,有作者强调中国人"喝白茶","在吃饭时,中国人经常喝白茶——白开水",③ 而"对普通中国人来说,欧洲人在中国参加的宴请是无法支付的",④ 以此来突出欧洲游客的富有。

在一些德语版旅游指南中,鸡爪等在中国地方菜中出现同样被当作中国贫困的佐证:"从吃烤鸡屁股和鸡爪上,人们不难看到,农民般的贫困让中国的菜肴变得如此具有想像力和创造力"。⑤ 这里特别受到关注的是广东人的饮食习惯,"广东人什么都吃,在空中飞的,在水中游的,靠四条腿走的。"⑥ 或如同特赖姆佩尔(Eberhard Trempel)讽刺的那样,"说到广东人,人们都知道,他们什么东西都敢吃,是四条腿的,但不是桌子,有翅

---

① Klaus A. Dietsch: *Mais Reiseführer 32 China, Reiseführer mit Landeskunde*. Dreieich: Mai Verlag, 1996, S. 95.

② Klaus A. Dietsch: *Edition Erde Reiseführer China*. Nürnberg: Edition Erde im BW Verlag, 1992, S. 520.

③ Franz-Josef Krücker: *Polyglott Reiseführer Peking*, S. 27.

④ Klaus A. Dietsch: *Edition Erde Reiseführer China*, S. 514.

⑤ Hanne Chen: *Kultur Schock China*. Bielefeld/Brackwede: Reise Know-How Verlag, 1996, S.173.

⑥ Hanne Chen: *Kultur Schock China*, S.173.

膀的，但不是飞机，是水里游弋的，但不是潜艇。"① 在作者眼里，狗肉、猫肉、蛇肉、猴子、熊掌、鱼翅、蝗虫、骆驼蹄子、海蜇、鼠肉、蚯蚓、甲鱼、燕窝、蝎子和果子狸等在一些中国地方菜配料中出现的，有违西方人的动物保护理念，同时作者以一概全地使用"中国菜"这一表达方式，使读者似乎感到，动物在中国没有受到足够的保护。另外，一些中国菜的烹饪方式也被看作文明落后的结果，认为中餐中新鲜配料的使用、配料切成小块的方式同燃料和冷藏条件的缺乏有着内在的关系："因缺少冷藏条件，人们广泛使用新鲜配料，在燃料短缺下，配料被切成小块，这样可以在很短时间内在锅里煮熟。"② 这里还涉及中国百姓日常生活中的买菜习惯："由于燃料短缺，人们不得不尽可能在短时间内做完饭；因没有冰箱，人们有时一天需要买菜几次。"③ 这种描述虽然在一定程度上反映了 20 世纪 90 年代冰箱还未普及的中国国情，但它也与中国人特有的饮食习惯有关，因为即便在冰箱普及的今天，出于健康和消化的考虑，在中国人们还是喜欢用新鲜的副食和配料切成小块的烹饪方式。按照迪奇的理解，汉字的"吃"从字的结构上看也表达着中国人贫困的经历："它由'口'和'乞'两部分组成，其中'乞'这一读音部分唤起人们对旧中国可怕饥荒和贫困的回忆，'乞'则意为'讨饭'。"④ 在这一贫困观的支配下，"你饭吃了没有？"这一中国人平时喜欢的打招呼语也被认为"源于温饱还远远没有达到的年代"。⑤ 鉴于中国的文化传统，迪奇和汉尼陈（Hanne Chen）对"吃"和"你饭吃了没有"的解读方式是片面的。尤其须指出的是，除社会和经济因素外，传统的中国文化历来高度重视饮食，在"民以食为天"理念下，长久以来，吃在中国不仅仅是温饱之事，而且也是人际交流的重要方式。此外，这些作

① Eberhard Trempel（Hg.）：*China individuell*. Berlin：Verlag Ute Schiller. 1991，S. 183.

② Franz-Josef Krücker：*Polyglott Reiseführer Peking*，S. 25.

③ Eberhard Trempel：*China individuell*. Berlin：Verlag Ute Schiller. 1991，S. 182.

④ Klaus A. Dietsch：*Mais Reiseführer 32 China，Reiseführer mit Landeskunde*. S. 135.

⑤ Hanne Chen：*Kultur Schock China*，S. 172.

者"关注"中国住房紧缺,认为这影响中国人的私人生活和人际关系:"未成家的孩子或年轻的新婚夫妇往往要等很长时间才会分到房子,因此,他们不得不住在父母家里,用门帘或其他东西临时辟出一间自己的新房。"①

在德语版旅游指南作者的笔下,中国"落后"和"贫困"不仅涉及百姓的日常生活,而且还涉及中国的基础设施,如交通、环境、工业发展和城市建设等方面。其中受到特别关注的是中国的环境污染现象和中国人的环境行为,中国人的环保意识"还处在萌芽阶段",② "人们更多地关注自己的身体和个人的住所范围",③ 火车、餐馆和日常生活存在脏乱现象。如:Marco Polo 告诫读者,在火车上要"时刻当心老鼠和蟑螂"。④ 按照特赖姆佩尔的说法,餐馆那不尽如人意的卫生状况同许多中国人的餐桌行为习惯有关,"在吃到不好吃的食物时,人们会随口吐出,或吐到桌上,或直接吐到地上,在踏入餐馆时人们有时会听到鞋底下不停地发出咔嗒咔嗒的声响。"⑤ 在这一认知框架下,某些国人的吐痰行为也被夸大和讥讽,"在中国吐痰不是陋习,而是一种消除口腔不洁的洁净仪式"⑥;吐痰是一项"大众体育运动",它似乎不受时间和地点的限制,"在清晨人们会被出自喉咙深处的声响吵醒,这一声响在早餐时还在继续,一整天没完没了地在吐痰。在饭店,在公交车和火车或在街上,到处都有留下的痰迹。"⑦ 在脏乱方面,公共厕所被看作中国不卫生的典型例子。在城市,在农村,在火车和医院,那儿公共厕所"很少符合欧洲人的期待和想象",⑧ 火车过道

---

① Andrea u. Oliver Fülling: *Reise Know-How Chinas Norden — die Seidenstraße*, S. 187.

② Kai Nieper/Hans-Wilm Schütte: *Marco Polo China*, S. 23.

③ Hanne Chen: *Kultur Schock China*, S. 241.

④ Kai Nieper/Hans-Wilm Schütte: *Marco Polo China*, S. 142.

⑤ Eberhard Trempel (Hg.): *China individuell*, S. 30.

⑥ 同上。

⑦ Andrea u. Oliver Fülling: *Reise Know-How Chinas Norden — die Seidenstraße*, S. 59.

⑧ Redaktion des Berlitz Verlags (Hg.): *Berlitz China*, Lausanne: Berlitz Verlag, 1989/1990, S. 238.

厕所也经常"堵塞"①,并释放出让人难受的气味。作者们提醒旅游者要自带手纸,以避免处于尴尬境地。"除一些豪华饭店外,中等饭店和一般饭店的浴室和厕所也不十分洁净。"②

针对对象国环境污染现象和卫生状况,德语版旅游指南的作者告知读者,在中国什么东西不能吃,什么事不能做。这里提到最多的是饮用水。"酒店客房桌上放着的水壶茶水也会引起胃的不适",③ 要"避免喝敞开的饮用水和玻璃杯里的凉茶"。④ 有些旅游指南甚至在相关旅游信息中指出,在中国哪些场所和地方对游客存在健康危险,哪些地方被怀疑有疟疾、黄疸、霍乱和肝炎存在。餐馆卫生"通常不能满足欧洲人的要求"。⑤ 为避免感染肝炎,作者们建议游客要在出行前采取必要的预防措施,如接种疫苗、自备肠胃药和筷子,这"可使人避免大麻烦",⑥ 即便"在有木筷的饭店也最好用自备筷子"。⑦ 为健康、安全起见,大家"要用干布擦一下,或像中国人那样,用热水冲一下"洗过的碟子、杯子和汤匙⑧;水果要削皮吃,"蔬菜要煮熟吃"。⑨

另外,同西方国家相比,在 20 世纪 90 年代的中国,交通基础设施相对落后。"糟糕"的公路网和路面引发了交通拥挤和车子误点等众多的交通问题,⑩ 德语版旅游指南将在中国乘车比作是一场"往车里挤的战

---

① Kai Nieper/Hans-Wilm Schütte：*Marco Polo China*, S. 142.

② Doris Knop：*Reisen in China*. Bremen：Doris Knop-Verlag, 1993, S. 83.

③ Redaktion des Berlitz Verlags (Hg.)：*Berlitz China*, S. 240.

④ Kai Niepe/Hans-Wilm Schütte：*Marco Polo China*, S. 30.

⑤ 同上, S. 141。

⑥ 同上。

⑦ Doris Knop：*Reisen in China*, S. 81.

⑧ Andrea u. Oliver Fülling：*Reise Know-How Chinas Norden — die Seidenstraße*, S. 58.

⑨ Eberhard Trempel (Hg.)：*China individuell* S. 183.

⑩ Andrea u. Oliver Fülling：*Reise Know-How Chinas Norden — die Seidenstraße*, S.197.

争"，① 公交车经常被"无情地塞满"，② 在上海，公交车"拥挤得都快破裂"，③ "碰撞"和"拥挤"成为中国人日常生活的一部分，市内交通没有严格的运行时间，时常误点，"车想来就来"。④ 同公路交通一样，铁路交通也相对落后，买票是一件"让人烦心的事"，⑤ "常常是中国之行最麻烦的事"⑥；火车车厢"拥挤不堪"，⑦ 乘客严重超载；中国国内民航安全性也让人担忧，基于"安全"的考虑，Reise Know-How 甚至劝旅游者乘坐本国航空，"除非人们不想活了"，⑧ 这在很大程度上损害了中国的声誉。

基于西方人的中国落后观，德语版旅游指南还对其中国介绍配有旧照，以此凸显中国的落后和贫困。他们将视角放在一些相对落后的中国地区和中国百姓日常生活诸方面，如落后的农村和偏远地区、老城区街道和住宅区、日常饮食和起居、土坯房、船舫、破旧不堪的住宅楼、简陋厨房、公共厕所、马桶、乞丐、穿开裆裤的儿童、竹编童车、秸秆童车等等。而旅游指南中的小舢板、蒸汽火车、煤气包公交车、交通的拥挤、自行车、三轮人力车、拖拉机以及其他运输工具如马车、驴车和牛车等照片无疑加深了中国落后的印象。

2. 文化异同特征

文化异同特征构成了德语版旅游指南视角下中国形象的另一层面。在这方面，旅游指南作者依据西方对中国的传统偏见、定势观念、自我体

---

① Andrea u. Oliver Fülling：*Reise Know-How Chinas Norden — die Seidenstraße*，S. 197.

② Kai Niepe /Hans-Wilm Schütte：*Marco Polo China*，S. 136.

③ 同上，S. 85。

④ Hanne Chen：*Kultur Schock China*，S. 238.

⑤ Andrea u. Oliver Fülling：*Reise Know-How Chinas Norden — die Seidenstraße*，S. 81.

⑥ Doris Knop：*Reisen in China*，S. 20.

⑦ Kai Nieper/Hans-Wilm Schütte：*Marco Polo China*，S. 142.

⑧ Andrea u. Oliver Fülling：*Reise Know-How Chinas Norden — die Seidenstraße*，S. 85.

验和感知去阐述中国文化、中国人及其行为方式。面对陌生人，中国人是生性拘谨、胆怯、缄言，并具有排他性，人们"过度做作，缺乏友好交往，过分害怕交际"，① 但善于经商；在情感方面，"没有像西方人那样尽情流露"。② 在 Viva 的作者眼里，中国人具有相悖的性格特征，他们"谦虚但自满，可爱但易怒，谦恭但狂妄，欺诈但忠诚，思想高尚但利欲熏心"。③ 在性格特征评论方面，这些作者们不分中国大陆、港澳和台湾地区，认为中国人都一样，没有多大区别。④ 一些中国人的日常行为方式也令人迷惑，在很多方面不同于西方人心目中的"得体行为"，如"是"这一说法因时常表示否定，而让更多喜欢直接话语模式的西方人不知所措。对此，汉尼陈告诫读者："要有察言观色的感悟能力，这对中国人来说不是问题，西方人则要慢慢学会感悟中国人话语背后的意思。"⑤ 此外，作者抱怨中国人"难以接近，不可理解"，⑥ 要感悟中国人的"永久微笑"和"沉默"，"需要很长时间"，⑦ "在从容面纱的背后燃烧着永无止境的火焰，请留意餐桌旁正在说话的中国人，即便他们看上去那样轻松，但在餐桌下其双脚在不停地蹬着地板，眼睛在不停地四处张望"，⑧ "在日常生活和公共场合或在等候吃饭时，人们缺少耐心"，⑨动辄就发脾气，宣泄不满情绪，或"喜欢在对峙中显示自我"。⑩ 对菲林（Andrea u. Oliver Fülling）来说，中国人建立关系更多是出于对利益的考虑，因此"在没有被利用价值时，对其兴趣也会很

---

① Wolfgang Senftleben：*Mai's Weltführer 26 Taiwan, Reiseführer mit Landeskunde*. Buchschlag bei Frankfurt：Mai's Reiseführer Verlag，1985，S. 115.

② Christopher Knowles：*Viva-Guide China*，S. 267.

③ 同上，S. 19。

④ Wolfgang Senftleben：*Mai's Weltführer 26 Taiwan, Reiseführer mit Landeskunde*，S. 115－118；Karin Chai，*Mai's Weltführer Nr. 10 Hongkong mit Macao*. Frankfurt am Main：Mai's Reiseführer Verlag，1983.

⑤ Hanne Chen：*Kultur Schock China*，S. 94.

⑥ Eberhard Trempel（Hg.）：*China individuell*，S. 21.

⑦ 同上，S.13。

⑧ Christopher Knowles：*Viva-Guide China*，S. 23.

⑨ Hanne Chen：*Kultur Schock China*，S. 175.

⑩ Eberhard Trempel（Hg.）：*China individuell*，S. 29.

快消失"。①

鉴于西方人的文化价值和生活方式,许多德语版旅游指南指责中国人缺少个人主义、私人空间、隐私保护、浪漫情调和主观创新。在中国,"西方人的个人主义让多数中国人感到惊讶",② 人们不像西方人那样,"如此重视私人空间",③ 他们害怕承担责任,缺乏主动性,喜欢"躲在法律和规则后面,将责任推给他人,这也符合儒家的传统,这一传统让提供帮助的人为他人承担义务和责任",④ "事情出错时,责任总在提供帮助的一方"。⑤

在饮食方式和饮食习惯方面,中西方存在着差异性和不同性,如在西方人们吃饭时不喜欢出声,在很多情况下尽量不露牙齿,而在中国,人们在吃饭时则更喜欢热闹。在这一饮食行为的不同性下,在德语版旅游指南中,中国人的饮食文化和饮食行为受到不同程度的误解,如在中国"吧嗒吧嗒地、有声响的吃饭方式和吮吸式喝汤方式是被允许的"。⑥ 一些德语版旅游指南建议读者,要像身旁的中国人一样,"大胆地用嘴去喝汤",而"吮吸式喝汤、饭后抠吐或用牙签洁牙和打嗝"常被理解为"客人对饭餐满意的表现形式"。⑦ 基于"凡是不打嗝和饭后不释放的,是没有胃口的表示"这一出自德国宗教改革家马丁·路德的名言,特赖姆佩尔甚至断言,在中国,"吃饭有声响是胃口好的信号,被视为幸福的象征"。⑧ 这显然具有夸大性和主观性,因为即便在中国,吧嗒吧嗒地吃、咂咂地喝和吮吸

---

① Andrea u. Oliver Fülling:*Reise Know-How Chinas Norden — die Seidenstraße*, S. 186.

② Christopher Knowles:*Viva-Guide China*, S. 12.

③ 同上。

④ Andrea u. Oliver Fülling:*Reise Know-How Chinas Norden — die Seidenstraße*, S. 181.

⑤ Eberhard Trempel (Hg.):*China individuell*, S. 28.

⑥ Kai Nieper/Hans-Wilm Schütte:*Marco Polo China*, S. 27.

⑦ Wolfgang Senftleben:*Mai's Weltführer 26 Taiwan, Reiseführer mit Landeskunde*,S. 264.

⑧ Eberhard Trempel (Hg.):*China individuell*, S. 30.

式喝汤方式在超出人们的忍耐限度时，也被视为不得体的行为方式。

从西方人的中国观看，一些德语版旅游指南上述关于对中国人行为文化和日常生活方式的描述，更多是基于西方历史形成的针对中国人的文化偏见。这种文化偏见的重复和激活不利于中德文化间的交流，而且在一定程度上也阻碍了读者从客观的角度去审视、体验和理解中国人的行为方式和中国当代文化现象。

3. 制度异同特征

作为德语版旅游指南视角下的中国形象的第三层面，制度异同特征由中德政治制度的不同性所致。制度文化"包括政治体制、经济模式、社会组织、法律典章等"。[①] 从这一层面看，人们不难看出，绵延几十年的冷战时期所特有的思维方式和意识形态仍影响和左右20世纪90年代德语版旅游指南作者们对中国的审视方式。在这些旅游指南里，一些源于冷战时期或20世纪初关于中国的蔑视性定势观念和态度被激活，许多作者从本国和西方国家的政治体制和政治文化价值出发，指责中国缺少西方式代议民主制度、三权分立和基本权利，尤其是政党制度，认为中国缺乏健全的司法制度和法律制度，司法存在政治化的倾向，[②] "根据中方的理解，律师是国家的机构，而非独立的司法机构。"对中国的政治制度的指责主要涉及言论自由、宗教自由、政治自由和"审查制度"，如"电影审查"。[③]除电影外，"电视受到审查"。[④] 他们批评中国的文化政策，认为这是一种"文化官僚主义过度谨慎地窥视多元思想和色情的现象"。[⑤] 而个人自由在中国也受到单位的限制，"对年轻人来说，单位不是安全港，更多的是限

① 张骥等：《国际政治文化学导论》，世界知识出版社，2005年，第12—13页。
② Klaus A. Dietsch：*Mais Reiseführer 32 China, Reiseführer mit Landeskunde*, S. 63.
③ 同上，S. 123。
④ Christopher Knowles：*Viva-Guide China*, S. 270.
⑤ Kai Nieper/ Hans-Wilm Schütte：*Marco Polo China*, S. 19.

制个人自由的工具。"①　在很多地方,德语版旅游指南将中国现代制度放在儒家文化背景下进行阐述,认为当代中国民主程度相对低下,这不仅是政治制度问题,而且也与中国的传统文化有关,在等级、群体意识等儒家文化价值取向下,中国人,尤其是年轻人缺少自由。在这些对中国政治制度和政治文化价值认知缺失表达的背后仍然体现的是以自由观、平等观和民主观等为核心取向的西方政治文化价值。

在许多作者眼里,中国缺少男女平等,认为,"按照宪法,中国妇女是有平等权利,但是这一权利不能仅通过写进宪法方式得以实现。"②　这种"形式上的平等权利在人们的社会意识中被普遍接受"。③　他们试图通过实例加以说明,如"干部的选用很明显男干部优先",④　"政治局内女干部的比例几乎是零,在全国人大妇女比例达到21%"。⑤　一些学校和高等院校和企业也存在对妇女的歧视,如一些学校不愿招收女生,有些企业"拒绝录用女工",⑥　女工不能像男工一样同工同酬,有时甚至"只是男工报酬的一半"。⑦　在这一认知框架下,符合国情的中国计划生育政策也受到批评,迪奇称中国1995年6月1日起实施的优生法,"中国政府想借助这一法律提高人口的质量,依靠法律对残障胎儿实施堕胎,并以此控制智障和性病人之间的婚姻。"⑧　这里须指出的是,在家庭政策方面,中国与德国存在着不同性,20世纪70年代末起在中国实施的计划生育政策旨在限制人口增长,而德国等西方国家的家庭政策则以

---

① Hanne Chen：*Kultur Schock China*,S. 134.

② Klaus A. Dietsch：*Edition Erde Reiseführer China*,S.173.

③ Frank Rainer Scheck（Hg.）：*DuMont Kunstreiseführer Volksrepublik China*, S. 118.

④ Klaus A. Dietsch：*Edition Erde Reiseführer China*,S. 174.

⑤ Klaus A. Dietsch：*Mais Reiseführer 32 China, Reiseführer mit Landeskunde*, S. 132.

⑥ Klaus A. Dietsch：*Edition Erde Reiseführer China*,S. 174.

⑦ Hanne Chen：*Kultur Schock China*,S. 150.

⑧ Klaus A. Dietsch：*Mais Reiseführer 32 China, Reiseführer mit Landeskunde*, S. 132.

促进人口增长为目的。

除政治制度外，中国的农业政策、少数民族政策也受到德语版旅游指南不同程度的关注。旅游指南作者们认为在中国农业没有像工业一样受到重视，在粮食收购方式上存在不公正性，如国家"用债券替代现金支付方式"。[①] 另外，"（农村）各类行政费用和税收被随意提高，许多乡镇以此资助其政绩项目"。[②] 对于中国少数民族政策批评主要涉及中国的西藏政策，作者们按照西方国家对西藏问题的看法，置西藏迄今为止的快速发展于不顾，对中国的西藏政策进行批评，认为中国现代化的政策"在极短时间内使西藏摆脱中世纪，跨越式地进入现代"，其代价是西藏"为社会主义建设牺牲其独特性"，[③] 导致"西藏文化认同的破坏"[④] 和"藏民的宗教生活受到压制"。[⑤]

四、结　束　语

如上所述，20 世纪 80 年代后期和 90 年代出版的德语版中国旅游指南在介绍当代中国时大多对中国进行了不同程度的批评和指责，以此来凸显西方的物质文明、社会制度和政治文化价值，如文明、富有、民主、法律、个性和基本权利，它们对当代中国认知的缺失则更多的是基于西方人眼中的自身价值和社会发展的优势，是西方自我形象的表现。纵观 21 世纪初出版的德语版中国旅游指南，如 Baedeker（2007）、DuMont（2002/

---

① Andrea u. Oliver Fülling：*Reise Know-How Chinas Norden — die Seidenstraße*, S. 149.

② 同上。

③ Frank Rainer Scheck（Hg.）：*DuMont Kunstreiseführer Volksrepublik China*, S. 561.

④ Klaus A. Dietsch：*Mais Reiseführer 32 China, Reiseführer mit Landeskunde*, S. 445.

⑤ Hanne Chen：*Kultur Schock China* S. 24.

2004)和 Merian（2004），① 这种认知缺失在许多方面依然存在，只是在视角上出现了不同程度的变化，如人们较为客观地介绍中国的快速发展和由此带来的巨大变化，同时也指出由现代化所致的环保等问题。但在对当代中国社会制度、政治制度和中国人行为文化的介绍上，它们在很大程度上还停留在西方人对中国的定格思维方式和中国观。须指出的是，在西方人的中国观激活方面，因德语版旅游指南作者对中国的文化态度不同而有所不同。

　　鉴于德语版中国旅游指南所存在的文化异同问题，人们其实面对了一个很重要的跨文化理解问题，即：人们应该以什么方式客观地阐述他我文化，以什么方式避免文化阐述中的主观排他性。这涉及的不光是文化审视对象，更多的还是人们的文化审视习惯和文化审视态度。同时，这也提出了一个较难解决的问题：人们在理解和认识客观世界或对象时，会回避、抵制与自己的基本信仰和价值不一致的信息，从而与理性的选择失之交臂。从旅游指南的文化认知特性看，上文所述的认知行为已影响了涉外旅游指南的编写；就具体内容而言，它反映了作者与对象国的认知关系。在这方面，作者对对象国的态度又决定其对西方中国文化定势的激活程度，并影响和阻碍旅游者和当地居民之间的交往，由此偏离旅游指南原有的导向作用。旅游指南本应成为旅游者了解他我文化的向导，而本节所述及的这些旅游指南通常忽视本我文化适用范围的有限性，在民族中心主义意识支配下，阐述他我文化，无视由文化、社会、制度和文明制约所造成的差异，在评论和阐述中把本国文化价值强加于他国文化，而这一传统的偏见和文化定势又制约了读者对他国文化的体验和感知，影响读者客观地看待本国文化和他国文化之间的差异，最终阻碍跨文化的沟通。这也是这些旅游指南对中国认知缺失的问题症结所在。

---

① Hans-Wilm Schütte：*Baedeker Allianz Reiseführer China*，Ostfildern：Karl Baedeker Verlag，2007；Oliver Fülling：*DuMont Richtig Reisen China*，Köln：DuMont Reiseverlag，2002；Oliver Fülling：*DuMont Reise Taschenbuch Shanghai*，Köln：DuMont Reiseverlag，2004；Manfred Bissinger（Hg.）：*Merian Shanghai*（Merian Heft 8 / 2003），Hamburg：Jahre Zeitenverlag，2004.

第二节

德国的中国媒体形象：以电视纪录片为例

[德]冯德律（Barbara von der Lühe）*

通过电视传播的中国和中国人的形象由即时新闻报道、电视纪录片、专题报道、德国及国际制作的故事片、中国大陆及港台地区制作的故事片，还有德语的电视电影构建而成。德国电视以纪录片为媒介定期关注亚洲的历史可追溯到 20 世纪 60 年代初由德国电视一台驻外记者制作的一档名为《亚洲的脸》的系列节目在印度诞生。该系列节目一直延续播出至今。

今天的德语电视纪录片关注的焦点是中国大陆和香港地区作为国际经济实体的政治经济发展对于德国经济乃至世界经济产生的影响力。而中国经济增长导致的生态问题以及中国政治、社会的变革也是这些纪录片中的热门话题。同时，纪录片也兼顾亚洲作为德国电视节目中远途旅行胜地的意义：诸如北京、上海、杭州、广东和香港等旅游热点。此外位于西安的秦始皇陵兵马俑、中国众多的河流以及与此相关的景点都成为了纪录片常见的题材。在德国平面媒体和电视报道中关于中国的常见字眼是"黄色警报"、"红色警报"、"广大群众"以及中国民众的"不可理解性"和"铁的纪律"。其中热门话题涉及毛泽东、"文化大革命"、国家领导层中的精英、腐败、官僚体制以及中国法制系统等。除此之外，勤奋、纪律、雄心壮志，还有"忍辱负重"和中国人的民族自豪感都是构成德国人眼中的中国人形象的"经典"元素。同时镜头也发掘、捕捉到了中国人的新个性并且在纪录片中予以强调：人们的主观能动性、对于

---

* 德国柏林自由大学传媒系教授、博士。

个性的追求以及他们的现代意识。尽管如此,在许多影视作品中占据较大比例的仍是百姓的日常生活、对自然界的观察以及"传统中国式"场景,例如骑自行车的人、三轮车夫、劳作的农民或者庙宇里的普通民众。另外茶道表演、传统歌曲或中国戏曲演唱也经常会成为拍摄对象。电视纪录片热衷的其他主题还有自然灾害、环境污染及保护等等。这些电视图像的影响不容小视,它们或者强化了某种公式化了的类型和陈词滥调,或者催化了某种陈词滥调的产生。事实上不存在客观的新闻报道,在纪录片制作人中也不存在一种"中立"的立场,即便新闻报道和纪录片都隶属客观事实之列。系统理论学者尼克拉斯·鲁曼(Niklas Luhmann)得出的结论不无道理:我们的关于世界的全部认知应归功于大众媒体,它们或者有选择性地、不完备地报道世界上发生的种种事件,或者只字不提。①

一、德国的纪录片和德国电视中的异域题材纪录片

异域题材的纪录片在电影纪实主义中享有久远的传统,后者从电影艺术诞生之初就发展成了一门独立的类型。很早以前电影人就尝试将异域文化视像化,而这种异域性从一开始就吸引了观众。影史上第一位纪录片作者(纪录片电影人)是罗伯特·弗莱尔提(Robert Flaherty),他的开山之作是《北方纳努克》(1922)和《摩阿纳》(1926)。同一时期在德国诞生了"经典纪录片",其中包括瓦尔特·鲁特曼(Walther Ruttmann)摄于1927年的作品《柏林——大城市交响曲》。

德意志联邦共和国的纪录片发展如果没有电视这一媒介几乎无法想象。自联邦德国的公法性电视台诞生以来,纪录片的发展深受其影响,因为在1954年和1963年,德国电视一台和二台相继成为了德语纪录片最

---

① [德]尼卡拉斯·鲁曼:《大众媒体的真实》,西德出版社,1996年。

重要的委托方。① 早在 1954 年,德国电视就播出了一部关于非洲的纪录片《穆苏里——刚果正在向上》。② 随着德国电视业的发展,德国的电视纪实主义也逐步具备了独特的形式。众多的纪录片人创立了属于他们自己的艺术"手迹",诸如对众多风格产生影响的"斯图加特学派",还有格尔格·施特芬·托勒尔(Georg Stefan Troller)、盖尔德·鲁格(Gerd Ruge)以及毁誉不一的顾伊多·科诺普(Guido Knopp)和由他于 1984 年建立的德国第二电视台"时间历史"编辑室。

为适应在德国的电视台播出,纪录片的长度大都为 30、45 或 60 分钟,很少有 90 分钟长的。德国电视在呈现异域文化时发展出一种自己的风格,即以 20 世纪 60 年代的政治运动为时间中心,比如冷战及与其相关的各种冲突斗争、第三世界的境况。冷战时期的德国电视报道集中反映别国对于东西阵营冲突的态度;60 年代中期开始,富裕的工业化国家与贫穷的发展中国家的冲突更多地成为了报道的主题:关于第三世界的信息普遍出现在一种带有贬低第三世界国家倾向的"危机、穷困和同情报道"中;随着观众对关于遥远国家的批判性纪录片的兴趣日渐淡薄,德国电视纪录片从 80 年代起将重点更多地转移到了生态主题上,尤其是科技的发展和资本主义的利益索求对自然环境的威胁这一点。

德国的经典式纪录片今天主要在德法联合电视台(ARTE)、德国卫视三台(3Sat)和德国电视一台(ARD)的第三套节目播放。20 世纪 90 年代中期以来,关于现、当代主题的,例如关于国家社会主义时期的纪录片、纪实系列以及纪实性故事片逐渐在公法性电视机构的晚间黄金时段获得了更多的播出时间。在纪实性故事片中,除了文献资料还加进了由演员进行演出模仿历史场景的电影场面。可以说 90 年代以来,纪录片在德国电视上盛行。最近几年,纪录片在电影院也再度取得了成功,但众多电视机

---

① [德]托马斯·沙特:《视线的感觉——关于纪录片的编剧学》,吕贝出版社 2002 年,第 31 页。

② [德]卡尔斯滕·迪尔克斯:"移动的相机"将变得格调高雅——"皮罗敦"和"汉堡学派"的发展,载于彼得·茨摩曼,《电视纪实主义,平衡和观点》,UVK 媒体出版社(纪录片馆,第 1 卷),第 61—79 页。

文化视角下的欧盟成员国研究：德国

构在这些影院纪录片中往往只是联合出品方,只有德国电视二台设有独立的纪录片编辑室。

新闻与电视纪录片的选题遵循固定的模式:一个国家的"新闻价值"决定了驻外记者的数量和任务。那些和德国在政治、经济、文化和地理上相近的国家出现在德国电视上的频率要高一些,诸如欧盟国家、美国、俄罗斯和以色列。此外,鲁曼还指出了新闻报道中的"吸引点"或者"摘选点"首先应当是新鲜事物、冲突、数量(事件发生的频率)、反常规和时效性,当然还包括事件本身和事件发生地的联系。① 纪录片与时事动态并无必然联系,由于受制作条件的限制,纪录片的时效性和每日的新闻节目相比可能无从谈起。有关"人性方面"或者"人类利益"的"热点话题"也是选题中不可忽略的一点:观众能够通过个人视角更好地置身于别国的情境中。因此采访成为了众多纪录片重要的组成部分。

电视纪实主义最终要受制于传播媒介的"图像强制力",并最终表现为快速的胶片剪辑、各种运动和行为。它们的目的是在解说词的指引下娱乐电视观众,这在"信娱类型"(Infotainment)的新闻报道和"纪娱类型"(Docutainment)的纪录片中越来越得以体现:信娱在此指信息和娱乐的混合,纪娱指纪录和娱乐的结合。奈尔·波斯特曼(Neil Postman)在其畅销小说《我们自娱至死》中得出论断,这种既可信又富娱乐性的图像导演方式比信息和真实性更加重要。②

毋庸置疑的是影片中充斥着各种或旧或新的公式化类型、臆想和陈词滥调,不管是图片还是文字形式的。地球上的各个大洲在荧屏上都有各自的投影:非洲是饥荒、穷困、民众在政治和社会地位上的集体无能;对拉丁美洲的报道则通常聚焦于系统化剥削、革命斗争、对于人民的压迫以及天主教堂对困苦民众的同情等;在亚洲则是人口过密、不计后果的资本主义生产,还有精神上的灵性和自然美景。所有这些通过整个德国媒体

---

① [德]尼卡拉斯·鲁曼:《大众媒体的真实》,西德出版社,1996 年,第 58 页等。
② [德]奈尔·波斯特曼:《我们自娱至死——娱乐业时代的判断意识》,菲舍尔出版社,1985 年,第 124 页。

得到了表达。

二、关于纪录片的真实性

纪录片约定俗成的旧惯例还包括按顺序推出静态的远景，在解说评论下削弱采访对象的原声，用背景音乐渲染景致，减少对影片后期加工使其获得"非仿造"的真实效果等等。这种所谓的可信性也来自于电影编码的简朴性，即它能使得观众相信这些电影剪辑只不过是对图像的简单拼接。照此想法，20 世纪 50 年代以来的德国纪录片制作者经常拍摄离他们最近的人群的日常生活，通常只有一支很小的队伍，没有三脚架和照明设备，没有原声收录和掌上摄像机。在机位选取上也同样秉着"可信性"原则，区分出（所谓的）客观观察摄像机和参与观察摄像机。80 年代以来，在对"直接电影"（Direct Cinema）的分析中衍生出新的内容和美学形式。早期纪录片人的社会批判角度和年轻一代纪录片人的立场产生了鲜明的对比。因为在"纪娱"时代，纪录片的图像与其试图临摹的现实本身已经发生了巨大的差别。以社会批判为目的的早期纪录片人立足于批判性的观念和论点，并致力于反映社会的危机区域。这些纪录片通常是黑白的，即便在彩色电视机发明之后仍是如此。而新的电视纪录片通常富有娱乐性，夹带大量信息，以彩色影片为主，反映的也是多姿多彩的社会万花筒。

三、德国纪录片中的中国题材：
非虚构电影中对"陌生群落"和"异域"的影像化

本节论及的三部电视纪录片的制作年份在 2000—2004 年间，是由德国纪录片作者、导演和德国电视机构制作的，在表现形式上兼有新闻报道和小品文的风格。接下来我们将逐一呈现和分析这三部纪录片中的各种"中国景象"。

1. 《北京——长安街》①

托马斯·沙特（Thomas Schadt）的这部纪录片于 2000 年 10 月和 11 月间在北京拍摄，并于 2001 年首次在德国电视一台的节目中播出。本片"以北京的长安街和长安街旁一些完全不同的居民为例记录了中国戏剧化的、引人注目且颇为矛盾的发展现状"（引自 www.swr.de）。本片是一次具有符号意义的时间之旅，描摹的是在 5 公里的长安街上几位主角从早到晚的行为轨迹。第一组镜头展现的是天蒙蒙亮时天安门广场上的升国旗仪式；影片结束时观众看到的是主角们下班时的场景。纪录片作者和导演托马斯·沙特将采访列为这部纪录片的重点。沙特于 1957 年出生于纽伦堡，曾任摄影师、摄像师和导演，2000 年起任巴登—符腾堡州电影学院纪录片导演专业的教授。他的纪录片的典型风格是"立场性"，即对于成为他影片中心的人物有感同身受的体会。由中国的国家电视台推荐出演本片的几位中国主角，既有从事"老"行业的，也有从事"新"行业的：57 路公交车的女司机、交通警察、2000 年秋天还住在胡同里的退休妇女、历史学家，还有两位时装模特、网吧老板和德语十分流利的翻译。非中国籍的采访对象中有几位是沙特的朋友圈子里的，另几位都因职业关系和长安街有一定关系：施瓦本建房储蓄信贷所的女代表在拍摄期间正在中国商谈关于在华建立建房储蓄信贷系统的事宜。她既是专家也代表着联结两个世界的"中间人"，不仅能说流利的中文而且已经适应了这座城市的生活习惯。另外两位被采访者是"长安俱乐部"的经理和一个名为中粮广场（Cofco Plaza）的现代化购物中心的总经理。画外解说词贯穿整部影片，采访对象被安置在画面中，仿佛他们正在和观众直接交谈。整部影片的节奏是相对宁静的。沙特拍摄本片的首要目的是清晰展现中国正在发生的剧变。不同人群生活世界的反差通过影像被放大了：其中一个重要的主题便是长安街两边现代、奢华的建筑和胡同居民狭窄、简陋的老式房屋间的对比。片中的胡同给观众营造出一种田园诗般的意象。所有

---

① 《北京——长安街》，托马斯·沙特纪录片，德国 2001 年，奥德赛影业，首次播出：德国电视一台 2001 年。

的采访对象无一例外地赞扬中国自 80 年代改革开放以来取得的进步：女司机感慨如今商店和市场里食品种类的极大丰富，并对新建筑和在北京看到的西方流行时尚印象深刻。交警对新制服、改善了的工作环境以及他的现代住宅表示高兴。由此可以看出，沙特非常重视真实事物的"诗意性"：他注重细节，挖掘真实生活内在和外在的表现形式，具体如人们的手势、表情、无意识的动作和言语。另外声响也是制片人和导演注重的一个独立组成部分，即室内声响、言语、街道上的气氛和音乐。[①] 所有这些图像和声响学的修辞手段都应用到了电影中。本片细致地挖掘了北京现代化进程中的阳光面和阴暗面：导演以或图像或语言的形式描绘了采访对象所代表的不同社会阶层。如在表现胡同及其居民时，画面往往呈现代表失败方的灰旧的街景。与此形成鲜明对比的是那些在北京生活的外国人和与他们同样阔绰的中国生意伙伴，他们的居所和工作场所多彩而奢豪。而他们的中间人正好是年轻的中国翻译和那位施瓦本建房储蓄信贷的会说中文的女代表。

在不同层次上的另外一个主题即全球化及其对中国人带来的影响。个人命运被有代表性地展现出来：年轻的网吧经理赞扬全球化，他希望中外文化、政治和经济的交流能够加深；居住在胡同里的退休妇女并不富裕而且受教育程度不高，她对于全球化或者合资的概念一无所知；那位中国历史学家提醒，人们必须在全球化的时代下保存、维护本国的文化；来自欧洲的购物中心经理则警示，中国可能成为世界超级大国和美国的竞争对手，因为中国已是国际经济的一块重要根基。

非中国籍的访谈对象对中国都抱有积极的态度。他们以乐观的观点评价中国的发展并以此作为自己享有奢侈生活的理由。这与中国籍的采访对象们给出的评价产生了较大的分歧：他们简朴的生活环境、谦卑的希望和心愿以及脆弱的乐观态度在本片中清晰地揭示了外国人和中国人在社会和经济地位之间的差距。影片的镜头语言也吐露了西方生活标准对

① ［德］托马斯·沙特：《视线的感觉——关于纪录片的编剧学》，吕贝出版社，2002年，第 201 页。

于大多数中国人来说仍旧是遥不可及的现实。但也许西方的价值观根本不值得去追求，影片做出如此猜测，因为传统在中国仍旧有其独特的价值。正如本片展示的那样，富裕和美好的人群在中国仍然只是一个特殊的群体——然而这群经济精英业已存在。

2. 《更高更大更宽——中国的新世界》①

迪尔克·施特芬斯（Dirk Steffans）的这部纪录片将镜头对准了上海这个"在长江入海口边的新世界大都会"、全中国的榜样城市。电影同时展现了在江边生活的民众以及他们的生活如何受到上海发展的影响。正如片名，影片的关键词正是这几个形容词比较级。影片开头的解说词和图像画面很好地将观众引入主题："一个拥有 15 亿人口的巨大国家正在经济上走向世界之巅——别处的任何一个共产主义国家都不能享有如此多的自由。大都会上海正是这个国家试验新道路的实验室"（解说词）。和沙特关于北京的纪录片不同的是，在这部关于上海和长江的纪录片中到处是阳光和蓝天，从而为影片奠定了积极的基调。不过常见的"陈词"仍然进入了镜头视线，例如关于中国人"军训"的习惯：上海一家餐馆的员工集体做晨操。同时那些清早在上班路上的上海人显得年轻并且着装西化。就此影片中这样评论说："大众的纪律性被认为是雄心勃勃的中华民族的一项优势。此外，上海人兼有自主性和企业精神。这座城市的 1600万民众中有越来越多人正在走他们自己的道路"（解说词）。

身兼本片作者和导演的迪尔克·施特芬斯从事陌生国度题材的纪录片创作已有数年。施特芬斯于 1967 年出生于德国北部，现居住在科隆，任德国电视二台、西德广播电视集团（WDR）、德法联合电视台（ARTE）以及私人电视台 VOX 的电视节目编剧和制片人。自 2004 年起，施特芬斯开始专攻德国电视二台的节目《旅行乐趣》，2005 年 1 月起他兼任 VOX《动物时间》节目的主持人。在施特芬斯的纪录片中，采访仍然是重点，不

---

① 《更高更大更宽——中国的新世界》，迪尔克·施特芬斯的纪录片，德国 2004 年。德国电视二台与德法联合电视台合作出品。首次播出：德国电视二台，2004 年。

过他只采访中国人。本片中的采访对象包括一位年轻美貌、从"建筑热"大大获益的房地产经纪人，一位流行歌手和若干个富有的年轻人，他们都属于上海的"现代化"世界，可算作中国城市的新兴中层阶级。

关于上海的公式化景象包括以外滩为观察点观赏浦东新区、上海"令人兴奋的夜生活"、不论白天黑夜都五光十色的购物大街以及被视为"闲逛中心"的外滩。此外，观众们可以经常看见"康体沙龙"，年轻女人在里面享用昂贵的足部按摩。值得一提的是，按摩作为中国传统医学的一种独特疗法经常出现在中国题材的电影中，但在本片中足部按摩全然是奢侈品的代名词。施特芬斯同时向观众展示了"老上海"：我们可以看见城市最著名的舞厅"百乐门"，上了年纪的人们在那里激情饱满地迈着标准的欧式舞步。老上海近乎田园诗般的生活则主要呈现于茶馆、庙宇场景以及和退了休的传统戏曲演员的谈话中。观众据此可以知道，在这座城市里有些人永远都无法碰面：有人清晨才刚刚入睡，有人此时已经在寺庙里求神祈福了。可以说影片中并不缺乏对上海旧城区的描绘，可惜这些地方马上将在新一轮的城市更新中逐渐消失。关于城市更新的主题本片只是顺带提及——这样影片的和谐氛围才得以维持。

影片还记录了长江上的壮举、世界上最大的工地：三峡大坝工程。上到大坝项目的指挥，下至在空荡荡的老房子里等待拆迁的民众都众口一词称道三峡工程。此时解说词也保持积极的基调，即便是谈及诸如环境破坏等尖锐话题时。观众们在片中目睹了长江沿岸最后的传统村庄、被遗弃的城市中的废墟景观以及在创纪录的短时间内建成的新住宅区。摄像机还对准了正在被拆毁的房屋的住户。他们没有任何选择，一位搬迁者这样说道，但是搬家本来不是什么坏事，即使付出很大的代价。有社会进步就必须有牺牲者。影片用长镜头展现美丽的自然景观的同时用快速的剪辑和摄像机运动表现工程建设的生机勃勃。两者看起来可以完全和谐地共处于同一时空。解说词这样说道："在沿江 660 公里的土地上，人们正在用一种迄今为止只能在上海可能看见的速度建造一个新世界——地球上最大的建筑工程……每天有数以万计的人在这个世界上最大的堤坝上工作，这个项目的每一个数据都堪称世界之最。同时，工程给自然带来的后果也并没被完全忽视,建筑物的安全性也受到争议。"和这些话相对应的,影片快速播放了一组上海浦东新兴住宅区的画面。这样用图景形式来表现"进步"的电影手段经常被使用。和多数同类纪录片对"大坝主题"的解读方式不同,本片并不是首先从生态和技术批判的方面来分析,更多地是将三峡工程视为现代化中国的一个符号和例证。总体来看,本片主要的目标观众群是年轻人,他们对于技术进步和经济复苏大体持积极的态度。而中国从这个意义上完全是一个正面例子。本片尽量避免营造出一个"神秘"、"富有异域色彩"的中国形象,也没有发出任何关于一个威胁世界其他国家的"超级大国"诞生的警示。

3. 《与盖尔德·鲁格一起行走中国》第一部分:《从海南到香港》①

盖尔德·鲁格(Gerd Ruge)摄制于 1998 年的这部关于中国的三段式纪录片从中国南部的热带岛屿海南省的棕榈树下开始。鲁格总共旅行了6000 多公里一直到中俄边境的黑龙江。

盖尔德·鲁格是德国最著名和最受欢迎的电视新闻记者之一。他于1928 年 8 月 9 日出生在汉堡,在西北德广播电视台下属的广播电视学校完成学业后,他以编导的身份加入了坐落于科隆的西德广播电视台,开始了自己的职业生涯。鲁格曾经在各类即时新闻节目中报道过朝韩和印度支那的战场,并且以电视通讯记者的身份在美国和苏联工作长达 40 年。他曾经是西德广播电视台的政治新闻节目《监测》的总监,另外还负责一档名为《世界之镜》的外国节目。整个职业生涯中,鲁格只有 3 年时间没有和德国电视业打交道:1973—1976 年间他作为《世界日报》的通讯记者在北京工作。因为那时德国电视一台在北京的工作室还没有建成,做电视通讯记者也就无从谈起。《盖尔德·鲁格在路上》是鲁格在 1993 年正式退休后为德国电视一台拍摄的一档有多个系列组成的旅行报道节目——旅行目的地包括中国、巴尔干地区、非洲南部地区和阿富汗。鲁格

---

① 《与盖尔德·鲁格一起行走中国》第一部分,西德广播电视集团 1998 年,首次播出:德国电视一台 2001 年 10 月 31 日。

的电视报道和纪录片的中心仍然是人。他的影片无可替代的风格是，他永远作为报道者和解说人出现在荧屏上，并且在观众和采访对象间担任类似介绍人的重要角色，即参照法国"真实电影"（Cinemá Verité）的风格。鲁格的纪录片拍摄的是那些或"大"或"小"的人物的日常生活情境和遭遇，以此来贴近所到国家人民的真实生活。他和当地居民及专家的谈话并不是用作佐证解说评论的"证据"，这些访谈通常都有独立的意义。鲁格经常在影片中反映自己的境况和拍摄工作的进展，这在观众中间产生了"内部消息"的效果。和多数电视纪录片不同，善意的反语、幽默甚至是自我批判都属于鲁格标签化的风格体系。

鲁格中国纪录片的第一部从海南出发，穿越中国西南和南部的城市和乡村，一直到达香港。盖尔德·鲁格在海南岛上采访了一批已经退休的女搬运工以及一位小型汽车修理厂的老板。影片集中表现了强烈的社会反差，即贫穷的老城区和富丽堂皇、现代的新区。鲁格自己就能说中文，因此从人际沟通角度上，他比大多数外国电视编剧更能走近采访对象。在语言理解无障碍的情况下，鲁格仍然重视发掘一个陌生国度的独有特点。他对其在中国亲身经历过的变化作解说：当他1973—1976年在北京任报社通讯记者时，人们渴望拥有的是自行车、手表和缝纫机这三"宝"。鲁格在和农民谈话时了解到，现在所有人都想买摩托车、彩电、卡拉OK设备和一套昂贵的靠壁组合柜。对此鲁格幽默地评论道："谁没有这些东西，谁就找不到老婆。"这时场景切换到一个新娘俱乐部，里面的新婚夫妇们正在为婚礼照片做化妆准备。此外，民工及其在大型建筑工地上的劳作也是鲁格纪录片中涉及的话题之一。后来摄制组坐着一辆货车到了香港，在那里鲁格会了两位朋友，中国外交部的一位高级专员还有一个出租车司机。他们对1997年以后香港的变革都有着各自的经历和体会。纪录片第一部分结束时，摄制组又搭乘最后的港口汽轮前往南部的一个港口城市。

总体而言，本片贯彻了"目击者思想体系"。影片的论述有两重含义：一方面鲁格用相当积极的态度报道了中国和中国人；另一方面也从德国视角清晰地展现了一个陌生的世界。

四、结 束 语

从上面列举的三部电视片中,我们可以看到,在德国电视片中有关中国形象的报道一般都有正、反两个方面,大部分电视片报道围绕中国经济发展、科技进步和中国东部地区高速发展三大内容。在这方面人们强调资本主义和共产主义制度对峙性对人的挑战和中国人对中国社会快速发展所特有的适应力。许多有关中国报道的电视片面向德国观众,展现中国东部地区工业腾飞、建筑蓬勃发展和奢侈的生活方式。在对中国飞速发展的报道中,人们不惜使用"顶级"、"超级"等话语形容方式,如:"最大的"建筑工程、"最高的"市场增长率,这一方面让人警惕中国成为世界经济强国,另一方面又强调中国经济发展带来的合作机遇。此外,德国电视报道越来越关注中国的环境问题和环保问题,有时也会指责中国的官僚作风;许多纪实片在报道中国社会福利取得进步时,也不忘记中国存在的贫富差异。纪录片对中国历史、文化报道比较正面,中外友好关系方面也有大篇幅的展现。所以,综合地看,报道的积极态度在影片中占据了主导地位,正如纪录片制作人的最后结论:"中国正在走向未来的路上。"

第三节

德国《时代周报》中的中国形象

王 来[*]

一、国家形象与传媒

国家形象的塑造和建构是当今跨文化传播领域的一个重点课题，也是国家软实力的象征。塑造一个国家的国际形象和一个良好的国家形象的目的在于影响国际社会，在国际舞台上提升国家的国际地位，增强国际发言权和影响力，从而促进国家目标的实现。在这方面国家形象被定义为国际社会公众对一国相对稳定的总体评价，或一个主权国家和民族在世界舞台上所展示的形状相貌及国际环境中的舆论反映。

国家形象具有二重性、民族性、多样性、可传播性及相对稳定性等特点。二重性是指国家形象兼具客观性和主观性。国家形象可以被感知、被评价、通过媒体的影响力而主观塑造。但国家形象的客观性更多基于客观事实，始终占主导地位，主观形象的最终形成当然也是以国家实体的客观情况为基础的，但受到人的主观理解方式的影响，是他国视角下的一国国际形象。民族性是国家形象的核心。国家形象不可避免地打上民族的烙印，反映民族特色和民族传统。多样性指国家的经济形象、政治形象、文化形象所包括的各方面，如国家的社会制度、政治局势、民族文化、综合国力、国际关系、领袖风范、公民素质、社会文明等等。可传播性指国家形象可以通过经济交流、外事活动、人际交往、传媒等途径在全世界进行传播。而国家形象一旦在国际受众中形成，便具有相对稳定性，但也因

---

* 德国汉堡驻上海联络处翻译。本论文得到上海外国语大学德语系王志强教授的指导和修改，在此致谢。

媒体等诸因素影响而改变。

一个国家形象既有国内形象，又有国际形象，但以国际形象为主。而影响国家国际形象的一个重要因素就是媒体的导向作用。一个国家的国际形象与国外舆论、传媒塑造密不可分。传媒是现代社会中主要的信息提供者。有关国家信息从信息源经过传媒传递后最终会在受众头脑中定格下来，形成国家形象。传媒虽然不能决定受众怎么想，但它能决定进入大众传播渠道的新闻信息，从而能在很大程度上左右受众想什么。在这方面传媒报道外部世界并非"镜子"式的完全真实的反映，而是从自己的利益出发，根据自己的价值标准和报道方式选取新闻素材，然后进行加工整理，再用"报道事实"的方式传递给受众。这在很大程度上也是国家形象塑造的跨文化认知问题，即人们从本我文化视角去感知和体验理解他我文化形象，由此产生的认知结果是本我文化反射于他我文化的结果。传媒在国际事务中通过为公众设置舆论议题，形成评价规范，从而支配社会舆论，左右大局，因此传媒的国际报道和评析影响受众对某一国家的认识、看法和态度，而且在报道时以哪些问题为重点以及评论这些问题的态度和方式，选取什么观点的文章，都影响着受众舆论对一国国家形象的评价和定位。总而言之，传媒在塑造国家形象或者歪曲国家形象等方面能产生同样巨大的作用。如德国媒体构建中国形象在一定程度上影响中德关系。

当今世界，各国国际形象很大程度上是由少数西方国家的传媒占主体的全球信息传播体系来塑造和传播的，它通常体现了传媒所属国家的集团利益。因此目前国际传播中的话语权仍然掌握在少数西方发达国家手中。此外，媒体塑造的国家形象受到了利益与意识形态的支配。即使同一个国家，在不同媒体的报道下，呈现的国际形象截然不同。如果被塑造国与塑造国价值取向一致，则更多趋向正面报道；反之，则更多趋向负面报道；这两种极端情况出现得比较少，更多的是处于两者之间的"正多负少"或"负多正少"的情况。而什么时候塑造正面形象，什么时候塑造负面形象？这里就涉及隐藏在国家形象塑造背后的复杂的政治、经济、意识形态和文化等问题。

媒体塑造他国的国际形象,是国际行为中一国对他国施加影响力的具体表现,从跨文化角度可以理解为本我文化对他我文化施加影响力的表现。媒体从本我文化角度出发,以本我文化的理解方式报道他我文化,解读他我文化,并将解读结果传播给受众,从而在受众思想中形成对他我文化的非客观的主观性解读,并由此影响他我文化的传播。

二、德国《时代周报》2004—2006 年对华报道实证分析

基于这一国家形象和传媒互动认知观,本节以 2004—2006 年德国《时代周报》(*DIE ZEIT*)中所有涉及中国的文章为研究对象,对这些文章报道加以归纳分析,通过对德国《时代周报》中关于中国国家国民形象的报道分析,看德国媒体如何从德国文化角度出发看中国文化,勾勒出德国《时代周报》视角下的中国和中国人形象,界定并找出中德文化的差异性。中国民众,可以从这种差异性的总结中采取措施改进中国及中国人形象,并通过报道分析、了解德国媒体对中国社会和中国人的印象,促进中德两国人民间的相互了解。

选择德国《时代周报》和其在 2004—2006 年对中国报道基于以下原因的考虑:2004—2006 年是以 2005 年默克尔总理组阁大联合政府为前后分界点,由 2004—2005 年的施罗德政府和 2005—2006 年底的默克尔政府两个时期组成,由此可以从德国政局的变化看到德国主流媒体对中国国家的报道和中国人的报道的变化。媒体在西方国家具有极其重要的地位,甚至被称为独立于国家三权之外的第四种权力,对于没有亲历中国的德国人而言,他们对于中国和中国人的认知了解几乎完全来自于媒体的报道。而德国《时代周报》是德国具有代表性以及影响力的媒体之一,它发行量巨大,而面向的读者群更是涉及德国政界、经济界、文化界的精英人士,而这些精英人士对德国社会具有重大的影响力,因此,他们对于中国及中国人的认知了解对促进中德两国政治经济文化交流有很大的影响。了解了德国社会人士对中国认知的内容和方式,可使我们对症下药,促进中德两国各方交流和谐进行。

纵观德国《时代周报》2004—2006 年对中国报道和《时代周报》相关数据,有关中国及中国人的文章共计 196 篇,其中 2006 年 68 篇,2005 年 65 篇,2004 年 63 篇;笔者采用定量及定性的分析方法,将《时代周报》涉及中国的报道文章分为政治类、经济类、文化社会类,由此界定《时代周报》视角下的中国形象和中国人形象。如下表所示,政治类 64 篇(占总量的 33%),经济类报道为 63 篇(占总量的 32%),社会文化类 69 篇(占总量的 35%)。

表 1

年份	政治	经济	文化和社会	总数
2004	16	16	31	63
2005	28	18	19	65
2006	20	29	19	68
总数	64	63	69	196

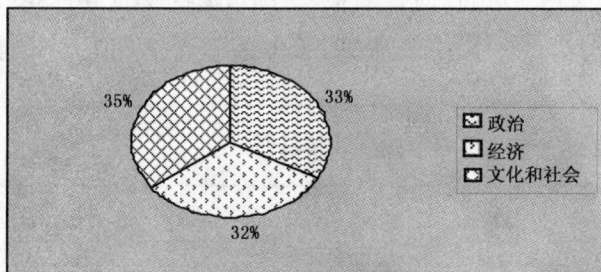

图 1

表 1 中的数据直接来源于《时代周报》的数据库,搜索关键词为"中国"或"中国人"。表 2 中的数据代表作者对德国《时代周报》中有关中国的所有报道进行集中度分析后得出的研究重点。

表 2

	总　　数
政治	40
经济	30
文化和社会	31
总数	101

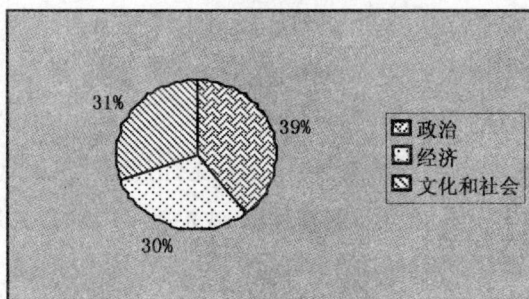

图 2

就政治、经济、社会/文化和中国人四个内容层面而言，2004—2006 年德国《时代周报》对中国报道实证情况如下表和下图所示：

政治：政治层面是德国《时代周报》对中国报道的重点组成部分。2004—2006 年德国《时代周报》中涉及中国政治领域的文章共计 64 篇。经分类整理后用于分析《时代周报》中国形象的文章共计 40 篇，所关注的领域为人权问题、民主现状、国家关系和台湾问题。具体的如表 3 所示：

表 3

政　　治		40
人权问题		12
民主现状		3
国家关系		19
	中德关系	7
	中日关系	8
	中非关系	1
	中印关系	3
台湾问题		6

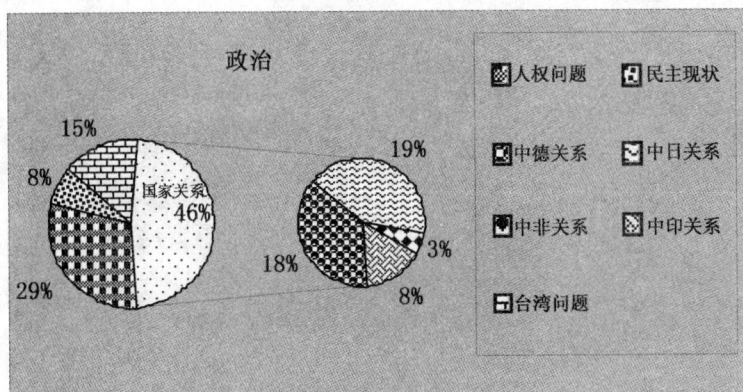

图3

经济：经济构成了德国《时代周报》对中国报道特别的关注的领域。2004—2006年德国《时代周报》中涉及中国经济领域的文章共计63篇，经分类整理后用于《时代周报》中国形象研究的文章共计30篇。所关注的领域为农改问题、知识产权保护、汽车工业、纺织工业、金融市场、原材料问题、贫富差距以及环保问题。具体的如表4所示：

表4

经 济	30
农改问题	4
知识产权保护	3
汽车工业	4
纺织工业	3
金融市场	3
原材料问题	2
贫富差距	6
环保问题	5

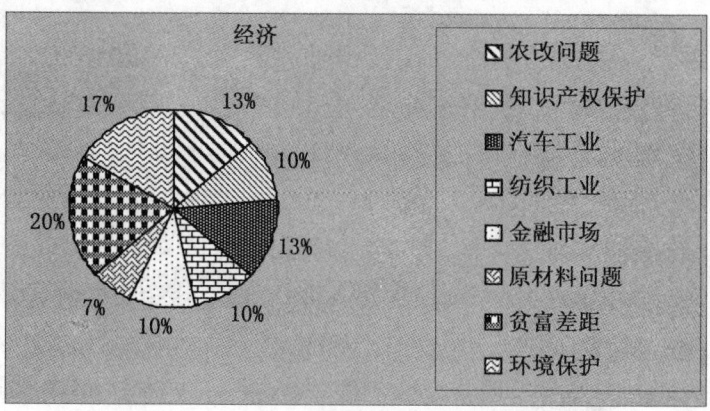

经济

- ◹ 农改问题
- ◸ 知识产权保护
- ▦ 汽车工业
- ⊟ 纺织工业
- ⬚ 金融市场
- ⊠ 原材料问题
- ▨ 贫富差距
- ⬚ 环境保护

图 4

文化和社会：除政治和经济外，2004—2006 年德国《时代周报》对中国报道中，中国的文化和社会也受到较大的关注，这方面的报道达到 69 篇，涉及中国电影、传统文化、教育、社会问题以及高科技等主题。经过分类整理后用于《时代周报》中国形象研究这方面相关文章共计 31 篇。具体的如表 5 所示：

表 5

文化和社会	31
中国电影	3
传统文化	8
教育	7
社会问题	7
高科技	6

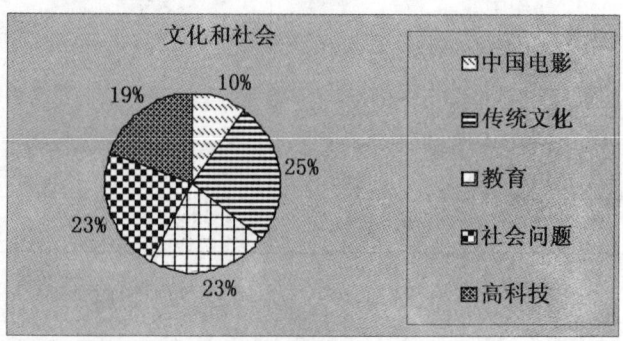

文化和社会

- ◹ 中国电影
- ⊟ 传统文化
- ⬚ 教育
- ▨ 社会问题
- ⊠ 高科技

图 5

中国人：在西方媒体的眼中，中国人就代表了中国，中国人是中国形象的组成部分。2004—2006 年德国《时代周报》共计有关中国人的报道达到 31 篇。如表 6 和图 6 所示，中国人形象中共计 31 篇论文，其中涉及政治领域的中国人 14 篇（7 篇政治领导层，7 篇反政见人士），占 46%，涉及经济领域的中国人 6 篇（其中 5 篇关于经济管理层，1 篇关于农民工），占 19%，涉及其他类中国人 11 篇（例如 4 篇关于海外中国人，5 篇关于学者，2 篇关于中国艺术家），占 35%。

表 6

中国人		31
政治领域的中国人		14
	政治领导层	7
	反政见人士	7
经济领域的中国人		6
	经济管理层	5
	农民工	1
其他类中国人		11
	海外中国人	4
	学者	5
	艺术家	2

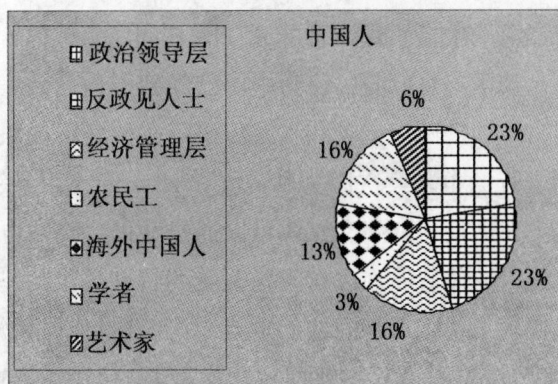

图 6

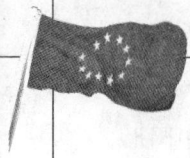

三、德国《时代周报》对中国报道内容分析

1. 政治

德国《时代周报》视角下的中国政治形象主要涉及人权问题、国家关系、台湾问题以及民主现状。在这方面，如下表所示，德国《时代周报》对中国的人权问题、中日关系以及台湾问题的报道几乎完全负面。但在中德、中非、中印国家关系问题上，以及对中国的民主现状报道上，立场相对中立。

内容层面		正面	中立	负面
人权问题				−
国家关系	中德关系		+ / −	
	中日关系			−
	中非关系		+ / −	
	中印关系		+ / −	
台湾问题				−
民主现状			+ / −	

• **人权问题**：中国的人权问题是德国媒体和其他西方媒体对华报道的重点。在这个问题上，德国媒体的报道也无一例外地呈现负面立场。2004—2006 年德国《时代周报》着重报道了人权问题领域的言论自由问题以及死刑问题。德国《时代周报》认为中国已经到了该发展言论自由的时候了。首先因为中国的网络记者和私人传媒巨头已经可以跟国家媒体在言论自由方面进行竞争。其次因为私人经济注入传媒业务领域。此外，中国经济的蓬勃发展使得网络和媒体可以通过联网、博客、电子邮件以及短信等方式规避言论监管。在人权问题上受到特别关注的是死刑。死刑一直是西方媒体攻击中国人权问题的重点。德国《时代周报》根据国际特赦组织数据发现，中国是世界上死刑执行率最高的国家。《时代周报》还指出，针剂注射死刑可能也算一种人权方面的进步。

- **国家关系**：在国家关系方面 2004—2006 年德国《时代周报》着重报道了中德、中日、中非、中印关系。有关中德关系，特别是对施罗德政府时期的中德关系的报道较为正面、积极，但对默克尔政府时期的中德关系却不看好。其根本原因是两届德国政府的外交政策不同。2004—2006 年中日关系由于日本首相参拜靖国神社而陷入僵局。德国《时代周报》对中非关系的报道毁誉参半，认为中国援助非洲开发建造的同时攫取非洲的石油等资源。《时代周报》将中印关系视为竞争关系，但对待中印关系的报道立场相对中立。在《时代周报》眼里，中国对美国而言是经贸伙伴，但同时也是战略竞争者。而柏林和巴黎方面则希望大力发展跟中国的经贸合作伙伴关系。日本将中国视为竞争者，尽管现有经贸关系发展良好，但对峙情况日趋严重。印度是东方的第二个巨人，中印关系处于良好发展阶段。此外，《时代周报》也比较关注中日关系，在其眼里，近邻日本对中国崛起反应最为激烈。在中国看来，新东京防卫政策在未来是种威胁隐患。因此日本不应该修改和平宪法并且应该限制自卫队的权力。日本与美国合作的导弹防御系统是用来对抗朝鲜的，但同时也为对抗中国而设。日本首相参拜东京靖国神社，指责中国谋求霸权，都是想利用日本现存的经济优势制约中国的发展。日本对中国的发展援助资金也减少了几亿美元。日本的外交策略：近美远华。欧洲人看起来对中国没什么担忧，与日本人的反应完全相反。在法国的多极世界观中，中国是受欢迎的新晋重量级角色。因此柏林和巴黎努力解除欧盟 15 年来对华武器禁运。在伽利略天文望远镜项目中，中欧关系又进了一步：欧盟和中国展开合作，打破世界范围内美国的单极制。但是中欧关系发展没有确定清晰的战略方针，只是从蓬勃发展的经贸关系而发展来的。美国、欧洲、日本的对华政策处于分裂阶段，这对于中国是个很好的机会。

- **台湾问题**：随着两岸关系的变化，台湾问题受到德国《时代周报》的特别关注。这方面的报道更多是负面的。但是国民党首领访问大陆又为两者改善关系带来了希望。

- **民主现状**：德国《时代周刊》等几乎所有西方媒体对中国的民主现状的报道均以负面为主。在德国《时代周报》看来，中国一直处于政府

"集权"统治之下，在中国要实现完全意义上的民主还需要很长时间。

2. 经济

就德国《时代周报》对中国报道的内容而言，有关经济方面的报道重点涉及农改问题、知识产权保护、汽车工业、纺织工业、金融市场、原材料问题、贫富差距以及环境问题等。如下表所示，这方面的报道介于中立和负面之间：

内容层面	正面	中立	负面
农改问题		+ / -	
知识产权保护		+ / -	
汽车工业		+ / -	
纺织工业			-
金融市场		+ / -	
原材料问题		+ / -	
贫富差距		·	-
环境保护			-

改革开放以后中国经济高速发展。德国《时代周报》在报道中国经济领域各方面时对待不同主题采取了正面的、负面的或者中立的不同态度。德国《时代周报》报道农改问题的立场相当中立，既看到正面，也看到负面。例如在农民问题改革中政府对农民提高了财政支持，同时允许农民工无需官方许可证就可进入城市工作。《时代周报》对此进行了正面报道。而农民工一直在社会福利方面不能跟城市居民享受同等待遇，这是《时代周报》着重报道的负面新闻。在知识产权保护领域中，《时代周报》正面报道了中国的创新内容，并对盗版问题进行了负面报道。在《时代周报》看来，未来的中国会产生更多的发明创造而不再是单纯的仿造，观点积极。在汽车工业领域，德国《时代周报》对中国自产汽车进行了积极的评价。而纺织工业和原材料进口问题集中了中国与其他国家在经贸往来中所涉及的问题。欧盟对"中国制造"设置贸易壁垒的关键原因在于整个

外贸流程：将原材料进口到中国，用便宜的劳动力生产纺织产品，再以低价将产品销往国外。中国的银行体系是机构机械制，它损害了中国的经济奇迹。而其中的管理不力、腐败问题、坏账以及盈利能力的缺乏都是关键问题。但是德国《时代周报》十分看好中国人民币的升值前景。中国的环境保护和贫富差距受到德国《时代周报》的关注，认为中国在经济高速增长的同时却存在巨大的水质污染、空气污染，以及能源滥用等问题。此外，中国是世界贫富差距最大的国家之一。

3. 文化和社会

除政治、经济领域外，中国的文化和社会是德国《时代周报》中国报道的主要方面，这里涉及中国电影、传统文化、教育、高科技以及社会问题。如同下表所示，同涉华政治和经济报道相比，这方面的报道以正面和中立为主：

标　准	正　面	中　立	负　面
中国电影	+		
传统文化	+		
教育	+		
高科技		+ / −	
社会问题			−

德国《时代周报》称赞中国的电影业为世界最佳并最具活力的电影业之一。电影制作在最短时期内发展成为了电影产业。对中国文化和中国传统文化德国《时代周报》表现出特别的兴趣，其报道比较中立。此外，受到关注的还有教育领域，德国《时代周报》认为中国经济的巨大发展吸引了国外学生来中国留学。德国《时代周报》将中德重点高校间的合作视为一种创新。学习中文已经成为外籍人士在中国寻求事业发展的基础，因此德国中小学和高等院校纷纷开设中文课，设置有关中国国情的专业。对中国高科技的发展报道较为积极；在生物科技领域缺乏道德观念。在德国《时代周报》看来，中国的社会问题是中国社会的阴暗面。心理疾病

患病人数的增加、SARS病毒引起的死亡人数增加、艾滋病患者越来越多，都是社会问题的表现。

4. 中国人

纵观2004—2006年德国《时代周报》中国报道，人们不难确定，除中国政治、经济、文化和社会，《时代周报》也特别关注中国人，这方面主要涉及政治、经济领域以及其他领域的中国人。政治类人物包括政治领导层以及持不同政见者。这两个阶层互相对立。一方面政治领导层象征了中国的权力阶层；另一方面，通过反政见人士能揭露中国社会的阴暗面，这也是德国《时代周报》报道反政见人士的目的所在，因为德国媒体倾向于将中国的阴暗面作为对华报道的重点。德国《时代周报》在经济类人物方面重点关注经济管理层和农民工。这两类群体构成了中国经济社会的高层和底层。一方面，管理层在中国经济发展中起了领导作用，他们往往是最风光的群体；而另一方面，作为经济发展最有力基础的农民工们却处于背景之中，甚至他们的生存状况也令人担忧。因此《时代周报》对此进行了负面的报道。在海外中国人类别里，中国留学生、非法偷渡劳工以及出国旅行者是德国《时代周报》的报道重点。周报认为在德国留学的中国学生极其聪明努力，但是不喜欢与其他国家的学生接触，喜欢以同胞聚居的方式生活。留学生在实质上拓宽了中国人对世界的看法。而非法偷渡劳工是中国对外移民的一个阴暗面。对于出国旅行者，德国《时代周报》的评价也不太积极。另外，学者和艺术家也是德国《时代周报》报道、采访的重点对象，他们对中国社会的看法在很大程度上成为德国《时代周报》对华报道的信息来源。

四、对华报道的背景

如本节第一部分所示，国外媒体对一个国家的报道在很大程度上受到本国政治文化价值、意识形态和记者个人对对象国的态度等诸因素的影响。基于这一认知，德国《时代周报》中中国形象的呈现可以回溯到许多原因。在这方面意识形态和价值观、国家利益和外交政策、媒体风格和记者的立场都起了很重要的作用。德国式的意识形态来自西方国家的价值观和由此奠定的西方国家制度优越感。西方国家一直认为自己的体系应该作为其他国家的榜样,因此他们常以自己的价值观作为衡量别国各种问题的标尺,强调自由和人权,这种意识形态是德国《时代周报》对华报道的基石和根源。中国和西方国家在意识形态和价值观方面存在很大的差异。这种差异对德国《时代周报》的报道内容和方式有巨大的影响。第二,国家利益和外交政策是德国《时代周报》对华报道的重要背景因素。中国是德国在亚洲最大的贸易伙伴,而德国是中国在欧洲的最大的贸易伙伴。[①] 德国在制定外交政策时将国家经济利益视为极其重要的因素,因此德国很重视拓宽对华经贸伙伴关系。但是中国经济的腾飞让德国感到压力和威胁。在政治上,随着中国国际地位的日益提升,德国也日益将中国视为重要的战略伙伴。国家经济政治双重利益构建了德国对华外交政策和中德双边关系的基础。另一个影响德国《时代周报》对华报道的因素是媒体本身。尖锐的新闻风格是西方媒体的重要原则。为了吸引读者的注意力、唤起读者的好奇和兴趣,西方媒体不得不采用夸张的、具有轰动效应的、罕见的报道方式。此外,德国《时代周报》新闻记者的个人经历和立场也是影响新闻报道内容的一个因素。

五、结　束　语

如上所述,德国《时代周报》呈现的中国形象不可能是完整并且完全正确的中国形象,只是从《时代周报》驻华记者视角出发呈现的中国形象,这跟每个国家的不同局势相关联。作者的文化认知以及相关的价值观在他对中国国家形象的塑造中起了很大的作用。作者从各自的立场和利益出发观察中国、评价中国。2004—2006 年间德国《时代周报》呈现的中国

---

① Vgl. Die vierte Gewalt：Medien，in Bundeszentrale für politische Bildung，www.bpd.de.

形象相对比较客观。虽然关于中国的新闻报道是由《时代周报》驻华记者撰写的,但不可否认的一点是,文章里的观点也代表了许多德国人的观点。驻华记者对中国的看法一定程度上反映了德国对华各种问题的看法或观点。德国《时代周报》对华报道的形式和方法符合报纸的一贯风格,相较于纯政治和经济,德国《时代周报》更关注文化和社会,这跟德国其他媒体例如《明镜周刊》有很大的区别。对于想要获得有关中国信息的读者而言,德国《时代周报》是条相对不错的渠道。介绍德国视角下的中国形象能加深两国对双边关系的理解,淡化现存的冲突和矛盾,从而促进中德关系更好地发展。对中国而言,我们只有认识到自己的问题,才能更好地从根本上改进国家形象。

对于德国《时代周报》中有关中国的报道的研究能帮助我们从他我文化角度①审视自己国家政治、经济、文化和社会领域所存在的问题,加深对中国现存问题的认识和理解。

---

① 王志强:本我和他我——跨文化日耳曼学视角下文化异同认知互动性,《德国研究》,2006年第2期第21卷,第64—70页。

第四节

德国《明镜周刊》视角下的中国形象

张 磊[*]

德国的《明镜周刊》是德国乃至整个欧洲和世界最著名、最重要的杂志之一。《明镜周刊》创刊于 1947 年,至今已经走过了 60 多年的风雨历程。在这 60 多年中《明镜周刊》披露了很多德国的社会丑闻,著名的有"《明镜周刊》事件",以及前几年的政治献金丑闻,这些事件的披露震撼了德国社会,甚至引起了德国政坛上的波动,由此可见《明镜周刊》对于德国社会的影响力之巨大。到今天,《明镜周刊》每期都能吸引大约 640 万的德国读者,这相当于德国 14 岁以上人口的 9.3%,是德国影响力最为广泛的杂志。对于想了解政治、经济和文化事件的读者来说,《明镜周刊》是他们的必读刊物,它影响到企业、政治以及社会的决策者。[①] 因此可以说,《明镜周刊》中所塑造的中国形象在很大程度上影响着德国社会对于中国的认知。近年来,《明镜周刊》接连报道了关于中国的负面文章,给中国的国际形象造成了很大影响,在德国及中国社会引起轩然大波,也给两国关系蒙上了一层阴影。当然这只是《明镜周刊》中所塑造的中国形象的一个部分。基于《明镜周刊》属于德国主流媒体这一特点,本节以《明镜周刊》2002—2006 年中涉华报道为研究对象,对相关报道进行实证分析,从政治、经济、社会文化层面对这些报道进行分析,在此基础上勾勒该刊视角下的中国形象。

---

* 中华人民共和国外交部德语翻译。本论文得到上海外国语大学德语系王志强教授的指导和修改,在此致谢。

① http://www.spiegelgruppe.de/.

一、2002—2006 年《明镜周刊》涉华报道实证分析

2002—2006 年中,《明镜周刊》对于中国报道在数量上有整体递增的趋势。如图 1 所示,2002、2003 年都各有 60 篇中国相关报道,从 2004 年开始报道量急剧增加,2005 年达到了最高值 96 篇,2006 年报道量有稍微下滑趋势。在 2004 年,《明镜周刊》特别出版了一期题为《一个世界强国的诞生》的特刊,专门对中国的政治、经济、社会文化及历史等进行大篇幅介绍。由此可见,正在崛起的中国也越来越引起《明镜周刊》的关注。

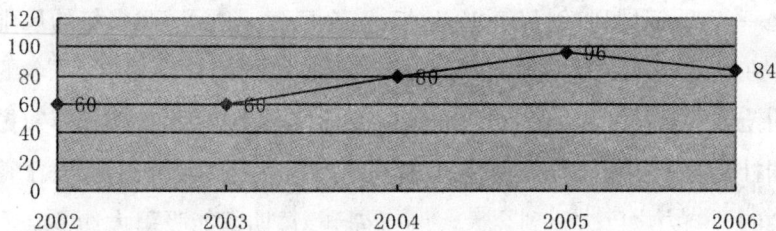

图 1：涉华报道的数量

从报道的倾向性来看,《明镜周刊》塑造的是一个负面/中性的中国形象。在所有报道中负面和中性报道所占比例最大,总共占据所有报道的 93.9%,而正面报道只有 6.1%。由此可以看出《明镜周刊》对于中国报道的倾向有很明显的不平衡性。《明镜周刊》中对于中国的正面报道主要集中在科技、文化和经济领域,负面报道中政治报道占绝大多数,而对于中国人权方面的报道几乎全部是负面报道,如图 2 所示:

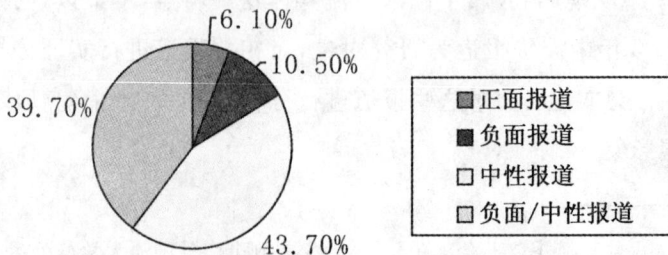

6.10%
10.50%
39.70%
43.70%

■ 正面报道
■ 负面报道
□ 中性报道
□ 负面/中性报道

图 2：涉华报道的倾向性

从涉及内容来看,政治和经济报道几乎占据所有报道的一半,有关中国社会报道占 29%,其他报道占 31%,但绝大多数都是字数不到 200 的短篇报道。

从报道重点来看,对中国人权状况的批评、台湾问题及中国科技发展是《明镜周刊》重点关注的主题。而关于中国传统习俗、中国人日常生活、国民性格等方面给予的关注极少,如图 3 所示:

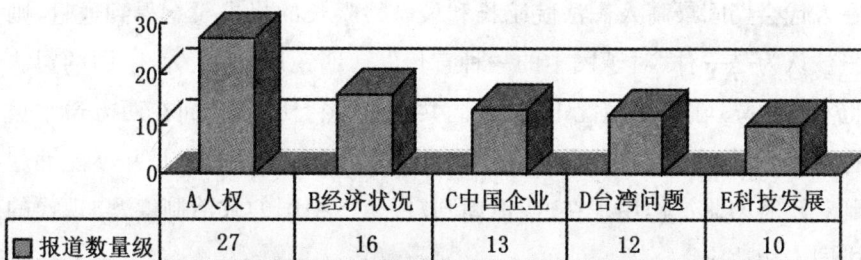

	A人权	B经济状况	C中国企业	D台湾问题	E科技发展
■ 报道数量级	27	16	13	12	10

图 3:报道主题出现频率

二、《明镜周刊》2002—2006 年涉华报道内容分析

从内容层面看,《明镜周刊》2002—2006 年对中国报道主要涉及政治、经济和社会文化三个方面。笔者通过实证分析,试对 196 篇《明镜周刊》涉华报道从具体内容层面进行界定。

1. 政治中国

纵观笔者研究的《明镜周刊》五年中对中国的报道,可以确定,《明镜周刊》对中国的政治关注主要涉及政治制度、人权、腐败、外交关系、中国台湾问题、中国香港问题和民族问题。

政治制度方面,由于中德体制不同,《明镜周刊》对中国政治方面的报道更趋负面性和批评性。《明镜周刊》有关中国政治的报道主要集中在对中国政治制度、政府的政策以及党政换届选举情况的报道。涉及中国的政治制度方面的,在《明镜周刊》中,中国被称为"共产主义中国",① 在

---

① Gestorben Wang Daohan. In:*Der Spiegel*,2.Januar 2006,S.142.

2004 年《中国特刊》一篇题为"旧核涂新漆"的文章对于中国的国家体制、政党制度、权力分配等向读者进行了全面系统的介绍。在介绍的同时，作者始终是以西方的政治体制作为评判标准，对中国的政治制度进行了尖锐的批评，认为在中国三权分立"完全是虚有其表"，国家立法机关全国人民代表大会只是一个"影子议会"，其功能是"接受政府的统计报告"。而在人代会期间最高人民法院院长和最高检察长的报告没有得到通过，则只被认为是一种"对于民主的一种宣传"。《明镜周刊》认为，中国的司法也不够独立，在很多情况下需要"同共产党进行协商"。而在西方通常被称为"第四权力"的媒体虽然在中国已经取得很大进展，但是并不能够起到对政府的监督作用。在《明镜周刊》视角下中国的政治制度"与现代的中国不相适应"。

在这一对中国制度认知和界定的框架下，人权状况受到《明镜周刊》特别关注，成为其中国报道一个重点，是对中国报道数量最多、最全面的方面之一。《明镜周刊》时常将经济合作与人权进行挂钩，通过负面报道试图将对象国塑造成没有人权、没有自由和民众受到迫害的国家。中德人权对话机制并没有对《明镜周刊》中国人权报道产生积极的影响。长时间以来，中国和西方在人权问题上的纷争不断，因此《明镜周刊》对于中国人权的关注是在意料之中的。在关于人权问题的报道中，《明镜周刊》塑造的中国是这样的一个国家：在人权被肆意践踏的中国，每年大量的犯人被处死，犯人的器官被挖走，警察可以任意逮捕嫌疑人，人民随意受到迫害，人权卫士处境艰辛。中国政府也承认在人权问题上还有待进步，但是《明镜周刊》中对于中国人权状况的描述却是危言耸听。在某些文章中，作者还加入自己的主观猜测，违背了新闻客观性的基本原则。有些作者对于某些问题的观察角度是片面的，甚至是错误的。比如《明镜周刊》把支持东突恐怖分子的 Kadeer 刻画成一个女英雄和人权斗士，孤身一人为了"受压迫"的维吾尔族对抗一个国家的政府。"东突"是一个国际社会公认的恐怖组织。他们制造恐怖袭击，致使很多无辜的人丧生，是对于人的生命权利的严重损害。作者却对其支持者进行美化。除人权问题外，《明镜周刊》特别聚焦中国某些领域存在的腐败问题，对已被揭露的一些个案进行夸大性报道和评述,试图将对象国塑造成贪污横行的国家。在这方面,某些文章用国家制度的缺陷进行解释,忽视了腐败问题产生的真正根源,片面地强调中国只有按照西方方式才可以根治腐败问题。

中国的对外关系也是《明镜周刊》特别关注的方面,中德关系和中美关系得到了较为广泛的报道。对中德关系的报道更多集中于经济领域的合作和德国企业的在华投资;中美关系报道主要评论中国的崛起,指出中国正在成为一个可以同美国进行竞争的世界强国,中国与美国在经济和政治方面既有合作又有冲突。中国同美国、日本、印度、德国等大国以及周边国家的关系构成了《明镜周刊》对中国对外关系报道的主要部分。这些报道与对于中国政治制度和政策的报道相比相对比较客观。周刊既有对于中日、中美冲突的报道,也有关于中印关系缓和的报道。《明镜周刊》在一篇名为"巨人的决斗"的文章中对中国的崛起给世界格局以及中美关系带来的影响进行了深入分析。作者认为随着中国的强大,中美之间展开了全方位的竞争,甚至提出这样的疑问,"是否美国的独霸局面已经结束,现在已经开始了中国世纪?"① 由于德国前总理施罗德实施务实的中国政策,中德关系取得巨大的进展。但是在《明镜周刊》的报道中,中德关系的发展并没有得到相应的体现。在 2004 年 12 月 13 日一篇名为"商人的总理"的文章中,作者对施罗德的中国政策在德国国内引起的批评进行了报道。文章认为,由于施罗德对华关系只注重经济利益,中国的人权问题没有得到改善,中国的军力更加强大。

另外,台湾问题一直被《明镜周刊》关注,其中关键性的事件有春节包机、《反分裂国家法》的制定以及国民党主席访问中国大陆。这方面的报道以两岸紧张关系为重点,强调中国大陆对于台湾地区的压力及其军事上的威胁。在这方面《明镜周刊》完全忽视了台湾地区自古以来就属于中国的历史事实,并试图将台湾地区塑造成西式的自由民主的"国家";《明镜周刊》大肆渲染中国大陆对于台湾地区的军事威胁,从而将中国塑造成

---

① Frank Hornig/Wieland Wagner: Duell der Giganten. In: *Der Spiegel*, 8. August 2005.

一个极具进攻性,随时会对和平带来威胁的国家。在涉及中国大陆和中国台湾地区的关系时,《明镜周刊》坚持"两个中国"的立场。中国大陆对于和平统一的愿望在《明镜周刊》中并没有提到。

对于中国香港地区,《明镜周刊》特别关注香港回归祖国后的变化和现状,认为香港市民的生活状况没有发生太大的变化,但民主受到压制。几乎所有的文章都是一种基调,即香港回归之后,民主、自由由于受到中国大陆的干涉而不断萎缩。对于"一国两制"的方针,《明镜周刊》记者 Andreas Lorenz 和 Stefan Simons 虽然也承认是一项"具有历史意义的杰出的试验",[①] 而香港在回归之后人民生活也基本保持原来状态,但在这方面作者并没有给予充分描述,而大肆渲染中国大陆对于中国香港地区的"干涉",对于"民主权利的破坏".[②]

民族问题方面主要涉及西藏和新疆问题。《明镜周刊》部分文章认为中国破坏了藏民的传统和宗教信仰。在这方面《明镜周刊》忽略了中国自古以来对西藏的主权以及西藏解放后西藏的现代化以及由此带来的生活变化。对新疆问题的报道主要是东突问题,部分文章认为穆斯林信仰不被尊重,西气东输也被视为对少数民族的掠夺。中国政府对新疆和西藏地区的政策,《明镜周刊》也进行了报道。《明镜周刊》记者 Lorenz 认为,生活在新疆的维吾尔人"在宗教上不受重视,在经济上被忽视".[③] Lorenz 认为,在新疆,少数民族的各种权利都受到限制,尤其是宗教信仰自由得不到保障.[④] 在西藏问题上,前《明镜周刊》驻华记者 Jürgen Kremb 在一篇文章中甚至声称,"中国在唐朝时候把一位公主嫁到西藏,北京一直到今天都将此作为中国拥有西藏主权的充足理由".[⑤] 这充分反映了作者对于中国历史的无知以及对中国政府的诬蔑。在宗教信仰上,Lorenz 认为,

① Andreas Lorenz/Stefan Simons: Gräte im Schlund des Drachen. In: *Der Spiegel*, Spiegel Special 2004。

② 同上。

③ Andreas Lorenz: Unsichtbare Grenze. In: *Der Spiegel*, 29. Juli 2002.

④ 同上。

⑤ Atlantis im Himalaja. In: *Der Spiegel*, 24. April 2006.

在西藏人们的宗教信仰受到侵犯。中国政府对于西藏宗教仪式的尊重在 Lorenz 眼中不是宗教信仰自由的表现,而是"把这些虔诚的仪式作为可以利用的旅游资源——一个落后的少数民族的民俗"。①

总体来说,政治方面《明镜周刊》对中国的报道具有妖魔化的倾向,其中充斥着偏见和猜测。

2. 经济中国

中国经济及其快速发展成为《明镜周刊》中国报道重要的方面,并给予极大的关注,进行了总体来说较为客观的深入细致的报道。《明镜周刊》用"经济奇迹"② 来称呼中国。周刊记者把中国经济总量同世界头号经济强国美国做了比较,指出,"对于大多数的专家来说,中国的国民经济超越美国只是一个时间问题。"③ 但是中国经济的发展也面临着一些问题,例如经济发展区域不平衡,居民收入水平差距拉大而导致的贫富分化、环境污染、灾难性事故等为将来的可持续发展带来困难等。这些问题也同样引起了《明镜周刊》的关注。中国经济的快速发展同时也带来了经济过热的隐患,中国政府调控经济的措施,《明镜周刊》则认为收效甚微。周刊指出中国经济获得飞速发展,对于周边国家的经济以及西方国家构成了威胁,尤其是提醒在华投资的德资企业和西方企业,在赚取利润的同时也面临着威胁,在这方面《明镜周刊》指出,中国正在利用外资和技术发展自己,将来会对外国企业构成威胁。

对壮大后的中国企业走出去《明镜周刊》也进行了报道,指出中国一些有实力的大型企业已经不满足于本国市场,正在走向世界,虽然仍然有一定困难,但是将来会有广阔的前景,这将对中国周边国家经济产生影响,造成区域发展不平衡。在中国经济高速发展的过程中出现了一批有实力的中国企业,如海尔、TCL、联想等。近年来中国企业的全球扩张,例

---

① Atlantis im Himalaja. In: *Der Spiegel*, 24. April 2006.

② 同上。

③ 同上。

如联想收购 IBM 个人电脑业务、上海汽车厂收购英国的罗浮汽车公司、TCL 兼并法国的 Thomson 公司等引起了《明镜周刊》的关注。"到 2015 年中国想在世界五百强中占据 50 席，并且会扶植建立 500 个中型以及 5000 个小型跨国公司"，① 《明镜周刊》驻华记者 Wagner 这样写道。对于中国公司逐渐走向国际，Wagner 作出了相对客观的评价，他援引 McKinsey 公司 Sönke Bästlein 顾问的话，"短期内中国公司在国际化进程中的失败会多于成功，但是长期来看，中国的价格优势会扮演越来越重要的角色"。② 此外《明镜周刊》还特别关注中国跨国公司在德国的发展。《明镜周刊》指出，一些德国的公司，尤其是一些中小公司已经成为了中国跨国公司收购的目标。从 Wagner 的文章题目"中国人来了"就可以看出，中国企业被视作对欧洲传统工业强国的一个挑战。

在《明镜周刊》对中国报道中也出现知识产权话题。虽然以知识产权保护为话题的文章 5 年来只有 3 篇，但是在关于中国经济的报道以及中德经济关系的报道中却屡次出现。而近年来德国对中国知识产权保护的措施一直持批评态度，《明镜周刊》有些报道也表达了同样的立场。在该刊有的文章中，中国被视作世界"头号假冒伪劣国家"，③ 以及"世界经济最大的假冒伪劣工厂"。④ 《明镜周刊》的记者 Lorenz 在文章中写到，中国的知识产权保护状况很糟糕，对于投资中国的外国公司带来了损害。"中国的造假者仿冒外国公司生产的一切产品，不仅危害了这些公司的经济利益，而且玷污了他们的名声"，而对于中国部分造假者的这种行为，Lorenz 甚至从中国的传统这个角度去解释，认为中国在历史上就有造假的传统，而且不被认为是不正当的。2006 年，在上海磁悬浮开通两年半之后，中国宣布要研制自己的磁悬浮列车，这个消息大大触动了德国人的神

① Alexander Jung/Wieland Wagner：Die Chinesen kommen. In：*Der Spiegel*, 3. Januar 2005.

② 同上。

③ Dinah Deckstein ud.：Der große Know-how-Klau. In：*Der Spiegel*, 20. Februar 2006.

④ 同上。

经。在一篇题为"巨大的技术盗窃"的文章中,作者捕风捉影,认为中国在偷盗德国的高科技,并且警告德国来华投资的企业,"中国对于德国企业来说已经不再是一个机遇,而是威胁"。① 而对于空中客车公司要在中国建立装配工厂,《明镜周刊》也认为这是在"玩火"。② 在这方面,《明镜周刊》认为在中国知识产权得不到保护,这使外资企业遭受巨大损失,并且也使中国内地企业蒙受损失;认为知识产权问题得不到有效解决,是因为中国人没有知识产权保护意识。对于中国政府打击盗版的行动虽然也有报道,但是并没有从根源上解释存在问题的原因,只是认为仿冒在中国有着传统。在重大工程建设方面,《明镜周刊》在许多报道中提出了质疑,受到特别关注的是环境保护问题。

3. 社会和文化

《明镜周刊》对于中国社会和文化的报道所涉及的层面比较广,既有关于中国艺术、体育、科技、教育的报道,也有对中国考古、历史以及一些习俗的介绍,还有对一些社会现象例如社会老龄化、自杀率、文化遗产的保护、环境等的观察。其中重点是中国的环保、科技、体育、高等教育等方面。

中国的环境问题是《明镜周刊》中社会报道提及最多的一个话题。通过大量的图片以及文字描述,中国被塑造成环境污染极为严重的国家,中国的环境污染被描绘成全世界的灾难。"来自西部戈壁的沙尘暴染黄了北京的天空,到达了韩国甚至美国。来自中国的酸雨侵蚀着东京皇宫的建筑,中国发电厂排出的废气在整个地球上空飘荡。"③ 中国的环境污染被夸大,很有一些中国环境威胁论的意味。对于中国环境问题的原因,《明镜周刊》驻华记者认为,中国的环境污染是由于中国经济"毫无顾忌"地发展造成的。在一篇报道中这样写道:"直到现在中国政府由于担心会

---

① Dinah Deckstein ud.：Der große Know-how-Klau. In：*Der Spiegel*, 20. Februar 2006.

② Wieland Wagner：Spiel mit dem Feuer. In：*Der Spiegel*, 8. Mai 2006.

③ Rote Flöte. In：*Der Spiegel*, Spiegel Special 2004.

影响到中国经济的快速增长而不愿意采取严厉的环保措施。"① 该刊认为中国的环境污染的主要职责在于中国政府，指责其只考虑经济增长而不关心环保。

中国科技的发展也是《明镜周刊》非常关注的一个问题。在这方面，《明镜周刊》没有对中国总体科技发展水平作说明，而是把目光投向了中国的尖端科技。《明镜周刊》认为，虽然中国目前的主要技术还是来自于西方和日本，但是"现在中国想要依靠自己的力量发展高科技"。②《明镜周刊》对于中国科技的报道主要集中在中国在国际上领先的领域，例如生物工程、航空航天以及信息技术等。该刊认为，在这些领域中国已经走在了世界前列，有些方面甚至已经超越西方国家。中国科技的发展首先在于中国政府的支持，"不管中国的工业走到哪里，都会获得国家的全力支持"。③ 一些记者在文章中也表现出了中国科技发展对于欧洲带来挑战的担忧。"如果现在的趋势继续的话，欧洲将会丧失以知识为支撑的经济领先地位"。④

在体育方面，《明镜周刊》主要对中国在雅典奥运会上所取得的成绩以及 2008 年在北京举行的奥运会进行报道。《明镜周刊》记者指出，中国在 2004 年奥运会取得了辉煌的成绩，"中国有雄心，在 2008 年举行的奥运会上赢得头筹"。⑤ 概括来讲，中国在经济体育方面被视为一个"超级大国"。⑥ 对中国高等教育，报道更倾向于负面，部分文章认为中国的大学设施差，教师素质总体不高，大学生由于要支付高昂的学费面临巨大的压力，而就业市场由于大量毕业生的涌入竞争空前的激烈。

---

① Kehrseite des Booms. In：*Der Spiegel*，31. Oktober 2005.

② Hightech-Offensive. In：*Der Spiegel*，2. Januar 2006.

③ 同上。

④ 同上。

⑤ Andreas Lorenz/Alfred Weinzierl：Alles für Olympia. In：*Der Spiegel*，Spiegel Special 2004.

⑥ 同上。

三、影响《明镜周刊》对华报道的因素

《明镜周刊》中所塑造的中国形象同中国的实际情况并不相吻合，哪些因素在制约着它的对华报道呢？在这方面特别提到的因素有：媒体因素、文化差异和德国对华政策。这些层面的诸因素或多或少影响了《明镜周刊》记者对中国政治、经济和社会文化方面的报道。

在西方，媒体具有极大的影响力，甚至被称为三种权力之外的第四权力。社会监督是媒体的重要功能之一。它不完全同政府保持一致，常常同政府唱反调。《明镜周刊》作为西方媒体的一个代表，向来以其犀利的笔锋、大胆的批评著称，不管是国内报道还是国际报道，大量的负面报道一直是《明镜周刊》的特色。另外，商业利益也是影响媒体对华报道的一个重要因素。一份刊物要想生存下去就必须保证吸引读者，以保证其发行量，因此必须要在一定程度上去迎合读者的口味。无疑，冲突性的报道、具有轰动性的报道更能够引起读者的兴趣。在这一前提下人们不难理解《明镜周刊》在报道中国时对所关注问题的选择，这既是西方媒体特性所致，也是源于意识形态和政治制度不同性。在这方面媒体和政治互相制约、互相影响，德国对华政策在很大程度上也影响《明镜周刊》对中国的报道。

虽然西方媒体并不完全依赖于政府的政策，但是不可否认，政府的政策对于媒体报道有着深刻影响。2002—2006 年大部分时间是施罗德执政时期，施罗德奉行务实的中国政策，强调与中国的经济合作，避免在人权等问题上刺激中国。但是 1989 年以来德国政府便开始对中国采取了"人权外交"，人权问题一直是两国关系中一个很敏感的话题。而施罗德的对华政策在德国国内遭到了猛烈的批评。在人权外交的大环境之下，《明镜周刊》对华报道也难免深受其影响。

中西文化差异性和记者个人对对象国的态度也影响《明镜周刊》记者对于中国的报道，他们不能完全摆脱西方文化心理的影响，所以往往戴着西方社会价值观的有色眼镜去观察和报道中国。

第五节
中国高中历史教科书中的德国形象

钟　映[*]

中国中学教科书是课堂上采用的系统规范的标准书籍，是整个国民基础教育的核心内容。中国高中世界历史教科书中关于德国历史的介绍直接影响中国中学生对德国历史的认识和了解，塑造出学生心目中的德国形象。此形象意义深远，直接影响到他们将来对德国社会的认识和看法。基于这一对中学世界历史教科书的认知，本节以中国20世纪80年代以来由人民教育出版社出版的三套高中历史教科书中的德国部分为研究对象：

- 人民教育出版社历史室：《高中中学课本·世界历史》上下册，北京：人民教育出版社，1981年。
- 人民教育出版社历史室：《高中中学课本·世界近代现代史》上下册（必修），北京：人民教育出版社，1995年。
- 人民教育出版社历史室：《全日制普通高级中学教科书（选修）·世界近代现代史》上下册，北京：人民教育出版社，2003年。

通过实证方法，整理、分析和评价三套书中对德国历史事件的介绍，探讨世界历史教科书对德国历史的特定视角，在此基础上界定中国高中历史教科书中的德国形象。

一、中国世界历史教科书的编写特点探析

纵观中国世界历史教科书编撰学的发展历程，人们不难确定，中国的

---

* 　旅德学者，上海外国语大学德语系2009年硕士毕业生。本论文得到上海外国语大学德语系王志强教授的指导和修改，在此致谢。

世界历史编撰学起步较晚,基础薄弱。建国后历史唯物主义成为历史教科书编写的出发点,马列经典以及苏联模式成为建国初期世界史研究和编写的依据,也是 20 世纪 80 年代初出版的第一套世界历史教科书的基本理念。90 年代中期以及 21 世纪初期开发的第二套和第三套世界历史教科书紧随中国国内政治发展,逐渐摒弃"以阶级斗争为纲"的思想,在历史唯物主义基础上带有中国特色,朝着多元化、科学化与时俱进方向发展,并决定中国世界历史教科书对世界历史的介绍视角和内容选项。

在对德国历史介绍方面,在很长一段时间内,中国世界历史教科书受到马克思经典和德国历史观影响。50 年代以来,随着人民出版社和中央编译局的成立,我国开始有系统地大规模翻译出版马克思主义经典著作,其中的历史著作是我国世界史编纂的起点。出生于德国的马克思和恩格斯生前撰写了一系列论述德国历史的著作,如《德国农民战争》、《德国的革命与反革命》、《法德农民问题》和《国际工人协会总委会关于普法战争的第一篇宣言》等,这些著作一经翻译就成为研究德国历史的重要依据。鉴于马克思主义经典缺乏完整的世界史论述,我国历史教科书在早期引入苏联模式。民主德国历史学家维纳·洛赫(Werner Loch)于 1958 年在我国出版了第一本完整介绍德国历史的著作《德国史》。这本书在很长一段时间内是我国研究和编纂德国历史的主要参考书。改革开放以来,我国对教学体制进行全面调整,在教科书编写方面也实行了大幅度改革。历史教科书的编写逐步摆脱苏联模式,朝着有中国特色的方向发展,重视学生的社会主义、爱国主义、集体主义以及思想道德教育。21 世纪的历史教科书在科学性及多样性方面取得了很大进步,注重学生的创新思维能力的培养,加强学生的历史文化素养。

我国历史教科书采用历史唯物主义解释历史的发展,强调经济基础对上层建筑的决定作用,突出阶级斗争在推动历史前进中的地位。历史唯物主义认为历史发展是客观的且有特定的规律,其最基本的规律就是生产力决定生产关系,生产关系对生产力有反作用。生产力和生产关系之间的矛盾以及经济基础和上层建筑之间的矛盾构成了人类社会的基本矛盾。这两对矛盾存在于一切社会形态之中,贯穿于每一个社会形态的始终,决定着其他各种社会矛盾,是推动社会发展的基本动力,决定着社

会历史的一般进程。因此,历史教科书在论述世界重大历史事件时,总是遵循着特定的论述模式,即首先说明经济基础的改变(发展或倒退),其次论述由此引发的阶级矛盾(统治阶级与被统治阶级之间或统治阶级内部矛盾)。教科书中重点介绍的历史事件往往是那些阶级矛盾发展到一定程度而引发的阶级斗争,而阶级斗争的形式主要表现为改革、革命及战争。这种历史唯物主义历史理解方式和解读方式在很大程度上决定了中国世界历史教科书对德国历史介绍和评述方式。

二、中国世界历史教科书德国部分内容探析

从笔者研究的三套高中世界历史教科书中有关德国部分的内容看,中国世界历史教科书集中介绍了德国从宗教改革到第二次世界大战结束之间发生的政治历史事件,其中以改革、革命和战争为主线,浓墨重彩地介绍了德国军国主义、法西斯传统以及两次世界大战,教科书对德国历史事件的轻重取舍仍归因于历史唯物主义的认知方式,仅就德国历史部分内容而言,中国世界历史教科书依然存在政治化、抽象化倾向和史料不足等问题。另外,同其他国家历史介绍相比,德国历史部分在中国高中世界历史教科书中的内容比例约占六分之一,选材过多倾向政治方面,对政治事件相关的文化背景和文化影响介绍几乎忽略,视线过多地放在二次世界大战和二战进程上,反映历史全貌不够,这在很大程度上会误导学生对德国历史发展进程的理解和看法。

人教社的教科书在描写德国历史和德国历史事件时,将关注点主要放在以下 15 个德国历史事件上:德意志的宗教改革和农民战争、普鲁士腓特列二世改革、1848 年欧洲革命、德意志统一、向帝国主义过渡、第一次世界大战、德国十一月革命和魏玛共和国的建立、巴黎和会的召开和凡尔赛和约的签订、一战赔款问题和洛迦诺公约、德国法西斯专政的建立、慕尼黑阴谋和苏德互不侵犯条约的签订、第二次世界大战、对德国法西斯的处理和两个德国的形成、战后联邦德国经济的恢复和发展及两德统一。在对人教社教材实证分析中笔者感到,其中大部分德国历史事件都涉及

阶级斗争,即改革、革命和战争,个别历史事件如德意志向帝国主义过渡乍一看描绘的是德意志阶级的发展,实质是在论述资本主义经济政治发展的不平衡,是在为介绍第一次世界大战的爆发做铺垫,严格说来属于论述资本主义国家间的阶级矛盾。

在概括界定人教社三套世界历史教科书德国部分宏观层面内容后,笔者选择其中七大历史事件,即宗教改革和农民战争、德意志统一、德国十一月革命、德国法西斯专政的建立、第二次世界大战、战后联邦德国经济崛起以及德国科学技术与文化,通过横向比较分析和比较不同的描述和评论,界定我国历史教科书30年来对德国历史认知的变化发展,在此基础上勾勒出我国高中历史教科书中的德国形象。

1. 宗教改革和农民战争

这三套历史教科书都把宗教改革定义为反封建斗争的开始。第一套教科书分别用两页的篇幅介绍了宗教改革发生在德意志的背景及其引发的农民战争。这套教科书的重点在于介绍宗教改革爆发之前德意志十分复杂的阶级矛盾,论述教会作为"占有极高特权地位的反动统治阶级"在16世纪初期成为"各阶层集中反对的目标"的原因,极其简单地说明了一下宗教改革的经过和发展:"在这种形势下,资产阶级宗教改革的代表人物马丁·路德在1517年起来反对免罪符、倡议宗教改革,得到广泛的响应"(第129页)。相对于宗教改革而言,第一套教科书高度赞美了1524—1525年的德国农民战争,详细地介绍了农民战争领导人闵采尔进行的革命宣传活动及其领导的革命斗争,最后高度评价了农民战争的意义:"1524—1525年的农民战争震撼了德意志的封建统治秩序,使这两年成为德意志历史上的英雄年代"(第132页)。20世纪90年代以来的这两套高中历史教科书在农民战争这一课题上进行了很大的调整。第二套教科书仅用一句话简述农民战争,而第三套教科书丝毫没有提及农民战争。根据当今的史学研究,农民战争只能算是16世纪20年代发生在德意志南部的一桩历史事件,对后来德国及欧洲历史的影响并不大,在诸多德国的历史教科书中笔者同样没有发现相关介绍。80年代初教科书对农民战争

的赞美想必是受到恩格斯的著作《德国农民战争》的影响。

第二套和第三套历史教科书依次介绍了宗教改革的背景、经过和意义，内容大致相同。值得注意的是，第三套教科书补充强调宗教改革是"一场在宗教外衣掩饰下发动的反对封建统治和罗马神权统治的政治运动"，而第二套教科书把宗教改革定义为一场"反对罗马天主教会的社会运动"。基督教对欧洲社会的影响显然不仅仅局限于宗教领域，而是从古至今深刻影响着欧洲政治、社会、文化等各个领域，与百姓生活息息相关。16世纪马丁·路德领导的这场宗教改革对德意志民族历史发展进程造成相当重大影响。我国的历史教科书编写者基本上还只是从政治角度运用经济基础与上层建筑之间的基本矛盾来论述宗教改革的历史意义和对当代的影响。

2. 德意志统一

对德国历史略知一二的人都应该了解德国历史上所谓"春秋战国诸侯林立"的状态，四分五裂的格局决定了德国历史发展趋势。了解一个民族或国家的历史首先要了解这个民族或国家的总体发展历程。学生通过高中历史教科书学习德国历史时，经常能够看到"德意志"、"普鲁士"及"德国"这类概念，但不少学生表示对这些概念的了解并不清楚。笔者在整理素材时发现，教科书对德国历史的整体发展历程，特别是1871年德意志统一之前的局势交代不清，不利于学生整体把握德国历史，也不利于学生理解当今欧洲局势。

"德意志"在三套历史教科书中的第一次亮相是在"宗教改革"部分，但教科书均未附注说明德意志概念的内涵，学生只能在教科书其他地方找到个别简单说明，因此学生对于这个概念的理解属于似懂非懂。第一套教科书在介绍"宗教改革"背景时提到"德意志名义上由一个皇帝统治，实际上境内小国林立，……长期不统一"；在介绍"一八四八年欧洲革命"时提到"奥地利、普鲁士和德意志其他一些小邦革命的胜利，为分裂的德意志创造了统一的条件"。但第一套教科书并没有介绍"德意志统一"，仅在"德国向帝国主义过渡"中作为背景说明用两行文字简单交代了一下：

"1871 年 1 月 18 日,在法国巴黎郊外凡尔赛宫的镜厅,普鲁士国王威廉一世宣布为德国皇帝。四分五裂的德意志的统一完成了,德国成为欧洲的强国"(第 73 页)。

第二套和第三套教科书分别用一个章节介绍了 18 世纪前后欧洲封建国家的改革,其中论及"普鲁士腓特烈二世改革"和"奥地利的开明专制",解释了"普鲁士为德意志最重要的邦国之一"以及"奥地利君主长期担任当时名存实亡的神圣罗马帝国的皇帝"。第二套教科书用脚注标明"神圣罗马帝国为欧洲的封建帝国",但没有进一步说明其与"德意志"有何关系,第三套教科书更是没有提及。与第一套教科书不同的是,第二套和第三套教科书分别用两页多的篇幅介绍"德意志统一",并用脚注说明统一后的"德意志帝国"是"德国历史上所说的第二帝国。公元 962—1806 年的神圣罗马帝国为第一帝国;20 世纪 30 年代希特勒建立的帝国被称为第三帝国"。当然学习非常仔细认真的学生能够在这些历史教科书中找到德意志第二帝国发展的踪迹,但对于大部分学生来说,德国历史大概只能从 1871 年统一后说起。

依照历史唯物主义生产力与生产关系基本矛盾的原理,第二套和第三套教科书把德意志统一的背景聚焦在"由于缺乏统一的国内市场,资本主义经济发展受到很大的阻碍",只有"结束德意志长期的分裂状态",才能"为德国资本主义经济迅速发展铺平道路"。普鲁士在德意志统一大业中具有比奥地利更大的优势,在统一过程中发挥重要作用的是铁血首相俾斯麦。通过学习我国高中历史教科书,学生们能够列举出的德国历史人物有限,除了马克思和恩格斯,俾斯麦和希特勒算是他们最为耳熟能详的德国历史人物。在学生心目中,俾斯麦这个名字总是和"铁血政策"联系在一起。历史教科书中出现的俾斯麦头像再次印证了其"威严专横"的形象。在头像旁边,教科书还引用了俾斯麦在议会上的一次演说:"当代重大问题不是用说空话和多数人的决议所能解决的,而是要用铁和血来解决。"教科书除了介绍俾斯麦的"铁血政策"还强调其外交能力"展开灵活的外交活动,争取分化、孤立敌军,各个击破",这在一定程度上避免学生将俾斯麦简单地误认为是"一介蛮夫",但也难以改变学生心目中俾斯

麦以及整个德国的"军国主义"形象。这两套教科书在一开始介绍普鲁士时,就写道"17世纪以后,普鲁士不断对外推行军国主义扩张政策";在分析德意志统一的影响时,已经开始向学生暗示一战的到来:"统一后的德国继承了普鲁士的旧制度,特别是普鲁士的军国主义传统,使德国成为欧洲最富于侵略性的国家。"

3. 德国十一月革命

　　我国历史教科书对德国十一月革命的叙述因时代而异,第一套教科书一共用了四页来书写一战后发生在战败国德国的革命运动,同时较详细地说明了魏玛共和国的建立。第二套教科书则只用十行字叙述十一月革命的经过,小字补充介绍魏玛共和国,另附在革命中牺牲的德共领导人卡尔·李卜克内西和罗莎·卢森堡的肖像。第三套教科书则完全删除了"(一)战后欧洲革命运动的高涨"这一章节,学生们自然无从了解德国十一月革命以及魏玛共和国。笔者认为,适当交代魏玛共和国是必要的,这有助于学生整体了解德国历史发展进程,也有助于学生了解德国法西斯专政建立的背景。

　　第一套教科书首先说明俄国十月社会主义革命对德国革命形势的影响,其次叙述德国十一月革命的爆发即基尔水兵起义和德皇威廉二世逃亡荷兰,再则介绍社会主义民主党左右两派为建立苏维埃制度还是资本主义议会民主制开展的斗争,严厉谴责以艾伯特为首的资产阶级政府出卖十一月革命、血腥镇压工人运动并卑鄙残杀德共优秀领导人,最后总结了十一月革命失败的教训。80年代初,我国仍未脱离以阶级斗争为纲的思想,这段描写基本上刻画的是"残忍卑鄙"的资产阶级政党剥夺"尚未成熟的"工人阶级革命成果并导致革命失败的过程。相比而言,第二套教科书叙述更为简明客观,删除了对艾伯特个人的谴责和抨击。

　　两套教科书都认为柏林工人和士兵起义之后,"威廉二世被迫退位,逃往荷兰,帝制被推翻"。中国台湾地区史学家周惠民先生在1998年举办的"历史意识与历史教科书的分析编写国际学术研讨会"上发表论文"现行中学教科书有关德国的探讨",他指出历史教科书关于一战结束的方式的表述有误。他认为,1918 年 9 月,德国军方主张停战,认定战事已不可为,德国应保持相当实力。十月基尔水兵起义,德国政府重组,但德皇威廉二世尚在荷兰度假。新政府响应美国提出的停战要求,即协约国只愿与民选的德国政府讨论停战,要求威廉退位,威廉一直犹豫不决。1918 年 11 月 5 日,柏林获得美国国务卿兰辛同意停战的消息,德国首相自行宣布德皇退位。换言之,德皇威廉二世被德国新政府要求退位,以便进行和平谈判,并没有逃亡事实。

4. 德国法西斯专政的建立

马克思主义认为资本主义世界经济危机是资本主义制度的基本矛盾即生产的社会化和生产资料资本家私人占有形式之间的矛盾发展的必然结果,经济危机引起政治危机。面对 1929—1933 年资本主义世界经济"大萧条",各国垄断资产阶级必须采取强有力的措施来缓解社会动荡巩固统治。这样的经济政治大背景都为三套历史教科书所强调。在同样的大环境下,美国推行了"罗斯福新政",促进了生产力的恢复,稳定了美国局势,德国和日本却选择了独裁政府,建立法西斯专政,分别成为欧洲和亚洲的二战策源地。因此,笔者认为在教科书中介绍德国法西斯专政建立的特殊德国国情是有必要的。

20 世纪 80 年代的第一套教科书在提出了"深刻的经济危机使阶级斗争异常尖锐起来"之后就直接说明"以希特勒为头子的法西斯组织纳粹党"活动猖獗蛊惑人心从而获得了广泛支持,而"垄断资产阶级对于国内日益高涨的革命群众运动十分恐惧,决定赶快让纳粹党的头子希特勒上台,建立垄断资产阶级的公开的恐怖的专政。1933 年 1 月 30 日,德国总统兴登堡授权希特勒组织政府"(第 233 页)。这样的表述存在着不少漏洞,必然给学生造成许多误解。首先,这套教科书缺少说明德国当时执政的魏玛政府软弱无力,根本无法缓解经济危机缓和社会矛盾,甚至有些措施激化社会矛盾。普通百姓和统治阶级都希望出现强有力的政府来改变现状。其次,它没有解释纳粹党大肆的宣传活动为何能够得到百姓和统治阶级的认可。其中很重要的一个要素是凡尔赛和约给德国社会带来了

压抑和不满。德国人认为凡尔赛和约是"强加的和平"，渴望打破凡尔赛体系的束缚，提高德国的国际地位。因此，当纳粹分子提出"民族主义"，宣扬德意志民族是最优秀的民族，有权统治全世界时，得到了民众和统治者的支持。再则，"德国总统兴登堡授权希特勒组织政府"的说法也是不妥的。1932年通过国会选举，纳粹党成为国会第一大党。因此，希特勒是通过投其所好和骗取支持来获得选举从而出任德国总理，并非由总统直接授权。第二套和第三套教科书基本上都纠正了以上所指出的错误。

希特勒上台不久之后借助"国会纵火案"打击了德国共产党，进而取缔除纳粹党以外的所有政党，成为当时德国的唯一政党，建立起法西斯独裁统治。我国历史教科书断定纵火案的真相是："希特勒死党、法西斯头子戈林派爪牙纵火焚烧了国会，然后嫁祸于德国共产党"（第234页）。姚宝教授曾著文指出，在这一点上德国教科书的报道更为谨慎："至今还不能断定是个别人还是纳粹党人自己纵的火，但有一点是确认无疑的：纳粹党以国会大厦纵火为借口，当夜逮捕了许多共产党人和他们的追随者。"

三套教科书还分别报道了希特勒政府从1933年到二战爆发之间的镇压百姓扩军备战的措施。镇压百姓的措施表现在：(1)对文化思想和教育领域进行严密控制，用纳粹党的说教钳制人们的思想；(2)迫害犹太人，推行种族灭绝制度。扩军备战的措施为：(1)大力发展军事工业，实行国民经济军事化；(2)退出国联，公开撕毁《凡尔赛和约》；(3)开进莱茵非军事区，进一步践踏《凡尔赛和约》。

5. 第二次世界大战

在介绍二战全面爆发之前，三套高中历史教科书都采用较大的篇幅叙述了慕尼黑阴谋和苏德互不侵犯条约。"慕尼黑阴谋"这个概念来自于苏联，用来解释英法帝国主义采取绥靖政策企图用牺牲捷克斯洛伐克的办法来推动法西斯德国向东进攻社会主义苏联的阴谋。苏联政府为了"粉碎英法推动德国进攻苏联的阴谋，为了推迟苏德战争的爆发，同德国签订了《苏德互不侵犯条约》"，条约的签订被视为英法帝国主义长期以来执行的纵容侵略战争的绥靖政策的破产。这样的描述显然是从苏联的角度出发,有照搬苏联模式之嫌,这点在第一套历史教科书中尤为明显。第二套和第三套历史教科书虽然依然保留了"慕尼黑阴谋"的说法,但是添加了部分更为客观的观点。例如第二套教科书指出,英法采取纵容侵略的原因除了希望战火东引之外,更因为它们"恐怕引火烧身"。另外,《苏德互不侵犯条约》的正义性值得商榷。第二套和第三套教科书正文中指出"苏联为了自己国家的安全,同德国签订了《苏德互不侵犯条约》",并没有说明这是粉碎英法绥靖政策的"伟大胜利"。值得注意的是,两套教科书还在小字部分指出了苏联和德国在附属的秘密议定书中私自划定了两国在东欧的势力范围,用较为隐晦的方法批评了苏联的做法不仅侵犯他国利益,而且为德国发动战争时免于两线作战,解除了其后顾之忧。

我国历史教科书主要使用叙述手法对第二次世界大战进程进行了详细的报道。同西方历史教科书相比,我国历史教科书缺乏史料部分以及供学生讨论的部分,基本上是按照时间顺序依次报道二战战事。第一套历史教科书前后共采用30页(占世界现代史部分的22.1%)细节铺展式叙述二战进程,堪比简易的军事教材。比较而言,第二套和第三套历史教科书简略了战争进程,但二战进程依然占整个世界现代史部分的11.3%和11.9%。德国历史学者克劳斯·梅鼎曾在学术研讨会上指出,对于战争进程过于详尽的介绍虽然能够引起学生们的好奇心,但是并不符合公认的历史教学目标,即促进和平事业的发展,相反是在向学生灌输好战精神。另外,过多的细节会给学生造成巨大的不必要的学习负担。他认为,在历史教科书中讲述这次战争并不是为了简述军事战略,更重要的意义在于揭露法西斯分子犯下的罪恶,以及士兵与平民遭受的巨大苦难。

笔者在比较分析了三套历史教科书对二战进程的描述之后,发现教科书对苏联及英美在二战中的表现和作用的表述发生了改变。这种变化更多地涉及我国历史教科书中的苏联形象和英美形象。第一套教科书主要突出前苏联红军在二战中英勇抵抗法西斯德国的侵略,强调红军在欧洲战场起到了关键性的作用。第二套和第三套教科书则更为客观地评述了苏、英、美在战争中的表现。小字补充分析了苏军在卫国战争初期失利的原因,指出了苏联在战争初期所犯的错误,从强调苏军的作用转到了突

出世界反法西斯同盟建立的意义。

三套历史教科书最后分别分析了第二次世界大战的影响。第一套教科书只分析了二战对世界工人阶级和被压迫民族的解放事业所产生的正面意义,视角相对狭隘。第二套和第三套教科书首先说明这次战争给人类造成了前所未有的破坏和灾难,其次提到了战争摧毁了法西斯主义和打击了国际帝国主义,并促进了民族解放运动和国际社会主义的发展,最后指出客观上推动科学技术的迅速发展,分析视角相对全面,更重要的是超越意识形态,宣扬和平与进步。值得一提的是,两套教科书在此分别选用"废墟中的德国城市"和"变为废墟的柏林"为插图说明二战对人类所造成的破坏和灾难。法西斯德国固然犯下了滔天大罪,给人类带来了深重的灾难,但德国人民和士兵也是受难者,德国的城市和文明同样遭受了毁灭性的破坏。笔者认为,这两幅插图暗示着我国历史教科书适应时代的发展,摆脱意识形态困扰,提倡人文主义关怀,宣扬和平与发展。

6. 战后联邦德国经济崛起

战后,苏、美、英、法对德国及其首都柏林实行分区占领。由于国家利益的矛盾和意识形态的不同,美苏为取得霸权地位在世界范围内进行激烈的争斗,世界呈现"两极格局"。1949 年,在美国和苏联的支持下,德国西部和东部先后成立了德意志联邦共和国和德意志民主共和国,德国分裂。1989 年东欧剧变,德国柏林墙被拆毁。1990 年 10 月,民主德国并入德意志联邦共和国,两德统一。这就是第二套和第三套历史教科书所呈现的战后德国政治局势,而 80 年代的第一套教科书结束于二战。总的来说,战后德国政治格局是战后两极格局的缩影。历史教科书基本上是按照冷战进程来简单提及战后德国政治的。

另外,两套教科书分别用一个章节介绍了"50 至 80 年代的主要资本主义国家",其中较为详细地分析了战后联邦德国经济崛起的原因。这段分析也反映了我国对当代德国的最基本的认识。第二套和第三套教科书在这方面的认识也算是与时俱进。两套教科书首先分析了西欧各国经济恢复与发展的一般原因,如马歇尔计划、政府对经济的宏观指导、新兴产业的发展以及社会改革,紧接着具体分析联邦德国经济的发展。两套教科书都指出了以下四点原因:(1) 实行非军事化,集中有限的财力物力进行经济建设;(2) 政局比较稳定;(3) 美国对德国经济的扶持,并保留了原有良好的工业基础;(4) 政府在对经济进行宏观管理的基础上,注重发展科学技术和教育事业。第三套历史教科书还补充强调了"尤其重要的是,联邦德国人民普遍具有较高的劳动素质,正是他们的辛勤劳动,才促成经济的起飞,创造了'经济奇迹'"(第70—71页)。此外,第三套教科书还用一段小字论述"联邦德国经济的起飞与人民的辛勤劳动是分不开的"。可以说,最新高中历史教科书对德国人民赞誉有加,这也证明了90年代以来中德经济合作和中德民间交流的良好态势,给学生们留下了正面的德国形象。许多学生在谈起德国时,总会联想到汽车,正如第三套教科书中的德国汽车工厂插图所展示的那样。

7. 德国科学技术与文化

我国历史教科书中政治史部分占有绝对的优势,而科学技术与文化部分都被归纳为一个章节安排在教科书的最后一章。另外,在"文艺复兴"、"启蒙运动"以及"工业革命"中出现部分科技与文化内容。笔者整理归纳了三套高中历史教科书中有关德国科学技术与文化的成果,借此回答德国科技史与文化史在中国历史教科书中的体现以及普通中国高中学生对其了解情况。总的来说,三套教科书对德国近现代科技及文化的描写可谓是凤毛麟角,远远不及对英、法、俄等其他欧洲强国的介绍。科技方面提到了文艺复兴时期开普勒指出的行星沿椭圆形轨道绕太阳运行,第二次工业革命时期西门子发明的发电机和卡尔·本茨发明的汽车,17世纪至20世纪初莱布尼茨创立的微积分学和爱因斯坦提出的相对论;文化方面提到了文艺复兴时期伊拉斯谟的《愚人颂》,17世纪至20世纪初歌德的《浮士德》、席勒的《阴谋与爱情》、海涅的《德国,一个冬天的童话》以及巴赫的古典主义音乐和贝多芬的浪漫主义音乐。

三、结　束　语

　　如上所述，中国世界历史教科书德国历史介绍影响和反映中国普通高中生对德国历史的认识和了解，这种了解不仅表现在涉及德国历史内容的程度，而且也涉及其认知性质，如中国学生怎样了解德国历史，从什么视角，关注什么历史层面。另外，对跨越近 30 年人教社中国世界历史教科书德国历史的分析，有助于我们确定在过去 30 年中中国对德国历史视角的变化过程，这在很大程度上也折射出中国社会变化的过程。

第六节

中国视角下的德国文学形象

杨　凡*

德国在中国的文学形象是基于中国德国文学研究者和爱好者对德国文学的接受、接受期待和选择的总结。德国文学形象所反映的是一幅"他我形象",接受所反映的不是事物本身而是从"本我"出发看德国的结果。这一结果无时无处不受自身期待视野的限制,在这里期待视野可分为国家的期待和个人的期待两个层面,并由自身价值、自身文化、生活经验、选择等诸多因素决定。基于这一跨文化文学接受认知,笔者沿着德国文学形象的"接受——接受反映'他我形象'——'他我形象'取决于期待视野的角度——期待视野深受中国自身政治经济文化等诸多因素影响"这条主轴线,分析和梳理《世界文学》、《外国文学》、《外国文学研究》、《外国文艺》、《译林》这五种中国的外国文学核心期刊在 2004—2006 年内刊登的涉及德国文学作品的学术论文,勾勒出中国读者心中的德国文学形象;并通过对德国作家及其作品在中国的接受数量和类型进行量化分析,剖析中国学者的接受兴趣,总结接受的特征、发展趋势及特点,着重指出接受兴趣与中国社会现状、中国文化及政策的关系,分析影响接受的因素及其影响深度。

一、接受情况总述

在 2004—2006 这三年中,《世界文学》、《外国文学》、《外国文学研

---

*　联邦德国驻中华人民共和国大使馆翻译。本论文得到上海外国语大学德语系王志强教授的指导和修改,在此致谢。

究》、《外国文艺》、《译林》这五种核心期刊发表的关于德国文学作品的文章共有 66 篇,介绍了弗拉季米尔·卡米纳、君特·格拉斯、博托·施特劳斯、冈特·魏森博恩、赫拉·琳德、海因里希·伯尔、特蕾西娅·莫拉、阿尔弗雷德·德布林、彼得·莫斯、尤迪特·海尔曼、比塔·哈姆斯法尔、萨拉·基尔施、阿尔穆特·希勒、E·T·A·霍夫曼、朱丽·泽、英戈·舒尔策、托马斯·黑特彻、伊利亚·特罗亚诺夫、雅各布·海因、玛丽—路易斯·喀什尼茨、克里斯塔·莱尼希、卡切尔·贝林斯等 22 位作家,歌德、托马斯·曼、德布林的小说,歌德、哥特弗里德·本、萨拉·基尔施的诗歌及历史人类学等 36 部作品、20 篇文学评论和涉及德国文学作品的文章(二战、另类角色的作品以及父亲母题)。① 如下图表所示,作家、作品和阐释引用德国文学作品的文章在各年中占有不同的比例:

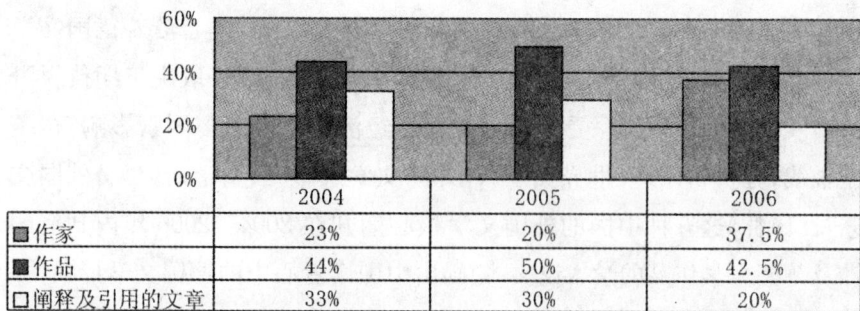

	2004	2005	2006
■作家	23%	20%	37.5%
■作品	44%	50%	42.5%
□阐释及引用的文章	33%	30%	20%

在上图中我们可以看到,2004 年所有文章的 23%介绍了德国作家,44%为译介作品,剩下的 33%则是评论和引用德国文学作品的文章。2005 年所有文章的 20%介绍了德国作家,50%为译介作品,评论和引用德国文学作品的文章占 30%。2006 年所有文章的 37.5%介绍了德国作家,42.5%为译介作品,评论和引用德国文学作品的文章占 20%。由此可得出以下结论:(1)翻译作品的文章占各年文章数量的绝大多数,这说明德国文学在中国的传播主要还是通过翻译作品这一方式;(2)中国学者对德国文学作品的阐释和将德国文学纳入特定主题下研究的学术文章,是

---

① 参见本节附表:2004—2006 年五种期刊中与德国文学相关的文章(按时间顺序)。

构成德国文学形象的重要补充手段;(3)2005 年这一年中,译介主要集中在几位作家的多部作品。

从各年的具体情况来看,2004 年是德国文学在中国较为沉寂的一年,只有俄裔德国作家弗拉季米尔·卡米纳的 4 篇作品见于《外国文艺》。作家方面,杨武能通过自己的亲身经历向读者介绍了一位"平等友善"、"尊重译者"的君特·格拉斯。解读德国文学作品的学术文章只有 3 篇,两篇对《浮士德》的阐释,另一篇关注哥特弗里德·本的诗歌中的死亡主题。2005 年为反法西斯战争胜利 60 周年纪念、席勒逝世 200 周年纪念及伯尔逝世 20 周年纪念,这使得德国文学在这一年独占鳌头,涉及德国文学的文章在数量上居三年之最,4 位作家和 15 部作品在这一年的上述期刊中出现。这一年中,杨武能再次通过亲身经历向读者介绍了一位拥有出色朗诵技巧的君特·格拉斯。4 篇阐释德国作品的文章中,一半笔墨给了托马斯·曼的《魔山》,另一半给了莱辛的《艾米丽亚·加洛蒂》和克莱斯特的《智利地震》。本年涉及德国文学的文章都出现在中国学者对反法西斯战争作品的回顾中,最多的一篇共列举了 7 部反映二战的德国作品。2006 年介绍的德国作家及作品数量居三年之最,16 位德国作家的 17 部作被译介到中国。这一年德国文坛涌现的 6 名新星——德国新生代作家应邀到中国与读者见面。《世界文学》杂志对这一组作家作品的宣传构成了本年德国文学译介的一大亮点。这一年共有 11 篇阐释德国作品的文章,其中 3 篇紧跟在译作后,作者基本为前面译作的译者。另有一篇以《铁皮鼓》和《布登勃洛克一家》作为研究对象。

二、接受角度与接受类型

接受作品的主题能够最直观地反映出中国学者的接受视角、体现其接受兴趣。基于实证分析和梳理,笔者将接受作品的主题大致归纳为 12 类:男女关系、特殊群体、战争、现代人的生活、文学理论、政治、人道主义、犯罪、文化融合、友谊、童年阴影以及意志的力量。各主题所占比重如下图:

各主题所占比例

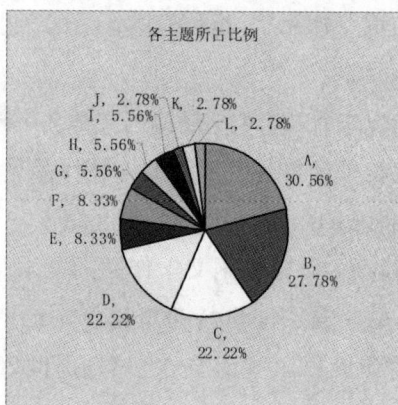

A	男女关系	G	人道主义
B	特殊群体	H	犯罪
C	战争	I	文化融合
D	现代人的生活	J	友谊
E	文学理论	K	童年阴影
F	政治	L	意志的力量

男女关系主要涉及爱、性、外遇及三角关系；特殊群体主要反映的是诸如移民、边缘人群、难民及失业者的生活；战争主题主要涉及战争对小人物的影响、对战争的思考及难民题材；现代人的生活这一具有现实意义的主题反映了现代社会困扰人类的种种问题，如焦虑、恐惧、欺诈、虚伪、中年危机、死亡以及对工业化的担忧；文学理论主题包括一篇伯尔对翻译者职责的论述；政治的话题主要集中在东西德、社会主义国家与共产党；其余主题则较为分散。

从接受作品的体裁来看，按数量大小排序依次有短篇小说、长篇节选、散文、戏剧、诗歌和文学理论，其中短篇小说占大多数，共有24篇。中国学者阐释的德国文学作品有诗歌、戏剧、短篇小说、长篇节选及文学理论。诗歌以其广阔的想象空间和解读空间位居阐释作品体裁之首并不足为奇。在学术文章中提及的德国作品体裁有长篇小说、短篇小说、自传、戏剧、游记、文化哲学、中篇小说及日记。长篇小说成为最多被提及的德国作品体裁。纵观 3 年来的接受情况,故事性强的文学体裁成为德国文学作品在中国接受的主流,88.89%的作品是各类小说。

接受作品所处的时代如下图所示:

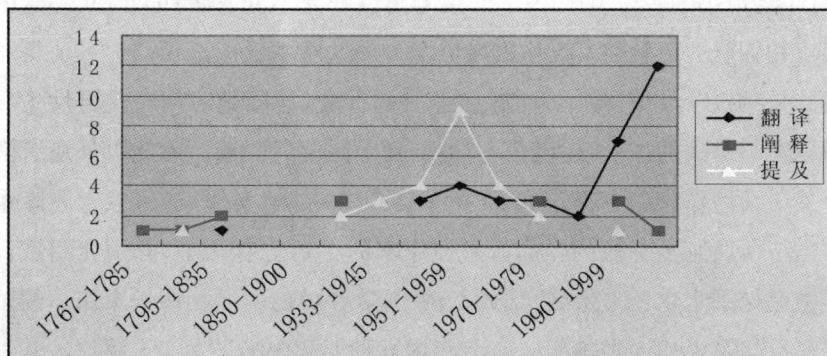

翻译的 35 部作品中有 34 部集中在 20 世纪下半叶至今,只有一部霍夫曼的《沙人》是两百年前写就的作品。如此巨大的悬殊也正说明了如今德国作品翻译求新的特点。阐释的作品主要集中在四个时期:(1) 18 世纪下半叶至 19 世纪初;(2) 20 世纪初;(3) 20 世纪 70 年代;(4) 20 世纪末至 21 世纪初。第一个时期包含了狂飙突进、古典主义和浪漫主义时代;第二个时期正是一战后德国的经济复苏期;第三个正是集中反思二战和出现"经济奇迹"的时期;第四个集中在两德统一之后。由此不难看出中国学者感兴趣的德国作品都与大的时代背景相连。被简要提及的德国作品则集中在 20 世纪 50、60 年代写就,包括了战后文学、反法西斯文学、流亡文学和废墟文学。一言以概括之,译介的德国作品主要是二战后、两德统一后至今的文学作品。可以说,德国文学在中国与其在自己国家的时差并不大,基本可以说是同步的。

在这 3 年内,共有 12 名男性作家(弗拉季米尔·卡米纳、博托·施特劳斯、冈特·魏森博恩、海因里希·伯尔、阿尔弗雷德·德布林、彼得·莫斯、阿尔穆特·希勒、霍夫曼、英戈·舒尔策、托马斯·黑特彻、伊利亚·特罗亚诺夫、雅各布·海因)和 9 名女性作家(特蕾西娅·莫拉、尤迪特·海尔曼、比塔·哈姆斯法尔、萨拉·基尔施、朱丽·泽、玛丽—路易斯·喀什尼茨、克里斯塔·莱尼希、卡切尔·贝林斯、赫拉·琳德)的作品被翻译,男女比例接近 1.5:1,同样的比例在阐释作品和涉及作品中分别是8:1和4:1. 所有译介到中国的女作家都生于 20 世纪,其中 5 位出生于二战后,年龄最小的一位生于 1974 年。与男性作家不同,独特的经历、独到的视角和细腻的笔触使女性作家在男女关系这一主题中地位凸显。值得一提的是赫拉·琳德,她作为"新女性"①的代表,连同她对新时代男性主导地位发起挑战的作品《超级女人》被推到中国读者面前。除此以外还有两个关于女性作家的专辑,一个介绍了 4 位 20 世纪女作家,另一专题隆重推出特蕾西娅·莫拉的作品。男性作家的专辑也有两个,分别介绍俄裔作家弗拉季米尔·卡米纳和伯尔。中国学者对德国的女性作家作品的阐释评论与翻译相比则相形见绌,3 年内五种期刊中唯见女诗人萨拉·基尔施的诗评。女性作家的作品主要集中在 20 世纪,而男性作家的作品则涵盖了 18 世纪至今的重要时期,相形之下德国女性作家的作品更显新颖时尚。

3 年内最受追捧的德国作家分别是:君特·格拉斯(6 次)、海因里希·伯尔(4 次)、托马斯·曼(4 次)和歌德(3 次)。这几位都堪称德国文学泰斗,且都是中国读者耳熟能详的名家。其中只有君特·格拉斯至今还有新作问世,其他 3 位年代稍远。可见中国的日耳曼学者对德国文学的研究颇有些"炒旧饭"之嫌。

三、接 受 特 点

相比于过去德国文学作品的晦涩深奥,通俗化、流行化是这 3 年德国文学接受的明显特征。当然这与现当代德国文学自身的流行化分不开。随着全球化的加剧和他国文学影响的加深,独树一帜的德国文学有所改变,通俗文学与美文学的界限似乎不再分明。在这方面主题的流行化、性

---

① 陈民:传统两性模式的轻松解构——评德国新女性小说作家赫拉·琳德,《译林》,2005 年第 3 期,第 197 页。

禁忌的突破、作为战争受害者和抨击者的德国、获奖作品构成德国文学在中国接受的四大特点：

1.　主题的流行化

　　从接受作品的主题不难看出，中国的日耳曼学者越发关注贴近日常生活的主题，如男女关系、特殊群体和现代人的生活等。这类主题的作品渗透到普通人生活的各方各面，就连战争主题也避开了苦大仇深的作品，着重译介从小人物、小家庭、日常生活角度反映战争的作品。特殊群体自不用说，这些人物的原型都是日常生活中不难见到的形象。选取题材的流行化无疑缩短了艺术与生活的距离，更贴近广大的读者群。当然这也与近年来德国文学自身"生动"、"现代"、"丰富多彩"和"全球化"① 的细微改变密不可分。写作方式和用词的简单化、日常化，使德国文学无论在结构上还是在风格上都令读者更容易接受。而越容易接受的作品，其传播的速度就越快。

　　女性文学的流行化也是德国文学译介的一个明显特征，德国的女性作家在中国受到了极大的关注，其吸引力从其接受数量和所占比例便可见一斑。值得注意的是女性文学的翻译数量远大于阐释研读的数量。这也从一个侧面反映出，目前中国学者们对德国女性文学作品的接受尚处于较为初级的阶段，更深入研究的特征尚未显现，研究体系尚未形成，且翻译的对象也局限于几位当今文坛炙手可热的女作家。

　　接受途径的流行化主要反映在作家的身份多样化和介绍途径的多样化上。备受中国学者关注的几名新生代作家都有着多重身份，他们的身影活跃于大众媒体。弗拉季米尔·卡米纳在自由柏林广播四台（SFB4）每周的《多元文化》中主持《弗拉季米尔的世界》这一栏目，并在德国电视二台的早间评论中主持一个专栏。而"新女性"代言人赫拉·琳德更是千面女郎，当过歌星、影星的她目前在德国电视一台和二台主持两档脱口秀。演艺界的光环无疑照亮了两人在文坛的道路，其中几分是炒作并不重要，

---

① 　焦耳：德国新生代作家作品选，《世界文学》，2006 年第 6 期。

重要的是高出镜率令读者对两人印象深刻,名人效应自然也令他们的作品名声大噪。除了名人的光环,文学题材的通俗化、生活化也为二人作品的成功推波助澜。琳德将关注点放在了现代社会男女关系上,借助自己成功职业女性的形象向男权提出挑战,宣扬新时代女性独立、健康的生活方式。对男女微妙关系的细腻描绘以及十足的娱乐性、消遣性使她一度成为"作品阅读率最高的女作家",① 她的作品被拍成电影,每部作品都荣登排行榜首。媒体自然而然成为了学者接受德国作家的重要媒介。除此之外,个人经历和德国作家的集体亮相也打破了过去德国文学接受的单一化途径。杨武能因工作原因与君特·格拉斯的亲密接触而写就的介绍性文章,打破了单从文本接受一个作家的惯例。2006 年歌德学院等多家德国驻华文化机构联手推出的"德国新生代作家六人行"的活动,也为德国作家在中国的接受开辟了一条新途径。当然,本文所涉及的接受主要是指中国方面的选择,德国方面的主动推介是否会投其所好、在一定程度上干扰中国日耳曼学者的自主接受还有待研究。无论如何,接受作品的通俗化和流行化大大拓展了德国文学的接受面,也向德国文学在中国读者心中晦涩深奥的刻板印象发起冲击。尽管有学者提出质疑,认为德国文学为迎合全球化而磨掉了自己的个性乃得不偿失,但在中国学者心中,在通过中国日耳曼学者接触德国作品的中国读者心中,德国文学一改往日沉重深邃的形象缓缓展开它的另一面,德国的文学形象正势不可挡地变得丰富而有层次、生动而有活力。

2. 性禁忌的突破

比塔·哈姆斯法尔、托马斯·黑特彻和伊利亚·特罗亚诺夫的作品《无法遏制》、《阿伯加斯特案件》和《搜集世界的人》含有较多性内容。由于中德两国文化差异,性在中国是难登大雅之堂的禁忌,因而这三部作品的出现颇令人关注。在这方面不加修饰、超出常规的细致描写,乍看之下

---

① 陈民:传统两性模式的轻松解构——评德国新女性小说作家赫拉·琳德,《译林》,2005 年第 3 期,第 197 页。

令读者错愕。《阿伯加斯特案件》中还出现了暗示性虐待的情节。另一方面，几乎所有涉及性行为的情节都不是描写夫妻。《无法遏制》讲述的是厌倦妻子的丈夫出轨；《阿伯加斯特案件》中的男主人公与女乘客在荒郊野合；《搜集世界的人》中主角与殖民地国女子有染。按照中国的传统观念，婚外性行为是不道德的，此处很明显地对这一禁忌提出挑战。

3. 作为战争受害者和抨击者的德国

　　反战的德国作品不但被大量翻译，也被大量地阐释、提及。相比过去一贯的讨伐与批判，这 3 年译介的德国作品其矛头并不直指法西斯，而是通过其他角度表现战争。战争主题自然不可绕过流亡文学和废墟文学，这两种文学类型表现的是战争的两个不同角度。2005 年各期刊文章多次提到的《第七个十字架》、《梅菲斯托升官记》等作品作为流亡文学的代表，展现的更多是战时德国国民的众生百态以及作者扪心自问的深思，探讨了德国普通民众在这场战争中究竟扮演了怎样的角色。作为废墟文学作家的代表，伯尔的十部作品在 2005 年被做成一个专辑。伯尔被奉为小人物的代言人，其作品特点是通过战后小人物的命运和德国普通家庭的变化侧面反映战争对德国的影响。

　　值得一提的是女作家特蕾西娅·莫拉。她的作品以身在异乡的德国人为切入点，展示了作为战争发起国的德国难以启齿的苦楚。战后的德国在欧洲各国为千夫所指，自小在东欧村庄长大的女作家深谙战争给德国移民带来的巨大痛苦。在《奥菲丽娅事件》中她描写了一个德裔女孩四处遭人白眼、饱受歧视的孤独童年，这是千千万万因祖国而抬不起头的德国移民的缩影。作者选择了这一新颖独特的视角，她无力控诉战争也无力指责遥远的祖国，而是发出我们同是受害者的呼喊，越过了罪责的层面站在人性这一更高的层次控诉战争的罪恶。这比直接描写战争的血腥残酷更引人深思、发人深省。这类作品的翻译、介绍和解读，一抹往日德国作为战争发起者的凶悍形象，而是让人们看到德国无疑也是战争的受害者和牺牲者。

　　当然，译介的战争主题作品中，作者都有明确的反战立场，一种是一向以反纳粹战士形象示人的伯尔在《命令与责任》中对纳粹的猛烈抨击；另一种则是刻画出德国同是受害者形象对纳粹提出控诉。后者往往都含有自问和自责，哀其不幸，怒其不争，将质问的范围扩大到当时所有德国民众身上。这些立场和态度皆为介绍、翻译这些德国作家作品的中国日耳曼学者大加赞赏，在总结世界反法西斯文学的文章中，中国学者往往以德国作为正面例子反衬日本。

4. 获奖作品

最受追捧的作家也是获奖最多的作家。格拉斯、伯尔和托马斯·曼分别获得过诺贝尔文学奖。对于介绍到中国的外国作家而言，所获奖项似乎是一个极为重要的砝码。22 位被介绍的作家中有一半都获得过多种奖项，如巴赫曼文学奖、不来梅文学奖、毕希纳文学奖、海涅文学奖等等。所获奖项分别由译者或编者在作家简介中一一列出，未能全列的也附有"曾获多种奖项"字样。由此可见，所获奖项对中国学者接受兴趣的影响不容小觑。

四、接受的因素

接受因素直接或间接地影响了中国学者对德国文学的接受。以下归纳的因素包括涉及文本、作者的外部因素，也包括政治、文化、经济等接受国内部因素。相形之下，内部因素往往更多地决定学者对德国文学的接受。研究接受背后的因素，也是解读两国文化异同的重要途径。

1. 与选材兴趣相关的因素——时间

2004—2006 年间，德国文坛经历了反法西斯战争胜利 60 周年、席勒逝世 200 周年及伯尔逝世 20 周年等纪念日。这些纪念日均在 2005 年，这一年的德国文学格外吸引中国学者的眼球。纪念日对中国学者接受兴趣的影响，从 2005 年德国文学翻译数量激增便可见一斑。这一年亦有非日耳曼学者加入德国文学译介和传播的行列，其研究对象主要是德国反法西斯文学。在纪念日对某些相关作家进行翻译和研究有几个优势。学术方面,藉着纪念日的名义可以吸引更多的翻译和研究力量从事译介工作,例如《外国文艺》上刊登的《伯尔专辑》。纪念日也促使某些作家的作品在翻译的数量和质量上都有所提高,而缅怀某一位作家或纪念某一事件也从客观上促进了德国文学在中国的接受。不仅令广大的中国读者受惠,也令日耳曼学者和德国文学得以借此在中国五彩缤纷的外国文学译介中大放异彩。当然,商业方面,书商与书市往往也可以借助这一机会促销,利用这些纪念日吸引读者眼球,提高销量。

新的时代呼唤新的文学,新的文学展现新的时代。随着二战结束后德国社会的飞速发展,德国文坛也呈现百家争鸣之态。中国著名日耳曼学者叶廷芳将战后德语文学划分为三代:君特·格拉斯是重反省和清算的第一代,耶利内克是爱叛逆和实验的第二代,新生代作家则是第三代的代表。① 每一代作家的作品都深深打上其所处时代的烙印。事实上,就这3年的数字来看,译介到中国的德国作家作品在数量上以21世纪的为多,也可视为中国读者对现实的、新颖的文学作品的偏爱和需求。在全球化背景下,德国当代文学作品着力探讨当今社会人们关心的话题、展现德国当代社会,自然而然地缩短了与读者之间的距离。

2. 与所选作家相关的因素——所获奖项

文学奖项往往令中国人趋之若鹜,它被置于质量保证的高台受人顶礼膜拜。当一名作家,尤其外国作家被授予某某奖项,那么他就被视作为社会所认可的作家。认可度在中国文化中扮演着重要角色。被认可的作家,其作品在市场上远比未被认可的作家有说服力。诚然,所获奖项与作品质量之间的关系不可否认,获奖作品也在一定程度上代表着德国文学在不同时期的发展趋势。对于出版商而言,奖项与作者知名度更是不可多得的宣传杀手锏。奖项是一种权威,是一根令文学接受方唯其马首是

---

① http://www.gmw.cn/01ds/2006 - 11/01/content_501610.htm, vgl. Lesezeitung 2006 11.01.

瞻的大棒，因为大多数人崇尚和迷信权威。这大概可以追溯到中国文化中质疑文化的缺失。在德国被一小批人鉴定为好的作品，到了中国也备受追捧，无论这部作品是否适合中国读者的口味，无论其是否适合中国国情。

3. 与利益相关的因素——成人内容

在竞争激烈的图书市场上，最能吸引眼球的无非是若隐若现的成人内容。要寻找接受兴趣与成人内容之间的关系，先要看成人内容为何在中国有如此大的吸引力。一个重要的原因是成人内容在中国刊物中遭到的待遇是单纯的禁止多于恰当的引导。由于性在中国文化中的特殊地位，中国没有情色电影、情色小说、另付费情色电视频道。更大的问题是中国社会及家长对孩子性教育的缺失。稀少的科学性知识读物和因尴尬而怒不可遏的家长们，迫使对性充满好奇的青少年大量转而向图书中若隐若现、甚或干脆毫不遮掩的成人内容寻求帮助。精明的商人自然不会放过这一大好机会。另一方面，社会对成人内容读物的松散管理也有着不可推卸的责任。中国的电影、电视、书籍等尚未建立分级制度，那意味着在中国一个人可以进任何一家影院看任何一部电影，进任何一家书店买任何一本书。这无疑给一部分以经济利益为主要目标的人提供了可乘之机。尽管国家于1989年已颁布《关于色情淫秽刊物的鉴定标准》并推行至今，但在实际操作中仍有难度，毕竟艺术与色情仅一线之隔。性长久以来被中国的主流文化打压，然而作为人的自然需求，性也是不可回避的话题。过度的打压与回避同样会矫枉过正，带来过度爆发。

与此同时，中国的接受群体有一个刻板印象，那就是西方社会在性方面往往比中国人开放。人们相信，西方人更多的追求本能而较少为社会名声所累。公开场合的接吻、堂而皇之的性讨论、闹市里的性用品商店和电影里的性镜头似乎都为这一刻板印象提供了证明。即便随着改革开放的深入这一刻板印象仍难以根除。这一刻板印象自然也覆盖了西方文学，人们相信，在西方文学作品中这些成人内容也多得很。

然而，文学作品中的性描写究竟是文学的还是淫秽的？要展开对这个问题的思考不得不提到小说《阿伯加斯特案件》。这是一部书里书外、从文字到内容都颇具争议的作品，前文指出的大量对性器官、性动作的描写都出自这部作品。从作者自身而言，托马斯·黑特彻并非情色小说家，其性描写理应是文学的情节需要。对译介这部作品的中国学者而言，既然这部小说在期刊中以长篇节选的形式出现，便暗示了这两个章节是主观选取，既是主观选取，选取时必然有一个标准。按照普通读者的理解，长篇节选的目的是为了抛砖引玉，通过整部作品的一个点展现作品的整个面。编译者选择了全书的第一、二章，通常作者都是通过书的前几章抓住读者。这部小说里第一章热火朝天的性交场面与第二章冰冻三尺的尸体解剖场面形成鲜明对比，整本小说也正是围绕前两章所描述的一桩杀人案铺展开。从这个角度看，这是一部开头非常成功的作品，选译的章节也能很好地展现作者的构思与写作风格。由此就能断定性描写只为文学需要吗？这还需要进一步了解这部作品的现实背景。作品根据德国20世纪50年代轰动一时的一桩真实案件改编而成，疑犯在与女乘客野合时采用了特殊的体位，致使女乘客在性交过程中意外死亡，案件一经公布舆论一片哗然。人们将视线从女乘客是否由疑犯致死转向了疑犯采用的特殊体位，这在较为保守的50年代无异于一颗重磅炸弹。疑犯被判入狱，14年后由东德一名医学教授为其正名而无罪释放。假如编译者能够在译文前后加入作品的背景介绍，是否会在读者阅读过程中起到一些积极的引导作用从而淡化第一章内性场面带来的负面影响，将读者视线由性描写转到文本本身？但是编译者并没有这样做。

4. 与接受习惯相关的因素——社会发展

这里的社会发展因素主要是指社会观念及阅读习惯的改变。自改革开放以来中国的社会观念呈现出多样化态势，人们对社会上及文学作品中引起争议的社会现象的接受度越来越高，中国人的爱情观与婚姻观也发生了剧变。婚外情、三角恋、婚外性行为及未婚先孕现象的出现对传统社会道德的挑战，已促使整个社会由对当事人的单纯批判转为思考和多角度的观察。当今的中国社会已经能用相对中立的态度和适当的包容度证实和接纳这些现象。类似话题的探讨在中国的一些文学作品中也屡见不鲜，如风靡一时的池莉的《来来往往》和王海鸰的《牵手》。对传统爱情观的动摇与超越促使人们更愿意接受一些贴近生活、反映社会现实的文学作品。

社会转型也催生了观念的多样化。中国社会正在发生惊天动地的剧变，人们有了在各种场合公开自己观点立场的自由，人们不再人云亦云或是追随主流观点，而是更为关注自己的所思所想和自己的好恶喜厌。个人独立意识的增强使人们能在德国作品中的特殊群体身上找到共鸣。作品中的边缘人群、与社会格格不入的异类，如《延森先生遁世记》中的主人公，大量出现，其夸张、独特、实用的世界观对于中国读者来说并不难以接受。人们乐衷于窥探在自己国家里的这些异类在其他国家怎样。《边缘人》刻画了一小群在社会底层讨生活的人，日益加剧的中国贫富差距也吸引了整个社会去关注这在德国作品中反映的社会底层。

社会的过快发展也给现代人带来迷茫和不安。不仅特殊群体的主题能引起中国读者共鸣，德国作品中所描写的现代人的恐惧感也令中国读者感同身受。人们已然意识到，社会高速发展带来物质富足的同时也带来了精神的空虚，高速的经济增长实际是建立在过度消耗自然资源和过度侵蚀身心健康的基础之上。随着人们环保意识和健康观念的加强，人们不禁扪心自问，如此高昂的代价是否值得付出，关注的焦点自然也从物质生活的富足转向了与精神富足相关的话题。综观中国社会不难发现，被中国学者较多译介的作品主题，其实与当今中国社会的许多问题相符相合。引入这些主题的作品，对于中国读者来说，是窥探、是比照还是借鉴，不得而知，但有一点可以确定，那就是人们更愿意看到身边发生的人和事换到另一个国家会怎样。

5. 与德国相关的因素——国际关系

德国文学作品字里行间弥漫着对战争的警醒和对历史的正视，与日本的执迷不悟形成鲜明对比。尽管国际关系更多由经济关系决定，但中日两国在历史问题上的分歧钳制着两国关系。而作为另一个战争发起国的德国在这 3 年中与中国保持了良好的经济关系,执行了对华友好的外交政策。2005 年爆发的反日游行严重影响了中日关系,而在中国官方媒体中,德国一直以正面形象示人,译介到中国的德国战争主题的作品也多为这一正面形象的例证。两国关系无疑也在一定程度上对中国学者的接受兴趣产生了微妙的影响。译介到中国的德国战争主题作品一方面是要展现战争的残酷和法西斯的残忍,另一方面也是以德国作为正面例子反衬日本的一意孤行并提出警告。被选取的德国作品一方面向中国读者展现德国普通民众同样是战争受害者的一面,在这些作品中德国一改往日强硬的姿态,以一个相对弱小的形象出现在读者眼前,激起中国读者对作为受害者的德国普通民众的同情和理解。一个强调"和为贵"的古老国度译介反战文学作品的初衷并非激起新仇旧恨,并非宣扬对战争发起者的无情打压,而是要展现战争的血腥,表达对和平的向往。

6. 与接受国相关的因素——出版政策

考虑到社会影响,接受国对译介作品题材的选取和接受有方针指导性的规定。最新版的《出版管理条例》于 2001 年颁布并沿用至今,条例中已明确地为出版物的题材定下基调,接受国对译介作品题材的选取和接受不能跳出接受国政策法规的框架。总结这一《条例》,被禁止出版的主要是涉及以下几方面内容的作品:违背宪法、危害国家统一、损害国家荣誉、损害国家尊严、泄露国家机密、危害国家安全、破坏民族团结、迷信、邪教、危害社会稳定、淫秽、赌博和暴力。

从这 3 年译介的作品来看,一些作品的主题在度的把握上似有欠缺。若严格按规定评判,一些作品是否有利于丰富精神文化生活?由此带来的一些负面影响出版社也难辞其咎,毕竟小说译介章节的选取或多或少有出版社的参与,且出版社也有考量译者所选译文内容的义务。由此可见,对经济利益的追求淡化了法律法规的效力。这些作品对于德国文学形象在中国的塑造和传播并不能起到积极作用,刻板印象的形成往往就是因为以偏概全。个别作品中性描写的过度并不能代表所有德国文学都有性描写倾向,何况这部作品复杂的背景及其所要表达的深刻主题并不是三言两语对作者所获奖项的介绍就能说清道明的。

五、结 束 语

通过前文对 2004—2006 年德国文学形象在中国的分析和解构，笔者得出以下结论：3 年中五种专业期刊上共介绍了 22 名德国作家及其 36 部作品，除此之外共有 20 篇阐释和涉及德国文学的文章；接受的德国文学作品内容以反映以下四大主题为主：男女关系、特殊群体、战争及现代人的生活；叙事类体裁如短篇小说、长篇节选和中篇小说颇受欢迎，占所有接受作品总量的 88.89%；二战后及两德统一后至今的作品备受关注。翻译的作品主要是二战后以及两德统一至今的德国现当代文学作品。阐释解读的作品则表现出两个极端，一是对传统、经典作品的研读；一是对流行、现当代作品的研读。被提及、引用的德国文学作品主要是二战后写就的作品。由此可见，当今德国文学在中国的传播与发展并未与德国国内大幅脱节，两者几乎同步；作品被翻译的男作家与女作家的比例接近 1.5:1，这一比例在被阐释的作品中为 8:1，在被引用的作品中为 4:1；被介绍和翻译最多的是中国广大读者耳熟能详的德国著名作家：格拉斯(6 次)、伯尔(4 次)、托马斯·曼(4 次)和歌德(3 次)；译介作品的现代、时尚的趋势与接受因素之一的时间因素有很大关联；译介作品的通俗化、流行化与中国国内社会的发展不无关联，例如深受功利实用思想影响而逐渐粗浅化、简单化的阅读习惯；译介作品中的成人内容及其对性禁忌的突破与读者的阅读期待、中国社会性与婚姻观念的改变以及成人内容所带来的经济利益不无关联；译介作品中，德国作为战争受害者与批判者的形象可与中德、中日两对国家关系联系起来；德国在中国官方媒体中基本以正视历史、负责任的正面形象示人，与歪曲历史的日本形成鲜明对比；所获奖项是中国学者选择译介作者的重要标准，这与中国文化对权威的特殊崇拜不无关联；接受国的媒体和出版政策体现了文学译介过程中的国家期待。

总而言之，这 3 年的德国文学在中国呈现出的是摩登时尚、贴近生活、对历史负责和性开放的形象。这一形象的形成与中国学者的接受兴趣有着千丝万缕的联系,而中国学者的接受兴趣则受到文化背后诸多因素的影响。两国文化的差异导致了一些对德国形象理解的细微偏差,对德国文学也有些误读现象存在,但这些偏差和误读并非无法消除。正确传播和塑造德国在中国的文学形象,中国日耳曼学者尚任重而道远。

附:2004—2006 年五种期刊中与德国文学相关的文章(按时间顺序)

1. 翻译的德国文学作品及介绍的德国作家

2004

弗拉季米尔·卡米纳:卡米纳小说四篇:俄罗斯人在柏林/父亲的建议/柏林双重生活/关系之匣,译者:史节、王滨滨,《外国文艺》,2004 年第 6 期,第 25—35 页。

杨武能:与格拉斯一起翻译格拉斯,《译林》,2004 年第 6 期,第209—211 页。

2005

博托·施特劳斯:遗忘之吻 红色动物馆,译者:谢盈盈,《外国文艺》,2005 年第 2 期,第 3—29 页。

冈特·魏森博恩:证词,译者:齐快鸽,《译林》,2005 年第 3 期,第 150—151 页。

陈民:传统两性模式的轻松解构——评德国新女性小说作家赫拉·琳德,《译林》,2005 年第 3 期,第 197—200 页。

杨武能:最后的探戈——格拉斯签名售书亲历记,《译林》,2005 年第 5 期,第 201—203 页。

《伯尔专辑》(编者:袁志英):命令与责任,译者:宋健飞;给瓦尔特·延斯的信,译者:韩巍;在斯特拉伦市召开的欧洲译者中心开幕式上的讲话,译者:丁伟祥;德国往忆(节录),译者:袁志英;艾尔沙·巴斯特莱特之死,译者:卫茂平;亲眷是演员,译者:袁志英;一则干劲十足的故事,译者:宋健飞;卖笑人,译者:裴莹;异己分子们,译者:方厚生;马蹄声隆隆的山谷,译者:刘沁卉,《外国文艺》,2005 年第 5 期,第 3—62 页。

特蕾西娅·莫拉:特蕾西娅·莫拉小说三篇:奇特的物质/平安,我的夜/奥菲丽娅事件,译者:李永平、叶隽、徐畅,《世界文学》,2005 年第 5 期,第 159—209 页。

2006

阿尔弗雷德·德布林：舞者与躯体，译者：丁君君，《外国文学》，2006 年第 2 期，第 21—23 页。

彼得·莫斯：真凶露真情，译者：仲丹，《译林》，2006 年第 2 期，第 174—175 页。

尤迪特·海尔曼：只不过是幽灵罢了，译者：戴英杰（任国强校），《世界文学》，2006 年第 3 期，第 185—209 页。

比塔·哈姆斯法尔：无法遏制，译者：孙晓峰，《译林》，2006 年第 3 期，第 183—191 页。

萨拉·基尔施：萨拉·基尔施诗选，译者：贺骥，《世界文学》，2006 年第 4 期，第 203—216 页。

阿尔穆特·希勒：空间在"中欧"当代文学中的意义，译者：贺克，《外国文学》，2006 年第 4 期，第 33—42 页。

Ｅ·Ｔ·Ａ·霍夫曼：沙人（节选），译者：刘永强，《外国文学》，2006 年第 5 期，第 25—31 页。

《德国新生代作家作品选》：朱丽·泽：雄鹰与天使，译者：何宁；尤迪特·海尔曼：露丝（女友），译者：李薇；英戈·舒尔策：简单故事——一部来自德国东部省份的小说，译者：刘新；托马斯·黑特彻：阿伯加斯特案件，译者：傅嘉玲；伊利亚·特罗亚诺夫：收集世界的人，译者：曹娟；雅各布·海因：延森先生遁世记，译者：陈瑛，《世界文学》，2006 年第 6 期，第 6—98 页。

德国女作家的世纪跋涉：玛丽—路易斯·喀什尼茨：Ｘ日；玛丽—路易斯·喀什尼茨：去耶路撒冷旅行；克里斯塔·莱尼希：蝎子；卡切尔·贝林斯：爱情与小偷，译者：张帆，《外国文艺》，2006 年第 6 期，第 64—83 页。

2. 阐释的德国文学作品

2004

杨武能：何止"自强不息"——"浮士德精神"的反思，《外国文学研究》，2004 年第 1 期，第 55—60 页。

姜丽：走进另一片海——歌特弗里德·本恩的诗歌与死亡，《外国文学》，2004 年第 6 期，第 99—103 页。

2005

王炎：《魔山》对时间的追问，《外国文学》，2005 年第 1 期，第 80—85 页。

王炳钧：文学研究中的历史人类学视角，《外国文学》，2005 年第 4 期，第 33—38 页。

任国强："应景即兴的诗"与诗人的精神特征——论抒情诗在歌德研究中的特殊地位，《外国文学》，2005 年第 6 期，第 77—81 页。

杨武能：《魔山》：一个阶级的没落，《外国文学研究》，2005 年第 6 期，第 105—111 页。

2006

王炳钧：意志与躯体的抗衡游戏——论阿尔弗雷德·德布林的《舞者与躯体》，《外国文学》，2006 年第 2 期，第 23—27 页。

谢芳：《任务》的拼贴特征探析，《外国文学研究》，2006 年第 3 期，第 94—99 页。

贺骥：悲哀的主观性——萨拉·基尔施诗歌简评，《世界文学》，2006 年第 4 期，第 216—221 页。

丁君君：瞳孔中的镜像——论霍夫曼的小说《沙人》，《外国文学》，2006 年第 5 期，第 19—24 页。

赵薇薇：社会规范下压抑的情感，《外国文学》，2006 年第 5 期，第 62—67 页。

3. 涉及德国文学作品的文章

2005

李倩：欧洲近代小说另类人物形象分析，《外国文学研究》，2004 年第 6 期，第 54—59 页。

江晓原：未来的天空：有没有阳光，《译林》，2005 年第 2 期，第 209—210 页。

赵薇：硝烟弥漫的文字：二战作品综述，《译林》，2005 年第 3 期，第 173—175 页。

薛洲堂：镜像中的战争 国外反法西斯文学扫描，《译林》，2005 年第 3 期，第 177—184 页。

庞培：阅读：十年之镜，《世界文学》，2005 年第 4 期，第 293—301 页。

2006

印芝虹：德国的席勒？世界的席勒？——2005 席勒年的反思，《译林》，2005 年第 5 期，第 176—179 页。

毕四海：关于骨折和阅读的日记，《外国文学》，2006 年第 1 期，第 271—281 页。

杨经建：以"父亲"的名义：论西方文学中的审父母题，《外国文学研究》，2006 年第 1 期，第 165—195 页。

叶隽：德国文化传统视野中的"反法西斯文学"，《外国文学》，2006 年第 6 期，第 191—193 页。